清华元史

第一辑

姚大力 刘迎胜 主编

商务印书馆

2011年·北京

图书在版编目(CIP)数据

清华元史.第一辑/姚大力，刘迎胜主编.—北京：商务印书馆，2011
ISBN 978 – 7 – 100 – 07669 – 2

I.①清… II.①姚… ②刘… III.①中国－古代史－元代－文集 IV.①K247.07-53

中国版本图书馆CIP数据核字(2011)第020339号

所有权利保留。

未经许可，不得以任何方式使用。

清华元史
第一辑

姚大力 刘迎胜 主编

商 务 印 书 馆 出 版
（北京王府井大街36号 邮政编码 100710）
商 务 印 书 馆 发 行
三河市尚艺印装有限公司印刷
ISBN 978 – 7 – 100 – 07669 – 2

2011年9月第1版　　开本 700×1000　1/16
2011年9月北京第1次印刷　印张 31 7/8　插页 16
定价：58.00元

发刊词

本刊是除《中国学术》外，由恢复后的清华大学国学研究院主办的另一个重要学术园地。经过一年多的周折和艰辛，现在终于可以将这一册创刊号呈现在读者诸君眼前了！

蒙元史研究与老清华国学院、老清华历史系的因缘，不可不谓至久且至深矣。王国维甫入清华，其治学重心即转向蒙元史而成就斐然；国学院期间的陈寅恪，写作授业多留连于"塞表殊族之史文"。二老相与继唱迭和，曾分别萌蘖续写"元史考异"或创制"新蒙古史"的心愿。邵循正译注的拉施都丁《史集·部族志》等名篇，虽因手稿焚毁于抗日战火而未得面世，但他在归国最初十多年内克勤致力于元史研究与教学，仍足为老清华历史系增添一道闪亮耀眼的学术特色。中国目下健在的最高龄一代元史名家，或出其门下，或则有亲炙其教之幸。

可能也正为了有这样一份因缘在，我们从王国维遗墨中选用他的行楷拼合而成的刊名题签，竟显得那么笔势劲媚、骨气洞澈，就好像是他专门为本刊写就的！

必须指出，本刊虽以"元史"命名，惟全然不为蒙元史的对象范围所拘限。盖举"元史"之名，实乃用以指代中国各少数民族历史文化及边疆史地之全部领域也。换言之，本刊殊以多民族视角下的中国边疆史地研究为初旨。这样做，正可反映出中国民族史学科之现代转型过程里的一个显著特点。

19、20世纪之交，在道咸以降的"西北舆地之学"向从事边疆民族史的现代研究范型的转变中，洪钧和他的《元史译文证补》所起到的推动作用，是无与伦比的。经过他的译介与阐扬，中国学者见识到欧美东方学以中国民族语文及域外资料与汉语文献比勘互证的新路径、新成绩，纷纷争而效尤。蒙元史研究因此成为代表着中国边疆史地学术新潮的首开风气的显学。

举蒙元史以概指"边陲中国"的历史文化，还有另外一层强有力的理由。在中国各民族历史文化多样性的光谱上，汉文化与蒙古文化恰好分别位置在它的两端。当拉铁摩尔把中国内陆亚洲各边疆民族的生态环境简约为蒙古草原—新疆北部的草原绿洲—南疆的沙漠绿洲—西藏的高寒山地绿洲这样一种"变形"序列的时候，他力图解答的，就是蒙古文化为何更容易与上述各族文化具有不同程度的互融性的问题。因此他断言："东自满洲的混合型地理环境，西至中国突厥斯坦的沙漠和绿洲，乃至西藏寒冷的高原，起源于上述各地区的那些社会所扮演的历史角色，完全可以说是基于蒙古草原历史的一系列变形。"以此言之，设若中国民族史确然存在着某种典型性，其惟蒙元史足以当之欤？

清华国学院曾经的辉煌，是让后世永远心往神驰的一段佳话。而老清华研究"边陲中国"的学术遗训，尤其应当是由我们毫不犹豫地拿来继承发扬的宝贵家当。其中至少有两点，最值得我们再三再四地回味和重温。

在探讨中国民族史和边疆史地的本国学者中，老清华诸大师们无疑都属于那个不但最早具备了国际学术眼光，而且能摆脱完全依赖西文绍介而直接利用相关民族语文及域外语文资料的前沿学者小群体。正是由于这一进步，本专业的叙事才得以从边裔志、藩部要略之类传统历史编撰学的体裁之中，逐渐转换出真正名副其实的边陲地域史、边陲族群史或族群关系史新模式。这里所关涉的，不仅是从何种语文的文献史料出发去形成叙事的问题；它背后隐含的，实际还有一个应不应当突破单向度的中心视角，更多地留意于从多民族中国的视角去考察边缘人群、边陲社会历史与文化的问题。日本学者羽田亨在1917年就提出了被后人概括为"当地语文之史料第一主义"（"現地語史料第一主義"，gentigo shiryō daiiti shugi）的见解。从那时起，日本的内陆亚洲史研究花了五六十年时间，到1960年代末才基本实现上述主张。就整体而言，中国学术界要完全解决这个问题尚待时日。在今天，追随老清华的精神表率，不仅意味着我们必须奋力抉破相关民族及域外语文技能的难关，而且也应当重视和掌握民族史和边疆史地研究中其他那些不可或缺的"钥匙"，诸如解读多语种古文献时的审音与勘同知识，分子人类学和民族社会学的基本理论、概念与方法等等。

老清华时期治边疆史地之学的前辈们，多以考据功夫受人推崇。但从他们身上可以学到的，不只是那种"客观"、"科学"与"价值中立"的治学原则而已。在他们从中国文化内部所从事的对自身传统的反省、清理与扬弃背后，饱含着他们对中国文化的前途运命、对根植于中国文化之基本价值的深切关爱与持守。由是，他们使自己的学问俨然区别于洋人的"汉学"或"中国研究",后者很容易倾向于把中国文化当作纯然客体性的解剖对象来处理。这一点在当今形势下显得尤其要紧。因为"边陲中国"的重要性,在今后中国的发展问题上,只会变得越来越明显、越来越紧迫、越来越需要以一种更带全局性的新思维予以考量。传统中国的国家治理目标,追求的往往是"车同轨、书同文、行同伦"的理想,即以汉文化去覆盖国家的全部疆域。这种历史意识的残余影响,与误以为现代化终将促成一国文化全盘均质化的不切实际的空想夹缠在一起,正在并且将会更进一步地损害我们这个多民族统一国家的根本利益。我们当然不应该奢望,边疆史地之学可能直接回答未来的中国民族关系将会提出在我们面前的任何现实问题;但它理应使我们对现实的关怀臻于某种更平衡、更理性、也更加智慧的思想境界!

以上就是寄托于这份杂志的我们美好的愿景。它最多不过是一脉涓涓的细水。殷切期望它会汇入即将到来的重建中国文化的巨流之中。我们正走在前人以筚路蓝缕的心血为我们开出的路上。为了不辜负前行者们,从现在起,我们就应当紧接着他们往日的业绩,用力去铺就通往将来的更踏实的路。

目录 Contents

论文

蔡美彪	元龙门建极宫碑译释	003
周清澍	论少林福裕和佛道之争	038
陈得芝	重温王国维的西北民族史研究	074
李鸣飞 张帆	郑介夫生平事迹考实	092
党宝海	"戏出秃打"与"哈黑义磨"	124
乔治·兰恩	关于元代的杭州凤凰寺	141
亚历山大·莫顿	元杭州凤凰寺回回墓碑考	193
陈波	元代海运与滨海豪族	215
刘迎胜	至元元年初设太庙神主称谓考	250
刘浦江	再论契丹人的父子连名制——以近年出土的契丹大小字石刻为中心	283
才让	与《西游记》相关的汉藏民族文化交流问题研究	315

评论

韦兰海　覃振东　分子人类学与欧亚北部人群的起源 ……… 353
　　　　　魏明德　二十世纪初凉山地区的法国探险者与传教士 ……… 428

书评

特木勒　居蜜　跋美国国会图书馆藏明刻本《宣云约法》……… 439
鲁西奇　"帝国的边缘"与"边缘的帝国"
　　　　——《帝国在边缘：早期近代中国的文化、族裔性与边陲》读后 ……… 455
周思成　朱译《拉班·扫马和马克西行纪》指谬 ……… 474
丁　一　追寻通贯回汉之道
　　　　——读《默罕默德之道：一部晚期帝制中国的回民文化史》……… 492

《清华元史》稿约 ……… 500

论文

元龙门建极宫碑译释

蔡美彪（中国社会科学院近代史研究所）

元建极宫碑原在山西陕西交界处的黄河龙门禹庙。元代属平阳路河津县，清代属陕西韩城县。原碑两面刻，碑阳为至元十二年（1275年）圣旨，上截八思巴字译写汉语，下截汉字圣旨原文。碑阴为至元十三年丙子皇子安西王令旨，上截八思巴字写蒙古语，下截为汉字白话译旨。目前所知，八思巴字蒙汉语碑刻，以此碑年代为最早。

1907年，法国学者沙畹（Ed. Chavannes）曾在韩城访得此碑，将两面碑文拓本及法文译文刊于次年《通报》。1931年冯承钧据以编入《元代白话碑》，分别题为《一二七五年龙门神禹庙圣旨碑》、《一二七六年龙门神禹庙蒙汉文令旨碑》，附有说明，称"下二碑文勒于一碑之上。碑在陕西韩城县东北八十里、山西河津县西北二十五里之神禹庙。""兹二文诸金石志、地方志皆未见著录。原碑在庙侧一室之中，室为渔人所居，即以此石作为厨案。法国沙畹教授1907年9月22日路经此地见之，曾拓其文并嘱庙祝保存之。其拓本影载1908年通报。"[1] 此后，龙门神禹庙碑题，遂为研究者所

---

[1] 冯承钧：《元代白话碑》，商务印书馆1931年版，第33—34页。Ed. Chavannes, "Inscriptions ed pieces de chancellerie Chinoise de L' époque mongole", *T'oung Pao*, 1908.

沿用。我在《八思巴字与元代汉语》碑目中也用此题。今考习称之神禹庙，元代正名为建极宫。《元史·世祖纪》：中统三年（1262年）四月"辛卯，修河中禹庙，赐名建极宫"。作为正式宫名，至清代仍然沿用。金石志、地方志均有著录。金石目中，如孙星衍《寰宇访碑录》卷一一著录："龙门建极宫圣旨碑。上层蒙古字下层汉字正书，至元十二年二月。陕西韩城。"地方志书中，乾隆《韩城县志》卷一六碑版考著录："建极宫蒙古字圣旨。至元十二年二月立。在龙门建极宫。"今依名从主人之义，参据前代著录，改题为龙门建极宫碑，以便考索。

山西境内，太原、夏县、绛县、乡宁都有禹庙古祠。相传"禹受禅于平阳"，又传说龙门口为禹时开凿。因而龙门禹庙，历代奉祀不绝。古庙始建于北魏，唐贞观时重修[1]，金末毁于战乱，金元之际再建。毕沅等纂乾隆《韩城县志》卷一〇收有王鹗撰《龙门建极宫记》碑文，略称道士姜善信（河东赵城人）师事莲峰靳贞常，因见"禹庙神祀因兵而毁"，去龙门聚众重建，"肇基丙午（元定宗元年，1246年）而落成于壬戌（中统三年）。为殿五楹，其门称是，两庑间架，各十有八，寝殿营于其后"。碑文又记："（元世祖）即位之初，三见征聘，公（姜善信）奏对平实，中多裨益。陛辞，敕赐宫曰建极，殿曰明德，阁曰临思。仍命大司农姚枢大书其额，以示归荣。别遣右相张启元诏臣（原误为'公'）鹗为文以记。"王鹗说："吾皇眷知，为赐嘉名，诚盛事也。"建极一词，出于《尚书·洪范》："皇建其有极。"禹建夏朝，创立帝制，题名建极，自是恰当的称颂。

---

[1] 王轩等纂：光绪《山西通志》卷三二，"山川，龙门山"条。清光绪十八年刊本。

明胡谧纂成化《山西通志》卷一五"仙释"[1]收有元翰林直学士李榤撰《敕赐靖应真人道行碑》，至元二十六年三月立。清胡聘之编《山右石刻丛编》卷二七，曾据拓本收录，文字多已磨泐。成化志为胜。靖应真人即道士姜善信。志载碑文称"庙成，上褒其功，因问以禹所行之道，公引《尚书·大禹谟》以对"，又称"告成于上，赐白金二百两，良田十有（下缺）"。《元史·世祖纪》至元元年七月丁酉条又见："龙门禹庙成，命侍臣阿合脱因代祀。"元世祖对龙门禹庙赐名褒赏，又以皇帝名义遣官代祀，礼遇甚隆，当在显示新建的蒙古王朝对汉人古帝先王的尊重，也显示新王朝是汉地帝王传统的继承。

建极宫碑所刊圣旨，颁于至元十二年二月，已是建极宫落成赐名十余年之后。圣旨内容是关于光宅宫真人董若冲在荣河、临汾起盖后土、尧庙禁约骚扰事，也与龙门禹庙无关。建极宫道士将此圣旨上石，当是由于碑阴刊刻安西王令旨禁约骚扰董若冲管领的后土、尧、禹三庙，遂将前此的圣旨一并上石，借以自重。这道八思巴字汉字对译的圣旨也因而得以留存。

此碑拓影，自刊布以来，受到国内外学者的广泛注意。有关八思巴字蒙汉语研究的学术论著无不采录此碑。龙果夫（A. Dragunov）、列维茨基（M. Lewicki）、包培（N. Poppe）、李盖特（L. Ligeti）诸家曾先后对此碑八思巴字圣旨或令旨，以拉丁字母转写译

---

[1] 胡谧纂：成化《山西通志》卷一四，坛庙类。明成化十一年刊本，北京国家图书馆善本部藏书。

注。[1] 前人的研究多侧重于古汉语音韵和蒙古语的解读，对于有关史事较少留意，碑刻文字也有待校勘。因撰本篇考释，包括三个部分：（一）碑阳八思巴字圣旨的音写对译，汉字圣旨的校录。（二）碑阴八思巴字蒙古语令旨的音写及旁译，汉译圣旨的校订。（三）碑文笺释，兼及词汇的解读与史事的考订。一些习见的名词，如和尚、先生、也里克温、达失蛮及铺马祗应等等，已在前此发表的《元代道观八思巴字刻石集释》有过注释者，不再重释。

诸家所藏拓本，各有短长，可以互校互补，现将北京大学图书馆藏拓、国家图书馆藏拓及沙畹旧刊拓本一并录入，以供参考。

一、碑阳圣旨

（一）上截　八思巴字音写旁释

(1) čaŋ šhiŋ tʻèn kʻi li li
    长　 生　 天　 气力里

(2) taj hụu ʼim ru zu li
    大　 福　 荫　 护　助　里

(3) γoŋ di šiŋ ji guaŋ čaj geuŋ zin žin duŋ žèw čʻuŋ gi
    皇　帝　圣旨　光　宅　宫　真　人　董　若　冲　继

(4) dziŋ ·iŋ jin žin giaŋ šèn sin eu piŋ jaŋ lu

---

[1] A. Dragunov, "The hPhags-pa script and Ancient Mandarin", *Bull. Acad. des Sciences de l'UBSS*, 1930; M. Lewicki, "Les inscriptions mongoles inédites en ecriture carrée", *Collectanea Orientalia* Nr. 12, Wilno, 1937; N. N. Poppe, Квадратная письменность (《方体文字》), Moscow-Lenin grad, 1941; L. Ligeti, *Monuments en écriture ʼphags-pa*, Budapest, 1972.

靖　应　真　人　姜　善　信　于　平　阳　路

(5)ʼeuŋ γo lim hyun hyen k[i] [ge]j

　　荣　河　临　汾　　县　起　盖

(6) γiw tʻu

　　后　土

(7) jew mèw ki ·eu γo hiaj γuŋ tʻuŋ čèw šiŋ siw li

　　尧　庙　及　于　河解　洪洞　赵城　修理

(8) hyu hi gya γeŋ šeun tʻaŋ γo tu dhiŋ mèw ʼeu ŋeŋ

　　伏　牺　娲　皇　舜　汤　河　渎　等　庙　宇　仰

(9) duŋ žèw čʻuŋ hyam či jew ·i luè geŋ šiŋ ji ·i

　　董　若　冲　凡　事　照　依　累　降　圣　旨　依

(10) kiw gon liŋ heiŋ je žiŋ ŋeŋ bun lu gon shi

　　旧　管　领　行　者　仍　仰　本　路　官　司

(11) šaŋ ge γu či gim ·èw jeu žin wu dhiw tseu γyaj

　　常　加　护　持　禁　约　诸　人　勿　得　沮　坏

(12) ki ši šin geun ma žin dhiŋ bu dhij ·an

　　及　使　臣　军　马　人　等　不　得　安

(13) hia saw žiw jěun tsʻhi

　　下　搔　扰　准　此

(14) ǰi ʼyen ši ži nèn ži ʼye ži

　　至　元　十　二　年　二　月　日

末行"二"字旁有一汉字"宝"字，系原旨钤盖御宝处。

（二）下截　汉字校录

(1) 长生天气力里
(2) 大福荫护助里
(3) 皇帝圣旨。光宅宫真人董[若]冲继
(4) 靖应真人姜善[信][於][平]阳路
(5) 荣河、临汾县起盖
(6) 后土
(7) 尧庙及于河解、洪洞、赵城
(8) 修理
(9) 伏牺、娲皇、舜、禹、汤、河渎等
(10) 庙宇。仰
(11) 董若冲凡事照依累降
(12) 圣旨，依旧管领行者。仍仰本路
(13) 官司常加护持，禁约诸人毋
(14) 得沮坏及使臣[军]马人等不
(15) 得[安]下搔扰。准此。
(16) 至元十二年二月日

末行左侧小字一行：提点成若安立。

二、碑阴令旨

（一）上截　八思巴字蒙语令旨间写旁译

自左至右行

(1) [moŋk'] dèŋ-r[i] jin k'u-c'un dur
　　　长生　　天　　的　气力　　里

(2) qa·anu　su　du[r]
　　 皇帝的　福荫　里

(3) γoŋ tshi ·an [si] 'ɥaŋ ·eu-ge ma-nu č'è-ri-·u-dun
　　 皇 子 安 西 王　言语　俺的　　军
　　 no-jad-da č'è-rig ha-ra-na ba-la-qa-du[n]
　　　官人每　　军　　人每　　城子的

(4) šil-de·e·dun da-ru-qas-da no-jad-da jor-č'i-qun
　　　村镇的　　达鲁花赤每　官人每　　来往
　　 ja-bu-qun èl-č'i-ne du'ul-qa-què
　　　行走　　使臣每　　告谕

(5) bi-č'ig
　　 文书（令旨）

(6) ǰiŋ-[gis] qa-nu [ba] qa·a-nu ba ǰar-liq-dur
　　　成吉思　罕的　也　合罕的　也　圣旨里
　　 do-jid　　　èr-k'e·ud sèn-šiŋud　daš-mad
　　 道人（和尚）每　也里克温每　先生（道士）每　达失蛮每

(7) ts'a[ŋ]　[t'am]-qa-da-č'a bu-ši 'ali-ba 'al-ba
　　 仓（地税）　印（商税）　　外　　任何　差发
　　 qu-bu-č'i-ri 'eu-lu-'eu-ǰen
　　　科敛　　　不　承担

(8) [dèŋ]ri-ji ǰal-ba-ri-ǰu hi-ru·er 'eo-gun 'a-tu-qaji
　　　天　　祷告　　　祈福　　给与　　在

　　　　ge·ek'-deg-sed　'a-ǰu
　　　　以为　　　　　有

(9) -·uè è-du-·e ber beo-·e-su su u-ri-da-nu
　　　　　今　也　　有　　先前

(10) ǰar-li-qun　jo-su ts'aŋ t'-am-qa-da-č'a bu-ši　'ali-ba
　　　圣旨的　　体例 仓　印　　　　　外　　任何
　　　'al-ba qub-č 'i-ri 'eu-lu-'eu
　　　差发　　科敛　　不

(11) ǰen　dèŋ-ri-ji ǰal-ba-ri-ǰu hi-ru-·er 'eo-gun
　　　承担　天　　祷告　　　祈福　　给与
　　　'a-t'u-qaji ge·en pin-jaŋ-hu̯u-
　　　　　在　　以为　平阳府

(12) -da bu-gun jèw [mèw] ɣiw-t'u-mèw jeu-'uaŋ-mèw-dur
　　　　　有　尧庙　　　后土庙　　　禹王庙里
　　　'a-qun giaŋ-ǰin-ži-nu
　　　　在　　姜真人的

(13) o-ro-na　duŋ-jin-ži-ni sèn-šhi-ŋu-di
　　　位子　　董真人　　　先生每
　　　'eo-t'eo-gu-le-ǰu　hi-ru-·er　'eo-
　　　为头儿　　　　　祈福　　　给与

(14) -gun 'a-t'u-qaji ge·en ba-ri-ǰu ja-bu-·aji
　　　　　在　　以为　执　　行走（持续）

(15) bi-~č'ig 'eog-beè è-de-nu gu̯en-dur gè-jid-dur 'a-nu
　　　令旨　　已给与　这些　　宫里　　房舍内　　他每的

èl-č'in bu ba-·u-t'u
使臣　勿　安下（住宿）

(16) -qaji u-[1a]·a ši-·u-su bu ba-ri-t'u-qaji qa-ǰar
铺马（兀剌）祗应（首思）勿　索取　　　田土
u-su ja-·u-k'e 'a-un bu-li-ǰu
水　等物　他每的　夺要

(17) [t'a-t'a]-ǰu bu 'ab-t'u-qaji è-de ba-sa sèn-ši-ŋud
征收　勿　要　　　这　又（再者）　先生每

(18) bi-č'ig-t'en ge·e-ǰu jo-su 'eu-ge-·uè 'euè-les bu
有令旨　以为　体例　无　事　勿
'euè-led-t'u-
做

(19) -geè 'euè-le-du-·e-su 'eu-lu-·u 'a-ǰu-qun mud
如做　　　不…么　惧怕　他每

(20) bi-č'ig ma-nu qu-lu-qa-[na] [ǰi]l qa-bu-[ru]n t'è-ri-
令旨　俺的　　鼠　　　年　春　首

(21) -·un ǰa-ra-jin qo-rin ǰir-
月的　　二十

(22) -qo-·a-na giŋ-čèw-hųu-da
六日　　京兆府

(23) bu-guè-dur bi-č'i-beè
在时　　书写

（二）下截　汉字令旨校录

（1）长生天气力里

（2）皇帝福荫里

（3）皇子安西王令旨。道与管军官人每并

（4）军人每、州城县镇达鲁花赤、官人

（5）每、来往行踏的使臣每，遍行省[谕]

（6）令旨。

（7）成吉思皇帝、匣罕皇帝圣旨里，和尚、也里

（8）克温、达失蛮，地税、商税，不拣

（9）甚么差发休着者，告

（10）天祈福者，那般道来。如今照依[先]前

（11）圣旨体例，地税、商税，不拣甚么

（12）差发休着者，告

（13）天祈福者，那般。这平阳府有的

（14）尧庙、后土庙、禹王庙里住的

（15）姜真人替头里董真人，交先生每

（16）根底为头儿

（17）祈福者，那般，收执行踏的

（18）令旨[与了]也。这的每宫观房舍里，使臣

（19）每休安下者。铺马、祗应休要者。田

（20）产物业休夺要者。这先生每休倚

（21）[令旨]做没体例勾当者。没体例行呵，

（22）他每不怕那甚么。

（23）[令]旨俺的，鼠儿年正月二十六日。

(24)京兆府住时分写 [来]。

三、碑文笺释

(一) 碑阳圣旨

圣旨碑额 圣旨碑额中镌八思巴字四字 γoŋ di šiŋ zi，自左至右行，音写汉语，识为"皇帝圣旨"。八思巴字正体，不用双钩或篆体，无对译的汉字。两旁为牡丹花纹。现存碑刻中，这是最早的一件八思巴字圣旨碑额，形式甚为简朴。

长生天气力里 此碑圣旨用汉语雅言文体，八思巴字音译，系由汉人文臣拟旨，依汉译蒙，而不是以蒙译汉。首称"长生天气力里"系蒙古语直译。碑阳上截八思巴字仍依汉字声译，并没有还原为蒙语。碑阴令旨上截重见此词，八思巴字写蒙语，作 moŋk'a dèŋri jin k'uč'un dur。沙畹拓本 moŋk' 磨泐。包培据他碑所见拟补。[1] 细审拓本，此字仍依稀可辨。习见的八思巴字碑文，此字写法相同，八思巴字母为 moŋk'。依八思巴字正字法，辅音 k' 不缀元音字母即表示 k'a，但依据蒙古语的元音和谐律，k' 应联结前列元音而不应是后列元音 a。这一矛盾现象曾受到包培等研究者的注意。亦邻真认为，这可能是由于八思巴字蒙文机械地搬用了蒙古畏兀字的拼写形式[2]，字源于突厥语，《元朝秘史》音译作"蒙客"。

---

[1] 包培(N. Poppe)：《方体文字》I 号碑铭，苏联科学院，1941 年，内蒙古影印本。R.Krueger 英译本，*The Mongolian Monoments in hp'agspa script*（Wiesbaden, 1957），郝苏民中译本《八思巴字蒙古语碑铭译补》，内蒙古文化出版社 1986 年版。

[2] 亦邻真：《读 1276 年龙门禹王庙八思巴字令旨碑》，载《内蒙古大学学报（社会科学）》1963 年第 3 期。

长生天即永恒的天，是古代蒙古族对于非人格化的天体的自然崇拜。《元朝秘史》卷九记载丙寅年（1206年）铁木真建蒙古国时的自述，总译见"如今天命众百姓都属我管"。"天命"一词音译作"蒙客腾格里因古纯突儿"，旁译作"长生天的气力里"，总译天命是引申的雅译。此处原为铁木真对长生天的感戴之词，建国后遂演为对成吉思汗及其继承者的颂称。《元朝秘史》续集卷二载巴秃（拔都）西征途中向窝阔台使臣的奏报，音译"蒙客腾格里因古纯突儿合罕阿巴哈因速突儿"，旁译作"长生天的气力里皇帝叔叔的福荫里"。元朝建国后，蒙语及汉译的"长生天气力里皇帝"渐成为赞颂皇帝的固定的专称，为蒙汉文书所常见。汉文圣旨或作"上天眷命皇帝圣旨"。"上天眷命"系"长生天气力里"的雅译。

大福荫　此词是蒙古语 jèke-su。汉译曾见于周至重阳万寿宫碑庚戌年弥里杲带太子令旨，称"天地底气力里大福荫里弥里杲带太子"。元朝建立后的文献里，"大福荫护助里"多接"长生天的气力里"联用为皇帝的颂称，意为天命福荫皇帝，"大福荫"似为具有特定意义的洪福，为皇帝所专用。"大福荫护助里"也和"长生天气力里"一样，形成既定的颂词。故碑文仍用直译，不予雅化，以免歧义。元朝建国后，诸王令旨已不再沿用此词，而多称"皇帝福荫里"，即托赖皇帝福荫。

光宅宫　即临汾尧庙，道士姜善信在禹庙落成后奏请修建，也是元世祖敕赐宫名。明胡谧纂成化《山西通志》卷一四收有元翰林学士王磐撰"重建尧帝庙碑"，略称："平阳府治之南有尧帝庙，李唐显庆三年所建，岁年深远，室宇弊陋，潦水流行，齿蚀墉垣，牙豁沟坑，渐就倾圮。有全真道士曰靖应真人姜善信，愿以道众行化河东。更择爽坛，重建庙貌。请于朝，上嘉其意。……经始于至元元年之春，落成于至元五年之八月。诏赐其额曰光宅之宫，殿曰文思之殿，门曰宾穆之门。赐白金二百两，良田十五顷为赡宫香火费。仍诏词臣制碑文以纪其成。"近刊《全元文》引录雍正《山西通志》卷二〇四收入此碑，题为修尧庙记，作"诏赐其额曰光泽之宫"。[1]案建极宫碑圣旨作"光宅宫真人董若冲"，前引靖应真人道行碑也署"宣授光宅宫真人董若冲"。"光宅"出于《尚书·尧典》序："昔在帝尧，聪明文思，光宅天下"，即光被天下。成化《山西通志》卷五"尧帝庙"条："在平阳府城外汾水西"，"正统末重建，后建丹朱庙，旁建光泽宫"。据此光泽宫乃明正统末所建，雍正志误据以改原之光宅为光泽。光绪《通志》沿袭其误。光宅宫建成后，未见世祖命官代祀的纪录，但诏赐宫额、赏金赐田、敕撰碑记，均与建极宫禹庙同一规格。

　　光宅宫尧庙系在旧址重建。据王磐碑记，旧庙建于唐显庆三年（658年）。光绪《山西通志》卷七二"秩祀略"载，"帝尧陵庙在临汾县"，注云："金皇统三年重修，高平郡范棐撰记。"考范氏碑记曾载于《浮山县志》，清人张金吾编《金文最》卷六五收录。所记实为浮山县境尧山顶上之尧祠，与临汾尧庙无关，光绪《通志》混误。山西境内，浮山、清源、长子等县也都有尧庙。相传尧都于平阳，故临汾尧庙为历代帝王崇祀之所，与他处不同。

　　尧庙之重建系由姜善信奏准。据王磐碑记，元世祖曾赐银及木材，姜氏辞不受，而由道俗协力，募化建成。庙成后"为地七百亩，

---

[1] 《全元文》第二册王磐部，第254页。同册第305页重见此文，题"重建尧帝庙碑"。注据明成化十一年《山西通志》，但文中"光宅之宫"误据雍正志改为"光泽之宫"。

为屋四百间，耽耽翼翼，俨然帝王之居"，可见规模之宏伟。庙成于至元五年。建极宫碑至元十二年圣旨称董若冲继姜善信"起盖"临汾尧庙，当是继续修建或扩建。

成化《山西通志》卷一四，收录明"陈祯重建尧帝庙碑"，内称元至元间姜善信请建之尧庙，于大德六年秋，毁于地震。仅存垂树寝殿，皇英、丹朱二祠及宾穆门。正统十一年丙寅重修。据光绪《山西通志》"秩祀略"记事，明代几经扩建，配以舜、禹两殿，号为三皇，扩地七百亩，春秋致祭。清康熙三十四年又因地震倾塌，重建。民国《临汾县志》卷一尧庙图，绘出三殿，颇见规模。

姜善信 圣旨碑汉字"信"字磨泐，可据八思巴字 sin 及有关文献补入。姜善信，河东赵城人。见前引王鹗《龙门建极宫记》。字彦诚，见李槃撰《靖应真人道行碑》。又据前引王磐《重建尧帝庙碑记》，知其人为"全真道士"。金元之际，全真道曾传播于平阳地区。元河中府吉州所属乡宁县有《重修玉莲洞碑》，题"洞主全真吴全海重修，伊川进士李存玉撰"。"大蒙古国岁次戊午（1258年）"立石。《山右石刻丛编》卷二四录入。《道家金石略》未收。内称长春弟子孙老先生"开辟化习，全真正教尚梗涩于人伦耳目，自北而南实由平阳孙老先生始道其源也。三晋士民方得根熟，惜乎已遗杖舄于天坛玉阳山，门众分散，各处一方"。《丛编》编者按云："其云平阳孙老先生当即《西游记》之虚寂大师孙志坚。碑为孙氏门人吕志忠于乡宁得缘重建庙而立。"姜善信属籍赵城，金属平阳府，但崇奉全真并非出于平阳孙氏一系，而是西奉华山道士靳道元。前引道行碑作"莲峰真人靳道元"。王鹗《龙门建极宫记》作"师莲峰靳贞常"。道元其名，法号贞常，"莲峰"称号当是得名于华山莲花峰。《靖应真人道行碑》铭曰"弃家入道，西走秦川，适遇莲峰，而得其秘"。据道行碑，姜善信卒于至元十一年（1274年），寿78岁，生年当在金承安二年（1197年）。19岁西行入道，在金泰和五年（1205年）。

道行碑记"莲峰殁，即以法席付之"，无具体年代，只说"自是而后洞居者十余岁"。据王鹗建极宫记，靳师亡后，姜氏往龙门修建禹庙，"肇基丙午，而落成于壬戌"。丙午为蒙古定宗元年（1246年），壬戌为世祖中统三年（1262年），在此期间，他曾受到元世祖忽必烈的几次召见。道行碑记忽必烈"迨己未奉命南伐，驻师曹濮间，召公驰驿，谒于帐殿"。己未即宪宗九年（1259年）。《山右石刻丛编》按语引"岁己未春二月会诸王于邢州，夏五月驻兵濮州"。考订"与碑己未南伐驻师曹濮合"。这当是忽必烈的初次召见。碑记"已而乞还故山，以金鞍白马宠其行"，"其圣眷之隆盖如此"。此时姜氏已年逾六旬。

王鹗建极宫记："上在藩邸，熟闻公名，召而询之，言多应验。""即位之初，三见征聘，公奏对平实，中多裨益。陛辞，敕赐宫曰建极。"所记"三见征聘"，无年月。最后一次敕赐建极宫名，据《元史·世祖纪》当在中统三年四月，此后又请修临汾尧庙，至元五年落成。此期间，姜氏当在临汾督修尧庙。

至元十年癸酉姜氏奉世祖谕去长安，往见出镇的安西王忙哥剌；道行碑记："王待以殊礼。""明年，辞以老疾，遣侍从官秃林直安车束帛送之以归。"下接"一夕召若冲等属以后事，言讫怡而逝，春秋七十有八"。时为至元十一年正月十八日。

光绪《山西通志》卷九六"金石记"著录"道士姜善信碑"，"旧在河津县禹门"。又引《河津县志》："姜真人碑，世祖御制。蒙古字，今废"。此碑应当就是《山右石刻丛编》收录的《敕赐靖应真道行碑》。所谓"御制"实为敕修。所称"蒙古字"或是八思巴字题额，今已不存。又成化《山西通志》卷一七，碑目有"靖应真人祠堂记"，在临汾。碑文未见。

综上考察，姜善信作为全真道士，曾经元世祖多次召见，先后倡修禹庙、尧庙，敕赐宫名，屡加褒奖。晚年安西王待以殊礼，死后，元世祖敕撰碑铭，实为金元之际平阳地区最富声望和最有影响的全真名士。全真道史，应著其人。

董若冲 圣旨碑拓末"若"字磨泐，八思巴字作 žèw，据补。姜善信弟子。前引道行碑称姜善信死前"召若冲属以后事"。圣旨颁于至元十二年二月，在姜氏逝后年余。董若冲继承姜氏，继续修建各地祠庙，故称"继靖应真人姜善信"云云。《靖应真人道行碑》称"提点尧禹庙事董若冲"。末署"宣授光宅宫真人董若冲"，可知当时已受元世祖宣命，但无赐号，只称真人。碑阴令旨也作"董真人"。

平阳路 碑拓"平"字及上一字磨损。冯书拟补"在平"二字。据上截八思巴字 eu-piŋ 应是"於平"。《元史·地理志》"晋宁路"条："唐晋州，金为平阳府。元初为平阳路，大德九年以地震改晋宁路。"荣河为平阳路河中府领县。临汾为平阳路领县。

后土庙 后土即地神，又称地祇。成化《山西通志》卷五，记后土庙"在荣河县北九里，汉武帝元鼎初立于汾脽，躬祀。其后宣帝及唐玄宗、宋真宗亦皆躬祀之。金哀宗、元世祖皆遣官致祭"。光绪《山西通志》卷五六，古迹考："汾脽后土祠在荣河县北。"案，此祠始建于汉武帝时。《史记·封禅书》记："天子郊雍，议曰今上帝朕亲郊而后土无祀，则礼不答也。""于是天子遂东，始立后土祠汾阴脽丘。"事又见《汉书·郊祀志》，《武帝纪》系于元鼎四年（公元前113年）十一月甲子。汾阴，汉代置县，唐代已废。汾阴脽见于《水经注》汾水注："汾水南有长阜，背汾带河，长四五里，广二里余，高十五丈"，"《汉书》谓之汾阴脽"。后土祠建立后，自西汉经唐宋至于金代祠祀不绝，屡经敕修，规模宏伟，号为"庄严宏巨，为海内祠庙之冠"。建极宫碑圣旨所称于平阳路荣河起盖后土庙即此古祠无疑。所谓"起盖"当是金末战火后重修。此古祠毁于清初战乱，遗址在今山西万荣县荣河镇西。

王恽《秋涧集》卷五三，有《平阳府临汾县重修后土庙碑》，记平阳府治之西，有"樊氏里后土祠""日就芜圮"，里中父老合力重修。平阳路乡宁县也有后土庙，建于金大定二十五年（1185年），蒙古太宗五年（1233年）民间重修。《山右石刻丛编》卷二四，收有壬寅年（1242年）立石的《后土庙重修记》记其事。解州也有后土庙，始建于宋代，见民国《解县志》。河津古垛后土庙，元成宗元贞二年建，见《河津县志》。均与圣旨碑所称荣河修庙事无涉。

河解　汉字碑文"河解"，八思巴字作 γohiaj。冯承钧《元代白话碑》据沙畹文录入此碑，有注云："按元时龙门隶河津。八思巴字音译亦作河津，此河解应是撰文者或书石者之误。"检八思巴字碑文，γohiaj 实为河解之音译，并非河津（γo tsiŋ）。解字用于地名及姓氏，均读如 hiaj。诸本《蒙古字百家姓》均作 hiaj 可证。《元史·世祖纪》至元十二年二月记此事作"立后土祠于平阳之临汾，伏牺、女娲、舜、汤、河渎等庙于河中、解州、洪洞、赵城"。碑文圣旨之"河解"即河中、解州之省。《元史·地理志》"河中府"条："元宪宗在潜，置河解万户府，领河、解二州。"至元三年罢万户府，而河中府仍领解州。八年，割解州直隶平阳路。此碑圣旨颁于至元十二年，河中府治河东县（今山西永济蒲州镇），解州治所在解县（今山西运城西南）。两地毗连，习称河解。

　　修理　元人习用语。此指庙宇宫观的修缮、治理。"河中府封二贤碑"碑阴节录中统诏书："名山大川、五岳四渎、圣帝明王、忠臣烈士载在祀典者，所在官司以时致祭。庙宇损坏，官为修理。"[1] 碑文圣旨所称修理伏牺、娲皇、舜、汤、河渎庙宇，即修缮已损坏的前代旧庙，并非新建。前引《元史·世祖纪》据圣旨简括纪事，冠以"立"字，省略"修理"，遂将"起盖后土尧庙"与修理诸庙混同。

　　伏牺庙　在洪洞。光绪《山西通志》卷五五"古迹考"："洪洞县伏牺庙在县东南五十里。"庙东有台，相传为伏牺画卦处。同书卷七二"秩祀略"引旧志称"元大德十年建"。当是至元间修理后，又在大德时重建。

　　娲皇庙　娲皇即传说中之女娲。成化《山西通志》卷五，赵城县有娲皇庙，在县东八里。"宋开宝六年建，元至元初修。"《山右石刻丛编》卷一一，有女娲庙碑，在赵城，宋开宝六年山西道节度使裴丽泽撰文。卷二六又收有元重修娲皇庙碑，翰林直学士高鸣奉敕撰文，至元十四年立石。碑文首举中统崇祀诏书（见前），继称"至元十四年四月平阳赵城县道士臣申志宽奉其先师臣张志一治命诣长春宫，恳诚明真人臣志敬奏言：志一所居赵城东五里有娲皇庙"，"庙废于兵已久。臣以[壬]戌岁承郡人礼召，始来住持"。"逮乙卯（丑）岁，庙貌小成。庙旧以娲皇名，至是奉制改名补天宫，迄今又十三年。"《丛编》所录碑文"戌"上缺泐，今补"壬"字，即中统

---

[1] 引见胡聘之：《山右石刻丛编》卷二九。《元典章》卷二节录中统元年庚申诏书，省略"官为修理"等字；同卷收至元三十一年诏书，见"庙宇损坏，官为修理"。

三年壬戌。乙卯之"卯"字系"丑"字之误识，即至元二年乙丑。下文"今又十三年"可证。诚明真人志敬即李志常弟子张志敬，至元初为全真掌教。可知娲皇庙之重修也发端于全真道士，曾经奏准，奉敕撰碑，并曾赐名补天宫。碑立于至元十四年，即建极宫碑所刊圣旨两年之后。

舜庙 在河中府，为唐宋古祠。唐《元和郡县志》见"蒲州河东县舜祠"，"贞观十一年诏以时洒扫"。宋代，奉祀不绝。元河中府治河东县即唐蒲州。明代又改河中府为蒲州，清治永济县。故光绪《山西通志》"秩祀略"称"舜庙在永济县"。

禹 汉字圣旨碑文"修理伏牺、娲皇、舜"等字之后为"禹"。龙门建极宫禹庙，至元元年（1264年）即已落成。圣旨颁于至元十二年（1275年），何以又有修理禹庙之旨，颇为费解。检视碑石上截八思巴字译文，原来并无"禹"字。前引《元史·世祖纪》至元十二年纪事作"伏牺、女娲、舜、汤、河渎等庙"，也无"禹"字。由此可以明白，汉字圣旨碑文之"禹"字乃是立碑道士擅自增添。圣旨原为保护修造后土、尧庙兼及平阳属县伏牺等古庙，本与禹庙无涉。禹庙道士将此圣旨与保护禹庙的安西王令旨合刻一石，遂擅加"禹"字以自重。元代道观刻石，道士擅作手脚加减文字之事，所在多有，此其一例。碑阴令旨也有此等事，见下文注释。

汤庙 成化《山西通志》卷五："汤王庙凡十有七。一在荣河县东北十里，以陵寝所在而建，配以伊尹、仲虺。宋开宝六年敕修。"光绪《荣河县志》卷二："汤庙在县北十里，宋初所建。"光绪《山西通志》卷七二，也见"商汤王陵寝在荣河县北四十里，遣祭岁祀如制"。此圣旨碑文"伏牺、娲皇、舜、汤"系依传说时代顺序；与前列地名顺序并不对应。伏牺庙在赵城，娲皇庙在洪洞，舜庙在河解。汤庙所在地为荣河。因荣河已见上文，故不重出。

河渎庙　祭祀黄河河神。《新唐书》卷三九，"地理志·河东道·河西"条："开元八年析河东置，寻省。""十五年自朝邑徙河渎祠于此。"肃宗时建庙。宋乐史《太平寰宇记》卷四六，"蒲州河东县"条："河渎庙在县正西北，城外一里。"元河东县属平阳路河中府，在今永济，清属蒲州。光绪《山西通志》卷七二："河渎神庙在蒲州府南门外。"自伏牺庙以下至河渎等庙均为前代所建古庙，非元代起盖，故称修理。

照依累降圣旨　碑文圣旨："仰董若冲凡事照依累降圣旨依旧管领行者。"即命董若冲依前旨继续管领庙宇修建等事。"累降圣旨"并见高鸣《重修娲皇庙碑》及《河中府封二贤碑》，即前引中统元年以来的崇祀诏书，"岁时致祭"，"庙宇损坏，官为修理"。

禁约　元代公文习用语，原意为限制、约束。此圣旨不同于习见的告谕文武官员禁约骚扰的文告，而是"命本路官司"即平阳路官员"常加护持"，禁约诸人，"勿得沮坏"，即不得破坏各地庙宇的修建。下文特为指出禁约"使臣军马人等"，"不得安下搔扰"。"安下"指在庙宇住宿。"搔扰"又作"骚扰"。徐元瑞《史学指南》"骚扰"条："搅动于人曰骚，捃摭烦乱曰扰。"元初，使臣强行住宿庙宇勒索等事所在多有，故为明示。

成若安　圣旨碑文之末有小字立石人题名"提点成若安立"。无年月。碑阳刊圣旨为至元十二年正月，碑阴令旨写于至元十三年二月。立石当在此后某年。其时成若安任建极宫提点，其人事迹无考。以"若"字排名，与董若冲同辈，当也是全真道士姜善信弟子。由此可知，元初平阳地区曾有靳道元→姜善信→董若冲、成若安一支全真道传播，得到元世祖的支持。前引娲皇庙碑，见赵城全真道士张志一、申志宽，当是平阳地区另一宗支。均可补入全真道史。

（二）碑阴令旨

安西王 碑阴"皇子安西王令旨"，安西王即元世祖忽必烈第三子忙哥剌，至元九年（1272年）十月封安西王，受京兆分地，驻兵六盘山，见《元史·世祖纪》。姚燧撰《延厘寺碑记》："当至元九年诏立皇子为安西王，以渊龙所国国之。"可知安西王分地即继承了忽必烈即位前的京兆分地，包括京兆府及河南怀、孟地区。

蒙古宗王发布令旨一般限于本投下分地。此令旨颁于平阳府，地处京兆府与怀孟之间，原不属忽必烈分地而属于宗王拔都。《元史·太宗纪》：八年（1236年）七月诏"中原诸州民户分赐诸王贵戚斡鲁朵"，首列"拔都：平阳府"。拔都西征，攻占钦察草原，约在宪宗六年丙辰（1256年）病死。次年拔都弟别儿哥奉诏为钦察汗。此时平阳府分地的状况，平阳文士郝经的《河东罪言》有所陈述。略称"平阳一道隶拔都大王""今王府又将一道细分，使诸妃王子各征其民。一道州郡至分为五、七十头项。有得一城或数村者，各差官临督"，居民遭受刻削，转徙逃散。元世祖即位后，诸投下五户丝税改由内地方官员征收，统交中书，再由朝廷颁赐，见王恽《中堂事记》中统元年十月记事。建极宫碑安西王令旨写于至元十三年（1276年）。令旨晓谕当地军官及州城县镇官员不得对庙宇骚扰勒索，称引前此颁发平阳府尧、禹等庙董真人的令旨，依前例免除差发科敛，可知忙哥剌出镇长安后，邻近长安的钦察汗平阳分地，已归由安西王府统辖。前引靖应真人道行碑记："癸酉（至元十年，1273年），上遣使谕公（姜善信）谒皇子安西王于长安，王待以殊礼。"元世祖命平阳道士姜善信往谒安西王也说明忙哥剌于至元九年出镇长安后，平阳地区已属安西王府的管辖范围。

令旨省谕　八思巴字蒙文 γoŋ tshi an si 'uaŋ ·eu-ge ma-nu 原意为"皇子安西王言语俺的"。下文又见 du ·ulqaquè bičig 义为"晓谕的文书"。汉字碑文，将蒙语 ·euge（言语）、bičig（文书）两字，均译为"令旨"，系依汉制，皇帝称圣旨，诸王称令旨。第一处作"安西王令旨"系属标题。第二处作"遍行省□令旨"，省下一字磨损。冯承钧《元代白话碑》误为"遍×行省令旨"，我在《元代白话碑集录》中未能校出，沿袭其误。今细审拓本，省下缺损，仍有残存笔画可辨，当是"谕"字。此句应校补为"遍行省谕令旨"。八思巴字蒙文 du 'ulqaquè 原文为告谕。包培注："du 'ulqaquè 这个词是源于 du ulqaq 的一个未来式名词的形式，是由 du-ul 构成的祈使动词。"他把此词译为英语的 addressed（说与）。汉译碑文此处采用意译，在"管军官人每"之前冠以"道与"二字，形成"道与管军官人每……遍行省谕令旨"，"道与"与"省谕"重出。通例，皇帝圣旨、皇后懿旨称"宣谕"，诸王令旨称"省谕"或"晓谕"。元代公文，例多如此。此碑安西王令旨汉译"省谕"是规范用语。

达鲁花赤　八思巴字蒙文"ba-la-qa-dun šil-de ·ed-un da-ru-qas da no-jad da"。汉译碑文作"州城县镇达鲁花赤官人每"。daruqas 系达鲁花赤的复数。韩儒林《成都蒙文圣旨碑考释》释此词云："字根 daru 有压胜等义，darugha 译言头目首领，darughas 其复数也"，"元代通称达鲁花赤，译云掌印官"。[1] 翁独健《元典章译语集释》曾对此词的构成，详加诠释，称："蒙古语有动词 daruxu，义为镇压、制裁、隐蔽、封藏、盖印等。daru 为语根，xu 为动词未定形语尾。语根 daru 加 γa 则为名词。daruγa 加 či 或 čin，则为 daruqačin，义为镇压者、制裁者、盖印者等。"[2] 蒙古达鲁花赤之设，源于太祖时征服西域，占领诸城。《元史·太祖纪》十八年"遂定西域诸城，置达鲁花赤监治之"。太宗时，拔都征服斡罗思，也置达鲁花赤以统治降服百姓，见《元朝秘史》续集，译名作答鲁合臣。太宗灭金，汉人地区任命达鲁花赤统治。元世祖行用汉法，沿用汉地路府州县的行政建置和官制，任用汉人南人为各级地方官员，另设达鲁花赤为各级监临长官。《元史·世祖纪》至元二年二月，"以蒙古人充各路达鲁花赤，汉人充总管，回回人充同知，永为定制"。由于前此任命的达鲁花赤并不限于蒙古人，至元五年三月，又诏"罢诸路女真、契丹、汉人为达鲁花赤者，回回、畏兀、乃蛮、唐兀人仍旧"，见《元史·世祖纪》。路以下散府及州县也各设达鲁花赤，见《元史·百官志》七。经过元世祖的"定制"，原来设置于占领地区不限族属的官长遂演为汉化行政系统之内，汉南人地方官职之外和之上的蒙古或色目人的特殊官职，以监督、节制汉南人各级地方官员，权位居于其上。叶子奇《草木子》称"元路府州县各立长官曰达鲁花赤，掌印信以总一府一县之治"。这一新设立的长官，在汉人原有的官职中并没有与之相当的称谓，或译作"镇守官"、"掌印官"，都不能确切

---

[1] 韩儒林：《成都蒙文圣旨碑考释》，《华西大学中国文化研究所集刊》第二卷合刊，1941年9月。
[2] 翁独健：《元典章译语集释》，《燕京学报》第30期，1946年。

表达它的特殊地位和特殊职能。因而，蒙古语音译的达鲁花赤遂成为这一官职的专称和定名，为元人所习用。其复数形也不再音译达鲁花思，而用专称达鲁花赤。

州城县镇　汉地路府州县，在蒙古语中并没有与之相当的称谓。此碑蒙古语令旨 balaqadun 原义为城子的，šilde ·edun 原义为村落的。汉译令旨"州城县镇"，系取意译。达鲁花赤的设置曾推广到中书所属各总管府与各级军事系统，与此无涉。令旨此处是专指平阳府各州县的达鲁花赤。nojad 是 nojan 音译那颜的复数形，意译官人每。这里并不是达鲁花赤的尊称，而是与之并列，意指州尹、县尹以下的地方官员。两字都系以后缀 -da 表示蒙古语的与格，意近"对"、"向"。前后文的管军官人、使臣等也都为与格。全句表示对军官、军人、州县达鲁花赤、各级官员及使臣人等省谕。所谓"遍行省谕令旨"即遍谕各州县的公告。

成吉思皇帝　八思巴字蒙文作 ǰiŋ[gis] qanu。拓本脱 gis。汉字碑文作"成吉思皇帝"。元太祖铁木真在金泰和六年丙寅（1206年）斡难河大会上，由诸王群臣共上尊号成吉思罕，中外有关史籍，所纪事实，大致相同。但"成吉思"名号的含义，历来众说纷纭，尚无确解。波斯拉施特《史集·成吉思汗纪》称："'成'为强大、坚强的意思，成吉思为其复数。它与哈剌契丹的伟大君主所拥有的古儿汗是一个意思，都是强大君主之意。"[1] 近年，罗依果（Igor de Rachewiltz）教授自突厥碑铭中检出 ciŋiz 一词，意为勇猛、刚强，

---

[1] 拉施特著，余大钧、周建奇译：《史集》第一卷第二分册第二编，商务印书馆 1983 年版，第 208 页。

与《史集》所释略同。[1] 元代汉文文献，未见对"成吉思"一词的明确译释。元世祖采用汉法，为铁木真上庙号太祖，又命儒臣赵璧拟制谥号"圣武"，题于神主，供奉太庙。至元十三年将太祖神主改题为"成吉思皇帝"，以蒙语尊号为谥号，见《元史·祭祀志》。于是"成吉思"与"圣武"蒙汉两谥号并用，含义相同。赵璧精通蒙语，所拟"圣武"应即是依据成吉思尊号的含义。"圣武"一词反映了赵璧等人对"成吉思"的理解，是对"成吉思"的最为恰当的汉语释义。"圣"字是元人对皇帝的颂称，今译也可作英武、雄武，成吉思罕即雄武之王，成吉思皇帝即英武皇帝。

八思巴字碑文 jin[gis]qan，音译成吉思汗，是群臣共上的正式尊号。"汗"原是柔然、鲜卑、突厥以至蒙古等草原民族部落首领的泛称。两个以上部落的联合或联盟的大首领，则尊称为可汗或合罕，即所谓"汗中之汗"。多民族的首领，或征服了其他民族的首领，如西辽耶律大石则被称为古儿汗，即所谓普汗。所以前引《史集》称成吉思罕与古尔汗同义。蒙古建国时，已先后征服了塔塔尔、克烈、乃蛮、蔑尔乞并已统治原属金朝统治的广大汉地。成吉思罕这一尊号事实上已是包括汉族在内的各民族的大汗，统治范围之广大与地位之崇高，远在合罕之上。后人或称他为成吉思合罕，乃是沿用了蒙古传统的称谓。

汉字碑文"成吉思皇帝"，是元代法定的汉语尊称。"成吉思"是音译，"皇帝"是义译。《辍耕录》收录元太祖十五年颁给丘处机

---

[1] 罗依果：《成吉思汗合罕称号再探》，《包培九十寿辰纪念论文集》(Igor de Rachewiltz, "The Title Cinggis Qan/Qagan Re-examined", in W. Heissig and K.Sagaster, eds., *Gedanke und Wirkung. Festschrift zum 90. Geburtstag von Nikolaus Poppe*, Wiesbaden, 1989, pp. 281-298); 陈得芝中译文，载《元史及民族史研究集刊》第 16 辑。

的诏书称"成吉思皇帝圣旨"。周至重阳万寿宫碑也见癸未年即太祖十八年"宣差阿里鲜奉成吉思皇帝圣旨"。可见太祖在位时,成吉思皇帝这一汉译名已在汉地通行。元世祖改题于太庙神主后,成吉思皇帝更成为法定的译名,为元代汉文文书所遵用。

匣罕皇帝 八思巴字碑铭 qa·an,汉译"匣罕皇帝",音译之后又加意译。匣罕又译合罕、哈罕,指太宗窝阔台。窝阔台嗣位,没有再立尊号,仍依传统旧制称合罕,以示低于乃父成吉思罕。但这已不同于蒙古诸部的合罕而是大蒙古国的合罕。

地税商税外 八思巴字蒙文令旨引据成吉思罕、合罕圣旨:tsʻaŋ tʻamqada ča buši ʼaliba ʼalba qubučʼiri ʼeuluʼeu ǰen。碑拓 tʻamqada 原缺,沙畹、包培参据他碑拟补。tʻamqa 源于突厥—畏兀语,意指印契,即商税。buši 有"其外"之义。此句原意为地税商税之外,不承担任何差发。《元典章》"户部·种田纳税"条中书省奏文曾引述成吉思皇帝、合罕皇帝时制度:"外据僧道也里可温答失蛮种田出纳地税,买卖出纳商税,其余差役捐免有来"。与此碑蒙文令旨相符。但汉译令旨作"地税商税不拣甚么差发休着者"。省去蒙语 buši 一字的译文。亦邻真前引文认为原碑汉译文"全乖原意","可见汉译文是错误的"。我意此处未必是译文错误,而是道士刻石时有意删去"除"字或"外"字,借以规避赋税。原文应是"除地税商税"或"地税商税外"。《安阳金石录》卷九收录太一教的上清正一宫碑,其中第二截引述成吉思皇帝、合罕皇帝圣旨,正作:"除地税商税,不拣什么差发休交当者。"可为佐证。建极宫碑碑阳圣旨增添"禹"字,碑阴令旨删去"除"或"外"字,都是全真道士所做的手脚。

蒙古语 'aliba，此碑汉译"不拣甚么"，是元人通用语。《华夷译语》通用门："不拣甚么：阿里别。""不拣甚么"，犹言不论甚么、不管甚么，雅译"任何"。"休着者"之"着"应读为 zhao，汉语俗语动词，意为承受，此处译蒙语 ǰen，犹言承担。

告天祈福　八思巴字蒙文作 dèŋri ji ǰalbariǰu hiru ·er 'eogun 'at'uqaji，即祷告天降（给）福。此碑令旨译为"告天祈福"。他处圣旨碑或译为"告天祈福祝寿"，"与俺每祝寿"，令旨或译为"与皇帝并俺每祝寿祈福"，"与皇家告天祝寿"等等。所谓"祈福"即为皇帝和皇家祈福祝寿，语意甚明。

"告天祈福"不是求"神"保佑，而是祈祷上天降福皇帝，与"长生天气力里"的观念是一致的。

照依先前圣旨体例　八思巴字蒙文 uridanu ǰarliqun josu ·ar。josu 一词曾见于《元朝秘史》，音译"约孙"，旁译"理"，原有规约之意。后缀工具格 ·ar，可理解为依据。此碑拓本汉译"照依"，以下磨损，再下残存"先"字末笔及"前"字。刻石因碑面剥落不得不绕开剥损处续刻文字，每有其例。现存北京平谷兴隆寺碑即有此情形。建极宫此碑显然也是碑石有损，文字无缺。左行"不拣"与"甚么"之间，后文"平阳府有的"之间均有剥损，可以为证。前引冯承钧书收录此碑文，因疑剥落处有缺文，在"先前"之上补"着在"二字。今细检碑拓实无缺文，应订正为"照依先前圣旨体例"。

姜真人替头里董真人　汉译令旨"这平阳府有的尧庙、后土庙、禹王庙住的姜真人替头里董真人交先生每根底为头儿祈福者"。八思巴字尧庙、后土庙、禹王庙均依汉语音译。尧庙居首，在后土庙之前，与碑阳圣旨不同。这当是由于董若冲继姜善信提点尧庙为其本职，后土庙建成后仍由董若冲兼管。禹王庙原为姜善信倡修，董若冲继领，《靖应真人道行》碑见"其门人提点尧、禹庙事董若冲"。

八思巴字蒙文 giaŋ ǰin žinu orana duŋ ǰin žini，姜真人、董真人均据汉语音译。orana，即 orona，原意为位子。此处用为董真人的修饰语。在姜真人位子的董真人，即继承（接替）姜真人职位的董真人。汉译"替头"系元代习用的俗语，犹言接替、继承。碑阴令旨颁于至元十三年正月，已是董真人接替姜真人两年之后。近人或释此禁约令旨为董真人接替姜真人的任命，系出误解，应予订正。[1]

交先生每根底为头儿 "交"也是元代俗语，同"教"或今语的"叫"。系用以翻译蒙文董真人后缀 i 的语法形态宾格。

蒙文 sèn-šhi-ŋu-di 汉译"先生每根底"。汉语"根底"一词习见于元代公文，也是民间习用的日常用语，并非专用于蒙语翻译。朝鲜《朴通事谚解》单字解"底"字条："语助：根底。"同书卷上见"你谁根底学文书来"，意即你向谁学，跟谁学。元刊本《事林广记》卷一一"拜见新礼平交把盏"条："主人进前跪云：哥每到这里，小弟没甚么小心，哥每根底拿盏淡酒。"意即对哥们拿盏淡酒或向哥们拿盏淡酒。碑文此处"先生每根底"系以根底对译蒙古语附加 di。意近"对道士们"。[2]

八思巴字蒙文 'eot 'eoguleǰu 是源于蒙语名词 'eot 'eogus（长老、

---

[1] 近刊呼格吉勒图、萨如拉编著《八思巴字蒙古语文献汇编》第 371 页题解，将这篇省谕官员禁约骚扰的公告，说成"是赐予元平阳尧庙后土庙禹王庙令[董]真人代替姜真人为首领的令旨"。编者未能读懂碑文，任意误解，并脱落了"董"字。

[2] 参看张相：《诗词曲语辞汇释》，根前、根底等条，中华书局 2008 年版。田中谦二：《关于蒙文直译体白话》，根底条，《东洋史研究》1961 年 3 月。祖生利：《元典章刑部直译体文字中的特殊语法现象》，根底条，《蒙古史研究》第七辑，2003 年。

首领）而形成的联结副动词。汉译"为头儿"也是元代习用语，义近"作为首领"。"先生每根底为头儿"即对道士们作为头儿，或作为道士们的头儿。全句"董真人交先生每根底为头儿祈福者"，意即"教董真人率领道众们祈福"。

收执行踏的令旨 蒙文作 bariǰu jabu ·aji bičig。包培注云："我将 bariǰu yabu 'ayi 这个短语译作'被继续持有'或'被保存的[他们占有]。'"[1] 亦邻真云："bari 是执、持的意思，jabu 义为行走，转义而表示动作的持续状态。bariǰu jabu ·aji 表示持、执的持续性，并以静动词形态修饰令旨一词，意示这份令旨归寺院经常收执。"[2] 此词在其他元碑中又有"执把行的""把着行的"等直译，汉文作"常住收执"，见汲县《北极观懿旨碑》。

碑拓汉字令旨的"旨"字下磨泐，下接"也"字。八思巴字蒙文 'eog beè 亦为"给与"的过去时。汉字缺文，依他碑译例，可补"与了"二字。"与了也"即已经给与。此碑令旨颁于至元十三年正月，文中所述已经给与的令旨当在此前。内容即是文中所述照依前旨，免差祈福。

元代公文往往援引前此的有关文书以为依据，层层援引，极易误读。此碑所刊至元十三年令旨，主旨在于下文的禁约骚扰。文中引据前此已颁的令旨又引据先前圣旨，旨中有旨，不可混淆。

祠庙宫观 安西王令旨所称平阳府尧庙、后土庙、禹王庙都是汉族传统的祠祀，并非道教宫观。各地祠庙也并非都由道士奉祀。这三所奉旨敕修的祠庙由于系全真道士姜善信师徒主持修建，遂命

---

[1] 包培前引书，注12。郝苏民中译本，前引书，第205页。
[2] 亦邻真前引文。

提点庙事并由道士常住奉祀。但八思巴字原旨仍只称"宫里"，无"观"字。王鹗《建极宫碑记》称建极宫禹王庙，"别为道院，殿则有四，方丈云斋，无一不具。又广构神祠，凡可以为国祈禳者，悉有香火之奉"。由此可知，禹庙之中，另建有道院神祠，供奉香火，是则祠庙兼具道观，由道士奉祀。这应是平阳敕建祠庙的特例，与各地居民供奉的祠庙不同。尧庙光宅宫也由姜氏师徒主持修建，规模宏伟，前引王磐碑记说是"俨若帝王之居"，有屋八百间。如依禹庙建制，当也有道院神祠方丈云斋。

安西王在其辖地范围，向三庙发布优遇道士的令旨，免除差发告天祈福，显示已将祠庙视同道观，也显示安西王在其辖地所具有的权限，可供研究参考。

田产物业 八思巴字蒙文 qaǰar usu ja·uk'e。qaǰar 意为田土，usu 原义"水"，此指田间水利，两字或合译为"水土"。ja·u 原义"甚么"，k'e 泛指物件。《元朝秘史》卷五音译牙兀客，旁译"等物"。元碑或译"一切物件"、"不拣甚么"。此碑雅译"田产物业"，颇合原意，用字也很切当，实乃少见的精译。前引亦邻真文将蒙古语物件 k'e，意译为"谁"，当是误读。

休倚令旨 汉译令旨"休倚□□做没体例勾当者"。碑拓断损缺字。八思巴字相应之字为 bičig。据以补出"令旨"两字。

京兆府住时分 《元史·地理志》"陕西行省·奉元路"条："元中统三年立陕西四川行省，治京兆。"[至元]十六年改京兆为安西路总管府。"又据《元史·世祖纪》，"改京兆府为安西府"在至元十五年七月。此碑令旨署鼠儿年，即碑阳圣旨之次年，至元十三年丙子。其时尚未改安西府，故仍称京兆府，即安西王驻地长安。

（三）附录 蒙文令旨新译

此碑令旨，前人曾先后译为法文、俄文、英文以及所谓"现代汉语"，不无可商。现不再据蒙语词汇语法逐字直译，试依汉文公文通用文体酌译大义，以明原旨。附录于此，供参考。

上天眷命皇帝福荫皇子安西王令旨。
省谕军官、军士、州县达鲁花赤、地方官员、过往使臣人等。

成吉思皇帝、合罕皇帝曾有旨，僧、道、也里克温、达失蛮等，除地税商税外不当任何差发，告天祈福。今依前旨规约：地税商税外，不当差发，告天祈福，已颁令旨授予平阳府尧庙、后土庙、禹王庙承继姜真人之董真人常住收执，率道众祈福。

官里的房舍，使臣不得占住。铺马祗应不得征收。田产物业不得夺取。
道士们亦不得恃有令旨，擅行不法。倘行不法，宁不知惧？令旨。
子年正月二十六日写于京兆府。

图1 建极宫碑碑阳拓本(北京大学图书馆藏)

图2 建极宫碑碑阳拓本（采自沙畹）

图3 建极宫碑碑阴拓本（国家图书馆藏）

图4 建极宫碑碑阴拓本(采自沙畹)

论少林福裕和佛道之争

周清澍（内蒙古大学蒙古学研究中心）

早年读《历代佛祖通载》和《至元辩伪录》，书中频繁出现少林长老福裕之名，在元宪宗朝的佛道辩论中每役必在，而且名列首位。后来读《程雪楼集》中的《嵩山少林寺裕和尚碑》，这碑专门记录福裕的生平，对上述主要事迹或只字不提，或模糊不清，叙事也忽前忽后，反复颠倒。少林寺塔林的石刻福裕碑文之内容虽略有增加，仍不足以显示他一生的主要事迹。[1]因此后人读此碑后颇有误会，如明赵崡认为他不配有那么崇高的封赠，说："福裕无他异行，至赠仪同三司，胡俗乃尔。"[2]清初孙承泽则说："裕公少林僧也。元人赠大司空开府仪同三司、追封晋国公，宜当日仁虞院司鹰者皆带中书衔也。"[3]他将僧人视同养鹰人，以为仅因蒙古统治者的宠遇，遂将贵戚勋臣专有的高官显爵轻易授予这类人。

---

[1] 程钜夫：《嵩山少林寺裕和尚碑》，《雪楼程先生文集》卷八，涉园陶氏景刊洪武刻本（以下简称《裕和尚碑》）；《大元赠大司空开府仪同三司追封晋国公少林开山光宗正法大禅师裕公之碑》（以下简称《裕公之碑》）石刻，叶封《嵩阳石刻集记》卷下，《石刻史料新编》第二辑，第14册，台北：新文丰出版公司1979年版。
[2] 《石墨镌华》卷六《元赵孟頫裕公和尚碑》。
[3] 《庚子销夏录》卷七。

事实不然，蒙古统治者不同于中原历代王朝的一个特点，就是否认士大夫阶层必居各种人之首，只承认他们是传统的儒释道三教之一，而且是最后才认识到他们的价值，但始终没获得超越释道的优厚待遇。至于福裕本人，他既是大寺院的住持，又是全国或地区的佛教领袖。在震动中原的佛道辩论中，得到大汗欣赏和支持的主角正是福裕，这种宠遇和地位享有上列封赠是当之无愧的。

一、少林"开山"大禅师和蒙古国的佛教首领

程钜夫的《裕和尚碑》简单地提到福裕出长少林寺的原委，说："其住少林也，万松、海云二老实为之主"，说明他出任住持并非少林寺内部的安排，而是受蒙古国当时承认的佛教领袖万松和海云的指派。

万松行秀（1166—1246 年）俗姓蔡，出家于邢台净土寺。曾赴燕京潭柘、庆寿等寺参究，后至磁州参雪岩满公二年，尽其底蕴，闻名于"两河三晋"。据说他曾应章宗之召，到中都入宫说法，后特诏住持西郊仰山栖隐寺，曾与秋猎时道经该寺的章宗相遇并向他进献诗偈。再后来他改驻城中报恩寺，是受到皇帝礼遇的高僧，在金朝佛教界实居领袖地位。[1]

在蒙古占领中都后，万松能抓住机缘，与蒙古统治者拉上关

---

[1]《佛祖历代通载》卷二〇，北京图书馆古籍珍本丛刊本；《湛然居士文集》卷一三《释氏新闻序》（中华书局 1985 年版）；（明）明河《补续高僧传》卷一八《万松老人》，喻谦编：《新续高僧传四集》卷一七《释行秀传》，《高僧传合集》本，上海古籍出版社 1991 年版。

系。他先曾结识金留守政府左右司员外郎耶律楚材。[1]楚材在危城中经人推荐，拜万松为师。中都陷落后，金政府已不复存在。楚材乃专心向万松苦参禅法，"冒寒暑无昼夜者三年，尽得其道"。[2] 1218年楚材被成吉思汗征召，留用为身边侍从，随从西征。元太宗窝阔台继承汗位，耶律楚材更得宠信。二年（1230年），万松已闻名于窝阔台，奉诏主持万寿寺。三年，蒙古设处理中原事务的中书省，由楚材总领中书省事务。同时，万松已被视为中原佛教的首脑。

再一位是海云。在蒙古占领燕京后，成吉思汗委付木华黎"建行省于云、燕以图中原"。1219年，后者出兵云、朔，于岚州（今山西岚县北）俘获临济宗中观和海云印简（1203—1257年）师徒，并当作战利品"分拨直隶成吉思皇帝"。成吉思汗得悉这老、小二长老"实是告天的人"，传令"好与衣粮养活者，教做头儿"，让他俩集合更多僧众专心"告天"，为他祈福。木华黎署中观为慈云正觉大禅师，海云为寂照英悟大师，所需皆由官府供给。次年，中观示寂。19岁的海云成为蒙古统治者熟知的长老，先后得到窝阔台汗和太祖皇帝二皇后的赏赐并奉以光天镇国大士称号。1239年冬，复主持大庆寿寺。1242年，接受忽必烈大王的邀请，远赴漠北帐下。途经大同，邀"博学多才艺"的僧子聪（刘秉忠，1216—1274年）同行，并将他推荐给忽必烈。[3]蒙哥即汗位，"以僧海云掌释教事"。[4]而刘

---

[1] 《湛然居士集》卷九《戏陈秀玉》。
[2] 《湛然居士集》卷八《万松老人评唱天童觉和尚颂古从容庵录序》。
[3] 《有元庆寿海云大士》，《佛祖历代通载》卷二一。北京图书馆古籍珍本丛刊第77册，据元刻本影印。
[4] 《元史》卷三《宪宗纪》元年辛亥。

秉忠则留在忽必烈身边,"参帷幄之密谋,定社稷之大计",极得宠信。[1]中原的佛教日益得到蒙古统治者的重视。

蒙古国从成吉思汗开始,就陆续指定了管理中原和各地方僧、道的首领,他们也能随着蒙古占领的扩充,从被征服地区获得权益并扩大自己的影响。实际上,福裕是受"教做头儿"的佛教领袖派遣,充当新占领区的接收大员。碑中铭文透露,他南渡时曾带"参从渡河,凡三百指"。有随从30人跟着上任,也许是为了恢复战后僧众流亡的荒废寺院,或许是为了保障他的安全,说不定少林寺养成练武的传统还与这批人有关。他不只是少林一个寺院的住持,至少河南府的寺院都在他的辖下。所以他先"暂息缑氏之永庆",又重建或修复"嵩阳诸刹",而且还常留在洛阳白马寺讲经。少林寺恢复重建后,另有"二百四区,群废尽起",可见他的职责不限于主持少林一处寺院。

《裕和尚碑》没有记载福裕"住少林"的年代,只说是"属少林煨烬之余",福裕的同时人王恽也说是在"板荡后"[2],应该是指1234年蒙古灭金前后。这时河南历经战火,破坏严重。在福裕主持少林寺以前,少林寺是金朝统治下的一个寺院,大体可分为两个时期。1215年以前,少林寺是金南京路境内的一所寺院,所以自金大定元年(1161年)起,先后由郑州普照寺宝公和尚的弟子、徒孙等担任少林寺住持。他们的互相承替,看来纯属寺院的内部事务。1215年贞祐南渡后,章宗放弃了中都(今北京),迁往南京(今开

---

[1] 《元史》卷一五七《刘秉忠传》。
[2] 《裕和尚碑》;王恽《雪庭裕公和尚语录序》,《秋涧先生大全文集》(简称《秋涧集》)卷四三。

封）。这时的少林寺已近在京畿，万松的弟子志隆随宣宗南迁到开封，与木庵性英先后当上了少林寺的住持，志隆可能多少是托庇其师的余荫。但此时万松仍滞留已被蒙古占领的燕京，志隆等能否出任住持是属于金王朝的事，肯定与万松无关。福裕同他们有根本区别，他是受蒙古新王朝佛教首领委派前来接收少林寺的，并兼有管理地方和全国佛教事务的重责，身份地位已大不相同。从少林寺福裕碑篆额看，除御赐封爵外，还称为"开山"大禅师，即肯定他是新朝少林寺的开山之祖。

少林长老福裕颇受远在漠北的蒙古汗庭重视。1245 年，当时还是普通宗王的忽必烈，曾给福裕下降令旨，让他明年在少林寺举行盛大的"资戒会"。1248 年，定宗贵由又下诏令他前往哈剌和林，担任太平兴国寺住持。值得注意的是，这两次令旨或圣旨都与派遣他住持少林的海云有关。1242 年，忽必烈曾邀请海云"赴帐下，问佛法大意"。1247 年，贵由即位，颁诏命海云统领汉地僧侣；太子合赖察（哈剌察儿，Qaracar，太宗第四子）又请海云到和林，延居太平兴国禅寺。[1] 显然，福裕为忽必烈所知及贵由让他住持和林太平兴国寺，极可能是因有此前到达漠北的海云所推荐。

宪宗元年（1251 年），福裕被"召至北庭行在"。三年癸丑冬，蒙哥皇帝颁发圣旨授予福裕"都僧省"的名义。[2] 世祖即位后又命他

---

[1] 《有元庆寿海云大士》。
[2] 确切年代据少林寺《元圣旨碑》。此事《裕和尚碑》不载，仅见于《裕公之碑》石刻，置于"宪宗召诣帐殿"之后，"俾总领释教，授都僧省之符"。有人拟定在 1251 年宪宗即位时。但原文"授都僧省之符"之后又说："得废寺二百三十有七区"，后者据张伯淳《大元至元伪录随函序》（《佛祖历代通载》卷二一），事在丁巳年（1257 年）。据《裕和尚碑》，"命总教门事"在"世祖即祚"之后，我怀疑"都僧省"同"总领释教"或"总教门事"是两种职务，后者类似宪宗元年授予海云的"掌释教事"，不应同时另授福裕。

"总教门事"。《裕和尚碑》只字不提曾任"都僧省"之事，而发生在何时《裕公之碑》也叙述不清。担任这类重要的职务居然含混带过，难怪后人读此碑时认为福裕没资格受如此崇高的封赠。福裕后来相继住持大都的大万寿寺和上都的大龙光华严寺，这是两所京都所在全国佛教领袖常驻的大寺院。[1] 当前有关元代少林寺的讨论，都注意到福裕住持少林时，少林下院分建五少林之事，实际上他是仰仗出身于万松住持的万寿寺，而后又以哈剌和林、大都、上都的太平兴国寺、大万寿寺及华严寺等都城大寺院住持的身份提高了少林寺的地位，使少林寺在元朝产生前所未有的影响。

二、佛道辩论的发难者和主持人

福裕一生的主要事迹是发动佛道之争。由于宗教的歧见、经济利益的争夺，它最后发展为牵动两朝皇帝、宗王、大臣和佛、道两教领袖的国家大事，斗争长达 40 年。而福裕正是这场争斗初期的发难者和主持人，并最终获得胜利。他平生的丰功伟绩，为少林寺带来的直接利益和深远影响，及其在元朝的崇高地位，无不是由于这场斗争中所起的决定作用。奇怪的是，程钜夫的碑文竟略去了这段元初宗教和政治史上的重要事件，仅在事过境迁的世祖即位后，含糊地加上一句："因论辩伪经驰驿以闻，火其书。"其事何指，令人摸不着头脑。

---

[1]《裕公之碑》：庚申（1260 年），请福裕主万寿寺，"始终万寿十四夏"。虞集《佛国普安大禅师塔铭》《道园学古录》卷四八）：丙辰之岁（1256 年）始城上都，戊午（1258 年）作大龙光华严寺，至温主之。至温于至元丁卯（1267 年）去世，由少林福裕继任。

福裕的主要对手，是盛行于中原地区的全真道，当时，该教处于其他宗教和道教内部各派的绝对优势。金海陵王正隆和世宗大定间，王重阳创全真道教，教旨"大抵以刻苦自励，淡泊寡营为主"。它初创时吸取各种学说和宗教的优点，"其逊让似儒，其勤苦似墨，其慈爱似佛"，[1] 颇受民众的欢迎和信仰。蒙古伐金，据有燕京等地。全真教主丘处机应成吉思汗之召觐见于西域，为道士争取到免除差发、徭役的特权，丘处机本人也受命掌天下道教。全真教依仗自己的特权保障，"大辟玄门，遣人招求俘杀于战伐之际。或一戴黄冠而持其署牒，奴者必民，死赖以生者，无虑二三巨万人"。凡是学道之人，"复其田租，蠲其征商"。[2] 在此后三四十年间，"为之教者独全真道而已"，"黄冠之人十分天下之二，声焰隆盛，鼓动海岳"。在多年的战乱中，处于四民之首的"士"，"业废者将三十年，寒者不必衣，而饥者不必食"。[3] 不仅未仕者出仕无门，连已在金朝出仕的官员也失所业，包括被人"呼运使、呼侍郎"的旧官，为了生活，只得给蒙古官员推车，甚至"混于杂役，堕于屠沽"。出家为道，既可免俘杀、奴役之苦，又能"免跋焦（薙发），免赋役，又得衣食"。[4] 士大夫"当金季俶扰，纲常文物荡无孑遗，其时设教者独全真家，士之慕高远，欲脱世网者，舍是将安往乎？"[5] 他们在不得已的状况下，"往往窜名道籍"。士人这个备受社会尊崇的阶层的加入，壮

---

[1] 陈垣：《南宋初河北新道教考·教徒之制行》；辛愿：《陕州灵虚观记》，李道谦编：《甘水仙源录》卷九，《道藏要籍选刊》第 6 册，上海古籍出版社 1986 年版。
[2] 姚燧：《长春宫碑》，《元文类》卷二二。
[3] 元好问：《清真观记》，《遗山先生文集》卷三五。
[4] 王国维：《黑鞑事略笺证》。
[5] 王恽：《真常观记》，《秋涧集》卷四〇。

大了全真的声势；而教内有这批有知识的人策划和主持，更加速了全真实力的扩张。如全真掌教李志常本人也是"儒家者流"，为了避难，乃"决意学道"。[1] 在他主持期间，全真的势力发展到顶点。

自从金南渡迁汴京以后，全真教因丘处机等远游西域，得以结交蒙古的最高统治者成吉思汗，勃然兴起。继续掌教的李志常等，更加推波助澜，其势发展迅猛。而这时的佛寺名蓝，大多衰败荒芜，往往被全真占用，改作道观。据释家的指责：全真道徒曾"毁灭释迦佛像、白玉观音、舍利宝塔，谋占梵刹四百八十二所"。他们还抓住全真的一个把柄，即："传袭王浮伪语《老子八十一化图》，惑乱臣佐。"当《老子八十一化图》刻成后，李志常竭力远近传播之，鼓吹李老君胜过其他宗教。他认为首先要向朝廷宣传，上面有人信服，则其余下面的百姓自然闻风信从。乃派道人将图本遍散朝廷近臣。[2]

宪宗五年乙卯（1255年），由于佛道两教的直接利害冲突，终于引发了和尚向道士发动的猛烈攻势。这时佛教的声势已逐渐恢复。早在1248年，定宗贵由下诏令福裕前往哈剌和林，担任太平兴国寺住持。蒙哥即汗位时，他又曾被"召至北庭行在"。福裕可能长期驻锡在和林。1255年8月，他正在和林"建寺"，看到道士散布的图本，认为是"谤讪佛门"，通过学士安藏献呈阿里不哥大王，诉其伪妄。大王披图验理，向蒙哥汗转奏。蒙哥召集福裕及道士李志常于

---

[1] 王鹗：《玄门掌教大宗师真常真人道行碑铭》，《甘水仙源录》卷三。
[2] 祥迈：《大元至元辩伪录》（以下简称《辩伪录》）卷三，北京图书馆古籍珍本丛刊77册，据元刻本影印。

大内万安阁下，与丞相钵刺海[1]、亲王、贵戚等、译语合剌合孙[2]并学士安藏，为了辨明真伪，亲自主持辩论。福裕又向蒙哥上表，系统地揭露道家的伪妄，并拉上备受蒙哥汗宠信的克什米尔僧那摩联名共奏。蒙哥披览后，对是非曲直已完全同意表文的说法，乃于九月二十九日，从君脑儿发布圣旨：断言"那坏佛的先生们依理要罪过者"。

第二年丙辰（1256年）五月，那摩大师再一次和福裕以及中原各大寺院的长老同上哈剌和林，准备与李志常等共对朝廷辩论。这次道士一方李志常等并没有来。

第三年丁巳秋八月，福裕等再上和林。阿里不哥传达圣旨，已预判道家的《八十一化图》及其余文字都是"谤佛"。只不过"若不就彼广集对辩，辞穷自屈，乃讼国家强抑折伏"。这等于法官已先有结论，只要被告到庭"自屈"，不要埋怨是"强抑折伏"而已。

宪宗八年戊午（1258年），蒙哥发布圣旨：令僧、道两家同赴开平辩析。当时忽必烈以大汗长弟之尊，掌管汉地军国重事，建城于漠南开平。七月，忽必烈承蒙哥的委托，普召释、道两宗，包括福裕为首的僧人和张真人为首的道士，于上都宫中大阁下座前对论。僧方有那摩、拔合斯八和西蕃等国师，河西国、外五路、大理国僧，以及汉地长老和太保聪公等300余僧人，儒士窦汉卿、姚公茂等，丞相等官员200余人，共为证义。两家自约，"道胜则僧冠首而为道，僧胜则道削发而为僧"。

---

[1] 即《元史·宪宗纪》元年任命"掌宣发号令、朝觐贡献及内外闻奏诸事"的"字鲁合"，卷一三四有传，译字鲁欢，Boruqai，蒙古怯烈氏，宪宗即位，拜中书右丞相。至元元年，以党附阿里不哥论罪伏诛。
[2] 《元史·世祖纪》译和礼霍孙，至元五年授翰林待制，累迁翰林承旨，十九年拜中书右丞相。

辩论结果以判定道家的失败而结束。当年七月十一日，以忽必烈大王的名义由开平府发布两道令旨：其一是蒙哥曾委付布只儿为首的断事官原判，道士所占寺院应退37处，重申仍令交付少林长老。其二是据少林长老状告，由蒙哥所断的圣旨，凡全真道雕造的说谎文书《化胡经》……《八十一化图》等随处宫观所有伪经，以及刻书的原板，在张真人（志敬）听读圣旨后，派人就云台观追取辇载到燕京，于大悯忠寺正殿之西南，面对百官一律烧毁。照此原则，凡有转刻碑幢及塑画在壁上的，通知各处道士就近磨坏、刮刷。

《辩伪录》还说：参加抗论的道士有樊志应等17名，辩论失败后，那摩大师派随路僧官，监送他们到燕京，将道士星冠袍服挂在长竿上，晓谕大众。并令道士将所占寺宇、山林、水土482处，交付释家。福裕这时却显得大度，与僧商议："若尽要了，恐讥恃力。"他主动退让280处，只取回202处。《裕公之碑》所说"得废寺二百三十有七区"，大概是指蒙哥原判退还的37处和忽必烈新判退还的约200处。[1]

从上述《大元至元辩伪录》的记载可见，福裕是元宪宗时佛道抗辩的发难人，作者祥迈讳其法号，尊称为"少林长老"，指明他是每次辩论中汉地佛方"为头"的领袖。

三、佛胜道败的原因分析

在佛道争斗中全真道终于惨败，对全真上层来说，自有其导致

---

[1] 以上见《辩伪录》。断事官布只儿即布智儿，《元史》卷一二三有传，官名全称大都行天下诸路也可扎鲁忽赤。

重挫的主观原因。

王重阳创教时，本来主张除情去欲，清静无为。继丘处机出任掌教的尹志平说："丹阳师父（马钰）以无为主教，长生真人（刘处玄）无为、有为相半，至长春师父（丘处机）有为十之九。"[1] 他这段评述反映出从金末至蒙古时期，与全真道日益受到统治者的重视和信众骤增相适应，它逐渐由主张遁世的"无为"演变为倾向世俗的"有为"。1250年蒙哥汗即位，任命李志常"掌道教事"。[2] 自他以下"十八大师光膺宝冠云帔，下至四方名德，亦获紫衣师号之宠"。[3] 信徒从平民到豪富、地方官员，争相奉献，加上统治者的赏赐，据有大量的社会财富，以致全真的"宫观相望"，极尽奢华。甚至在僧道辩论失败十余年后，王磐还描述说："今也掌玄教者……居京师住持，皇家香火焚修，宫观徒众千百，崇墉华栋，连亘街衢。京师居人数十万户，斋醮祈禳之事，日来而无穷。通显士大夫洎豪家富室，庆吊问遗往来之礼，水流而不尽，而又天下州郡黄冠羽士之流，岁时参请堂下者，踵相接而未尝绝也。"

他们竭力广招徒众、扩大地盘和道观财产。信徒由平民又扩及地方世侯和各级官员，形成一股颇具影响的社会力量。丘处机死后，继任掌教尹志平、李志常曾发起为丘处机举行隆重的葬礼，又在终南山祖庭为祖师王重阳举行盛大的会葬，并扩建重阳万寿宫。当时群众聚集数以万计，出面捧场的人有当地官员、豪门巨室，其声势之浩大，动员群众之广泛实前所未有。全真教的"道宫虽名为闲静

---

[1] 尹志平：《清和真人北游语录》，《道藏·正乙部》。
[2] 《元史》卷三《宪宗纪》。
[3] 王恽：《真常观记》。

清高之地，而实与一繁剧大官府无异焉"。[1] "匹夫一言，乡人信之，赴讼其门，听直其家"，"以二三巨万之人，散处九州，统驭其手"。[2] 在蒙古统治之外，如同存在一个无形的第二政府，不能不引起统治者的警惕和猜忌。

当时金朝遗民聚集全真门下，认为丘处机能感化成吉思汗，所造《老子八十一化图》，印证了化胡之谶。僧方乘机借题发挥，攻击全真是"惑乱臣佐"，异族统治者难免引起联想，认为所谓化胡是贬低和讥刺自己。

全真领袖人物因恃有圣旨、金牌，驰驿四出，宣称可通管僧尼，凭借权势，利用战乱时各地佛寺焚毁或僧众逃空之机，改寺为观，甚至抑僧为道。据释家诉告，侵占寺庙达400余处。道家触犯了僧人的实际利益，激化了僧道的矛盾，终于导致释方的伺机反击。

从客观来说，蒙古统治者倾向于信仰佛教也注定了道士的失败。

按《至元辩伪录》的说法，蒙哥即位时，"初铸国宝，先赞佛门"，宣布凡是僧人都免除徭役。尊礼克什米尔的那摩国师。1256年9月，蒙哥准备亲自主持佛道辩论，就先对僧界领袖发表看法："我国家依着佛力，光阐洪基，佛之圣旨，敢不随奉。而先生每（道士们）见俺皇帝人家归依佛法，起憎嫉心，横欲遮挡佛之道子。……今先生言道门最高，秀才人言儒门第一，迭屑人（基督教士）奉弥失诃，言得生天，达失蛮（伊斯兰教师）叫空谢天赐与。细思根本，皆难与佛齐。"他举手作比喻说："譬如五指，皆从掌出，佛门如掌，

---

[1] 王磐：《创建真常观记》，《道家金石略》，第615—616页。
[2] 姚燧：《长春宫碑》。

余皆如指。不观其本，各自夸衔，皆是群盲摸象之说也。"[1] 这说明蒙哥已事先表态支持僧的一方。

另一位是受蒙哥委托主持佛道辩论的忽必烈。他是最有权力的宗王。1252年，他奉命南征信仰佛教的大理国，次年夏，"出萧关，驻六盘"。听说建藩永昌的阔端后王蒙哥都处有一位乌思藏高僧，即"洞达五明法王大士萨思迦·扮底达（Saskiy-a bandida）"，或称萨思迦·公哥监藏（Saskiy-a Kun-dgah-rgyal-mtshan），遂派遣使者到西凉，请求前来会见。蒙哥都对使者说：大师前两年"已入灭"，现有其侄八思巴在此，年方十六，"深通佛法，请以应命"。于是派人护送八思巴驰骑前往他的驻地。忽必烈闻讯，派遣100名骑兵迎接。[2] 从此，八思巴留在忽必烈身边，大得宠信，被尊为国师。据说忽必烈这次回师途中，看见秦川三教庙宇中，"以老君处中，佛却傍侍"，于是对左右说："老子世人中贤，其教少用，未达圣人之理，难超生死之津，共佛同坐，于理不堪，况乃僭尊，愈为不可。"他认为老子没资格与佛平坐，更不能"僭尊"。第二年，他派遣长老志公乘驿随处改造，将"以老君处中"的堂观"通四十九处，塑者碎之，画者洗之，所有乖戾，并与迁革。于河中、京兆、绛州、平阳府四处，立碑旌其伪妄"。佛道辩论尚未展开，忽必烈已开始采取扬佛抑道的措施。

蒙哥汗之下，除忽必烈以外，以他的幼弟阿里不哥的权势最大，福裕对道士的诉状，就是通过学士安藏呈献阿里不哥大王的。阿里不哥同样是偏向僧方，收到福裕的投诉和附送上的《八十一化图》，立即"披图验理"，得出"阅实其虚"的结论。于是他向蒙哥转奏，

---

[1] 祥迈：《辩伪录》卷三。
[2] 《库腾汗：蒙藏关系最早的沟通者》，《元史论集》，人民出版社1984年版。

断言道士是在"诈冒、破灭佛法"和"败伤风化"。

从释家一方来说，自从成吉思汗降服畏兀儿、灭西夏，窝阔台招降吐蕃，忽必烈征大理，蒙古统治者接触到中原以外的各族佛教。被罗致来的各族高僧，让大汗、诸王皈依佛教，直接影响到蒙古对各种宗教的政策。福裕等中原寺僧有他们的支持，已大不同于往昔。

那摩，或译罗麻、兰麻、南无，迦叶弥尔（克什米尔，Kashmir）人。据说他曾隐于大雪山下学佛法，修头陀苦行13年。窝阔台汗时与其兄斡脱赤投附蒙古，定宗贵由奉以为师。宪宗蒙哥尊为国师，总管天下释教。1253年，驻锡燕京。次年，住持拖雷家族分地真定的大龙兴寺。[1]这段经历，使他既能出入大汗左右，又了解中原情况，因此福裕趁在和林建寺之便，拉上他一同状告全真并一起主持佛道的争辩。

前文提到的八思巴（拔合斯八），在1251年萨思迦扮底达去世后，已受伯父之命代领僧众，成为乌思藏各教派之首萨思迦派的首领。1258年，忽必烈让八思巴以国师之尊，出席佛道辩论，迫使道士承认失败。

安藏（？—1293年），全名安藏扎牙答思，1255年福裕在和林控告全真"谤讪佛门"，是通过学士安藏呈献阿里不哥大王。蒙哥召集福裕和道士李志常于大内万安阁下质问时，出席人也有学士安藏。他是出生于别失八里的畏兀儿族人，9岁从师学佛经，15岁兼习儒、释二家之书，通各族语言文字。19岁被征召入侍。有佛学著作《宝藏论玄演集》，陆续将《尚书》、《资治通鉴》、《难经》、《本草》等汉

---

[1]《元史》卷一二五《铁哥传》；《南无大师重修真定府大龙兴寺功德记》，《常山贞石志》卷一五。

文经史、医学名著译成蒙古文。他"以佛法见知"于蒙哥汗,自然会支持福裕一方;精通蒙语,能在大汗、宗王面前传递释家的意见;又能"孔、释兼融",了解中原的文化,因而为佛门立论和找道家的弱点都颇得力。[1]

1258 年,蒙哥委托忽必烈在上都普召释、道两宗高僧和道长对论。释的一方,除汉僧外,还有克什米尔来的那摩国师、乌思藏的萨思迦派首领八思巴国师、西蕃(藏族)国师、河西(西夏)国僧、外五路(畏兀儿)僧、大理国僧,形成各族僧侣对仅传播于中原之全真道的联合大围剿。这些外族僧人,大多为蒙古汗室和贵戚大臣所信奉,经常在他们左右,语言相通,能说得上话。那摩和八思巴贵为国师,在大汗、宗王前的分量更非道家可比。汉人中刘秉忠(太保聪公)是忽必烈的心腹,也加入到同道士张真人等"抗论"的"僧"众中。

福裕是这场佛道争论的发难人并获得最后胜利,其个人的才智和能力也起到决定性的作用。碑文说他"九龄入学"、"日了千言";这可能是谀墓之词,但至少说明他少年时有机会接受教育,且资质较佳。他"幼遭世变",在乱世中得机会"亲炙万松师"十年之久,勤奋学习,在"深入佛海"又"游戏翰墨"的万松众弟子中,"独能秀拔丛林"。他儒、释典籍兼修,"三阅藏经而成诵","通群书,善翰墨,吟咏提倡,普说几十万言",著有《语录》和《诗集》出版。[2]其才资在当时的环境下是非常罕见的,理所当然地成为众僧中的杰出代表。他在和林,既能与文化素养甚高的前中书令之子耶律铸结

---

[1] 程钜夫:《秦国文靖公神道碑》,《雪楼集》卷九。
[2] 《裕公之碑》;王恽:《雪庭裕公和尚语录序》。

为诗友；又因久驻漠北，可能略通蒙古语并能与蒙古上层直接交流，这一点也比常在中原的道士占有优势。另一个佛教领袖海云，在戊戌选试时，曾对蒙古丞相说："山僧不曾看经，一字不识。"事实虽不至如他所说的那么绝对，至少是文化不高，因而才会对蒙古官员说得如此夸张。在佛道辩论中，福裕能引经据典与儒士出身的道士雄辩，正说明他文化素养较高。

1251年蒙哥即汗位，曾召福裕到"北庭行在，所居累月，其言上当帝心"。就是说他已能面见大汗并能直接对话，如王恽所说："于是款龙庭而振举宗风。"王恽赞扬他身"在方外，实为不凡"，能"通习吏用，见诸行事"。看来此人处事善于机变，"当机应物"，故能"弘阐家教，因缘会合，倾动一时，以无碍妙辩，现当机应身"。[1] 在和林，他常光顾大臣之子耶律铸的西园，而后者的宗教信仰是倾向于道教的；[2] 他主动结交畏兀儿族的学士安藏，通过他陈文阿里不哥；他懂得拉上大汗尊信的国师那摩联名向蒙哥上表，以便增加自己控告道家的分量。

福裕在住持万寿寺时，善于经营，获得"都南柳林闲田二顷余"，又想出开办"药室、浴宇、贾区"赢利的办法。[3] 由此也可看出他的精明能干。

就当时的实际情况说，并无所谓平等的辩论，实际形同审问。举例来说，1255年福裕向蒙哥上表时，蒙哥是向李志常"对面穷考，按[八十一化]图征诘"。面对皇帝的当面质问，李志常吓得"一词

---

[1] 王恽：《雪庭裕公和尚语录序》、《雪庭裕和尚诗集序》。
[2] 耶律铸：《双溪醉隐集》卷三；《耶律楚材父子信仰之异趣》，《陈垣学术论文集》第1集，中华书局1980年版。
[3] 《裕公之碑》。

罔措，拱身叉手"，岂敢反驳，只能"推以不知"而已。

又如那摩大师在德兴府当着忽必烈面前，向道士们宣读蒙哥汗的圣旨，要求道士赔偿玉泉山被打碎的白玉观音。福裕先与执结，未等全真代理掌教张志敬"妄欲支吾"，即意图声辩，就被忽必烈身边的人殴击骂之，头面流血。不仅没追究打骂别人的人，反而归罪被打得头面流血的张真人"全无愧耻"，实在是全不讲理。

至于辩论的形式，只是释氏一方向道家质问和指责，不是平等辩论。福裕以道教的《老子化胡经》，特别是李志常主持新制的《八十一化图》为突破口。该图必绘有诸如高鼻深目之类明显体貌特征的"胡人"，借此话柄，激怒"胡僧"对全真的敌视，使深得蒙古统治者宠信的异族僧侣卷入这场斗争中，大大加强了福裕一方取胜的砝码。

佛道持论的结果是佛胜道败，迫使道家焚毁所谓伪经。道家讳言受辱的事实，心有不服也不敢公开抱怨，所以无法看到当时的反驳意见。后代人无所顾虑，能客观评论。如钱大昕据《焚毁诸路伪道藏经之碑》石刻写读后感说："佛老之行于中国久矣，道经固多伪托，佛书亦华人所译，往往窃取老庄之旨，而其徒常互相訾謷，人主又因一时好尚而左右焉。魏太武信寇谦之而焚佛经，元世祖崇帝师而焚道藏，皆非卓然不惑于异端者也。释祥迈撰《至元辩伪录》，侈陈其事，意在排摈全真，适足供士君子之嗢噱尔。"[1] 陈垣先生也认为："《化胡经》本寓言，自东晋以来，屡有损益，人知其伪久矣，何待于辩，即辩亦何与全真？"[2]

---

[1] 《潜研堂金石文字跋尾》卷一八。
[2] 《南宋初河北新道教考》，第 56 页。

虽然局外人可以这么说，道士却不能承认"知其伪"。正如释道辩论时，福裕呈送蒙哥的表文中说：道家称老子已成仙，但《庄子》中有秦佚吊唁老子的记载，实际上老子早已死亡，论证道家"不真"。道士说：庄周写的是寓言，不能信以为据，抗议福裕的表文毁谤李老君。这就被福裕抓住了把柄，跟着说：《庄子》既是寓言，但被道家奉为经典，可见你们的整部《道藏》就没有实话。道士只好认输。

四、佛道之争的第二阶段

忽必烈即帝位的中统元年（1260年），尊戊午年参加僧道辩论的八思巴为国师，又升号为大宝法王。藏传佛教在元朝"百年之间，朝廷所以敬礼而尊信之者，无所不用其至"。[1] 由于忽必烈对佛教的重视，"至元初，立总制院，而领以国师。""掌浮图氏之教，兼治吐蕃之事。"[2] 至元初不知具体是哪一年，不过，畏兀儿人乞台萨里，在至元十二年（1275年）确已出任释教都总统，同知总制院事。此人早年学佛法，通经、律、论，其师为他命名万全，故以"全"为姓，或译音作"泉"。后来升总制院使，号正宗弘教大师。[3] 总制院必须由非汉传佛教僧人担任的"国师"掌领。十七年，又立都功德使司，专掌帝师所统僧人并吐蕃军民等事。二十五年，总制院改称宣政院，秩升从一品，由"帝师领之"，院使中"位居第二者"须由

---

[1] 《元史》卷二〇二《释老传》。
[2] 《元史》卷八七《百官志》；卷二〇五《桑哥传》。
[3] 《元史》卷一三〇《阿鲁浑撒理传》；赵孟頫：《赵国公谥文定全公神道碑》，《松雪集》卷七，康熙城书室刻本。

帝师推荐的僧人担任。它被列为四大国家最高机关之一。[1] 总制院、都功德司、宣政院等管理佛教事务的国家机构，都由"蕃僧"出任长官，中原的寺院和僧侣再也不能插足管理。

总制院官中，脱思麻地区的藏族人桑哥，早年从胆巴大师受戒，"继为帝师门人"，是一个不出家的喇嘛。大约在至元十七年，擢升为总制院使。他再次掀起扬佛抑道的高潮。同年二月，僧方争取到世祖下诏，令"真人祁志诚等焚毁道藏伪妄图经文及板"。夏四月，僧人又控告："长春道流谋害僧录广渊，聚徒持挺，殴击僧众，自焚廪舍，诬广渊遭僧人纵火。且声言焚米三千九百余石，他物称是。"此事由中书省接手办理，辩称是道家诬告，道士甘志泉、王志真款伏后就诛，此外劓刖、流窜者凡十人。

十八年九月，都功德使司脱因小演赤奏言："往年所焚道家伪经版本《化图》，多隐匿未毁。其道藏诸书，类皆诋毁释教、剽窃佛语，宜加甄别。"于是命枢密副使张易等官员、释教总统合台萨哩等及在京僧录司，教、禅诸僧，同赴长春宫无极殿，与正一天师张宗演、全真掌教祁志诚、大道掌教等考证真伪。合台萨哩就是前述的乞台萨里，代表"在京僧录司"出席的就是道家指控遭僧人纵火的僧录广渊。[2] 被告摇身变成了审判官。"教"派"诸僧"中，起到重要作用的胆巴大师就是桑哥的师父。胆巴是藏族地区突甘斯（mDo-khams，或译朵甘思）旦麻人。正是他看到道藏《化胡经》和《八十一化图》，认为"幻惑妄诞"而奏闻。[3]

---

[1] 《元史》卷一一《世祖纪》；卷八七《百官志》。
[2] 王磐等：《圣旨焚毁诸路伪道藏经之碑》，《佛祖历代通载》卷二一；祥迈：《辩伪录》卷三。
[3] 《佛祖历代通载》卷二二，大德七年，胆巴金刚上师。

此次释道辩论达数十日之久，结果除《道德经》外，其余道教经典都被判为伪经。[1]

十月己酉，枢密副使张易等上奏："参校道书，惟《道德经》系老子亲著，余皆后人伪撰，宜悉焚毁。"[2] 三天后诏谕天下，又有泉总统、渊僧录与众人一同被派往长春宫分拣"伪经"。当天集百官于悯忠寺，尽焚道藏伪经杂书。再令泉总统与中书省客省使前往各处强制焚毁伪经，泉总统也就是乞台萨里。广渊又是执法人之一。照《至元辩伪录序》的说法，除烧毁所谓伪经外，还要让"道士爱佛经者为僧，不为僧道者娶妻为民"。[3]

至元二十一年三月，总制院使桑哥以奉诏的名义，下谕翰林院，将戊午年僧道持论及至元十八年焚毁道藏伪经始末，撰文竖碑，以圣旨的名义宣传道经作伪并丑化道家。执笔人翰林院臣王磐等声明，他们乃根据"释教总统合台萨哩所录事迹"敷衍成文。[4]

二十四年闰二月，复置尚书省，桑哥出任平章政事，十月，晋升尚书右丞相，兼总制院使，领功德司事，由管理佛教事务机关的长官兼任掌握国家最高权力的右丞相，实为旷古所未有，当然更加强了僧方对道家的打击。同时佛教已逐渐建立完善的国家管理机构，其首长被"蕃僧"所垄断，中原地区原有的佛家首脑皆退居陪衬地位。

---

[1] 王磐等：《圣旨焚毁诸路伪道藏经之碑》，《佛祖历代通载》卷二一。
[2] 《元史》卷一一《世祖纪》。王磐等碑文中为首的官员无枢密副使之名，因撰碑时张易已被诛。
[3] 祥迈：《辩伪录》卷三。
[4] 《圣旨焚毁诸路伪道藏经之碑》。

五、杨琏真加罢道为僧及其为祸江南

戊午年以前佛道之争只涉及中原地区，开始是汉地僧人发动同全真道士抗辩，到戊午年才卷入许多汉族以外的僧人。元朝建立后，藏传佛教获得蒙古统治者的崇信，当时人所谓的"蕃僧"大量东来，他们占据僧俗两界的高位，而且将势力扩展到江南。

在元军发动灭宋战争的过程中，"河西僧人杨胜吉祥（即杨琏真加）行军有功，因得于杭州置江淮诸路释教都总统所，以管辖诸路僧人，时号杨总统"[1]。据明商辂《续通鉴纲目》记载，时间是在宋端宗景炎二年二月，即至元十五年（1278年）。《至元辩伪录》还替他鼓吹："江南释教都总统永福杨大师琏真佳大弘圣化，自至元二十二春，至二十四春凡三载，恢复佛寺三十余所。如四圣观者，昔孤山寺也，道士胡提点等舍邪归正，罢道为僧者奚啻七八百人，挂冠于上永福帝师殿之梁栱间。"[2]四圣观全名四圣延祥观，事实上是南渡初绍兴十三年（1143年）皇家拨内帑所建的道观，又赐拨杭、嘉、湖、润等州田地、山荡若干顷为产业。元灭宋，世祖让正一道张留孙留侍京师。至元十八年，命他兼主四圣观。杨琏真加居然恃宠将皇帝赏给玄教大宗师的道观诬指为寺，罢道为僧七八百人，或被逐出，"云萍东西，无所于寄"。[3]桑哥等利用掌握的朝中大权，推波助澜，将打击道家的矛头扩大到江南。以前表面上还保持平等辩论的形式，这时则干脆运用政府权力直接进行宗教迫害，

---

[1] 林景熙：《霁山集》卷三《梦中作四首》章祖程所作注。
[2] 张伯淳：《大元至元辩伪录随函序》。
[3] 任士林：《四圣延祥观碑铭》，《松乡先生文集》卷二。

如元末人所描述："至元间，释氏豪横，改宫观为寺，削道士为髡。"[1] 僧人重蹈道家的覆辙并大有过之。连道士以外的旁观者也不满他们的"豪横"了。

杨琏真加在任十来年内，并不止于扬佛抑道，还重赂丞相桑哥，二人"表里为奸"，干了许多坏事，激起江南的民愤。至元二十一年九月，世祖同意让杨琏真加发掘宋诸帝陵寝，将所得金银宝器修建寺庙。次年正月，正式通过桑哥向世祖进言，毁会稽宋宁宗攒宫和钱唐郊天台为寺，"以为皇上、东宫祈寿"，得到皇上的敕准。二十五年，以宋宫室建成一塔、五寺庙，奉诏以水陆地150顷供养。[2] 他掘墓后仍不罢休，又"下令裒陵骨，杂置牛马枯骼中，筑一塔压之，名曰镇南"。当时人就听说，西蕃人"其俗以得帝王髑髅可以厌胜致巨富"。[3] 忽必烈曾经问帝师："造寺建塔有何功德？"帝师回答说："福荫大千。"于是兴建护国仁王寺。[4] 显然他同样相信喇嘛的厌胜之术，用佛塔镇压亡魂，防止前朝复辟再起。

世祖在下诏以江南废寺土田悉付总统杨琏真加修寺的同时，又"从桑哥请，命杨琏真加遣宋宗戚谢仪孙、全允坚、赵沂、赵太一（谢太皇太后、全太后母家人和皇室赵氏宗族）入质"。这同对付死人厌胜一样，加强了对活人的防范。"当是时天下骚然，江淮尤甚。"[5] 杨琏真加等并未有所收敛，反而夸大形势之严重，让皇帝只

---

[1] 陶宗仪：《发墓》，《南村辍耕录》卷一三。
[2] 《元史》，《世祖纪》、《成宗纪》。（明）宋濂：《书穆陵遗骼》，《宋文宪公全集》卷三，四部备要本。
[3] 周密：《杨髡发陵》，《癸辛杂识别集》卷上；陶宗仪：《发墓》。
[4] 《佛祖统纪》卷四八。
[5] 《元史》卷一四《世祖纪》。

信赖他们，以便从中渔利。

二十八年正月，僧方又发起对道家的压制，通过"皇帝明命"，由大云峰寺长老迈吉祥撰述《至元辩伪录》，"奏对天颜睿览，颁行入藏流通"。就在同一月里，由于桑哥的"专权黩货"，"其奸赃暴著非一"，"百姓失业，盗贼蠭起，召乱在旦夕"。[1]反对他的人不仅有汉人、南人的在朝官员，部分蒙古勋贵对他的贪婪和恃权专横也强烈不满，忽必烈终于在听取多次揭发后，将桑哥罢官，并在下狱后伏诛。桑哥的倒台势必连带揭露出杨琏真加的罪行。五月，朝廷遣脱脱等人追究杨琏真加等盗用的官物。六月，宣谕江淮民恃总统琏真加势力抗拒缴租者，依例征输。十月，敕没入杨琏真加等人之妻，并遣送京师。[2]

随着桑哥、杨琏真加的垮台和罪行被揭露，中原民众终于发泄出对所谓"西僧"的怨恨，控诉帝师的弟子们说："为其徒者，怙势恣睢，日新月盛，气焰熏灼，延于四方，为害不可胜言。"[3]尤其是杨琏真加在江南人民中恶名昭著。元朝灭宋，处事较平稳，杀戮破坏较小，对亡宋帝室也较金灭北宋时优待得多，本来颇得江南民心。由于忽必烈几度重用权臣敛财，将江南看成一块肥肉，派人前往过度盘剥掠夺，以致"天下骚然"，骚动造成忽必烈对汉人更大的猜忌，也就只限于信任杨琏真加之类蕃僧敛取更多的财富。为了追求速效，就想出发掘宋皇室陵寝，掠取金银财宝的主意。本来对多数南宋遗民而言，已逐渐适应和接受新的统治者。汉人将挖坟掘墓

---

[1]《元史》卷二〇五《桑哥传》。
[2]《元史》卷一六《世祖纪》。
[3]《元史》卷二〇二《释老传》。

看成最不能容忍的事，而杨琏真加除了发掘宋诸陵之在钱唐、绍兴者及其大臣冢墓共101所外，据民间报导，竟将"各陵墓发掘殆尽"，连杭州孤山林和靖处士墓的尸骨也不能幸免。掘开理宗陵墓后，倒悬其尸树间，为的是沥取水银，如此三日，竟失其首。有人说理宗的头颅是被杨琏真加截以为饮器。事败后，饮器也被籍没入官，转赐给帝师。[1]更有甚者，二十三年春正月，元廷又同意"以江南废寺土田为人占据者，悉付总统杨琏真加修寺"。杨琏真加借此名义，攘盗诈掠诸赃为钞11.62万锭，田2.3万亩。成宗大德三年（1299年）最终查明，江南诸寺有50余万佃户，本皆编民，都被他"冒入寺籍"。[2]"杨总摄等倚恃权势，肆行豪横，将各处宫观、庙宇、学舍、书院、民户房屋、田土、山林、池荡及系官业产，十余年间尽为僧人等争夺占据。"[3]夺占各界人等赖以为生的产业，这又触及广大民众和其他宗教的利益。起初仅是对杨琏真加等的不满，逐渐演变成民族的仇恨。他们咒骂杨总摄等"怙恩横肆，势焰烁人，穷骄极淫，不可具状"。用宋陵尸骨修建的白塔建成后，"杭民悲戚，不忍仰视"。当时的南宋遗民因他是削发僧，不称其名，咒呼为"杨髡"、"髡胡"、"妖髡"。本来是杨琏真加等少数人干的坏事，南宋遗民已迁怒于和尚和外族官员。如陶宗仪所说："释焰熏天，墨毒残骨。"按他的理解，由于释家的气焰嚣张才造成江南的灾难。

中国古代人民总是将善良的希望寄托在英明的君主身上，杨总摄败露后，时人高兴地想象说："祸淫不爽，流传京师，上达四聪。

---

[1] 周密：《杨髡发陵》；陶宗仪：《发宋陵寝》、《发墓》，《南村辍耕录》卷四、一三。
[2] 《元史》卷一四、一七《世祖纪》；卷二〇《成宗纪》。
[3] 《庙学典礼》卷三。

天怒赫赫，飞风雷号令，摔首祸者北焉。"[1]

实际上，杨琏真加的所作所为，是得到忽必烈的批准和支持的。发掘诸陵，"实利其殉宝也"。处决桑哥一年以后，"省、台诸臣乞正典刑以示天下，帝犹贷之死"。二十九年三月，忽必烈下诏"给还杨琏真加土田、人口之隶僧坊者"。掘墓和掠夺来的财富，以及抑道建寺等等，应该是事先获得世祖同意、事后又大部上缴，有功于弥补国库的收入。三十年二月，忽必烈任命其子宣政院使暗普为江浙行省左丞，表明他仍偏袒杨琏真加。但三个月以后，"以江南民怨杨琏真加"，忽必烈也不得不顺应民意，罢免其子暗普江浙行省左丞的职务。[2]

六、教、禅之争及西僧对汉地原有佛教首领的抑制

杨琏真加在江南还发起一场佛教内部教、禅之争。《佛祖历代通载》载：至元二十五年正月，"江淮释教都总统杨辇真迦集江南禅、教朝觐登对"。据杭州径山云峰妙高传描述："至元戊子（二十五年，1288年）春，魔事忽作，教徒潜毁禅宗。师闻之叹曰：'此宗门大事。吾当忍死以争之。'遂拉一二同列趋京，有旨大集教、禅庭辩。"据传文描述："宣进（忽必烈）榻前与仙林、诸教徒返复论难。""林辞屈。上大说。众喙乃熄。禅宗按堵如初。"[3] 由于杨琏真加所作所为，不仅当时人切齿痛恨，晚至明清，仍有人对他的劣迹深感厌恶。

---

[1] 陶宗仪：《发宋陵寝》、《发墓》，《南村辍耕录附录跋》。
[2] 《元史》卷一七《世祖纪》。
[3] 念常：《佛祖历代通载》卷二二，《续传灯录》卷三六，《径山妙高禅师》，《卍续藏》第83册。

如《四库全书总目》为《佛祖历代通载》写提要时，就这件事评论说：杨琏真加 "穷凶极恶，乃没其事迹，但详述其谈禅之语，竟俨然古德宗风，尤不免颠倒是非，不足为据"。[1] 这位提要的作者对书中意思还没看清楚，一见杨琏真加之名就来了火气。陈垣先生解释说："此径山长老云峰妙高与教家在世祖面前辩论禅宗之旨，与杨琏真加无涉。"[2]

陈垣揭示"谈禅"者不是杨琏真加是正确的，但念常回避他作恶的事迹确是事实，一则是讳言杨琏真加的秽行，有掩盖同是佛门家丑之嫌；而所谓"众喙乃熄，禅宗按堵如初"，纯粹是吹牛。陈高华教授揭示，据天台宗教史的描写："江淮释教都总统杨琏真佳集江南教、禅、律三宗诸山至燕京问法。禅宗举云门公案，上（忽必烈）不悦。云梦泽法师说法称旨，命讲僧披红袈裟右边立者，于是赐斋香殿，授红金襕法衣，锡以佛慧玄辩大师之号，使教冠于禅之上者自此。"[3] 据当时杭州宋遗民揭露："乙酉（二十二年，1285 年）杨髡发陵之事，起于天长寺僧福闻号西山者，成于剡僧演福寺允泽号云梦者。"这位得忽必烈宠遇的"云梦泽法师"，正是发掘宋陵的首犯之一。起初天长寺西山闻"欲媚杨髡"，"起发陵之想。泽一力赞成之，遂俾泰宁寺僧宗恺、宗允等，诈称杨侍郎、汪安抚侵占寺地为名，出给文书，将带河西僧及凶党……部领人夫发掘"。[4] 其传文承认，他通过从玄门（道教）、禅宗"归侵"和占据宋故宫旧址兴建起许多寺院："迁广福，起废归侵，刻石犹在。……孤山以玄门

---

[1]《四库全书总目》卷一四五《子部·释家类》。
[2] 陈垣：《佛教史籍概论》，科学出版社 1955 年版，第 140 页。
[3] 陈高华：《略论杨琏真加和杨暗普父子》，《元史研究论稿》；《佛祖统纪》卷四八。
[4] 周密：《杨髡发陵》。

废，师起而寺复。……国清以禅宗革，师出而论定。……基故宫以创兴源，而规画之，而阐扬之。……一皆崇以栋宇，入以土田。"在众寺院中，他"相形势以恢演福，而指授之，而振起之"。[1] 正是这时，"演福寺允泽云梦"已在发掘宋陵时与杨琏真加结成同伙。禅是汉化的佛教，被与"教"接近的藏传佛教视为异端，这次"大集教、禅庭辩"，可能又是云梦泽替杨总摄策划的，争取到有抑禅崇教倾向的忽必烈亲自主持，而居中担任翻译的又是"泉总统"乞台萨里。

事实上，忽必烈抑禅崇教是平宋后的一贯宗教政策，《佛祖历代通载》（卷二二）提到："帝平宋已。彼境教不流通。天下拣选教僧三十员。往彼说法利生。由是直南教道大兴。"又说："帝诏东昌大师演教。帝大悦。赐以宝玉拄杖。"关于此事，释大䜣有较详细的说明：

> 唐太宗时，有玄奘法师者，躬往身毒……得经、律、论，归授其徒窥基为笺疏释之，世传为慈恩宗（即法相宗）云。国朝……笃尚佛教，又益信慈恩之学。先是其学盛于北方，而传江南者无几。至元廿五年，诏江淮诸路立御讲三十六家，求其宗之经明行修者分主之，使广训徒。时东昌德公被选，世祖召见，赐食与衣。奉旨来建康，住天禧、旌忠二寺，日讲《法华》、《惟识》、《金刚》、《华严大疏》等经三十一年，又赐号佛光大师。

---

[1] 《续佛祖统纪》卷一《法师允泽》，《卍续藏》第75册。

东昌大师"名志德（1235—1322 年），号云岩，姓镏氏，世居般阳莱州掖县，后徙居东昌"，故称为"东昌德公"。他习慈恩宗旨于真定龙兴寺法照禧公，"尽得其蕴"。[1] 这说明在教、禅庭辩的同年，忽必烈曾派遣慈恩宗教僧志德等南下，意图易禅为教。

另有记载："至元间，有贤首宗讲主，奏请江南两浙名刹易为华严教寺，奉旨南来。""贤首宗讲主"不知指何人，他抵达苏州承天寺时，寺中住持觉庵梦真禅师升座说法，"博引华严旨要，纵横放肆剖析诸师论，解是非若指诸掌"。这表明禅宗长老也熟悉华严佛典，其渊博深奥甚至令这位讲主"闻所未闻"，只得叹服说："承天长老尚如是，矧杭之巨刹大宗师耶？因回奏，遂寝前旨。"[2]

事实不然，如"镇江普照寺沙门普喜，号吉祥，山东人，精究慈恩相宗，研习唯什、师地、因明等论"。世祖创立江淮三十六家御讲所，普照就居其一，奉诏主持镇江普照寺。"后入寂……建塔丹徒，镇江之民多有图像祠之。"[3] 志德和普喜都是奉诏派往江南的教僧。

教禅争斗的结果虽然是教冠于禅之上，教方的代表云梦允泽得到忽必烈青睐，但遭到民众的切齿痛恨。下面的故事很可能是群众的想象和编造，但反映出当时民众的感情。据说："方移理宗尸时，允泽在旁，以足蹴其首，以示无惧，随觉奇疼一点，起于足心，自此苦足疾凡数年，以致溃烂双股，堕落十指而死。"另一个发起掘墓的天长寺僧福闻"既得志，且富不义之财，复倚杨髡

---

[1]《金陵天禧讲寺佛光大师德公塔铭》，《蒲室集》卷一二，影印元刻善本。《释鉴稽古略续集》（一）壬戌至治二年下"佛光大师"条，《大正藏》本。
[2]《增集续传灯录》卷四"苏州承天觉庵梦真禅师"条。
[3]《释鉴稽古略续集》（一）戊子至元二十五年下"吉祥禅师"条，《大正藏》本。

之势，豪夺乡人之产。后为乡夫二十余辈俱伺道间，屠而脔之"。陶宗仪发表感慨说："妖髡就戮，群凶接踵陨于非命，天之祸淫者亦严矣。"[1] 传说杨琏真加与此二僧曾刻石像于飞来峰佛像中，后人知其来历，或"枭之"，或"椎落其首"，"置溺溲处以报之"，仍要发泄痛恨之情。

七、至元间佛道的纠缠和成宗的新举措

全真自戊午年辩论失败后，除退还所占寺产和烧毁部分经书外，在群众中仍有广泛的影响。释家指责全真，自佛道辩论以来，"其徒窜匿未悛，邪说诡行屏处，犹妄惊渎圣情"。[2] "惊渎圣情"实际是仍在争取最高统治者的谅解和同情。被打得"头面流血"的张志敬仍掌管着全真教，寿终于至元七年（1270年）。由翰林学士王磐撰写的《道行碑》对他的业绩大加赞扬："及师掌教，大畅玄旨，然后学者皆知讲论经典，涵泳义理，为真实入门。"碑文评论他的人品说："师德度深厚，颓然处顺，强悍者服其谦恭，骄矜者惭其退让。""京师贤士大夫及四方宾客，所与游者，靡不得其欢心。"所以得其死讯，"京师士大夫，远方道俗奉香火致奠者填塞街陌，累月不已"。这说明他仍得到士大夫和广大道俗群众的信仰。王磐正面肯定"全真之教，以识心见性为宗，损己利物为行"，并非什么"邪说诡行"。[3] 戊午年辩论失败受罚落发者共17名，大都天长观有12名，

---

[1] 周密《杨髡发陵》及同卷"二僧入冥"条；陶宗仪《发宋陵寝》。
[2] 张伯淳：《大元至元辩伪录随函序》。
[3] 王磐：《玄门掌教宗师诚明真人道行碑铭》，《道家金石略》，第601页。

其中为首的"道录樊志应",仍以道号重玄子、法号渊静通虚大师的名义,继续"扶翊道纪,综核玄务",并未落发。"一时名公,如李敬斋(治)、赵虎岩(著)、翰林王慎独(鹗)、左辖姚雪斋(枢)、鹿庵王承旨(磐)、少傅窦公(默)、冀国王公(庆端),爱其风度才识,缔方外交。"其中有戊午年辩论时"共为证义"的姚枢(公茂)、窦默(汉卿),也有《焚毁道藏碑》的主要执笔人王磐。樊并未"窜匿",仍受朝中名公所喜爱,时相交往。[1]

虽经至元年间的扬佛抑道,北方的全真教仍在多次打击之下支撑着。南方的正一教,其龙虎山的第三十五代天师张可大,当1259年忽必烈率兵围鄂时,已与蒙古接上关系。元灭南宋,命其子张宗演领江南道教。在立《圣旨焚经碑》昭示全国之后,除《道德经》外,其余经书都判为伪书,一律焚毁。在桑哥执政时期,更加紧打击道家。但忽必烈仍未间断延请张天师进行宗教活动。如至元二十四年二月,遣使持香币诣龙虎、阁皂、三茅设醮,召天师张宗演赴阙;二十五年,命天师张宗演设醮三日;二十八年春正月,命玄教宗师张留孙置醮祠星三日。忽必烈深悉正大道在江南民间的影响,内心虽倾向重佛轻道,但作为政治家懂得仍有利用之必要,桑哥、杨琏真加等只不过恃皇帝的宠信,企图从中渔利而已。

接着桑哥被罢官处死,忽必烈认识到没必要再打击全真。当年十二月,全真教的真人张志仙,被忽必烈派遣持香诣东北海岳济渎致祷。

---

[1] 王恽:《真常观记》,《秋涧集》卷四〇。陈垣认为"冀国王公"指王善,据《元史》卷一五一《王善传》,善癸卯年(1243年)已卒。至元间"入翰林与诸老伍"的人是其子王庆端,死后赠冀国公,谥忠穆。

成宗即位，元贞元年（1295年）春正月，正式下诏：道家可复行《金箓》、《科范》。自从颁布圣旨焚毁道教伪经以来，连道士作醮祠等法事也被禁止。成宗虽已在京师开禁，犹恐外地尚未普遍知晓。诏书声言：宣布信道、信儒可自由选择，"凡金箓、科范，不涉释言者，在所听为"。它声明先皇之开醮祠者有成命也，不过被犯法臣桑哥阻挠没能实施。对各种宗教的宽容是成吉思汗以来蒙古统治者的一贯政策，而三教在中原并存早已被人们接受，甚至有三教合流的趋向。成宗鉴于忽必烈听信桑哥等人，凭主观喜恶厚此薄彼所造成的不良影响，即位后就颁发道士信教传教自由的诏书。姚燧形容："方是诏下，四海之人，感激奋言。"好像不仅是道士欢迎，而是大快人心。同年二月，以醮延春阁，赐天师张与棣、宗师张留孙、真人张志仙等13人玉圭各一。[1] 道教三派掌教得到同样的宠眷。姚燧也发表感慨说："始吾以为经厄之余，丘氏之学熄矣，陛下嘘而然之，俾屯者以亨，塞者以通，梗其道者除之，取其业者还之，丛是数美于仙之身。又冠之以宝冠，荐之以玉珪，被之以锦服，皆前嗣教者所亡。"这些年中，僧人恢复侵地后，反而仗势侵占道家的产业，现在又被迫归还之。如大德元年有旨，由江浙行省拨官地重建四圣延祥观，退还原属道观的田地、山荡等产业。同时全真嗣教主张志仙也享有几位前任从未得到的荣誉。他抬出太祖皇帝去世那年曾有诏书：让丘处机用长春真人之号，将他的住处太极宫改名长春宫，故于69年后立碑以说明"受名所自"。其意图正在将文字刻石向世人昭示，全真道和丘处机是太祖皇帝肯定的，谁也不许攻击和

---

[1] 《元史》卷一四、一五、一六《世祖纪》；卷一八《成宗纪》。

诬蔑。[1] 有趣的是，奏请为长春宫立碑的为首官员守司徒阿剌浑撒里，曾从国师八思巴学浮屠法，旁通藏、汉各种语言，官至中书平章政事，正是前述释教总统乞台萨里之子。上述新举措宣告压制道家的时代结束。

张志仙的前任掌教祁志诚，在至元十七八年，代表全真参加考证道经真伪，并被迫在百官监督下焚毁道藏伪经。他卒于至元三十年十一月，成宗大德三年立《道行碑》，由张志仙立石。碑文的作者正是《焚毁伪道藏经碑》的撰碑人之一李谦。[2] 同时又下诏"宜加美谥"给祁志诚，而《赠祁真人制》与前几年写《大元至元辩伪录随函序》的作者竟是同一个翰林院臣张伯淳。[3]

成宗在大德三年五月，又决定罢江南诸路释教总统所。接着又厘正杨琏真加冒入寺籍的 50 万户编民。[4] 这当然有平息江南民愤的意图。

八、福裕碑文讳言佛道辩论

中国的传统，子孙徒众为先人、师长竖碑纪念，内容多是极尽赞美之词，故读史切忌轻信溢美的碑传文。程钜夫撰写的福裕碑文，与常见的惯例相反，舍原始史料中已有详细记载而不用，将他发起佛道之争并取得胜利的事迹和功绩皆模糊略过。

《至元辩伪录》等官方记载明确指出，从 1255 年在和林建寺时

---

[1] 姚燧：《长春宫碑铭》，《牧庵集》卷一一。
[2] 李谦：《玄门掌教大宗师洞明祁公道行之释教碑》，《道家金石略》，第 699 页。
[3] 张伯淳：《赠祁真人制》，《全元文》第 11 册，第 169 页。
[4] 《元史》卷二〇《成宗纪》。

开始，福裕首先上书蒙哥汗，要求追究道家的"伪妄"。他与李志常辩论时，曾五次向李提出质问，咄咄逼人。从此他无役不在，如张伯淳所说，是"少林裕长老率师德诣阙陈奏"，接着又率中原各寺院长老与道士抗辩。1258年开平的佛道大辩论，也明文说"众和尚每"是以"少林长老为头"。[1] 祥迈在至元二年草拟《辩伪录》时，描述当时全真道"意欲剪除百氏，独擅一宗"。他赞美福裕说："爰有典教宗师少林和尚者，祖庭柱础，梵宇栋梁。心质直而无私，性渊澄而深博。"祥迈将福裕之功绩和皇上并提："嘉圣主之神聪，美少林之雅对。"他又将他与全真掌教对比，赞扬他为佛门所作的贡献："愤志常之奸狡，嘉少林之甄明，荡化胡之秽谈，返遏占之寺宇。"[2]

福裕领导佛道两教的争斗，最后大获全胜。如此风光的事迹，为何撰碑人和少林寺僧保持沉默？原因是在福裕身后，事情的性质已发生根本的变化。两教抗辩的主事者从福裕为首的汉僧，转向由帝师、国师为首的"西僧"，从乞台萨里、脱因小演赤到桑哥、杨琏真加，他们身兼中央和地方佛教机构的首脑，掌管着国家权力，先是扬僧抑道，继之以扬教抑禅，形成外族僧人对中原宗教的压抑。桑哥、杨琏真加等更发展为对宋帝室的亵渎和迫害，以至对平民的掠夺。宗教矛盾已变质为以西僧为一方同以中原人民为一方的民族矛盾。

至于福裕本人，当年确曾风光一时。据《裕和尚碑》载：至元八年（1271年）春，诏天下释子大集于京师，师之学徒居三之一。陈高华教授将此事与佛教界另一件大事联系起来，即同年冬，忽必

---

[1] 《大元至元辩伪录》。
[2] 祥迈：《大元至元辩伪录序》、《大元至元辩伪录后记》，《大元至元辩伪录》卷一、二。

烈曾召集北方佛教的代表人物，即所谓"禅、教师德"，"就燕都设会，令二宗论议"。[1] 前文谈到的二十五年禅、教庭辩并非创举，实际上平宋战争前已经开始。忽必烈倾向于扬教抑禅，这当然不利于出身曹洞禅宗的福裕，这位佛道辩论的胜利者已换位为教、禅之争的受害者。世祖即位后曾命福裕"总教门事"，但同时在中统元年，尊八思巴为国师。接着在至元初，建立总制院，由国师管领。总制院是正式的国家机构，法定"掌浮图氏之教"，何况主事者是皇帝顶礼膜拜的国师八思巴，显然，福裕的"总教门事"只能是空头名义。至元八年，天下释子大集于京师，虽然福裕的学徒居三之一，如果这次他的确是参加禅、教二宗的论议，那么他所面对的却是忽必烈倾向于支持的教宗，其结果必然是归于失败。《裕公之碑》称他庚申年（1260年）以后在京"始终庆寿十四夏"，即至少住持到至元十年（1273年）。因此他最后几年，实际上是以"倦于接纳"为借口，无颜再出头露面了。随即只好离京回到少林，十二年因"微疾"而"告终"。

　　同样，王恽应福裕弟子之请于至元三十一年为他的《语录》和《诗集》作序时，就绝口不提佛道辩论的事。成宗即位，开始纠正世祖时偏信桑哥等西僧打击其他宗教或教派的政策。世祖认为由俗界管治僧人，"殊失崇敬"，因此在全国设立宣政院、总统所、僧录、僧正、都纲司等机构，锡以印信，行移各路，主掌本教事务。和尚变成官，仗势欺人，"以敲朴喧嚣、牒诉倥偬为得志，不夺不厌"。仁宗居储宫日，目击其弊，武宗去世，立即下旨："罢总统所及各处

---

[1]《重建十方栖岩禅寺之碑》，《山右石刻丛编》卷二五。参陈高华：《略论杨琏真加和杨暗普父子》。

僧录、僧正、都纲司，凡僧人诉讼，悉归有司。"并对宣政院和西番僧有所抑制。[1]

从以上历史背景的分析可见，至元十二年（1275年）福裕刚去世时，朝廷和少林僧众不为他立碑当别有隐情。直至他身故近40年后的皇庆元年（1312年），仁宗时才下诏令程钜夫为他撰碑，实际上是要改正世祖时扬佛抑道、扬教抑禅的偏颇，对曾遭压抑的道家和禅宗表示抚慰。因此，可能在撰写碑文前已确定了基本原则，既要赠予福裕大司空开府仪同三司并追封公爵的荣誉，但又要略去他与全真抗争的事实，以免再激发各教之间的不和。

当年桑哥、杨琏真加等借崇佛为名在江南的劣迹，已触犯了南宋遗民的民族感情和引起他们的故国之思。撰碑人程钜夫和书写人赵孟頫都是南人，后者还是宋帝室后裔，他们怎能容忍桑哥、杨琏真加借扬佛抑道之名的所作所为呢？程钜夫早在至元二十六年桑哥专政时，就从江南入朝上疏，指责桑哥"惟以殖货为心"。他指出："今权奸用事，立尚书钩考钱谷，以剥割生民为务，所委任者率皆贪饕邀利之人，江南盗贼窃发，良以此也。"赵孟頫曾向蒙古大臣、近侍阿鲁浑撒里和彻里揭发桑哥的罪行，通过他俩扳倒了桑哥。[2] 程钜夫正是奉初即位的仁宗之诏为福裕撰碑，在当时形势下不愿也没必要宣传福裕往昔佛道辩论中的事迹，石刻中多出的几句可能是收入文集时所删除，或是寺僧竖碑时增添。赵孟頫书写的碑拓是书法爱好者的重点收藏，但评论者对此碑的书法无不感到失望。清初人甚至发出这样的疑问："文敏（孟頫谥号）为元朝第一，此碑奉敕书，

---

[1] 《元史》卷二四《仁宗纪》至大四年二月；《佛祖历代通载》卷二二。
[2] 《元史》卷一七二《程钜夫传》、《赵孟頫传》。

不当假手，乃觉肥愵少风力何耶？"[1]

《裕公之碑》内容虽略有补充，但增添有限。从少林僧众角度看，到这时再宣扬佛道辩论的往事已没多大意义。桑哥、杨琏真加的扬佛抑道已超出宗教争论范围，而且禅僧从主角变成配角，从受宠者变成被教宗打击的对象。江南人民痛恨"释氏豪横"，"释焰熏天"，将少数"西僧"和云梦泽等败类干的坏事都算在所有和尚的头上，何况这都是福裕身后发生的事。佛教本来主张与世无争，如今事过境迁，没必要重提佛道之争，与所谓西僧扯在一起，惹上"豪横"的臭名，也不见得光彩，不如撇清这段历史为好。

[1] 叶封：《嵩阳石刻集记》卷下。

重温王国维的西北民族史研究

陈得芝（南京大学历史学系）

法国学者韩百诗（Louis Hambis）在一篇文章中讲到其师伯希和（Paul Pelliot）的中亚研究，大意是伯希和的学问所涵盖的诸多学术领域，后来分解成了十几个专门学科，学者一般只能专精其中一两门，鲜有兼通者。也就是说，无人能独自对他的成就作出全面评论。讨论王国维（字静安）先生的学术成就也是如此。这两位同时代（王长伯氏一岁）并立中西方学术巅峰的大师，研究领域之广和成就之大，恰可媲美。静安先生自沉后，伯希和在《通报》上发表悼文，称"中国因此失去了一位最顶尖的博学者"[1]，"作为王国维的老朋友，经常引用他[的著作]，多次受益于他如此广博、如此丰富的材料，我要和大家一起向我们的同道表示衷心的崇敬，并以悲痛惋惜之情看到他的事业被中断"[2]。他们两人的学术交谊，说明静安先生的学术成就已居于当时世界先进之列。

---

[1] «la Chine perd en lui un érudit de tout premier ordre», "NÉCROLOGIE：Wang Kouo Wei"（《悼文：王国维》），*T'oung Pao*, Vol. XXVI, 1929, pp. 70-72.

[2] «en vieil ami de Wang Kouo-wei, qui l'ai souvent cité et qui ai profité maintes fois de son information si etendue et si variée, je tiens à m'associer à l'hommage rendu de toutes parts à notre confrère et au regret poignant de voir son œuvre interrompue.»

陈寅恪先生在《王静安先生遗书序》中将静安先生的学术内容及治学方法概括为三目："一曰取地下之实物与纸上之遗文互相释证，凡属于考古学及上古史之作……是也；二曰取异族之故书与吾国之旧籍互相补正，凡属于辽金元史事及边疆地理之作……是也；三曰取外来之观念与固有之材料互相参证，凡属于文艺批评及小说戏曲之作……是也。"这三类之中又各包含着若干专业领域。个人的知识仅限于蒙元史及部分边疆史地，只能就静安先生这些方面的研究成果谈些学习心得。先生的这些著述，与其所治其他领域的著作一样，都是陈寅恪先生所说"能开拓学术之区宇，补前修所未逮"，"足以转移一时风气，而示来者以轨则"的不朽功业。

一

静安先生学术生涯的初期，便具有宽广的世界眼光，于中、西学术异同之际不偏执传统"中学"陈规，孜孜访求外国学术新思想新材料新方法，以为己用。这是他能达到世界学术顶峰的重要因素。

清末民国初是我国社会发生重大变革的时期，随处都存在革新和守旧的矛盾，学术领域也是如此。曾经创造辉煌业绩的乾嘉考据之学，在鸦片战争以来外患内乱频仍、国势衰微的冲击下，到此时已陷入困境，学者乃另寻新路。梁启超《中国近三百年学术史》概括这个时期学术进展方向为：复兴宋学，讲求西学，进而追究国家落后的原因，形成新思潮（晚近学者称之为资产阶级改良主义思潮）。所谓"西学"，虽以洋务运动为主要体现，范围则不限于工商、政教和科学技术，也涵盖人文社会学科研究的内容与方法。同时，守旧派对西学的排斥，仍阻碍着学术文化的进步。如郑观应《西学》篇所说："自命为清流，自居正人者，动以不谈洋务为高，见有讲求西学者，则斥之为名教罪人，士林败类。"另一方面，不少讲求西学者因语言知识的局限和非学术动机的影响，未能深切领略西人学术的精华，也妨碍了对西方先进学术的吸收。

静安先生于1904年发表的《论近年之学术界》文中，批评当时"士夫谈论，动诋异端，国家以政治上之骚动而疑西洋之思想皆酿乱之曲蘖"。就是说，士人出于旧学成见，朝廷则因政治顾忌，都排斥西学。同时，他也认为维新派之宣传西方学说乃以之为政论手段，于学术无补。他主张学术研究的目的应该是纯学术的，不能杂以其他企图，"欲学术之发达，必视学术为目的而不视为手段而后可"；提出"学术之所争，只有是非真伪之别耳"，反对以政治的民族的宗教的歧见而排斥外域学术，认为"学术之发达，存于其独立而已。然则吾国今日之学术界，一面当破中外之见，而一面毋以为政论之手段"。他在1906年发表的《奏定经学科大学文学科大学章程书后》一文中更明确指出："异日发明光大我国之学术者，必在兼通世界学术之人，而不在一孔之陋儒"，"发明光大之道，莫若兼究外国之学说"。在为罗振玉创办的《国学丛刊》（1911年）所作序言中，他进一步申述融会中西学术的观点："余谓中西二学盛则俱盛，衰则俱衰，风气既开，互相推动。且居今日之世，讲今日之学，未有西学不兴而中学能兴者，亦未有中学不兴而西学能兴者。""学问之事，本无中西，彼鳃鳃焉虑二者之不能并立者，真不知世间有学问事者矣。"这个时期，他先是沉潜于西洋哲学（康德、叔本华），并运用其思想研究中国旧文学。所著《红楼梦评论》（1904年）在中国文学研究史上别开生面，后人总结学界的评价，认为"是从哲学伦理学及心理学的观点着眼，考索其思想，又从美学的观点欣赏其艺术，认识纯文学的真正价值，实为开风气之先者"。"我国文学批评的专著，除《文心雕龙》及《诗品》外，千余年来无人能继之者。至先生始以西洋的文学原理来研究中国文学，常有石破天惊的伟论，使我国的文学批评摆脱了旧日的传统，而迈往新的途径"。[1] 此后，他研究戏曲文学，研究甲金文字和上古史，研究边疆史地和蒙古史元史，莫不由此途径，会通中西学术的精华，运用新材料新方法，创造出了彪炳百代的业绩。

二

我国历代典籍以及"地下之实物"（概指出土的甲骨、金石、简牍、纸质等类文书和器物）中，保存有极丰富的边疆各地区各民族的历史资料。其文字有汉文的，也有各种民族文字的；文物的形制和图像，表现的也是各不同民族的信仰、习俗等文化因素。在汉文资料中，也包含有大量多种民族语言的名物制度译语。因而，边疆民族史地以及边族统治中原时代（北朝及辽金元清）史研究具有突出特殊性，傅斯年先生称之为"蕃学"（或称"四夷之学"），以之与狭义的"汉学"对举（见其《历史语言研究所工作之旨趣》）。清朝因兴起于东北，统治的地域达于北方、西北和西南诸边区，与正不断向亚洲内陆扩展的西方强国势力相遇。于是朝野对边陲史地知识

---

[1] 王德毅：《王国维年谱》，台湾商务印书馆 1968 年版，第 26 页。

都很关注,除投入巨资,聘用西方传教士以先进仪器测量并编绘出蒙古、西北全境地图外,还编纂了大型方志或史地资料汇编,国人对边疆地区的了解比前代有很大增进。中叶以后,列强对我国边地的侵略日益严重,学者们更竞相讲求边陲(尤其是西北)史地之学,成为热门学问,"如乾嘉间之竞言训诂音韵云"(梁启超语)。

然而,我国学者在边疆史地研究领域,也遇到了强劲的对手。明清之际来华欧洲耶稣会士传回大量中国人文、地理等各方面资料和经史典籍,使欧洲人对中国的了解走出马可·波罗信息时代,"汉学"(Sinology)于是肇兴。随着西方势力向东扩展的步伐,他们的东方语言、历史、地理、自然等各方面学问日益增进,尤其是18世纪后期梵语学发达,梵—欧语言比较研究奠定了比较语言学基础。19世纪,借助科学技术的进步和观测、实验方法的完善,语言学、历史学、人类学等普遍引进科学方法,根据文献和考古调查得到的丰富材料,以实验方法解释之,获得新认识。运用科学方法于东方语言、历史研究,加上欧洲人深入中亚和我国西北"探险",获得了丰富的实物和多种文字资料,欧洲的东方学遂突飞猛进。相比之下,我国学者在边疆史地研究方面显然落后了很多。清季民国初学者们的边疆研究著作,与西方同类著作的水平相比就有很大差距,傅斯年曾以在西北地理考证方面贡献最多的丁谦与法国学者沙畹相比为例,说明我国学者因语言知识局限和未能掌握历史语言比较方法,"蕃学"领域的成绩就不如西方学者。这也是静安先生提出必须"兼通世界学术"、"兼究外国之学说"的时代背景。

静安先生通晓英、日文,十分留心国外学者论著,随时研读,并和他们经常有学术交往，相互切磋。除日本师友外，他与伯希和关系最为密切，自1909年结识后就保持联系，注意吸收其新研究成果。如读伯氏《摩尼教考》，虽然未习法文，仍能从伯氏所引汉籍中得其要领，在此基础上进一步发掘资料，增益唐宋元人记载十余条，撰成《摩尼教流行中国考》（1919年）；又译出伯氏的演讲稿《近日东方古言语学及史学上之发明与其结论》（据日译文转译，1919年），赞伯氏为"东方语学文学并史学大家"，"于亚洲诸国古今语无不深造"。伯希和也同样佩服静安先生，说1908—1909年在北京与罗振玉及王国维等"当代中国屈指可数的优秀语言学家和考古学家"的结识是他的"大幸"。[1] 此后王国维凡有著述，他都十分熟悉，皆"能举其名及其大略"（见上述伯氏演讲之译文附记）。

据王德毅教授所著《王国维年谱》，静安先生之关注边疆史地研究就肇端于和伯希和的结识。1906—1908年伯希和在我国新疆、甘肃考古，以其无与伦比的语文能力和渊博学识搜寻古迹文物，从敦煌千佛洞古代文书中挑选数千卷汉、梵及西域多种文字的文书，向发现这些宝藏却贪婪无知的王道士购得，装箱发回本国。他带着一部分珍品到北京，求见任职学部的罗振玉商榷敦煌写本的研究计划，罗约同静安先生等数人与之讨论（伯希和在悼文中也讲到这次因敦煌写本之缘与王国维的结识）。伯氏出示所得古写本等，并告知敦煌尚存写卷等约8000轴需加保护，罗乃报告学部将剩余珍贵文物运到

---

[1] «…et surtout avec M. Lo et ses émules et disciples à Pékin, j'ai eu alors pour la première fois la grande fortune d'entrer en rapports personnels avec ce que la Chine contemporaine a compté de mieux comme philologues et comme archéologue. »

北京保存。罗振玉得到伯氏回国不久寄来的敦煌古写本影件后，连同伯氏在北京所给影件，辑为《鸣沙石室佚书》（1913年刊），有慧超《往五天竺传》、《沙州图经》等18种。静安先生参与校理之功尤多，并译出英国地理学会杂志所载斯坦因（M. A. Stein）的游历中亚演讲，题为"中亚细亚探险记"，刊于其附录《流沙访古记》中。1913年，他与罗振玉寓居日本期间，沙畹（Ed. Chavannes）寄来其考释斯坦因所得汉晋木简的著作，二人读后觉得应该重新分类、考订，遂编成《流沙坠简考释》（1914年刊），其中的屯戍类简牍文书全由静安先生承担。他在《流沙坠简序》和《后序》中，依据《汉书》、法显《佛国记》、《晋书》和伯希和发现的唐《沙州图经》记载，考证斯坦因所得分布于敦煌以北、东西绵亘300多里的汉简所在地，乃汉开河西四郡后所筑长城的一段；并据斯氏考古地图所标汉简发现地号码，考证汉敦煌郡三都尉和各候官治所以及该段长城诸烽燧的方位，"由是沙漠中之废墟，骤得以呼其名；断简上之空名，亦得以指其地"。这是他"取地下之实物与纸上之遗文互相释证"的"二重证据法"显例之一。其《敦煌汉简跋十四》，据玉门关发现的记录出使莎车和出使车师二汉简，说明《汉书·西域传》所载通西域南北二道的"分歧不在玉门、阳关，而当自楼兰故城始。自此以南，则从鄯善傍南山波河西行至莎车；北则东趋车师前王庭，或西趋都护治所，皆遂北山波河西行至疏勒。故二道皆出玉门"。此说被学界普遍接受，1941年先师韩儒林曾著文论楼兰在西域交通上所处地位，据《西域传》所载各国间道里逐一推算，以实静安先生之说，证明楼兰城确为西域交通之枢纽。[1] 静安先生十分重视斯坦因所得汉简的史料价值，并对自己的考释颇为得意，在致缪荃孙信中说："此事关系汉代史事甚大，并现存之汉碑数十通亦不足以比之。……考释虽草草具稿，自谓于地理上裨益最多，其余关于制度名物者亦颇有创获。使竹汀先生辈操觚，恐亦不过如是。"[2]

静安先生的名篇《鬼方昆夷玁狁考》（1915 年）和《西胡考》（上、下及"续考"，1919 年）可以说是我国学界以近代科学方法研究西北古族的开拓性著作。前文利用出土铜器铭文与文献记载相印证，考察《易》《诗》及诸子、史所载商、周的鬼方、昆夷、玁狁和以"隗"为姓之狄人，及传说中更古的薰育、荤粥等族名，在辨明其地理分布和相关史实时代的基础上，以文字学音韵学（审音勘同）方法逐一分析，将以上诸名串联，勘定为同一族名因时、地差别产生的异译，并认为就是秦汉时的匈奴。此说使学者顿感豁然开朗，伯希和亦表赞同，谓"当无疑问"[3]；后人虽然对此说作过些许增益补缀或表示某些保留，但迄今学界基本上仍采用静安先生的这一结论。其《西胡考》则是在译读伯希和 1911 年就任法郎西学院教授的演讲后深受激励而作，在致罗振玉信（1919 年 8 月 17 日）中说："前日在君楚（罗福苌字）处见伯希和君八年前之就职演说，始知近年西人于东方学术之进步。伯君此文益将近日发明及研究之结果总括言之，于学术关系极大。……其所言新疆南北路古代多行波

---

[1] 见《穹庐集》，上海人民出版社 1982 年版，第 69—73 页。
[2] 《王国维全集·书信》，中华书局 1984 年版，第 40 页。
[3] «il ne parait pas douteux qu'il s'agisse ici de transcriptions differentes d'un même nom etranger», "L'edition collective des oeuvres de Wang Kouo-wei", *T'oung Pao*, Vol. XXVI, 1929, p. 121.

斯一派之言语文字，此发明至为重要。因忆我国古书，西域诸国汉时谓之西胡，自晋宋以后专称之曰胡，唐人于突厥及胡分析至严，盖胡者，实自西域西迄波斯之总名。……近来言语学之发明与古籍吻合，岂非大快欤！维因拟作《西胡考》……"[1]说明他对欧洲东方学家掌握多种语言知识，用语言学方法研究中亚古史的成就深有感触。先生文中考释前汉以来各类史籍记载的"西胡"，搜集资料甚为周全，并引用了希腊地理家斯德拉仆书（Strabo, Geographia, 即《地理志》，有1916年H. Jones英译本）所载公元前150年前后侵入希腊人所建Bactria王国（《史记·大宛传》称为"大夏"）之睹货逻等四蛮族（按即Asii, Pasiani, Tochari [即睹货逻/吐火罗], Sacarauli），以及西人在新疆南北路发现三种古文字（粟特语、吐火罗语和东伊朗语[即塞语]）的报告，依据丰富资料，从地理、物产、言语、文字、习俗以及形貌特征等诸方面进行分析。此前，外国学者对这些分布于葱岭东西诸族的地理及语言已有过研究，如法国之沙畹、伯希和，德国之马迦特（J. Marquart）、缪勒（F. Muller）、夏德（F. Hirth），日本之白鸟库吉、藤田丰八等。先生当参照过他们的著述，而所辑汉文史料则超过他们，遂进而追寻这些"胡"人若大夏/吐火罗、月氏、窣利/粟特（昭武九姓）等的来源，谓皆系由东方迁往西方；又列举多证，说明匈奴人亦深目多须，与诸胡相类。尽管因条件局限，先生未能充分利用西方（古波斯、希腊、罗马）史料和出土的当地语言资料，考述难免有所欠缺，然而晚近20来年学者的深入研究（如余太山的西域古史系列著作）证明，先生之说

---

[1]《王国维全集·书信》，第292页。

迄今仍是站得住的；匈奴形貌类胡的论述，仍为主张匈奴族属亚利安种的学者引用。

这期间，静安先生的西域史地著述还有为新疆拜城发现的东汉龟兹国《刘平国治□谷关颂》刻石所作《跋》，释颂文中"秦人"为汉时匈奴、西域人对汉人的称呼，所引史料比伯希和此前发表的《支那名称之起源》增《史记·大宛传》"宛城中新得秦人，知穿井"一条，益证成伯氏之说；《高昌宁朔将军麴斌造寺碑跋》，释碑上高昌王结衔之"希利发"、"输屯发"就是突厥官号"俟利发"、"吐屯发"，因附属突厥，故受其官号，并论此"俟利发"之号本出于蠕蠕（柔然）；《九姓回鹘可汗碑跋》，此碑先有沈曾植《跋》及李文田《和林金石录》收录，先生参照伯希和等西方学者相关研究重新整理其行款，补李氏失录者，并作碑图以明其形状及碑文次序，"于是碑文略可通读"。上举《九姓回鹘可汗碑》碑主为两《唐书》之保义可汗，先生乃据碑文订补两《唐书》所载此可汗之突厥称号，进而考释碑文所记诸人物、部族、地理及相关史实，尤详于两《唐书》失载之回鹘西征史事地理，指出由此可以更理解漠北回鹘汗国败亡后回鹘诸部之大规模西迁。

1925年，静安先生就聘清华国学研究院导师，执教之余，将主要精力投入西域史地和蒙元史研究，首先是着力于整理古代西域行记，有唐杜环《经行记》，五代高居晦《使于阗记》，宋王延德《使高昌记》，继及蒙元时代的刘祁《北使记》、刘郁《西使记》和《长春真人西游记》、耶律楚材《西游录》等，顺理成章地将西域史地与蒙元史这两个关系密切的研究领域结合起来。

三

早在1908—1912年从事古代戏曲研究并完成名著《宋元戏曲考》期间，静安先生就已涉足蒙元史领域，为元代文化艺术史以至社会生活史研究作出重大贡献。后来他之所以将主要精力转向蒙元史研究，就学术上看有两点。其一是晚清学术潮流的延伸，这从1919年他为沈曾植70寿庆写的寿序中可以看出。寿序讲到清代学术的演变，说："道咸以降，途辙稍变，言经者及今文，考史者兼辽金元，治地理者逮四裔，务为前人所不为。虽承乾嘉专门之学，然亦逆睹世变，有国初诸老经世之志。"这段话或许也含有"夫子自道"之意，虽然他本人总是强调做学问"必视学术为目的"而不讲"经世"之用。其二当是受国外元史学长足进步的激动。清朝立国之初先服蒙古，后入中原，复经康、雍、乾三帝用兵，统有西北广阔地域，版图几及蒙元，并与不断向东扩展的帝俄势力相接，其用兵、镇戍和治理所到处，以及与俄国的关系，莫不与蒙元时代的历史地理有关，使朝野都重视蒙元时代史。加上较好的资料条件，如康熙时传教士编绘的《皇舆全览图》和乾隆时补全西北境的《内府舆图》（十三排图），北境山川、居民点都有经纬度标示比较精确方位，大有助于历史地理研究；且清朝学人往往略具满蒙语知识，也是治元史的有利因素。乾嘉考据学大师钱大昕充分利用《元朝秘史》、《元典章》及大量碑刻资料，将我国的元史学成就推上顶峰。清后期学人接触外国普通史地书，遂用所得外国蒙元史知识补缀《元史》，如魏源著《元史新编》，但学术价值不大。到洪钧译编拉施特《史集》（据俄译本），兼取《多桑蒙古史》等书资料，著《元史译文证补》，治元史者遂得以利用丰富的域外史料与本国史料相参证，梁启超以之与钱大昕发掘《元朝秘史》等珍籍相比，谓为元史学的"第二次革命"。此后治元史者往往称引"西史"，最重要的进展是出了屠寄的《蒙兀儿史记》和柯劭忞的《新元史》两部重修元史的巨著。柯、屠二书增补内容甚为丰富，且有不少考订成绩，尤其是屠书每有增补考订皆注明出处，深得梁启超赞许。但由于柯、屠二先生欠缺相关语言知识，既不能亲自阅读西方学者著译，更不用说直接参证域外史料原文。他们除主要引用洪钧书外，还请他人为之翻译一些西方学者有关著述。洪钧书本身就存在不少误译误解，而无专业知识译人的错误更多，柯、屠二先生往往被其所误，又不会应用科学的语言比较方法勘同订正，以致衍生出诸多错误。而他们的"重修"旧史之举，终究未能摆脱旧史学的窠臼，静安先生对此也不以为然，讲到《新元史》时，认为研究者应据中外新材料来做元史补正，而"不必另造一史以淹原著"[1]。

此前，欧洲学者已先后整理出版了拉丁、波斯、阿拉伯、亚美尼亚、叙利亚、察哈台文等多种文字的有关蒙元史的史书、地志和旅行记（原文刊本和译本），对畏兀儿字和八思巴字蒙古文资料也作了若干研究，还有不少专题的论文和著作。日本学者紧跟其后，如那珂通世之据汉字音写蒙文译注《元朝秘史》，内藤湖南、白鸟库吉、箭内亘等对元史史料和专题的研究论著，成绩相当可观。与国外蒙元史研究的进步相比，我国学者显然处于落后状态。1919年静

---

[1] 王德毅《王国维年谱》引徐中舒《追忆王静安先生》："余第一次在研究室中见先生案头置有柯凤荪先生所著《新元史》……先生谓：《元史》乃明初宋濂诸人所修，体例初非不善，惟资料不甚完备耳。后来中外秘籍稍出，元代史料遂多，正可作一部元史补正，以辅《元史》行世，初不必另造一史以淹原著也。"

安先生译读伯希和就职演讲稿时，深知西方学者"言语学之发明"对史学研究的功效，我国学者亟须弥补这方面的欠缺。1922年他勉就北京大学研究所通信导师之聘，在致马衡（北大研究所国学门考古学教授）信中说："现在大学是否有满、蒙、藏文讲座？此在我国所不可不设者。其次则东方古国文字学并关紧要。研究生有愿研究者，能资遣法、德各国学之甚善，惟需择史学有根底者乃可耳。此事兄何不建议，亦与古物学大有关系也。"可见先生在西域史地研究中，已深切体会到掌握多种语言的必要，亟望培养具有这种能力的学者。

1925年就任清华国学院导师后，静安先生始专注蒙元史研究。在致罗振玉信中说："近颇致力于元史，而功效不多。将来或为《考异》一书，较之凤老（柯劭忞字凤荪）之《新史》，或当便于学者。"这表明他不走柯、屠二先生的"重修"旧史老路，而着重于充分利用中外史料，以近代的科学研究方法缜密考较，欲效钱大昕著《考异》的榜样对《元史》作一番"全身手术"，补遗正误，发覆释疑，为后来研究者提供经过检验的可信资料依据。他首先着手做《长春真人西游记注》（这实际上是此前整理西域古行记工作的延续）。当年8月致马衡信中说："今年夏间为《长春真人西游记》作注，又作《耶律文正年谱》，均未定稿。元史素未留意，乃作小学生一次，亦有味也。"此言似自谦过当，其实早在作《宋元戏曲考》时他已阅览大量元代文献，后治西北史地，又多涉及蒙元史料，可谓蓄积丰厚。或者他深知元史涉及面极广，域外史料未能利用者甚多，汉籍中也存在不少未发之覆（如译名之困扰），故出此言。

长春真人丘处机奉召赴西域觐见成吉思汗，随行弟子李志常著

《西游记》述往返旅程及师之言行甚详，史料价值几可比肩《大唐西域记》。钱大昕从《道藏》发现此书作跋表章（1791年）后才引起注意，1848年刊入丛书，徐松等为作跋，后来沈垚、丁谦、沈曾植都做过考释，俄人巴拉第神甫（Palladius Kafarov）译为俄文（1868年），布莱茨奈德（E. V. Bretschneider）转译为英文并加注释（1887年）。静安先生的《长春真人西游记注》引用各类文献近50种，"注释之丰富，足以压倒前人"（伯希和评语）。[1] 如考证所记契丹故城当位于喀鲁哈河东，应为辽代之镇州可敦城（考古发现证实，此处地名青托罗盖的辽古城即此镇州）；金山南之"大河"即乌伦古河；自此越沙碛而南，西行所至鳖思马大城即别失八里，为唐之庭州；复循阴山西行，越山西南行所至阿里马即阿力麻里，核其地望当为唐之弓月城。诸如此类考证确当者尚多，可视为他历年来研究西北史地和古行记的综合成果。

到1926年夏，其《黑鞑事略笺证》、《蒙鞑备录笺证》和《皇元圣武亲征录校注》相继完成，遂与《长春真人西游记注》合并付刊（即《蒙古史料四种》），5月17日致罗振玉信中说："此一年内成绩也。"其实这一年中他还进行《耶律文正公年谱》的编撰，对耶律楚材《湛然居士集》诗文中提到的人物与事迹以及诗文的写作年代，都做了考证，工作量相当大，同时又撰写《鞑靼考》、《[辽金]萌古考》两篇长文，可见其学养之深厚以及治学异乎寻常的聪敏和勤奋。

《蒙鞑备录》记辛巳年（宋嘉定十四年，1221年）使蒙（至燕

---

[1] «Le commentaire de Wang Kouo Wei, par sa richesse, rejette dans l'ombre tous ceux qui l'ont precede.» "L'edition collective des oeuvres de Wang Kouo-wei", *T'oung Pao*, Vol. XXVI, 1929, p. 174.

京）见闻，题孟珙撰，但孟珙（时为京湖制置使部将）未曾出使蒙古，先生引周密《齐东野语》载此年淮东制阃贾涉曾遣都统司计议官赵珙"往河北蒙古军前议事"，可知《蒙鞑备录》作者应为赵珙。伯希和评说静安先生对此书的"注释很丰富，总体上是卓越的"。[1]《黑鞑事略》是彭大雅、徐霆先后出使蒙古的见闻录合编，伯希和称誉"王［国维］的笺证一如既往非常严密丰富"[2]。如所记蒙古皇帝"其偶潜号者八人"，解释为"太祖诸弟、子辈皆各有封地，于部内称汗故也"，可谓卓见；蒙古诸王将相之名均与《元史》记载一一勘同；彭、徐均未记出使年代，乃据《宋史》有关宋蒙交涉的记载作出推断，为后人的研究打下了基础。《圣武亲征录》载元太祖、太宗事迹，与《史集》、《元史》之太祖纪多共同处，或以为即元仁宗命察罕译《脱必赤颜》（蒙古文国史）而成之《圣武开天记》。先生据《亲征录》中有王孤（汪古）部长爱不花（亡故于世祖时）的记载，断定应成书于世祖年间，与《开天记》并非同书。《亲征录》传世刊本讹误甚多，经先生校订，"庶几可读矣"（1926年4月先生致罗振玉信）；伯希和评语称："王［国维］校订与丰富注释的版本，标志着对以前诸本是一个巨大的进步。"[3] 后人在此基础上又有新进步，目前最完善的是贾敬颜先生于1955年完成的《圣武亲征录校本》（油印本），所利用版本多达18种（含那珂通世的《增注》和伯希和的法文译注），部分内容还加有注释。笔者承贾先生惠赠一部，受益甚多，建议尽快正式出版。

---

[1] «Le présent commentaire de W[ang] est très riche et dans l'ensemble excellent.»
[2] «Le commentaire de W[ang] est comme toujours très serré et riche.»
[3] «C'est dire que l'édition critique et copieusement annotée de W[ang Kouo-Wei] marque un progrès énorme sur celles qui l'ont precede.»

先生的名篇《鞑靼考》，引据极为丰富的史料，证明唐突厥文碑中的 Otuz Tatar（三十姓鞑靼）、Tokuz Tatar（九姓鞑靼），唐、宋文献中的达怛、鞑靼，在《辽史》《金史》中为"阻卜""阻𩁺"。文章详细考述历代鞑靼史事地理，并制成大事年表，极便读者。其辽、金史之阻卜即鞑靼之说论据充分，确定无疑。但他推论说，辽、金史之所以作阻卜（阻𩁺），系因元人修史讳言"鞑靼"，而将此二字颠倒并改为形似之字，则相当勉强。早有学者提出质疑。[1] 按：《金史》记载明昌六年（1195年）完颜襄征讨北阻𩁺叛乱，次年追击叛部至斡里札河平之，遂"勒石九峰石壁"。最近在蒙古温都尔汗东、克鲁伦河南岸发现此女真文—汉文刻石，有"帝命率师讨北术孛背叛"字样，署"明昌七年六月"。[2] 此"北术孛"即《金史》之北阻𩁺；《元朝秘史》记载铁木真协助金完颜襄丞相征讨塔塔儿部，就是这次战役。可见辽金人对鞑靼部落确有阻卜—术孛（Jubur？）的称呼（按：据苏轼奏议，此当为契丹人对鞑靼某些部落的称呼，女真人沿用）。《萌古考》（1927年5月改定）辑录《旧唐书》之"蒙兀室韦"以至宋、辽、金人记载的蒙古名称20多个，并考述相关史事，证明其均为同名异译，大体正确。先师韩儒林先生于1943年作《蒙古的名称》增益其说，并对部分名称提出质疑。

1927年春夏间，先生又撰《南宋人所传蒙古史料考》《金界壕考》《黑车子室韦考》和《元朝秘史之主因亦儿坚考》，后两篇是在

---

[1] 唐长孺先生《论阻卜之异译》（1947年5月16日《大公报》）引苏轼元祐八年奏章（《苏文忠公全集》东坡奏议卷一四）言："大抵北虏（指辽朝）近岁多为小国达靼、术保之类所叛，破军杀将非一。近据北人契丹四哥所报，北界为差发兵马及人户家丁往招州以来收杀术保等国。"

[2] 白石典之：《成吉思汗之考古学》，东京：同成社2001年版，第64页。

读日本学者相关论文后,有所增益和商榷而作。《金界壕考》叙述界壕建立的过程和边堡、驻军数目甚详,并分别考证东北路、临潢路、西北路、西南路之界壕走向和若干边堡方位,为后人进行金界壕边堡的考古调查提供了丰富资料和地理指标。《元朝秘史之主因亦儿坚考》论证《秘史》所载 Jüyin（第 53 节：Tatar Jüyin irgen "塔塔儿主因百姓"；第 247—248 节：Qarakitad-un Jürced-un Jüyin-ü cheri'ud "契丹的女真的主因军队"；第 266 节：Kitat irgen-ü Jüyin "契丹百姓的主因[人]"）就是辽、金的"诸糺（糺）"——糺军或糺部。这一点可谓真知灼见,不易之论,只是从对音上论证不甚合。后人对此多有讨论辨正,以蔡美彪教授撰《糺与糺军之演变》[1]论析最透彻。澳大利亚罗依果教授（Igor de Rachewiltz）近著《蒙古秘史译注》综合前人研究,提出此名可能源于契丹语,很像来自动词 jüyi- 加派生名词后缀 -n。蒙古书面语 jüi- 有"调集"、"[由各部分]集合"以及"附着"等意义。故 Jüyin 一词当有不同来源、不同种类（军队或人民）的集合之意。[2]

静安先生在两年中取得如此丰硕的蒙元史研究成绩,令人惊叹。他总是不断追求新知,随时了解和借鉴国外学者的研究成果,如函请伯希和抄寄敦煌遗书,托日本友人购买那珂通世的《成吉思汗实录》（元朝秘史日文译注本）以及新出的各种学术刊物；获悉日本存有耶律楚材《西游录》足本,喜不自禁,亟访求之；见此书末题

---

[1] 载《元史论丛》第二辑,中华书局 1983 年版。
[2] Igor de Rachewiltz, *The Secret history of the Mongols: Translation with a historical and philological commentary*, Brill, 2006, pp. 300-301. 按：关于"糺（糺）"的研究,论述最详尽者为蔡美彪《糺与糺军之演变》,载《元史论丛》第二辑。"糺"之读音应为扎,其来源和含义略同罗依果所述。

"燕京中书侍郎宅刊行",即作出判断,称其"不云中书令宅,而云中书侍郎宅,盖当时宰相但有蒙古名,其汉名则随意呼之而已",诚为确论。但由于撰写时间毕竟很仓促,先生对自己这两年的著述每表不甚满意,在 1926 年 9 月致神田喜一郎信中说:"《亲征录校注》甚为草率,但志在介绍一《说郛》本耳。……印刷垂成,已发现当增订之处不止三四。至《蒙鞑备录》及《黑鞑事略》二种,则当增订之处尤多。"1927 年 1 月致神田信中又说:"《蒙鞑备录》与《黑鞑事略》两笺,近来增补甚多,《辽金时蒙古考》亦需改作,亦深悔当时出版之早。"我们景仰的大师,治学如此严谨,如履薄冰,这种对学问的敬慎尤其值得后人学习。如果假以时日,先生的蒙元史论著一定更加丰富,更加完善,特别是他计划要做的《元史》补正或考异如果完成,则后人从事蒙元史研究就将能站在更高、更坚实的基础上,迅速提高蒙元史学的水平。

30 年前,承著名文学家、诗人叶嘉莹教授惠赠其大著《王国维及其文学批评》,并赐题诗作一首云:

我耽词曲君研史,共仰观堂王静安。
鱼藻轩前留恨水,斯人斯世总堪叹。

谨录于此,以表达对静安先生的纪念。未曾征得叶先生允准,敬祈见谅。

郑介夫生平事迹考实

李鸣飞（北京大学历史学系）
张　帆（北京大学历史学系）

郑介夫《太平策》是元朝一部著名的长篇奏议。其书未见单行本传世，但被明永乐时黄淮、杨士奇所编《历代名臣奏议》全文收载。[1]这部奏议包括《上奏一纲二十目》和《因地震论治道疏》两部分[2]，长达3.8万余字，内容十分丰富，涉及元朝中期政治、经济领域的许多重大问题和重要制度，向来受到元史学界的重视，各种论著多有征引。但是对于郑介夫其人的生平事迹，以往了解甚少。《元史》未为郑氏立传，现存元人文集中也没有发现为他写的碑铭或传记。本文拟在一些零散资料的基础上，结合郑介夫在《太平策》中

---

[1] 见《历代名臣奏议》卷六七、六八《治道》，上海古籍出版社影印明刊本。20世纪末，邱树森、何兆吉对《历代名臣奏议》的这两卷内容进行了标点，收入《元代奏议集录》（浙江古籍出版社1998年版）。本文以下引述郑介夫《太平策》的内容，皆以《元代奏议集录》为据，仅个别地方对其标点有所改动。
[2] 这两部分的标题并非《历代名臣奏议》原有，而是《元代奏议集录》整理者根据奏议内容和其他史料加上的，今沿用之。《历代名臣奏议》卷六八所载郑介夫奏议的一部分内容有"论边远状"、"论抑强状"等题目，共五段文字，《元代奏议集录》将这五段文字分开，单独成篇，与《上奏一纲二十目》和《因地震论治道疏》并列，是不准确的。这五段文字实际上都应属于《上奏一纲二十目》。关于这一点，参见李鸣飞、张帆：《郑介夫〈太平策〉初探》，载中国元史研究会编：《元史论丛》第11辑，天津古籍出版社2009年版。

对自己履历的片断叙述，对他的生平事迹进行初步的考察和梳理，敬请批评指正。

一、前人已经注意到的郑介夫生平资料

郑介夫虽未被《元史》立传，但也不是全无事迹可寻。清人重修元史诸家中，邵远平首先为郑介夫补写了简单的传记，即《元史类编》卷二五《郑介夫传》。传记开头说：

> 郑介夫，字以居，号铁柯，浙之开化人。生平刚直敢言。成宗大德七年，上《太平策》一纲二十目。略曰：……

以下大段抄录《太平策》的内容，并注明引自《历代名臣奏议》。引文完毕后，又交代说：

> 奏入，多见采纳。介夫尝著《韵海》一书行世。官终金溪县丞。

这样传文就结束了。此后曾廉《元书》卷七〇和柯劭忞《新元史》卷一九三均为郑介夫立传，其处理方法与《元史类编》一脉相承，都没有提供什么新的材料。

《元史类编》关于郑介夫字号、籍贯、历官的交代，应当是取材于方志。目前所见记载郑介夫生平的方志，以明英宗天顺年间成书的《大明一统志》年代最早。书中卷四三《衢州府·人物》有"郑介

夫"条，下云：

> 开化人，号铁柱。性刚直敢言。著《韵海》。至大间，上《太平策》一纲二十目，颇行其言。仕终金溪县丞。

其次为明孝宗时成书的《弘治衢州府志》。其卷九《人物》"开化"门"郑介夫"条载：

> 字以居，号铁柯，性刚直敢言。著《韵海》。至大间，上《太平策》一纲二十目，颇行其言。仕终金溪县丞。见《一统志》。

《弘治衢州府志》的末句"见《一统志》"，显然就是指上文征引的《大明一统志》。其文字确与《大明一统志》雷同，但也有一些差别。一是补充了郑介夫的字"以居"，二是记载郑介夫的号是"铁柯"而非"铁柱"，这两点都被《元史类编》继承。两志均言郑介夫上《太平策》是在元武宗至大年间，与《元史类编》所载上书时间为成宗大德七年不同，实际上应以《元史类编》为准，因为《元史类编》的记载出自永乐年间编纂的《历代名臣奏议》[1]，时间更早。况且还有大量史料，包括《太平策》里的许多内证，都确定无疑地证明《太平策》的主体部分是在大德七年上呈的。对此下文再叙。至于郑介夫的籍贯衢州开化（今属浙江），看来是没有异议的。

以后，还有一些地方志和总志载有郑介夫小传，但反映的信息

---

[1] 《历代名臣奏议》卷六七《治道》，开篇即载"元成宗大德七年，郑介夫上奏"云云。

皆不超出上引两志范围，大约只是辗转相抄而已。[1]

关于郑介夫的事迹，元末宋濂曾有一篇文章述及。这篇文章的题目是《〈太平策〉后题》。篇幅不长，但内容很重要，全文转录如下：

> 昔成宗皇帝临御万方，以天下之广，非一人耳目所及，群臣有直言极谏者，咸嘉纳焉，所以来说议、达群情而成治功也。大德中，三衢郑以吾宿卫禁中，览时政有所缺遗，疏《太平策》一纲二十目上之。上嘉其忠，特命以吾为雷阳教授。濂每取而读之，未尝不仰叹成庙之德之盛也。隋文帝时，河汾王通非不以《太平十二策》奏之，文帝不能用，通遂东归，续六经以传学者。呜呼，以吾之贤，未必能有过于通也，上犹采其言而用之。使通生于今日，则其道必将大行于时，六经有不必续矣！由是论之，不惟成庙之圣，非隋文仿佛其万一，亦可以见士之遇合，苟当明时，虽小善必录，若值猜暴之主，纵大贤亦有所不容。道之所系于时者，夫岂人力之可为也哉？澧阳张君逢喜诵以吾之策，尝手录之，且请濂识之，于是不辞而题其后。重纪至元元年夏六月十九日，濂题。[2]

---

[1] 我们查阅过的地方志和总志有《嘉靖浙江通志》、《雍正浙江通志》、《天启衢州府志》、《康熙衢州府志》、《雍正开化县志》、《乾隆开化县志》、《嘉庆重修一统志》。这些志书均载有郑介夫的小传或条目，但陈陈相因，完全没有新的内容。

[2] 见《宋濂全集》第四册，浙江古籍出版社 1999 年点校本，第 2072 页。本文原载明天顺五年黄谌刊本《宋学士先生文集辑补》。学术界比较常用的《四部备要》本《宋文宪公全集》卷四五也收录了这篇文章，但却删去了最后一句亦即文章的写作时间，而这个时间对我们来说是非常重要的。详下。

宋濂（1310—1381年），字景濂，婺州金华（今属浙江）人。元末以诗文知名，被荐为翰林国史院编修官，不赴。后参加朱元璋政权，明初官至翰林学士承旨，《明史》卷一二八有传。本文作于"重纪至元元年"，即元顺帝至元元年（1335年），此时宋濂只有26岁。文章谓《太平策》作者为"郑以吾"，显然是以字相称，与上引方志所载郑介夫"字以居"不合。但尽管如此，文中提到郑以吾的籍贯"三衢"，实即衢州别称，又说《太平策》有一纲二十目，则其所指必系郑介夫《太平策》无疑。在这篇文章里，宋濂将郑介夫《太平策》与隋代大儒王通的《太平十二策》[1]并举，通过对比二人进言的见用与否来歌颂元成宗的"盛德"。虽然宋濂在后来成为明代开国文臣，但此时距元亡尚有30余年，作为元朝臣民，其上述论调自然是可以理解的。文章所提供有关郑介夫的信息，一是曾经"宿卫禁中"，二是曾任雷阳教授，皆为前引方志材料所未言及。此文题目叫《〈太平策〉后题》，因此它曾经引起专家的注意。台湾学者编纂的《元人传记资料索引》，在开列的郑介夫传记资料中，首先举出的就是这篇文章。[2]

二、几条新的资料

事实上，在现存元代和明初文献中，还可以找到几条前人未曾留意的材料，对于我们了解郑介夫的情况大有帮助。

第一条资料，是《元典章》卷四五《刑部七·诸奸·纵奸·通奸

---

[1] 《资治通鉴》卷一七九《隋纪三》载："仁寿三年（603年）……龙门王通诣阙献《太平十二策》，上（隋文帝）不能用，罢归。通遂教授于河汾之间。"
[2] 王德毅、李荣村、潘柏澄编：《元人传记资料索引》，中华书局1987年版，第1934页。

许诸人首捉》：

> 大德七年十一月□日，江西行省准中书省咨：郑铁柯陈言事内一件："纵妻为娼，各路城邑争相仿效，此风甚为不美。且抑良为贱者，待告而禁，终不能绝。若令有司觉察，或诸人陈首，但有此等，尽遣从良。有夫纵其妻者，盖因'奸从夫捕'之条，所以为之不惮。若许四邻举觉，但同奸断，或因事发露，则罪均四邻，自然知畏，不敢轻犯。"得此。送刑部议得："人伦之始，夫妇为重，纵妻为娼，大伤风化。若止依前断罪，许令同居，却缘亲夫受钱，令妻与人同奸，已是义绝。以此参详，如有违犯，许诸人首捉到官，取问明白，本夫、奸妇、奸夫同凡奸夫，决八十七下，离异。若夫受钱，逼勒妻妾为娼，既非自愿，临事量情科断相应。"都省准拟、依上施行。

这条资料中的"郑铁柯陈言事内一件"，实即郑介夫《太平策·上奏一纲二十目·厚俗》中一段文字的节略。其原文是这样的（加着重号的字句，就是《元典章》引述的部分）：

> 今街市之间，设肆卖酒，纵妻求淫，暗为娼妓，明收钞物，名曰"嫁汉"。又有良家，私置其夫，与之对饮食、同寝处，略无主客内外之别，名曰"把手合活"。又有典买良妇，养为义女，三四群聚，扇诱客官，日饮夜宿，自异娼户，名曰"坐子人家"。都城之下十室而九，各路郡邑争相仿效，此风甚为不美。且抑良为贱者，待告而禁，终不能绝。若令有司觉察，或许诸人陈首，

但有此等，尽遣从良。有夫纵其妻者，盖因"奸从夫捕"之条，所以为之无忌。若许四邻举觉，俾同奸断，或因事发露，则罪均四邻，自然知畏，不敢轻犯。此可以厚俗之一也。

由此，可知《元典章》中的"郑铁柯"就是郑介夫。本条文书是郑介夫上书于大德七年、而非"至大中"的一条铁证。从这条文书来看，郑介夫的上言，显然有一部分内容受到了元廷的重视，如上引"厚俗"条中揭露的"纵妻为娼"现象，就经刑部讨论，拟定了处理意见，由中书省咨发行省执行。由于史料阙略，我们不知道在郑介夫上言中，像这样得到朝廷回应的内容有多少。但至少可以证明，宋濂称"上犹采其言而用之"，《大明一统志》称"颇行其言"，并不完全是向壁虚构。

《大明一统志》称郑介夫"号铁柱"，《弘治衢州府志》、《元史类编》则称其"号铁柯"，从上引《元典章》来看，当以后者为确，"铁柱"或系形近致误。更进一步分析，"铁柯"也不见得是郑介夫的别号，而很可能是他的蒙古名，这个名字应当就是屡见于辽、金、元三史的阿尔泰语系民族人名铁哥（亦作帖哥、帖可等）。《元史》卷一二五有《铁哥传》，而元代汉族文臣给这位铁哥写的封赠制书和碑铭题记，即称其为"铁柯"。[1] 元代蒙古文中 ge 和 ke 两个发音的

---

[1] 程钜夫：《雪楼集》卷四《故太傅录军国重事录太医院事依前府仪同三司宣徽院使领大司农司事铁柯赠谥制》，台湾中央图书馆影印《元人文集珍本汇刊》本；吴澄：《吴文正公集》卷三一《题秦国忠穆公行状墓铭神道碑后》，台湾新文丰出版公司影印《元人文集珍本丛刊》本。据《元史》本传，这位铁哥（铁柯）并不是蒙古人，而是出生于迦叶弥儿（今克什米尔）的色目人。但他在蒙古宫廷长大，早备宿卫，因此完全有理由起一个蒙古名字。

写法相同，铁哥或铁柯复原为蒙古文，应是 tege / teke，是同一个单词。在蒙古语中，tege 意为"方向"，是一个后置词，并不单独使用，而 teke 的含义是"岩羊"。"铁柯"如果确系郑介夫的蒙古名，其词义就应当是岩羊。[1] 郑介夫曾经加入元朝的宫廷宿卫组织怯薛（即宋濂所说的"宿卫禁中"，详下），起一个蒙古名是很正常的。朝中的蒙古大臣大概也只知道他的蒙古名，而不一定知道或记得他的汉名，所以《元典章》所载公文提到他时，径呼之为"郑铁柯"。

第二条资料，是元朝中期诗人揭傒斯的《送郑司狱归衢州却赴调京师》：

> 壮年执戟事明君，一日上书天下闻。不恨栖迟百僚底，犹堪激烈万人群。烂柯山远回孤棹，析木天清望五云，尽说于公有阴德，掉头相别大江渍。[2]

揭傒斯（1274—1344 年），字曼硕，龙兴富州（今江西丰城）人，官至翰林侍讲学士、知制诰、同修国史。以诗知名，后人尊为"元诗四大家"之一。诗中的郑司狱，应当就是郑介夫。所谓"壮年执戟事明君，一日上书天下闻"，显然与郑介夫曾经"宿卫禁中"及

---

[1] 清朝编纂《四库全书》时，将辽、金、元三史中的人名铁哥（或帖哥、帖可等）改译为"特尔格"。于敏中等编《日下旧闻考》卷八七《国朝苑囿》引《元史·铁哥传》，改译后注云："特尔格，蒙古语车也，旧作铁哥，今译改。"但这个改译是错误的。"特尔格"的蒙古文转写是 terge，按元朝译音用字惯应写为"帖儿哥"，与"铁哥"并非一词。因此《日下旧闻考》将铁哥解释为车，也就不能成立。以上与蒙古文相关的这一部分内容，得到了中国人民大学国学院乌云毕力格教授、中国社会科学院民族与人类学研究所乌兰研究员的指教，在此深表谢意。
[2]《揭傒斯全集》诗集卷八，上海古籍出版社 1985 年点校本。此诗承蒙北京大学历史学系博士研究生乔志勇同学检示，谨致谢忱。

上《太平策》的经历相符,而衢州又是郑介夫的家乡。"烂柯山远回孤棹,析木天清望五云"一联,指郑介夫启程返回衢州,随后将北上"赴调京师"。[1] "尽说于公有阴德"一句,用的是西汉人于公"治狱多阴德,未尝有所冤"的典故[2],在此即指郑介夫担任司狱一事。末句"掉头相别大江濆",表明揭傒斯与郑介夫是在长江边上分手的。这首诗告诉我们的信息是:郑介夫曾任司狱之职,任满后即将北上大都,等候吏部安排新的职务。北上之前要先回故乡衢州,在长江沿岸的某地遇到了揭傒斯。从揭傒斯称他为"郑司狱"而未以字号相称来看,这大概是二人初次相识,但"一日上书天下闻"之句,则似乎意味着揭傒斯早就听说过郑介夫上书一事。关于这首诗的写作年代,颇难考定,下文再作讨论。

第三条资料,是元朝中期另一位诗人李孝光的《次郑以吾清明韵》(二首):

> 衢州城下清江好,一舸因君作重寻。
> 早日头颅能种种,春风门巷自深深。
> 穷鱼得赖升斗活,老骥终悲千里心。
> 我别先生知更苦,出门搔首望飞岑。

> 北□曾上河汾策,寂寞空垂后世名。
> 漂泊郑虔只老去,佯狂李白似平生。

---

[1] 烂柯山是传说中东晋樵夫王质遇仙之处,地点即在衢州(东晋称信安郡),参见任昉《述异记》卷上、《大明一统志》卷四三《衢州府·山川》。析木为古代十二星次之一,地理分野属幽州,此处即代指元大都。参见《日下旧闻考》卷一《星土》。
[2] 《汉书》卷七一《于定国传》。

衰翁犹是人麟凤，佳士能为世重轻。

我送君归吾亦去，欲依僧寺听江声。[1]

李孝光（1285—1350年），字季和，号五峰，温州乐清（今属浙江）人。隐居雁荡山下，顺帝至正时以遗逸征召，授著作郎，升秘书监丞。以老病致仕，南归途中病卒。[2]其上引诗的次韵对象郑以吾，无疑也是郑介夫。首先，这个郑以吾住在衢州。"衢州城下清江好，一舸因君作重寻"，说的是作者到衢州拜访郑以吾。其次，所谓"曾上河汾策"，又是用王通上《太平十二策》的典故[3]，显然与宋濂一样，是用来比喻郑介夫的《太平策》。诗中称郑介夫为"先生"、"衰翁"，又云"老骥终悲千里心"，"漂泊郑虔只老去"，由此可以推断，此诗作于郑介夫晚年家居之时，而且郑介夫的年龄应当长于李孝光。

李诗还可以帮助我们落实郑介夫的字。前引《弘治衢州府志》、《元史类编》载介夫字以居，宋濂《〈太平策〉后题》则称其为郑以吾，而李诗也称郑以吾。李孝光与郑介夫相识、宋濂距郑介夫时代

---

[1] 李孝光：《五峰集》卷一〇，《文渊阁四库全书》本。第二首第一句第二字原阙，据诗意推断应为"游"或"行"字。陈增杰：《李孝光集校注》（上海社会科学院出版社2005年版）据《永嘉诗人祠堂丛刻》本《五峰集》，将此句校定为"壮士曾上河汾策"。"壮士"一词与以下第六句"佳士"用字重复，似不足为据。其"壮"字盖因与"北"字形近致误，"士"字则又据"壮"字而妄补。

[2] 陈德永：《李五峰行状》，原载《道光乐清县志》卷一一，现引自李修生主编《全元文》第59册（凤凰出版社2006年版）。《元史》卷一九〇《儒学传二》有李孝光传，然述其卒年有误。

[3] 陈起编《江湖小集》卷一三载南宋人邓林《感兴》诗："太平十二河汾策，策欲排云谒帝居。"这里"河汾策"的典故表达得更为清楚。王通家居龙门（今山西河津），位于黄河、汾水之间，他在这里聚徒讲授，其学派被后人称为"河汾之学"。参见黎靖德编《朱子语类》卷一三七《战国汉唐诸子》，王应麟《困学纪闻》卷一四《考史》。前引宋濂《〈太平策〉后题》，亦称"河汾王通"。

也很近，二人记载彼此相应，故当以"以吾"为是。且古人名、字往往有互训的含义，介、以同义，夫、吾对应，较为合理。

最后一条资料更为重要，即明初文士王行所作《筠谷郑氏墓祠记》。王行（1334—1393年），字止仲，号半轩，平江（今江苏苏州）人。元末托庇于张士诚政权，是平江诗社"北郭十友"的重要成员。明初曾任学官，后担任大将蓝玉的家庭教师，在蓝玉谋反案中牵连被杀。[1] 入明之后，王行受友人郑团之托，为其祖父郑钧作《筠谷郑氏墓祠记》，而郑钧正是郑介夫的侄孙。这篇《记》对于了解郑介夫的生平多有助益，节引如下：

> 衢之开化曰金溪，有山曰奎娄峰，其下曰筠谷，故儒官家郑氏居焉。谷口则学录公之墓也。其子璘等即墓立祠，以奉公之神。孙团筮仕，以使事抵吴，告予以其先世之故，请书志之。按学录公讳钧，字汝一，世衢人。祖明夫，宋咸淳癸酉进士。父师吉，元徽州儒学正，即筠谷府君也。筠谷君早孤，育于季父介夫，典教江阴，故公以延祐丙辰生江阴之定山。天质既美，滋力于学，受经于白云许先生之门人。应至正甲申乡试，以贰榜任本郡儒学录，人皆崇之，寻退居筠谷下，聚教族人子弟。郑以儒业著称者，率其弟子也。大明洪武戊申，公年五十七，九月庚寅以疾卒。……以九年腊月朏合葬焉，实今墓也。墓既尽其邱封之礼，祠又广其严奉之敬，知其后之益昌，于是而征焉。於乎！予复有他征矣。观典教翁《一纲二十目》之书，抚卷辄

---

[1] 参见钱谦益《列朝诗集小传》甲集《王教读行》，《明史》卷二八五《文苑·王行传》。

为之太息。当是时,廷臣岂无任言责者,而乃固本根,正纲纪,披肝沥胆,剀切恳至,顾非疏远之臣弗得闻耶?此天下有志之士所以扼腕慷慨、想望倾慕之无已也。然翁位不满德,仅宰百里而终。[1]

通过这篇文章可以知道,郑介夫一家居于衢州路开化县奎娄峰下之筠谷,世代以儒为业。介夫之兄明夫是宋度宗咸淳九年(癸酉,1273年)进士,早卒。明夫之子师吉自幼由介夫养育,后仕元为徽州路儒学学正。介夫自己是否有子不详。元仁宗延祐三年(丙辰,1316年),郑介夫在江阴任教官时,师吉之子钧出生于江阴,可知此时介夫、师吉叔侄还生活在一起。由于郑钧出生时郑介夫正在江阴"典教",因此王行从郑钧的角度称他为"典教翁",并对其《太平策》一纲二十目大加赞扬,极表"想望倾慕"之意。王行又称介夫"位不满德,仅宰百里而终",这与《大明一统志》郑介夫小传"仕终金溪县丞"的记载,也能吻合。

三、郑介夫小传

在上述零散资料的基础上,参考郑介夫在《太平策》中对自己履历的片断叙述,我们可以大体上将他的生平事迹勾勒出来。今为其试补小传如下。以传文为纲,资料和相关考释随文附列于后。

郑介夫,元衢州开化人,字以吾。世居于开化县奎娄峰下之筠

---

[1] 王行:《半轩集》卷三,《文渊阁四库全书》本。

谷，以儒为业。兄明夫，中南宋咸淳九年（1273年）进士，早卒。其子师吉自幼由介夫养育。

见上节考证。郑介夫之名，与比他生活年代早大约两个世纪的另一位郑姓名人郑侠的字相同。郑侠（1041—1119年），字介夫，福州福清（今属福建）人，宋英宗时进士。神宗时，因上《流民图》指斥王安石变法闻名。受到变法派打击，仕途坎坷，屡遭贬黜。前引方志称郑介夫"性刚直敢言"，这个评语用在郑侠身上也完全合适。大约正因如此，有的学者不慎将两人混淆[1]，应予辨正。

介夫早年受家庭影响，入儒学读书。年长后因求仕需要，又曾修习吏业。

《太平策·上奏一纲二十目》序引部分云："介夫幼勤于学，长习于吏，备员儒泮，偃蹇无成。""备员儒泮"指在官办儒学学习，这表明他们一家很可能被定为儒户。[2] 介夫后于雷阳、江阴任儒学教授，其侄师吉亦曾任徽州路儒学学正，多少都与他们的家庭背景有关。

成宗大德四年（1300年），夤缘投充怯薛，任正宫位下奥剌赤。大约在此期间，取蒙古名"铁柯"。

《上奏一纲二十目·怯薛》："愚臣不肖，隶名正宫位下奥剌赤，身役三年于兹。"按正宫当指皇后，《上奏一纲二十目·定律》谓"今

---

[1] 例见何兹全《中国社会发展史中的元代社会》一文，载《北京师范大学学报》1992年第5期。
[2] 关于元朝的儒户和儒学，参阅萧启庆：《元代的儒户：儒士地位演进史上的一章》，载氏著《元代史新探》，台北：新文丰出版公司1983年版、陈高华：《元代的地方官学》，载氏著《元史研究新论》，上海社会科学院出版社2005年版。

正宫位下自立中政院"，可证。[1]《上奏一纲二十目》上于大德七年，可知郑介夫加入怯薛是在大德四年。关于郑介夫的怯薛身份，《太平策》中数次提及。《上奏一纲二十目》序引："介夫幼勤于学，长习于吏，备员儒泮，偃蹇无成，侍直禁垣，有年于此。"《因地震论治道疏》："介夫久随禁直，愧乏才资。"宋濂《〈太平策〉后题》亦云"大德中，三衢郑以吾宿卫禁中"。

奥剌赤显然是怯薛执役的一种。其词义史无明文。然《上奏一纲二十目·怯薛》云："如奥剌赤一项，各库钱帛已设库官六员，又有库子、司吏人等，即是奥剌赤之名，足可任出入收支之责，何须重复滥设。"据此推断，奥剌赤与库官、库子职掌近似，管理库藏钱帛之事，负"出入收支之责"。《元朝秘史》第 234 节有"阿兀舌剌速"（a'urasu）一词，旁译"匹帛"，总译"段匹"，应当就是"奥剌赤"的词根。[2]

取蒙古名"铁柯"一事，见上节考证。

大德七年二月，元廷沙汰怯薛人员，介夫被逐出怯薛。

元代怯薛作为宫廷宿卫组织，其成员通常应由蒙古、色目贵族子弟充任，也吸纳一些朝中汉人勋贵、大臣的子弟。像郑介夫这样出自南方儒生家庭、全无"根脚"的一介平民，其投充怯薛实际上是违反制度的。元朝前期，在这方面管理不严，许多普通的汉人、南人想尽各种办法混入怯薛，以求获得朝廷的廪饷待遇，并希望以

---

[1]《元史》卷八八《百官志四》："中政院，秩正二品。……掌中宫财赋营造供给，并番卫之士，汤沐之邑。元贞二年，始置中御府，秩正三品。大德四年，升中政院，秩正二品。"同书卷八二《选举志二·铨法上》径称"皇后位下中政院"。
[2] 这是南京大学历史系特木勒先生提示的。见特木勒：《青把都牧地与事迹杂考》（"元上都与元代社会"学术研讨会论文，2009 年 8 月）。

此为跳板走上仕途。郑介夫在《上奏一纲二十目·怯薛》中对这种情况有详细和生动的描述：

> 古称侍卫禁直左右前后之人，今谓之怯薛歹。……古者分以职役，定以等差，用当其人，人当其任，是以人无觊觎，各守分义。今则不然。不限以员，不责以职，但挟重赀，有梯援，投门下，便可报名字，请粮草，获赏赐，皆名曰怯薛歹。以此纷至沓来，争先竞进，不问贤愚，不分阶级，不择人品。如屠沽下隶，市井小人，及商贾之流，军卒之末，甚而倡优奴贱之辈，皆得以涉迹官禁。又有一等流官胥吏，经断不叙，无所容身，则夤缘投入，以图升转。……富者财力一到，便可干别里哥，早得名分，贫者苟焉栖身，以叨窃恩赏。诳上慢下，莫甚于此。

针对上述情况，元朝政府也采取过一些清理措施。如成宗大德元年（1297年）九月，"汰诸王来大都者及宿卫士冗员"，大德七年二月，"汰诸色人冒充宿卫"，武宗至大二年（1309年）六月"以宿卫之士比多冗杂，遵旧制，存蒙古、色目之有阀阅者，余皆革去"。[1] 郑介夫应当就是在大德七年二月这次清理行动中被逐出怯薛的。但令他愤慨的是，这次行动虎头蛇尾，很快就宣布停止了，因此在《上奏一纲二十目·怯薛》中批评说：

> 近睹朝省有严行分拣之令，私窃自喜。遭遇圣朝行此善政，

---

[1] 《元史》卷一九《成宗纪二》，卷二一《成宗纪四》，卷二三《武宗纪二》。

虽被斥逐，实所甘心。……今遽改前令，停罢分拣，固见圣德之宽容。然以为不当分拣，则宜拒绝于闻奏之初；如以为必合分拣，岂宜变易于已准之后？王言如丝，涣号犹汗。使既出而可以复反，百姓观瞻，不可掩也，万世青史，谓之何哉？

《上奏一纲二十目·核实》亦云："近朝廷庶政更新，整除前弊，如裁减官吏、分拣怯薛歹、禁绝别里哥，一时号令雷厉风飞，众听群心为之惊耸，谓德化之成，指日可待。侧耳数月，皆已寂然无闻。是朝廷虚言以戏人耳，欲民之无骇，不可得也。"《因地震论治道疏》："怯薛所当裁减也。近奏准分拣，中外忻快，而各官掩护，力寝其行。"皆指其事。

大德七年闰五月至六月，上《上奏一纲二十目》。这是《太平策》的主体部分。授雷阳（雷州路）儒学教授。

这一部分有两个问题，下面分别讨论。

（一）"一纲二十目"的上呈时间

郑介夫《因地震论治道疏》有云：

近睹朝廷庶政更新，广开言路，愚尝采摭二十余事，陈之省、台。自谓言当乎理，事当乎情，可以少裨圣政之万一。而乃视为迂疏不切之论，为泛常虚调之行，外示容纳，内怀猜疑，展转数月，竟成文具。古人谓"忠言逆耳，夜光按剑"，良有以也。苟禄素餐，固可蒙蔽，皇天后土，岂堪厚诬？未几，八月初六之夕，京师地震者三，市庶汹汹，莫知所为。越信宿，而卫辉、太原、平阳等处驰驿报闻者接踵，虽震有轻重，而同出一时。人民房舍，十损八九，震而且陷，前所罕闻。迄今动摇，势犹未止。亦可谓大异矣。

按所谓"采摭二十余事，陈之省、台"，显然就是指"一纲二十目"。"展转数月"之后，发生了大德七年八月初六日的大地震，可知"一纲二十目"上呈时间当在地震之前"数月"，似不可能晚于六月。

至于其上呈时间的上限，亦不会早于闰五月。《上奏一纲二十目·俸禄》："天子立相，必须厚禄以优崇；大臣律身，自宜戒奢而从俭。岂可先处以约，而薄其所养哉？今自三锭以上者，不得添米，官益高而俸益薄，甚非尊尊贵贵之道也。……和林、上都、山后、河西诸州城，不系出米去处，照依本处时估折价，不当拘以二十五两，所以重边鄙也。"本段文字讨论的"三锭以上者不得添米"，不出米去处"拘以二十五两"等规定，见于《元史》卷九六《食货志四·俸秩》：

成宗大德……七年，始加给内外官吏俸米。凡俸一十两以下人员，依小吏例，每一两给米一斗。十两以上至二十五两，每员给米一石。余上之数，每俸一两给米一升。无米，则验其时直给价，虽贵每石不过二十两。上都、大同、隆兴、甘肃等处，素非产米之地，每石权给中统钞二十五两，俸三锭以上者不给。

这条规定的详细内容，载于《元典章》卷一五《户部一·禄廪·俸钱·添支官吏俸给》、《南台备要》"行御史台官员禄米"条以及《秘书监志》卷二《禄秩》，皆明言其奏准日期为大德七年五月二十八日。这样，郑介夫上面这段话就不可能写于五月二十八日以前。"一纲二十目"的上呈，最早只能在闰五月。

"一纲二十目"在上呈时是否已经起了《太平策》的别名，不易推断。在稍后所上《因地震论治道疏》中，郑介夫并没有将"一纲二十目"称为《太平策》。但大概可以肯定，"一纲二十目"上呈不久，即以《太平策》之名流传于世。而这个名称，很可能是借用王通上《太平十二策》的典故。大德十一年刊行于福建的民间类书《新编事文类聚翰墨大全》[1]，在甲集卷二《诸式门·文类·书奏》收录了"一纲二十目"中序引和"一纲"的摘要，并记载了"二十目"的篇名。其总的标题，即为《上书陈太平策》。[2] 这份奏稿上呈之后仅仅四年，就远隔万里作为"书奏"范文被摘编付梓，足见它在当时的影响颇为不小，可与前引揭傒斯"一日上书天下闻"的诗句互相印证。不过，《翰墨大全》将郑介夫的名字错写成"郑玠夫"，似乎又表明社会上对《太平策》作者本人的了解仍然比较有限。

---

[1] 《新编事文类聚翰墨大全》的版本情况比较复杂。我们引用的是台北"中央"图书馆藏大德十一年巾箱本，共194卷，这是目前所知该书著录年代最早的版本。有学者判断此本是明代覆刻元刊本（参见郭声波整理《大元混一方舆胜览》卷首"整理者弁言"，四川大学出版社2003年版），但就甲集卷二《诸式门·文类·书奏》这一段落而言，看不出后来补版的痕迹，应当属于大德十一年初刊。承蒙叶纯芳博士代为复制并寄赠台北藏大德十一年巾箱本《翰墨大全》的相关部分，在此谨致谢忱。

[2] 在前不久发表的《郑介夫〈太平策〉初探》（载中国元史研究会编：《元史论丛》第11辑）一文中，由于没有注意到《翰墨大全》中的资料，我们推断《太平策》书名拟定于郑介夫第三次上书之后，不早于元仁宗时，现在看来这个看法需要纠正。同样因为没有检阅《翰墨大全》，我们还专门论证了《一纲二十目》的结构，其实这个问题在《翰墨大全》里记载得非常清楚，无须再费笔墨。好在我们的论证结果与《翰墨大全》记载是相符的。

(二)关于"雷阳教授"

据宋濂《〈太平策〉后题》，郑介夫在上呈"一纲二十目"之后，被成宗"特命"为雷阳教授。雷阳在元代并不是一个正式地名，它是雷州路的别称。《大元混一方舆胜览》卷下《雷州路·郡名》列出了"雷阳"的别名，注引《投荒录》："以其雷声近在檐宇之上，故名雷阳。"《大明一统志》卷八二《雷州府·郡名》"雷阳"条，则曰："郡在雷水之阳，故名。"雷州路属湖广行省，治今广东海康，辖境包括雷州半岛的中、南部，与海南岛隔海相望，是元朝地理位置最靠南的一个路[1]，被称为"祝融之荒，朱崖之疆"[2]。在元代，两广地区的官职有"广选"之称，被任命者往往惮于遥远荒僻，不肯就任[3]，雷州路恐怕更是无人愿去。郑介夫得授雷阳教授，是典型的"地远官卑"[4]，实在算不上美差。

不过换个角度看，作为一名全无"根脚"的南人，刚刚被逐出怯薛的郑介夫，很快又得到路教授的任命，却也属于破格之举。元代路教授仅从八品，品级虽低，但对一般儒士来说仍难企及。按照正常制度，一名品学兼优的儒生（儒学生员）可以被保举为直学，满考后可升教谕或学录，由此层层迁转，直至教授，往往需要数十年时间。"自直学至教授，中间待试、听除、守阙、给由，所历月日

---

[1] 雷州路以南的海南岛，在元朝并未设路，仅置军民安抚司。
[2] 宋讷:《西隐集》卷一《椰子酒瓢赋》，《文渊阁四库全书》本。宋讷的友人曾任雷州遂溪县丞，从当地带回一个用椰壳做的酒瓢，宋讷为作此赋。赋中有云："昔访兹瓢，得于雷阳。"
[3] 参见《元典章》卷一〇《吏部四·职制一·不赴任·广选不赴任例》。
[4]《元史》卷二一《成宗纪四》载大德八年三月丁巳诏："军民官已除，以地远官卑不赴者，夺其官不叙。"卷一〇二《刑法志一·职制上》："诸职官已受宣敕，以地远官卑，辄称故不赴者，夺所受命，谪种田。"

前后三十余年，比及入流，已及致仕。"[1] 郑介夫的《上奏一纲二十目·任官》对此也有形象描述：

> 以儒进者，自县教谕升为路学录，又升为学正，为山长，非二十年不得到部。既入部选，陷在选坑之中，又非二十余年不得铨注，往往待选至于老死不获一命者有之。幸而不死，得除一教授，耄且及之矣。

在这样的背景下，郑介夫骤得路教授一职，尽管地处偏远，也已经十分难得。这应当是对他上"一纲二十目"的奖励。按照元朝政府多次下发的"求直言"诏令，上言若有可采，朝廷将会"优加迁赏"、"量加迁擢"。[2] 前文已经谈到，郑介夫的"一纲二十目"上呈后产生了较大的社会影响，而且确有部分内容得到了元廷回应，则对其"量加迁擢"亦属正常。至于宋濂所说，郑介夫的雷阳教授一职出自成宗"特命"，倒是恐怕未必。对上言者"量加迁擢"既然是一项惯例，那么对郑介夫的任命完全可以由吏部和中书省循例通过，何况所授只是从八品小官，是否还会惊动成宗，实在大有疑问。将地远官卑的雷阳教授任命作为成宗"盛德"的体现，以致认为"成庙之圣，非隋文仿佛其万一"，也有些失之夸张了。

大德七年八月初六日，平阳、太原等地发生大地震，大都震感强烈。此后不久，郑介夫上《因地震论治道疏》。

上引《因地震论治道疏》云"迄今动摇，势犹未止"，可知郑

---

[1]《元典章》卷九《吏部三·官制三·教官·正录教谕直学》。
[2] 参见《元典章》卷二《圣政一·求直言》诸条。

介夫上此疏时，余震尚时有发生，则其上疏时间大约不会距离八月初六日过远。此次地震破坏巨大，据推测震级为 8 级，烈度达到 11 度。[1] 地震之后，成宗诏问弭灾之道，臣下纷纷上书，《元史》列传中多有记载。[2] 元人文集所见对这次地震的讨论，则有萧𣂏《地震问答》，刘敏中《奉使宣抚言地震九事》。[3] 郑介夫此时已因前次上书获授雷阳教授，但他认为自己的上书并未真正受到重视，因此在《因地震论治道疏》中有"视为迂疏不切之论，为泛常虚调之行，外示容纳，内怀猜疑，展转数月，竟成文具"的怨辞。又说：

> 直言所当求也。近虽容受陈言，可即行之，否即舍之，而乃反复议拟，动经旬月。议以为非，已同故纸；议以为是，亦成虚文。非时政之弊乎？

显然也与前次上书的遭遇有关。与"一纲二十目"经过长期积累、精心构拟不同，《因地震论治道疏》完成仓猝，因而篇幅较短，仅四千余字。其内容分 18 条，体系与"一纲二十目"不同，但内容则多有重复或接近。此疏是否也得到了元廷的回应，目前不得而知。

《因地震论治道疏》有云："介夫久随禁直，愧乏才资；厕名学官，粗偿书债。"所谓"厕名学官"，当指被任命为雷阳教授一事。但郑介夫似乎并没有很快动身上任，而是继续在大都滞留了一段时间。

---

[1] 参见闻黎明：《大德七年平阳太原的地震》，载《元史论丛》第四辑，中华书局 1992 年版。
[2] 参见《元史》卷一六八《陈天祥传》、卷一七二《齐履谦传》、卷一七四《张孔孙传》。
[3] 萧𣂏：《勤斋集》卷四，《文渊阁四库全书》本；刘敏中：《中庵先生刘文简公文集》卷一五，《北京图书馆古籍珍本丛刊》本。

《历代名臣奏议》卷六八载郑介夫《请去佛道疏》[1]有这样几句话：

> 往年留都下，见帝师之死，驰驿取小帝师来代，不过一寻常庸厮耳。举朝上下，倾城老弱郊迎，望风顶礼，罗拜道旁。不知所敬者何？所慕者何？其愚一至于此哉！

按这篇《请去佛道疏》，实际上是郑介夫于仁宗初年在湖南税务官任上所上"钞法、抑强、户计、僧道四事"之一，后来郑介夫将它们插入了"一纲二十目"的相关条目（详见下文）。这段话提到的帝师更迭，发生在大德七年到八年。"小帝师"即辇真监藏，他在大德八年正月正式嗣帝师之位。[2] 郑介夫亲眼见到辇真监藏入都，此时应该已是大德七、八年之交，至少是大德七年年底。这说明直到此时他仍在大都，尚未南行赴任。迟迟不动身赴任的原因，很可能是不满意"地远官卑"，希望得到更理想的官职。类似行为在当时是很多见的。不过到大德八年三月，元廷就此重申禁令，不赴任者将得到夺官不叙的惩罚。随后又明确规定，外任官员接受任命后，最晚必须于50天之内出发赴任。[3] 这样郑介夫大概只能不情愿地前去上任了。

仁宗即位（至大四年，1311年）之初，郑介夫在湖南任税务官，复就"一纲二十目"论述过的钞法、抑强、户计、僧道四事上书投进，未受重视。

---

[1] 按《历代名臣奏议》载录的此篇奏议没有题目，这里用的是《元代奏议集录》所拟标题。
[2] 见《元史》卷二一《成宗纪四》，卷二〇二《释老传》。
[3] 见《元典章》卷一〇《吏部四·职制一·赴任·赴任程限等例》，同卷《不赴任·不赴任官员》。

《上奏一纲二十目·钞法》有如下文字：

> 介夫前任湖湘司征，猥役下僚，区区忠爱，无由自达。钦睹累朝诏书节该："诸人陈言，在内者呈省闻奏，在外者经由有司投进。"遂于前陈已准《太平策》内，言有不能尽者，摘出钞法、抑强、户计、僧道四事，罄竭底蕴，赴湖南廉访司及宣慰司投进。虽蒙称善，靳于转达，言剧明切，竟沦故纸。今附录于各项之后，纵不获遇于一时，必将见知于异日。有居枢要达官大臣，能以致君泽民为心者，当有取于所言。……
>
> 钦睹先皇帝立尚书省诏文内一款节该："世祖皇帝建元之初，颁行交钞，以权民用，已有钱币兼行之意。盖钱以权物，钞以权钱，子母相资，信而有证。"钦此。铜钱初行，民间得便，欢谣之声，溢于闾里。仅得逾年，遽行改法。又钦睹诏旨罢用铜钱节该："虽畸零使用，便于细民；然壅害钞法，深妨国计。"钦此。窃详诏意，未尝不以用钱为便，何为于国有妨？

上引两段文字中的第一段告诉我们，现在看到的"一纲二十目"（《太平策》）并非全都是成宗时所上，其中也包含了其后（比《因地震论治道疏》更晚）一次在湖南上言的内容。[1] 第二段则可以证明，后一次上言的时间是在仁宗初年。因其中所谓"先皇帝立尚书省诏文内一款节该"，出自武宗至大二年（1309年）十月颁发的《行铜钱

---

[1] 关于此次上言的具体内容，请参阅前揭《郑介夫〈太平策〉初探》一文。

诏》[1]；而"钦睹诏旨罢用铜钱节该"，则出自至大四年四月仁宗即位后颁行的《住罢银钞铜钱使中统钞》诏书。[2]二诏文字具在，不烦征引。由此也可以知道，郑介夫在至大四年前后曾任"湖湘司征"，亦即湖南地区的税务官。

所谓"司征"，不是当时正式的官名，而是税务官的一种雅称。"征"在古代汉语中有税收之义，司征亦即司税，即税务官。元人刘诜《送赵光远道州宁远税使》："故家乔木郁衣冠，小试司征第几班。"刘嵩《送尧举监税赴进贤》："送尔司征去，江干秋雨余。由来设关市，不在算舟车。"[3]明初胡翰《香溪仁惠庙祷雨记》则有云："刘君，一司征耳，其职不过榷货财、督税课、取诸商贾之类。"[4]皆可为证。元制，税务官主要有提领、大使、副使三个级别，他们的品级根据所在税务办理课额多少而有高低之分。提领最高者从六品，最低者从八品；大使最高者从七品，最低者从九品；副使最高者从八品，低者已属从九品以下的流外官。[5]郑介夫前任雷州路教授，秩从八品；后任江阴州教授（详下），秩正九品。则他在两任教授之间担任的税务官，品秩应当也是从八或正九品，提领、大使、副使三种职务都是有可能的。他在上书时"赴湖南廉访司及宣慰司投进"，可知其任职是在湖南廉访司、宣慰司辖区以内。据《元典章》卷九《吏部三·官制三·场务官》"额办课程处所"、"内外税务亏阙"两条，

---

[1] 见姚燧：《牧庵集》卷一，《四部丛刊》本。苏天爵编《国朝文类》卷九（《四部丛刊》本）亦载此诏，但未署作者之名。
[2] 见《元典章》卷二〇《户部六·钞法·住罢银钞铜钱使中统钞》。
[3] 刘诜：《桂隐集》诗集卷四，刘嵩《槎翁诗集》卷五，均《文渊阁四库全书》本。
[4] 胡翰：《胡仲子集》卷七，《金华丛书》本。
[5] 参见《元典章》卷九《吏部三·官制三·场务官·院务官品级》。

元朝前、中期在湖南廉访司和宣慰司辖区以内设立的税务机构，至少有潭州路、衡州路、宝庆路、湘潭州、醴陵州、浏阳州、湘阴州、益阳州、攸州、长沙县等处。郑介夫具体在哪一处任职，今已不得其详。税务官在元朝属于"杂职官"系统，工作繁重琐碎，地位低微，前途渺茫。元末人李祁曾经安慰一位担任税务官的晚辈说："司征之职，士大夫所不屑为，而抱关击柝，虽圣贤亦为之。"[1] 郑介夫大约也会有同样的感慨。《上奏一纲二十目·选法》云："吏部……公然卖阙，以贿之美恶，为阙之高下。……无力之士，甘心于遐远钱谷之除。"这段话是他在大德七年上言时说的，后来竟应验在自己的身上。

仁宗延祐三年（1316年）前后，任江阴州教授。其侄孙郑钧于延祐三年出生。

见前引王行《筼谷郑氏墓祠记》。江阴在元灭南宋后曾设路，世祖至元二十八年（1291年）七月降为州。[2] 郑介夫在大德七年（1303年）已授从八品的路教授，至此过了十余年，经数年税务官的过渡，又去担任正九品的州教授，可谓仕途坎坷。但从另一个角度看，他任职的地区自雷州至湖南，又至富庶的浙西，多少对品级的滞降有所弥补。按照元朝前期的规定，路教授"三年为一任，满日再历别路一任，依例于从八品司、县官内选用"。[3] 似乎郑介夫在做过两任（两处）路教授、历时六年之后，即可转入行政系统任职。但实际上情况远远不是这么简单。首先，"从八品司、县官"的岗位并不是专

---

[1] 李祁：《云阳集》卷三《赠陈彦昌序》，《文渊阁四库全书》本。
[2] 《元史》卷一六《世祖纪十三》。
[3] 《庙学典礼》卷六《山长改教授及正录教谕格例》。

门向教授开放的，有大批资历符合的低级官员、吏员要来竞争这些岗位，缺乏行政经验的教授在竞争中很难占到优势。其次，郑介夫的路教授之职是上书言事受到"迁擢"的结果。对大部分通过学官系列晋升的儒生来说，升到路教授，"非耆年则下世矣"。[1] 和他们相比，郑介夫在升教授这一关口上已经非常幸运。作为一名普通南士，他在以后的仕途中很难再得到同样的幸运，相反却很可能会为最初的幸运付出补偿。其结果，就是在雷州路教授任后转为税务官，又转为州教授，徘徊底层，久淹不调。

《嘉靖江阴县志》卷一〇《官师表》在"元·儒学教授"栏下有"郑介"一名，疑即系郑介夫。惟其时间置于大德十一年与"至大中"之间，似误。

郑介夫在元朝中期长时间沉滞下僚，除担任雷州路教授、湖南税务官和江阴州教授外，还曾调任司狱一职，但具体任职地点和年代颇难考定。

见前引揭傒斯《送郑司狱归衢州却赴调京师》。这首诗的写作年代不详，主要只能通过其末句"掉头相别大江溃"做一些推测。揭傒斯于大德年间长期在两湖地区游历，武宗至大元年（1308年）北上大都，次年丁父忧回到家乡江西。仁宗皇庆元年（1312年）再度北上，不久被荐入翰林任职。延祐五年（1318年）冬告假回乡为亡父立碑，英宗至治元年（1321年）还朝。泰定帝泰定元年（1324年）又因母亲去世回乡丁忧，文宗天历元年（1328年）还朝。[2] 他多次

---

[1] 袁桷：《清容居士集》卷二九《江陵儒学教授岑君墓志铭》，《四部丛刊》本。
[2] 揭傒斯的上述经历，见于他本人所写长诗《病中初度……次韵奉酬并呈诸君子》（载《揭傒斯全集》诗集卷七）的自注。揭氏的传记资料如欧阳玄所撰《墓志铭》、黄溍所撰《神道碑》以及《元史》本传等等，有关的记载均不完全。

往返南北之间，究竟是哪一次在长江边上遇到了郑介夫呢？诗谓"壮年执戟事明君，一日上书天下闻"。带有回忆往事的语气，似乎表明此时距郑介夫大德七年上书已有一段时间。而"不恨栖迟百僚底，犹堪激烈万人群"两句，颇像是针对郑介夫任湖南税务官时第三次上书一事，或者涵盖其事在内。假如上面的分析能够成立，那么这首诗就很可能写于揭氏延祐五年到至治元年这次南返期间。考虑到延祐三年郑介夫尚在担任江阴州教授，而揭氏写诗时介夫已经担任司狱期满，则可进一步推断，这首诗是至治元年揭傒斯回朝时写的，他在长江边上遇到了刚刚卸任准备返乡或是正在返乡途中的郑介夫。大概也不能排除写于揭氏泰定元年到天历元年南返期间的可能，但时间似嫌过晚。这样的话，就说明郑介夫在江阴州教授任后又被任命为某地司狱[1]，到至治元年任满。当然，由于资料不足，这个结论仅仅是推测而已。

司狱是司狱司的长官。元朝诸路、府、上中州均设司狱司，管理监狱事务。上路司狱从八品（其中大都路司狱正八品），下路正九品，府及上、中州从九品。[2]假如郑介夫确实是在江阴州教授任后才担任司狱，则已有长期从八、正九品资历的他，此次所得很可能是从八品的上路司狱。但不管品级如何，司狱都是一个地位卑下、职事烦劳的工作。《元典章》新集《刑部·刑狱·详谳·禁司狱用刑》："司狱之职：专管狱事，扫除牢房，涤洗枷杻，时其（按指囚徒）衣

---

[1] 元代史料中可以见到教授任满后改调司狱的例子。丽水人潘弼，成宗时北游大都，授赣州路教授，御史台辟为广东廉访司管勾架阁库兼照磨。大德十年，复为赣州路教授。仁宗皇庆二年，授龙兴路司狱。见《清容居士集》卷二九《龙兴司狱潘君墓志铭》。
[2] 《元典章》卷七《吏部一·官制一·职品·内外文武职品》。参阅刘晓：《元代监狱制度研究》，载中国元史研究会编《元史论丛》第七辑，江西教育出版社 1999 年版。

食，病则亲临看治。设有冤枉、申达本道廉访司。此其职也。"袁桷《清容居士集》卷一八《新修司狱司记》："国朝肇置司狱司，专以掌守囚禁，职卑而劳猥。为其官常愤愤不得志，浮湛坐曹，日数岁月，希善代。谒吏部者，每请托求免注。"在这样的岗位上，郑介夫的抑郁心情大概不会有什么好转。

郑介夫担任过的最后一个职务是金溪县丞，然任职年代不详。

第一节所引方志皆言郑介夫"仕终金溪县丞"。金溪属元江西行省抚州路。按前引王行《筠谷郑氏墓祠记》云"衢之开化曰金溪"，则开化县亦有金溪的别称。不过郑介夫担任县丞的地方，只可能是江西的金溪。理由有二。首先，据《元史·地理志》，开化县为中县。元朝制度，中县是不设县丞的。相反江西的金溪是上县，有资格设立县丞。[1] 其次，开化是郑介夫的家乡，按照元朝官僚制度的回避原则，"迁转官员，自己地面里休做官者"[2]，他不大可能在自己的家乡担任行政官员。元朝县丞秩正八品，这已经是郑介夫仕途的终点。或许他就是在司狱任满后"赴调京师"时得到这一职务的。

郑介夫晚年回到家乡隐居。卒年不详。他在后半生对自己的奏稿进行了增补，将在湖南上言的四事按题目分别插入《一纲二十目》初稿，又附以《因地震论治道疏》，合为一书，以《太平策》的总称流传于后世。另著有《韵海》，已佚。

回乡隐居事，见前引李孝光《次郑以吾清明韵》。顺帝至元元年（1335年）宋濂作《〈太平策〉后题》一文时，郑介夫似已去世。因为宋濂是金华人，距离郑介夫家乡所在的衢州很近，如果当时郑介

---

[1] 参见《元史》卷九一《百官志七》。
[2] 《元典章》卷八《吏部二·官制二·选格·自己地面休做官》。

夫还在世，宋濂恐怕不会不知道，在文章中应当提及。现在既然没有提及，那就说明郑介夫很有可能已经作古。

前引《上奏一纲二十目·钞法》："介夫前任湖湘司征……于前陈已准《太平策》内，言有不能尽者，摘出钞法、抑强、户计、僧道四事，罄竭底蕴，赴湖南廉访司及宣慰司投进。虽蒙称善，靳于转达，言剧明切，竟沦故纸。今附录于各项之后，纵不获遇于一时，必将见知于异日。"他自称"前任湖湘司征"，可知已不担任湖南税务官。但此时究竟仍在仕途，抑或已经回乡隐居，现已无法得知。在大德七年的"一纲二十目"上呈以后，郑介夫显然一直小心地保存着它的稿本。随着时间推移，他对元廷的失望之情日增，只能寄希望于这份被他定名为《太平策》的手稿"见知于异日"。在这一信念的指导下，湖南上言四事被插入"一纲二十目"之中。《因地震论治道疏》由于体系与"一纲二十目"不合，无法分散插入，只能整体附于"一纲二十目"之后。这样就形成了一部增订本《太平策》。其书未见刊行记载，当仅以抄本形式流传。应该说郑介夫希望它"见知于异日"的苦心并没有落空。前引宋濂《〈太平策〉后题》，就提到澧阳（今湖南澧县，元属湖广行省澧州路）人张逢"喜诵"《太平策》，曾将它手抄一遍。这样的崇拜者大概还会有一些。像宋濂、王行这样的名士，也都对《太平策》十分推崇。明朝永乐年间编纂《历代名臣奏议》，则将《太平策》全文收录，流传至今。这也正是李孝光所预言的"寂寞空垂后世名"。

郑介夫另著有《韵海》，仅见方志记载。其书今已全佚，未详系何时所著，卷帙多少亦不得而知。

四、余论

　　以上简单勾勒了郑介夫的履历。由于资料所限，还有很多问题存疑，例如郑介夫的生年。前面已经讨论过，他应当比1285年出生的李孝光年长。更进一步推断，在1276年南宋灭亡时，郑介夫极有可能已经出生。其兄郑明夫是南宋末年的进士，而郑介夫后来养育了明夫之子，似乎他的年龄不会比明夫小很多。假定郑介夫出生在1265—1275年，则大德四年（1300年）投充怯薛时为26—36岁，大德七年上"一纲二十目"时为29—39岁，延祐三年（1316年）任江阴州教授时为42—52岁。这个估计，或与事实相去不会太远。[1] 无论如何，可以肯定地说，郑介夫属于在元朝统治下长大的一代南方儒士。与产生了不少遗民的老一代南方儒士相比，郑介夫一代人已经对元朝的统治完全认同，这在《太平策》中看得很清楚。《上奏一纲二十目》的序引部分即以贾谊自比，摆出"痛哭"、"流涕"、"长太息"的姿态，要为元廷"画久安长治之策"。自称"田野之艰难，朝廷之利害，尝历既久，靡不悉知，胸中抱负，颇异凡庸。……或冀一言见听，可为涓埃之助"。文中基本摈弃了歌功颂德的陈词滥调，每列一目，即开门见山，单刀直入，指陈时弊，毫无顾忌。自喻"忠言逆耳，夜光按剑"（《因地震论治道疏》），王行称之为"披肝沥胆，剀切恳至"，确非虚语。

　　然而遗憾的是，郑介夫生不逢时。元世祖忽必烈在位后期，曾

---

[1] 前引揭傒斯诗有云"壮年执戟事明君"。古语称"三十曰壮"（《礼记·曲礼上》），30到40岁之间称为壮年。假如揭傒斯的"壮年"一词并非随意泛指，那么就恰好与我们的推断符合。

一度有意重用南方士人，在江南大张旗鼓地"求贤"。但当时南士的一些代表人物卷入了权臣桑哥的理财活动，世祖末年桑哥倒台之后，南方士人受到牵连，一蹶不振。史称"自世祖以后，省、台之职，南人斥不用"[1]，反映的就是这一变化。郑介夫恰恰在此后北上元廷。尽管他积累了不少"田野之艰难，朝廷之利害"，希望通过上书言事一展"胸中抱负"，可惜这时南方士人在政坛上的地位早已跌入低谷，他所处的环境远不能与世祖后期相比。而且对郑介夫来说，还有一个很不利的因素，就是他的家庭出身十分普通，社会关系也很不发达。虽然其兄曾中进士，但当时南宋已濒临灭亡，郑介夫一家并没有在政治上发展起来。与此相联系，在郑介夫的交游圈中，好像也没有什么名士巨儒。《国朝文类》卷四〇《经世大典序录·治典·入官》云："所谓儒者，姑贵其名而存之尔。其自学校为教官显达者盖鲜。……其以文学见用于朝廷，则时有尊异者，不皆然也。"元朝尽管重吏轻儒，却始终有一部分士人靠"文学"得到"尊异"，其中也包括了一些知名的南士，他们通常集中在翰林国史院、集贤院等文化教育机构。[2] 郑介夫并不属于这个圈子。他的家庭并非南宋的名门显宦，甚至基本没有这方面的社会关系，本人也不以诗文见称。因此郑介夫不但未能进入翰林、集贤，大概也没有得到过来自翰林、集贤的举荐。[3] 后来虽然结识了翰林名士揭傒斯，但似乎为

---

[1]《元史》卷一八七《贡师泰传》。
[2] 参阅张帆：《元代翰林国史院与汉族儒士》，载《北京大学学报》1988 年第 5 期。
[3] 大约正因如此，《太平策》中对翰林、集贤等机构颇多诋斥。《上奏一纲二十目·养士》："今之隶名儒籍者……但厚赂翰林、集贤院，求一保文，或称茂异，或称故官，或称先贤子孙，自身人即保教授。"《核实》："今翰林多不识字之鄙夫，集贤为群不肖之渊薮。编修检阅，皆归于门馆富儿；秘监丞著，太半是庸医缪卜。"《因地震论治道疏》亦云："近吏曹铨拟，纵私逾甚；集贤、翰林，乱保滋多。"

时已晚,而且很可能也只有一面之缘。《太平策》中有这样的自述:"虽迹近权门,不善造请,故碌碌无闻,少有知者。"[1] "既乏权位,虽有其策,志不得伸,言不得达,惟有怀能抱恨而已。"[2] 这两段话足以概括郑介夫的一生。他坎坷不利的仕途,"位不满德"(王行语)的命运,在某种程度上说一开始就已经注定了。用宋濂的一句话来评价是很合适的:"夫岂人力之可为也哉?"

---

[1] 《上奏一纲二十目》序引。
[2] 《上奏一纲二十目·钞法》。这句话是元仁宗时郑介夫在湖南上言四事中说的。

"戏出秃打"与"哈黑乂磨"

党宝海（北京大学历史学系）

一、戏出秃打

河北省赵县柏林寺立有元代圣旨碑一通，上刻汉译元朝圣旨三道。[1] 蔡美彪先生编《元代白话碑集录》全文收录了这些圣旨并作了初步考释。其第二道圣旨全文如下（标点和分段据《元代白话碑集录》，略有改动）：

> 长生天气力里，大福荫护助里皇帝圣旨：
> 军官每根底、军人每根底、城子里达鲁花官人每根底、过往底使臣每根底宣谕的圣旨：
> 成吉思皇帝、月阔歹皇帝底、薛禅皇帝圣旨里："和尚每、也里可温、先生每，不拣甚么差发不着者，告天祈福祝

---

[1] 关于此碑的详细情况，参看照那斯图、哈斯额尔敦：《元朝宣政院颁给柏林寺的八思巴字禁约榜》，《内蒙古社会科学》1999 年第 6 期，第 44 页。

寿者"么道有来。如今呵，依着在先圣旨体例，不拣甚么差发休着者，告天祈福祝寿者么道。属真定路里的赵州有底，但属柏林禅寺里住底圆明普照月溪大禅师元朗长老根底，执把着行底圣旨与了也。这底每寺院里他底房舍每，使臣每休安下者。铺马祗应休当者，税粮休与者。但属寺家底田地、水土、葡萄、园林、磨房、堂子每、解典店铺，他底不拣甚么休夺要者。

更这圆明普照月溪大禅师元朗长老有圣旨么道，无体例勾当休做者。做呵，他不怕那。

圣旨俺的。

猴儿年二月十五日，戏出秃打有时分写来。

碑文中出现了薛禅皇帝（元世祖忽必烈）圣旨，蔡美彪先生据此考证猴儿年为成宗元贞二年（丙申），公元1296年。[1]

这道圣旨遵循了元朝通行的体例，在全文最后是圣旨写成的时间、地点。圣旨书写地点"戏出秃打"是一个罕见的地名，如果我们根据汉字读音构拟的话，可以将其还原为 Hičutuda 或 Hičütüde。依照元代圣旨通常的写法，最后一句话可还原为：Bečin jil qabur un dumdadu sara yin arban tabun a Hičutuda（或 Hičütüde）da（或 de）büküi dür bičibei。按惯例，地名后应该有表示方位、处所的格助词 da 或 de。即如果我们把"戏出秃打"当做地名，那它的后面应该还有一个通常并不译写出来的格助词 da

---

[1] 蔡美彪：《元代白话碑集录》，科学出版社1955年版，第37页。

或 de。

笔者借助蒙古语词典查找与 Hičutuda 或 Hičütüde 对应的蒙古语词汇，未能成功。于是改做另一尝试，即把这个词拆分为"戏出秃"和"打"，寻找与"戏出秃"读音相近的词。

在元代后期蒙古语词汇集《蒙古译语》"花木门"中收录了"阅车孙"，意为"柳树"。[1] 明洪武年间翰林院官员火源洁等人编《华夷译语》"花木门"，"柳"为"希扯孙"。[2] 约永乐年间编成的另一种《华夷译语》"花木门"仍用"希扯孙"表示"柳"，但写出了相应的畏兀体蒙古文 ičesün。按照当时的书写习惯，词首的 h 音并不写出。[3] 这三处用汉文表示的蒙古语词 hičesün，在 13 至 14 世纪的蒙古语中，意为"柳树"。该词在近现代蒙古语里极少使用，普通词典多不收录。"戏出秃"应是 hičesün 的形容词形式，末音节 -sün 脱落，保留的 hiče- 后面加上了形容词词缀 -tü，变为 hičetü，意为"有柳树的"。该词也可作为名词使用，意为"有柳树之地"。这个词的发音与"戏出秃"可以对应。而"打"则是地名后表示方位、处所的格助词 de。蒙文圣旨的原文当为：Bečin jil qabur un dumdadu sara yin arban tabun a Hičetü de büküi dür bičibei。翻译这道圣旨的译史把地名 hičetü 与后面的格助词 de 当成了一个完整的词，音写为"戏出秃打"。依元代

---

[1] 收入陈元靓编《事林广记》，元至顺年间建安椿庄书院刊《新编纂图增类群书类要事林广记》续集卷八"蒙古译语"之"草木门"，中华书局 1963 年影印本，第 10 页背面。又见至元庚辰年郑氏积诚堂刊《纂图增新群书类要事林广记》庚集卷下"蒙古译语"之"草木门"，中华书局 1999 年影印元刊本，第 189 页下栏。

[2] 《华夷译语》，收入《涵芬楼秘笈》第 4 集卷一，商务印书馆 1918 年版，第 4 页正面。

[3] 《华夷译语》，收入《北京图书馆古籍珍本丛刊》第 6 册，据明抄本影印，书目文献出版社 1989 年版，第 7 页。

蒙文汉译并不写出格助词的惯例，此处的翻译是错误的。[1]

如果结合颁旨时的历史背景，上述考订能得到进一步证实。元朝皇帝自世祖忽必烈开始，每年年初都离开大都，去大都东南的远郊柳林进行大规模狩猎。"冬春之交，天子或亲幸近郊，纵鹰隼搏击，以为游豫之度，谓之飞放。"[2] 柳林春猎一般从二月初开始，持续多日，有时一直延续到二月中下旬。[3] 狩猎结束后，皇帝及其随从返回大都，稍作几天修整，又离开大都，去上都驻夏。据《元史》记载，柳林位于漷州界内，其具体位置在今北京西南通州区的东南部。[4] 其地名显示，当地生长着繁茂成林的柳树。《元史》卷二八《英宗纪》二记载：至治三年五月"庚子，大风，雨雹，拨柳林行宫内

---

[1] 据笔者所知，类似的例子还有一个。前引《元代白话碑辑录》第 85 页为 1335 年辉县颐真宫圣旨碑。圣旨最后一行为"元统三年猪儿年八月二十七日，忽□秃因纳堡里有时分写来"。模糊无法辨认的字用"□"表示。查法国学者沙畹论文中的该碑拓片，可以依稀辨认出缺字为"察"。见 Ed. Chavannes, "Inscriptions et pièces de chancellerie chinoises de l'époque mongole", *T'oung Pao*, sér. 2, 9 (1908), planche 27。那么碑文的书写地点当为"忽察秃因纳堡"。纳堡即纳钵，为元代君主往来两都的驻跸之地。忽察秃为两都西路上的一处重要纳钵，元武宗曾在此地附近建设中都。在元代文献中此地又称旺兀察都，位于今河北省张北县境。忽察秃的含意是"有山羊处"，可还原为 Qušatu。详见贾敬颜：《五代宋金元人边疆行记十三种疏证稿》，中华书局 2004 年版，第 369 页。据此，辉县颐真宫圣旨末尾的地名当为 Qušatu yin nabo，yin 是蒙古语表示领属的格助词，通常并不译出，而辉县颐真宫圣旨却全部音写为"忽察秃因纳堡"，与译写体例不合。

[2]《元史》卷一〇一《兵志四》"鹰房捕猎"，中华书局 1976 年版，第 2599 页。

[3] 柳林春猎有时会提前到 1 月或推迟到 3 月开始，但通常是在 2 月。偶尔也有皇帝临时取消柳林狩猎的情况，不过极为少见。关于柳林春猎的时间，《元史》等史料有大量记载，兹不具引。

[4] 史为乐主编：《中国历史地名大辞典》，中国社会科学出版社 2005 年版，第 1835 页。邱树森主编《元史辞典》更将柳林的地点进一步确定为北京通州南中堡屯北，见《元史辞典》，山东教育出版社 2002 年版，第 574 页。

外大木二千七百"[1]。元人文集也证实当地柳树成林的景观。程钜夫《程雪楼文集》卷八《太原宋氏先德之碑》[2]：

> [至元]二十四年，[宋超]转将仕佐郎、大都医学教授。距辞亲时十载，既而名闻禁中，方用，丁文康忧，居丧一准于礼。有旨起直尚方，赐以居宅。俾视太师及公主疾，愈，赐衣钞。扈跸柳林，上顾林木不怿，隐几而卧，问侍臣以枯悴故。历十余人皆不惬，独对曰："柳，水木也。往者河经林间，土润木荣，今河徙益远故耳。"上悦，矍然起坐，称善者久之。

前引文字说明，世祖选择柳林作为皇家猎场之时，当地生长着大量柳树。春猎开始后，在柳林会搭建起皇帝专用的奢华金帐。《庙学典礼》收录了一道至元二十四年二月十五日圣旨，当时君臣议事的地点是"柳林里阿勒坦察察尔"[3]。王颋已准确指出，"阿勒坦察察尔"为蒙古语，意为"金帐"。在《元朝秘史》第275节分别出现了阿勒坛（altan）、察赤儿（čačir）两个词。[4]据此可知，至元二十四年忽必烈在柳林的住所仍是宫帐，而非宫殿式建筑。

---

[1] 前引《元史》，第630页。同事又见《元史》卷五〇《五行志》一：至治三年五月，"大风雨雹，拨柳林行宫大木。""至治三年五月庚子，柳林行宫大木风拨三千七百株。"（见《元史》，第1063、1067页）后一记载数字较"本纪"多一千株，二者必有一误。

[2] 《程雪楼文集》卷八，《元代珍本文集汇刊》影印明洪武本，台北：中央图书馆1970年版，第347页。

[3] 《庙学典礼》卷二《左丞叶李奏立太学设提举司及路教迁转格例儒户免差》，王颋点校，浙江古籍出版社1992年版，第28页。

[4] 前引《庙学典礼》第48页王颋校记。按："察察尔"在《蒙古秘史》中写为"察赤儿"，释义为"帐子"。参看阿尔达扎布：《新译集注〈蒙古秘史〉》，呼和浩特：内蒙古大学出版社2005年版，第718、814页。

柳林狩猎是元朝帝王的一项重要活动，不少重大历史事件曾在柳林发生。南开大学教授李治安将有专文研究柳林狩猎，此不赘。[1]

柏林寺圣旨写毕于"猴儿年二月十五日"，即元成宗元贞二年的二月十五日。《元史·成宗纪》只记载他元贞二年三月赴上都[2]，未记载他是否在二月到柳林行猎。但是，按元朝的惯例，除非有重大变故，皇帝此时必在柳林狩猎无疑。苏天爵《滋溪文稿》卷二三《元故参知政事王宪穆公行状》记载王忱至元三十年拜广西道廉访使，"以疾辞。元贞二年，改使河东"。"改河东，成宗方畋柳林，召诣行宫，抚慰优渥。"[3]《国朝文类》卷六八孛术鲁翀撰《参知政事王公神道碑》记同一事："成宗皇帝即位，元贞二年春使[王忱]宪河东，召见柳林，抚慰优渥。"[4]据此，元贞二年春成宗照常在柳林行猎。那么，柏林寺圣旨中的"戏出秃"（hičetü"有柳树之地"）应是柳林。

通过以上分析，我们初步确定了"戏出秃"的词义和地理位置，同时，还了解到元朝皇家猎场"柳林"在元代的蒙古语称谓。流传至今的元代蒙文圣旨，若写于柳林，汉译时绝大部分使用汉文名称"柳林"。写出它的蒙文名称"戏出秃"（hičetü）的，似仅此猴儿年赵县柏林寺圣旨。

法国学者伯希和在研究《元史》时曾敏锐地注意到，其中《兵志三·马政》里的地名"希彻秃"，可以还原为蒙古语词"hičätü"，

---

[1] 李治安：《关于元大都城郊的柳林行宫春猎》，论文提要见《纪念元大都国际学术研讨会会议手册》，2009年7月，第5—6页。
[2] 前引《元史》卷一九《成宗纪》二，第403页。
[3] 《滋溪文稿》，陈高华、孟繁清点校，中华书局1997年版，第378、380页。
[4] 苏天爵编：《国朝文类》卷六八，《四部丛刊》本，第23页正面。

意为"有柳树的地方"(the Place of Willows),该词来源于 hičäsün,在蒙古书面语中写为 ičäsün。伯希和指出,《元史》此处的"希彻秃"很可能是"柳林"的蒙古语名称。[1] "戏出秃"与"希彻秃"读音相近,这两个词都是对同一个蒙古语词 hičetü 的不同音写。尽管《元史》此处提到的"希彻秃"并非大都附近的柳林(详下),但伯希和的还原和释义仍极富洞见。

二、哈黑义磨

山东省济南市长清区灵岩寺立有元代圣旨碑一通,上刻汉译元朝圣旨两道。由于石碑下部残损约四分之一,刻在碑下半部分的第二道圣旨遗失了下端的若干文字,留给今人的是一个残缺的文本。长期以来,这两道圣旨没有得到研究者的关注。1999年出版的《灵岩寺》一书,在附录中收有这两道圣旨的录文。自此,学界对这两道圣旨有了全面了解。[2] 不过,该书录文在文字和标点方面均有瑕疵。日本学者舩田善之博士对灵岩寺现存的残碑做了实地调查,重新辨识了碑上文字,纠正了《灵岩寺》录文、标点的若干错误。本文要探讨的地名见于第二道圣旨,现依据舩田博士的录文,将现存的碑文残文抄录于下。[3] 笔者根据文意给圣旨文字分了段落,省略了圣旨

---

[1] 《元史》卷一〇〇《兵志三·马政》,第2555—2556页。Paul Pelliot, *Notes on Marco Polo*, Book I, Paris: Imprimerie Nationale, 1959, p. 118. 伯希和转写蒙古语时,习惯用 ä 来表示前元音 e,hi ätü 相当于 hi etü。

[2] 王荣玉等主编:《灵岩寺》,文物出版社1999年版,第106—107页。

[3] 舩田善之:《蒙文直譯体の展開——〈靈巖寺聖旨碑〉の事例研究》,《内陸アジア史研究》第22号,2007年3月,第6页。

固有的抬头格式,"[ ]"内为舩田博士的补字:

长生天气力里,大福荫护助里皇帝圣旨:

管军的官人每根底、军人[每](下阙)赤官人每根底、来往的使臣[每]宣谕的圣旨:

成吉思皇帝的、越阙台皇帝的、薛[禅](下阙)也里可温每、先生每,不拣甚(下阙)天祝寿者。么道。如今依着在先圣旨体例里,不拣甚么差发休着,告天祝寿者么道。泰安州长清县灵岩[禅](下阙)桂庵长老根底执把着行的圣旨与了也。这的每寺院里房舍里,使(下阙)应休拿者,税粮休与者。寺里休(下阙)者。不拣阿谁占了的田地,回与(下阙)园林、碾磨、竹苇、山场、解典库、浴[堂](下阙)甚么休要者。

更这桂庵长老道(下阙)圣旨么道,无体例勾当休做者。做呵,不(下阙)。

圣旨俺的。 宝

羊儿年二月十三日,哈黑义磨(下阙)。

根据圣旨中提到的薛禅皇帝和灵岩寺桂庵长老的生平,《灵岩寺》的编者和舩田善之博士把此处的羊儿年判定为元成宗元贞元年(乙未年,1295年)。[1]

依照元代圣旨通行的体例,此处的"哈黑义磨"必然是书写圣

---

[1] 前引王荣玉等主编:《灵岩寺》,第107页;前引舩田善之:《蒙文直譯体の展開——〈靈巌寺聖旨碑〉の事例研究》,第14页。

旨地点的名称或名称的一部分。由于碑石残损，我们不知道"哈黑义磨"之后究竟写的是什么。但是，基于本文第一节的分析思路，我们可以利用元代文献，推测这个地名的完整名称和大体位置。

上文提到，元朝皇帝通常在每年二月间到柳林狩猎。羊儿年是元成宗元贞元年。《元史·成宗纪》只记载这一年的二月丁酉"车驾幸上都"。[1] 二月丁酉为二月二十二日。[2] 在元代，除非有重大事变，皇帝一般不会取消柳林春猎。那么，二月十三日前后，成宗应在柳林一带打猎。因此，"哈黑义磨"应在柳林附近寻找。

关于世祖春季的狩猎活动，《马可波罗行纪》为我们留下了最丰富、最全面的记载。我们尝试在《马可波罗行纪》中寻找线索。关于世祖忽必烈的春猎，《马可波罗行纪》写道[3]：

> 君主驻跸于其都城，逾阳历12月、1月、2月共三阅月后，阳历3月初即从都城首途南下，至于海洋，[4] 其距离有二日程。行时携打捕鹰人万人，海青五百头，鹰鹞及他种飞禽甚众，亦有苍鹰，皆备沿诸河流行猎之用。[中略] 君主由此路径赴海洋，其地距其汗八里都城有二日程，沿途景物甚丽，世界赏心娱目之事无逾此者。[中略] 前行久之，抵于一地，名称火奇牙儿末

---

[1]《元史》卷一八《成宗纪》一，第391页。
[2] 洪金富：《辽宋夏金元五朝日历》，台北："中央研究院"历史语言研究所2004年版，第397页。
[3]《马可波罗行纪》，冯承钧汉译本，河北人民出版社1999年版，第348、351—352页。
[4] 此处的海洋疑指湖泊。春季行猎之地距离大都只有两天的路程，它应位于今北京通州区界内，距离海洋尚远。元代汉语多称大湖为"海子"、"海"，今日北京城内的北海、中南海、后海、什刹海等湖泊称谓，即来源于此。马可波罗所说的"海洋"似应从这个角度来理解。

敦（Cacciar Modun）[1]，其行帐及其诸子、诸臣、诸友、诸妇之行帐在焉。都有万帐，皆甚富丽，其帐之如何布置，后此言之。其用以设大朝会之帐，甚广大，足容千人而有余。帐门南向，诸男爵、骑尉班列于其中。西向有一帐，与此帐相接，大汗居焉。如欲召对某人时，则遣人导入此处。大帐之后，有一小室，乃大汗寝所。此外尚有别帐、别室，然不与大帐相接。

根据伯希和的研究，Cacciar Modun 实为蒙古语词 γaqča modun。在《马可波罗行纪》中，元音 a 之前的词首 c 多表示舌根音或小舌音 k、g、q、γ、h[2]；词中的 -cc- 常表示 -qč- 的发音，而词尾的 -r 是传抄时误增的衍文。伯希和列出了该词在《马可波罗行纪》不同抄本中的书写形式，词前半部分的写法包括 cacciar、caczar、cacia、cazia、chaccia、chaz、cachar 等。伯希和认为，该词最可取的书写形式为 caccia modun。它对应的蒙古语 γ aqča modun 意为"单独的树"、"独树"、"孤树"。早在 1920 年，伯希和就从《元史》中发掘出与 Caccia Modun 近似的珍贵资料。前引《元史·兵志三·马政》中提到了地名"哈察木敦"。伯希和评论说：这个"哈察木敦"与 Caccia Modun 都是对同一个蒙古语词汇的不同音写。"木敦"可还原为 mudun，相当于蒙古语词 modun（今音 modon），意为"树"。

---

[1] 前引冯承钧汉译本《马可波罗行纪》第 352 页，此处地名为 Cocciar Modun。伯希和详细征引了该词在《马可波罗行纪》各主要抄本中的书写形式，前一个单词第一音节的元音均为 a，此处的 o 疑为印刷错误。详见前引 Paul Pelliot, *Notes on Marco Polo*, p. 116。

[2] 如海都 Caidu、汗八里 Cambaluc、哈里发 Calif、哈剌和林 Caracorum、哈剌沐涟 Caramoran、贵由 cui，类似的例子很多，不具引。

蒙语词第一音节中的 o 与 u 在汉文转写时，并不做清晰的区分。"哈察"则是 γaqča，意为"独立的"、"孤单的"。"哈察木敦"的含义就是"独树"。[1]13 世纪蒙古语词首带舌根塞音 γ 的音节 γa 词常用"哈"来音写，而音节末尾的辅音 -q 在用汉字音写时常被省略。用"哈察"译写 γaqča 符合当时的实际语音和译写惯例。这样看来，蒙古语词 γaqča modun 在元代至少有 Caccia Modun、哈察木敦等不同的记音方法。[2]

Caccia Modun 意为"独树"。位于原野之上孤立的树木在蒙古文化中具有丰富的象征意义，常被作为自然崇拜的对象。[3]据《史集》记载，成吉思汗选定自己的墓地，就是由于他喜爱当地的一棵独树。[4]元世祖忽必烈的大帐设置在名为 Caccia Modun 的地方，应不是偶然的。虽然我们目前还不知道它的准确位置，但它必定在柳林附近，即今北京通州区的东南部。[5]

《马可波罗行纪》的 Caccia Modun、《元史》的"哈察木敦"（γaqča modun）应当就是灵岩寺圣旨中的"哈黑义磨"，但是，"哈黑义磨"这个写法既有错误，又有阙文（石碑已残）。第一，"义"字

---

[1] Paul Pelliot, *Notes on Marco Polo*, pp. 116-117.
[2] 词的前半部分 γaqča 也可转写为 γayča，见内蒙古大学蒙古学研究院蒙古语文研究所编《蒙汉词典》，呼和浩特：内蒙古大学出版社 1999 年增订版，第 738 页。
[3] 色·斯钦巴图：《阿尔泰语民族树木崇拜概略》，《新疆师范大学学报》1991 年第 1 期，第 21—26 页，特别是第 24 页。
[4] 《史集》写道："有一次成吉思汗出去打猎，有个地方长着一棵孤树。他在树下下了马，在那里心情喜悦。他遂说道：'这个地方做我的墓地倒挺合适！在这里做上个记号吧！'"见[波斯]拉施特主编《史集》，余大钧、周建奇汉译本，第一卷第二分册，商务印书馆 1986 年版，第 322—323 页。
[5] 笔者在注释《马可波罗行纪》时，曾推测 Cocciar Modun 行宫"似当在上都一带"，见前引《马可波罗行纪》第 352 页注释 1。这是错误的，应当改正。

当为"叉"字，用来译写蒙语的 ča 音节。在古代文书抄本和碑刻中，"叉"字很容易误写、误刻为"义"。此处误"叉"为"义"并不是罕见的现象。第二，"磨"字的后面当有一个汉字译写"-dun"音，本文拟用"敦"字表示。经过改错和补字之后，灵岩寺羊儿年圣旨的书写地点当为"哈黑叉磨[敦]"。与"哈察木敦"写法不同的是，γaqča 第一音节末的 -q 用"黑"字写出。"哈黑叉磨[敦]"这一音写形式恰当地记录了蒙古语的读音。这样，我们可以尝试把灵岩寺羊儿年圣旨的蒙古文原文重构为 qonin jil qabur un dumdadu sara yin arban γurban a γaqča modun da büküi dür bičibei，可译做"羊儿年二月十三日，哈黑叉磨敦有时分写来"。

据《马可波罗行纪》，Caccia Modun 行宫实际上是元世祖忽必烈出猎时的大斡耳朵，是春季皇家狩猎活动的大本营，在整个猎场具有举足轻重的地位。灵岩寺羊儿年圣旨就是在这里写毕颁发的。

《马可波罗行纪》详细记载了 Caccia Modun 大汗宫帐的陈设装饰以及大帐周围的帐幕聚落[1]：

> 每帐以三木柱承之，辅以梁木，饰以美丽狮皮。皮有黑白朱色斑纹，风雨不足毁之。此二大帐及寝所外，亦覆以斑纹狮皮[2]。帐内则满布银鼠皮及貂皮，是为价值最贵而最美丽之两种

---

[1] 前引《马可波罗行纪》，第 352—353 页。
[2] 此处的"狮皮"应是虎豹之皮。马可波罗常用波斯语的 shīr 表示"虎"。在波斯语中，虎和狮同用这一个词，根据语境的不同，表示不同的含义。见邵循正：《语言与历史——附论〈马可波罗游记〉的史料价值》，收入氏著《邵循正历史论文集》，北京大学出版社 1985 年版，第 115 页。法国学者沙海昂（A. J. H. Charignon）在注释《马可波罗行纪》时已经指出，这里的狮"显是虎豹"。见前引《马可波罗行纪》，第 355 页。

皮革。盖貂袍一袭价值金钱（livre d'or）二千，至少亦值金钱一千，鞑靼人名之曰"毛皮之王"。帐中皆以此两种皮毛覆之，布置之巧，颇悦心目。凡系帐之绳，皆是丝绳。总之，此二帐及寝所价值之巨，非一国王所能购置者也。此种帐幕之周围，别有他帐亦美，或储大汗之兵器，或居扈从之人员。此外尚有他帐，鹰隼及主其事者居焉。由是此地帐幕之多，竟至不可思议。人员之众，及逐日由各地来此者之多，竟似大城一所。盖其地有医师、星者、打捕鹰人及其他有裨于此周密人口之营业。而依俗各人皆携其家属俱往也。

世祖忽必烈留驻在 Caccia Modun 行宫，终日行猎，直到临近前往上都的行期，才返回大都。《马可波罗行纪》记载[1]：

大汗居此迄于（复活节）之第一夜。当其居此之时，除在周围湖川游猎外，别无他事。其地湖川甚多，风景甚美，饶有鹤、天鹅及种种禽鸟。周围之人亦时时行猎，逐日献种种猎物无算。丰饶之极，其乐无涯，未目击者绝不信有此事也。[中略]大汗居留此距海不远之地，自阳历 3 月迄于阳历 5 月半间，[2] 然后携其一切扈从之人，重循来道，还其契丹都城汗八里。

既然元朝皇帝春季狩猎最重要的宫帐在哈黑叉磨[敦]（"独树"），

---

[1] 前引《马可波罗行纪》，第 353 页。
[2] 阳历 5 月半已到阴历的四月，一般说来，元朝皇帝此时已在上都。从京郊春猎之地返回大都，不会迟至此时，疑误。

那么，它和戏出秃（"柳林"）之间是怎样的关系呢？笔者认为，戏出秃并不能包含或替代哈黑叉磨[敦]。从地名、植被来看，两地有迥然不同的特征。灵岩寺羊儿年圣旨中的"哈黑叉磨[敦]"、柏林寺猴儿年圣旨中的"戏出秃"应当是圣旨写毕的确切地点，并非一地。不过，考虑到元朝皇帝春季狩猎的范围和行程，两地的距离应是相当接近的。哈黑叉磨[敦]应位于广义的柳林大猎区之内。

Caccia Modun与灵岩寺圣旨碑"哈黑叉磨[敦]"的互证，无疑凸显了《马可波罗行纪》珍贵的史料价值。据笔者所知，在《马可波罗行记》成书700年来，对忽必烈Caccia Modun行宫的记载，不见于任何其他文献。灵岩寺圣旨残碑的发现，使得东西方史料可以互相印证。通过地名勘同，我们对《马可波罗行纪》记事的准确性有了新的认识。它关于柳林狩猎和Caccia Modun行宫的记载，以其丰富的记事细节和准确的标音，为我们提供了关于元代历史的鲜活记录。如果没有《马可波罗行纪》的这些记载，我们很难复原"哈黑义磨"的本来面貌并推测它的大体方位。另一方面，如果没有灵岩寺圣旨碑的残缺地名，马可波罗关于Caccia Modun行宫的叙述也许会被人视为别无旁证的一家之言。东西方史料的勘同使我们了解到：马可波罗关于元世祖忽必烈Caccia Modun春猎的记载是准确的；马可波罗不但了解忽必烈日常活动的细节，还有着惊人的观察力和记忆力。

三、余论

伯希和认为，《元史·兵志三·马政》中的牧场"希徹秃"

(hičetü) 和 "哈察木敦" (γaqča modun) 指的就是大都远郊的柳林和独树 (Caccia Modun)。此论似未安。

为了清楚起见，下面把《元史》的相关文字完整引出[1]：

> 凡御位下、正官位下、随朝诸色目人员，甘肃、土番、耽罗、云南、占城、芦州、河西、亦奚卜薛、和林、斡难、怯鲁连、阿剌忽马乞、哈剌木连、亦乞里思、亦思浑察、成海、阿察脱不罕、折连怯呆儿等处草地，内及江南、腹里诸处，应有系官孳生马、牛、驼、骡、羊点数之处，一十四道牧地，各千户、百户等名目如左……
>
> 一，哈剌木连等处御位下：阿失温忽都地八都儿。希徹秃地吉儿。哈察木敦。火石脑儿哈塔、咬罗海牙、撒的。换撒里真按赤哈答。须知忽都哈剌赤别乞。军脑儿哈剌赤火罗思。玉龙鞑彻。云内州拙里牙赤昌罕。察罕脑儿欠昔思。棠树儿安鲁罕。石头山秃忽鲁。牙不罕你里温脱脱木儿。开成路黑水河不花。

早在 1920 年，伯希和就注意到这段史料，认为此处的"哈察木敦"可以和《马可波罗行记》中的 Caccia Modun 勘同。法国汉学家高第 (Cordier) 完全接受了伯希和的看法，并写入他对《马可波罗行记》的注释之中。[2] 法国学者沙海昂 (A. J. H. Charignon) 在注释《马

---

[1] 《元史》卷一〇〇《兵志三·马政》，第 2555—2556 页。
[2] Cordier 的原文为："*Cachar Modun* must be the place called *Ha-ch'a-mu-touen* in the *Yuan Shi*, ch. 100, f°. 2r. (PELLIOT.)." 见 H. Cordier, *Ser Marco Polo. Notes and Addenda to Sir Henry Yule's Edition, Containing the Results of Recent Research and Discovery*, London: John Murray, 1920, p. 70.

可波罗行纪》时提出了不同看法:《元史·兵志三·马政》中的"哈察木敦"应在黄河（即文中的"哈剌木连"）附近的"河套之北"，不可能在大都远郊。[1]伯希和坚持己见，认为虽然这些地名都开列在"哈剌木连等处御位下"，但并不都在黄河附近。伯希和举出的例子是"军脑儿"。他将该词构拟为 Gün-nōr，在蒙古语中意为"深的湖泊"。伯希和认为"军脑儿"就是《元史·宪宗纪》中的"君脑儿"，位于漠北地区。既然位于漠北的地点能列在哈剌木连御位下，那么，位于大都附近的"希徹秃"、"哈察木敦"置于此处，亦无不可。[2]

《元史·兵志三·马政》中的"军脑儿"（Gün-nōr）从其含义可知，它只是一个普通地名，并非宪宗蒙哥驻跸之地的专有名称。这种以标志性地物作为地名的现象在蒙古地区非常普遍。深湖显然不是漠北地区所独有的，在黄河附近若存在这样的湖泊，无疑可以使用该名称。类似的例子是《元史·兵志三·马政》中的"察罕脑儿"。元代有两个著名的察罕脑儿，一个位于今河北沽源县，当地建有元代皇帝的行宫；另一个位于今内蒙古乌审旗，当地设有宣慰使司都元帅府。《元史·兵志三·马政》中的"察罕脑儿"显然指的是后者。[3]从"哈剌木连等处御位下"已知的地名来看，它们都在黄河附近，如云内州治今内蒙古土默特左旗；察罕脑儿在内蒙古乌审旗；开成路治今宁夏固原。[4]有的研究者把"希徹秃"、"哈察木敦"的地理位置比定为今内蒙古镶黄旗东南翁格其高勒南黑沙图、内蒙古苏尼特右旗西北格日勒

---

[1] 前引冯承钧汉译本《马可波罗行纪》，第355页，注释3。
[2] Paul Pelliot, *Notes on Marco Polo*, p. 118.
[3] 参看周清澍:《从察罕脑儿看元代的伊克昭盟地区》,《内蒙古大学学报》1978年第2期；后收入同作者:《元蒙史札》，内蒙古大学出版社2001年版，第274—275页。
[4] 参看前引周清澍:《从察罕脑儿看元代的伊克昭盟地区》，第275页。

敖都西北。[1] 虽然我们不知道上述观点的具体依据，但从《元史》"哈刺木连等处御位下"的大前提来看，以上看法有其合理之处。

实际上，即使《元史·兵志三·马政》中的"军脑儿"可以和蒙哥汗驻跸的"君脑儿"勘同，"哈刺木连等处御位下"能够包括漠北的牧场，也无助于证明"希徹秃"、"哈察木敦"就在大都附近。从元代史料来看，名为"哈察木敦"（独树）之地并非大都附近一处。王祎《王忠文公文集》卷一六《元故弘文辅道粹德真人王公碑》记载[2]：

> 至元甲申，玄教大宗师开府张公之弟子陈真人义高为梁王文学，以事至杭，馆于四圣延祥观。见公 [王寿衍] 即器爱之，遂度为弟子，年甫十有五。从陈公至京师。乙酉，至上京，入见裕宗于东宫。陈公从梁王北行，公与之俱，止于哈察木敦，驱驰朔漠，备殚其勤。丙戌，还京师。

陈义高在至元二十二年（己酉）到上都，然后随梁王北行，"止于哈察木敦，驱驰朔漠"，至元二十三年（丙戌）返回京师大都。显然此处的"哈察木敦"不在大都以南的柳林一带。

通过上例可知，元代的"希徹秃"和"哈察木敦"应是普通地名，并非元代大都附近的柳林、独树两地所专有。《元史·兵志三·马政》中的"希徹秃"和"哈察木敦"当在哈刺木连（黄河）附近或更远的地区找寻。

---

[1] 前引《元史辞典》，第393、593页。
[2]《王忠文公文集》，收入《北京图书馆古籍珍本丛刊》第98册，据嘉靖元年历城张氏刊本影印，书目文献出版社1998年版，第285页。

关于元代的杭州凤凰寺

乔治·兰恩（英国伦敦大学亚非学院）

狂热的阿拉伯真主军呼喊着冲出西面的大漠，在击溃萨珊波斯（Sassanids）后转而面向中国。唐朝皇帝欣然接受的不仅有儒雅而富有的波斯贵族，还对伊朗圣书及其文化敞开了大门，而这种传统为后世王朝所承继。

西域的蛮人成群地涌入中土，在至少一千里格（Leagues）之遥的百余个王国中同时发生，如他们圣书所昭示的那样。[1]

大约1220年，伊朗人在面对另一次势不可挡的侵略后再次将目光转向东方。在已经同成吉思家族建立良好联系的可疾云（Qazvin，今伊朗加兹温）上层带领下，伊朗之地（Irānzamīn）的贵族们不仅见证了成吉思帝国的成长，更看到了来自"西域地区"的人们在帝

---

[1] 引自唐纳德·莱斯利：《传统中国的伊斯兰教》（Donald D. Leslie, *Islam in Traditional China*, Canberra, 1986），第33页。

国中所扮演的越来越重要的角色。[1] 他们决定给伊朗带来一场根本的转变，那就是将处于无效、混乱的军事统治下的伊朗从一个边缘国家转变为世界帝国的重要组成部分。抢在蒙哥正式继位之前，派往觐见大汗的可疾云（Qazvin）使者适时地提出让一位王子代替失宠的军事长官拜住那颜（Baiju Noyan）的请求，以便将伊朗纳入蒙古帝国本部。历史学家穆思脱非（Mustawfī）清晰地描绘了其先祖如何成功地游说蒙哥汗，说服他派遣一支军队去消除亦思马因派（Ismāʿīlī）对他们的威胁，同时派一位王子建立起一座横跨阿姆河（Oxus）至伊朗的安全正义之桥。[2]

阿塔蔑力克·志费尼（Atā Malik Juwaynī），旭烈兀汗的私人顾问，在蒙哥汗从继位到权力极峰所体现的神的恩宠中看到了"真主密旨"。首先，他看到皇位现在被授予这样一个人，他的威严足以使他担当起统治一个世界帝国的任务。其次，在志费尼的眼中，歼灭亦思马因派消除了一个对神不敬的世界，一个极大的肉体和精神威胁。第三，成吉思汗家族的兴起允许伊斯兰和穆斯林"甚至在中国"也畅通无阻，不仅如此，更具深远意义的是，"开启世界诸国的钥匙被置于（蒙古人）强大掌握之中，以备使用 [dar dast-i-qodrat]"。而对志费尼来说，那些行使权力的手则被理解为穆斯林之手，尤其是波斯穆斯林之手。

志费尼正是13世纪中叶事件的亲历者，同时至少有十年他"涉及异域"，曾"访问河中（Transoxiana）和突厥斯坦（Turkestan），

---

[1] 参看拙作：《波斯精英》（*Persian Elite*）。
[2] 穆思脱非：《胜利之书》（Mustawfī, *Zafarnama*）。

迄至马秦（Machin，指华南。——译者注）和遥远中国的边境"。[1]

但在今天，许多真主的信徒已朝那边迈步，抵达极遥远的东方国家，定居下来，在那里成家，以致多不胜数。其中部分是在河中和呼罗珊被征服时充当军中的工匠和看兽人给驱赶去的。很多来自遥远西域，来自两伊剌克（Iraqs），来自西利亚（Syria）及其他伊斯兰国家的人，是为生意买卖而跋涉，访问了每个地区和每座城镇，获得了声望，观看了奇景，并且在那些地方抛却行囊，决定在那里定居。他们由此安家落户，修建邸宅和城堡，在偶像庙宇对面兴建伊斯兰寺院，并创办学校，让学者讲学其中，求学者由此受教。这犹如圣传说"求学尤当在中国"，指的正是这个时代和生活在这个时代的那些人。[2]

旭烈兀汗（蒙哥大汗和中国新任汗忽必烈汗的弟弟）的到来，宣告伊朗进入了一个繁荣安定的新时代，突然之间东土前所未有地向波斯商人、工商业者、传教者和投机商敞开了怀抱。数十年间，伴随着蒙古第一次对中亚和北部伊朗的征服行动，大批人口（据志费尼估算为十万名工匠）东迁，最初是被迫的，后来也有自愿的，

---

[1] 志费尼：《世界征服者史》（Juvaini, *Tārīkh-i Jahāgūšā*），波伊勒（Boyle）英译 *The History of the World-conquerer*，第 9—10 页；波斯文原稿可疾维尼刊本（Mirza Muhammad Qazvini, ed., The Tārīkh-i-Jahān-Gushā of 'Alā 'ud-Dīn 'Atā Malik-i-Juwaini, 3 vols.GMS. Old Seroes. XVI/1, 2, 3, London, 1912, 1916 and 1937)，第 6—7 页。(何高济汉译本，商务印书馆 2004 年版，第 9 页。——译者注)

[2] 同上书，第 9 页；波伊勒英译本，第 13—14 页；何高济汉译本，第 12 页。

在中国和突厥—蒙古地区到处建立起西域工匠的社区。[1] 从最初选择过程看，迁徙人口中包含很多非熟练劳力。这些人因为担心前途渺茫，结果不得不在远离家乡的中国寻求生存。

　　元时回回遍天下。……迄元世其人遍于四方，皆守教不替。（《明史·西域传》）[2]

在可疾云遣使谒见蒙哥汗时，波斯移居者已经开始对这个成长中的帝国产生影响，无论是像赛典赤（Sayyid 'Ajall）这样成为怯薛的人物[3]，还是身居要职的角色，例如可剌马丁（Kamal al-Din，舍剌甫丁 Sharaf al-Din 的父亲）曾一度主管杭州[4]，抑或是那些投机商们，都利用开放的边界和向他们提供的大好机会，比如著名的爱薛（Issa），曾一度辅佐孛罗（Bolad）。[5] 伴随元朝的建立和一个通常以利益为基础的环境，波斯语迅速成为帝国的商业通行语，前所未有的机会对伊朗人敞开，而相关的实例并不难找到。巴格达首席

---

[1] 志费尼：《世界征服者史》，波伊勒英译本，第128页；卡兹维尼（Mirza Muhammad Qazvini, ed., The Tārīkh-i-Jahān-Gushā），第101页。
[2] 引自唐纳德·莱斯利：《传统中国的伊斯兰教》第9章，第79页。
[3] 参见 Aramjo, Ph. D（博士论文）；保罗·布勒（Paul Buell）文，收于罗亦果（Igor de Rachewiltz）等编：《侍于大汗》(In the Service of the Khan: Eminent Personalities of the Early Mongol-Yüan Period. 1200-1300, Harrassowitz, Wiesbaden, 1993)；兰恩：《大理石碑》(Lane, "Dali Stele," in Kilic-Schubel, Nurten and Binbash, Evrim, eds., Intellectual and Cultural Studies, Feschrift in Honour of Prof. Isenbike Togan, Istanbul: Ithaki Press)。
[4] 郭晓航：《元代首任"上海县达鲁花赤"舍剌甫丁考释》，《史林》2007年第4期。
[5] 《元史》卷一三四，第3249页，转自 A. C. 穆勒：《1500年前的中国基督教徒》(A. C. Moule, Christians in China before 1500, London, 1930)，第228—229页。

图书馆馆长宾·法洼子（Ibn al-Fowaṭī）[1]所写的传记字典中，就有因为通东方诸部语而成功的丰富事例。比如速浑察那颜（Suqunjaq Noyan）身边的一位副官，"与精于畏兀儿文和吐蕃语的学者为伴，并且向他们学习怎样书写畏兀儿文和他们的语言"[2]。

杭州，南宋故都，仍然保有人情世故与声色之乐，让新元统治者和众多官员僚属很容易适应其中。尽管亡宋太后在她大批随从陪伴下已经移居元都汗八里，临安城中文雅和享乐之风依然如旧，乃至使它迅速成为一个戏剧艺术的重要中心地，在元代统治下进入公认的黄金时代。[3]同时，随帝国在东西方战果的不断巩固，持续流入中国的波斯穆斯林很快建立起一个有影响的势力。由于缺少一个合适的社会中心，群体最初只是在一座坐落于其中心的小型清真寺中做着功课。似乎当时建造了不止一座清真寺，但是今天仅有这座与众不同的建筑物遗存下来。建于元代早期的杭州武林寺反映了一个在宋朝故都有影响和权势的波斯人群体及其他穆斯林的存在。清真寺与隐藏于表面之下的新兴的新世界秩序存在着四个方面的联系。而正是以下四个话题组成本文研究的基础：其一，考察这个城市及

---

[1] 宾·法洼子（Ibn al-Fowaṭī），*Majma' al-ādāb fī mu'jam al-alqāb*，德黑兰，1995年；见德文·德卫斯：《蒙古帝国的文化传播和交流》，收入林达·卡马罗夫主编：《超越成吉思汗的遗产》（Devin De Weese, "Cultural Transmission and Exchange in the Mongol Empire," in Linda Komaroff ed., *Beyond the Legacy of Genghis Khan*, Brill, 2006），第11—29页。

[2] 引自德卫斯：《蒙古帝国的文化传播和交流，宾·法洼子传记字典注释》（"Cultural Transmission and Exchange in the Mongol Empire：Notes from the Biographical Dictionary of Ibn al-Fuwaṭī"），同上书，第25页。

[3] 时钟雯：《中国戏剧的黄金时代——元杂剧》（Chung-wen Shih, *The Golden Age of Chinese Drama: Yüan Tsa-chü*, Princeton Univ. Press, 1976）；克鲁卜：《忽必烈汗时期的中国戏剧》（J. I. Crump, *Chinese Theatre in the Days of Kublai Khan*, University Press of Arizona, 1982）。

其社会背景，正是身处这样的时空，波斯人得以展示其强盛，蕴育其才情和富庶。其二，讨论清真寺本身和文献记载，以及相关建筑物。其三，作为约一个世纪的穆斯林群体中心墓地，本文会从杭州城乃至更广泛的背景下对聚景园的重要性予以思考，并会对当地一些乡老予以特别关注。最后，通过对散见于史书、碑铭和大批汉文石碑记录的耙梳拼合，将对因其墓碑而留名今世的那些个人，以及与清真寺或者聚景园有着千丝万缕联系的其他人做一番细审。

元代十个行省中，色目人在江浙行省最为富有，且地位尤为显赫。之所以如此，不仅可以从江浙所拥有的与印度洋和波斯湾之间传统海上贸易的门户位置来解释，也因为面对一个急剧扩大其职位需求的官僚体系，处于由伊朗在1258年完全融入拖雷系政权而导致的前来中国寻求仕途的波斯人数量大增的情势下，第二代"西域人"较易在那里获得官位。1270—1360年间，江浙行省至少有14个政府高级官位被西域的穆斯林占据，而江西行省的相应人数就只有11人，云南行省有9人，其他的行省有7人，或者更少。江浙行省在贸易上的重要性，明白无误地反映在下述事实中，即它提供了整个国家商税岁入的三分之一。[1] 新政权在很多方面替代了瓦解的南宋政权，一批经验丰富的色目人和金朝官员已经准备好并愿意填充那些被南人空出或舍弃的空缺。

新政府当然委用那些被证明是忠诚和有才能的人为官，其中绝大多数无疑是北人和色目人，但这不完全是一个偏倚种族的制度。官职的授予以功绩、而未必以种族为基础。对现存文献的理解往往

---

[1] 杨志玖：《元代回回人的政治地位》，《历史研究》1984年第3期，第112、128、132—133页，转引自弗洛伦斯·霍杜斯（Florence Hodous），博士论文，SOAS。

强调元代四等人制度的种族基础,即以蒙古人为第一位,之后是色目人处在等级制度顶端,然后是曾服务金政府的北人,最后为南宋政权中的汉人。然而,这种显然建立在种族来源上的等级制度实际上是被更多地误解了,它过分强调了内在倾向性和对蒙古人的偏袒。元代官员的选择、任用和晋升,要通过一个复杂的承继体系,以及品级晋升、奖赏、举荐、科举考试、上级官员的遴选、训习、荫叙(对高品级官员的亲属授予公职的规定)等诸多环节,或者说是通过这样一个多层环节的综合体来实现的。[1]

色目人所占据的重要地位,与其说出自统治者的种族偏颇,不如认为这些人为帝国所吸纳。当成吉思汗的军队向西挺进时,正是前喀喇契丹政权的官员为蒙古人提供紧急需要的服务。马合木·牙老瓦赤(Mahmūd Yalavach)处于新政权的中心,不是因为他眼睛的颜色(译者按:作者将"色目人"这个词理解为"眼睛颜色不一样的人"),而是因为他从一开始就证明了自己的忠诚,并且对成吉思汗的事业有帮助。色目人占据主要职位是因为他们为统治者所需要,而当时没有其他人可资使用。一位隐居的歌舞伎说,"畏吾选作必阇赤"。[2] 在整个社会,甚至乡镇中,西域来的移民者已经构成中国北方居民的组成部分。[3] 当临安于1276年失陷于伯颜大军后,色目人

---

[1] 戴维·法夸尔:《蒙古统治下的中国政府》(David M. Farquhar, *The Government of China under Mongolian Rule*, 即《元史百官志译注》, Franz Steiner Verlag Stuttgart, 1990), 第34、46—47页。

[2] 李桢:《至正伎人行》, 译文收入伊维德和斯蒂芬·维斯特编:《1100—1450年间的中国戏剧:参考资料集》(Li Chen, A Ballad of a Sing-Song Girl of the Chih-Cheng Era (1341-1368), tr. in Wilt Idema &Stephen West, *Chinese Theatre 1100-1450: a Source Book*, Franz Steiner Verlag GMBH Wiesbaden, 1978), 第106页。

[3] 拉施特提及荨麻林(Simalī), 见《史集》(Jāmi' al-Tawārīkh), Thackston 译本, 第443页。

和契丹官员就已准备好填补空缺。他们拥有恰当的语言技能，有经验，善于沟通，并且已经获得了统治者的绝对信任以承担更高职位。而对于故宋政权中的汉人来说，他们并不具备那些必要素质作为位居高位的前提条件。但是在短短几年中，那些先前由色目人和北人占据的官职即被故宋的汉人和官员所替代了。没有任何对种族的歧视政策。委任是按忠诚、能力、社会关系和荫叙等原则为基础的。[1] 拉施特记录说，以前平章（finjan）职位的任命严格限于"中国本土人，但是现在也会给蒙古人，大食人和畏兀儿人。"铁穆尔汗时期，总平章（shu finjan，译者按，即丞相）是伯颜平章（Bayan Finjan），一个操波斯语的不花剌人赛典赤·乌马儿（Sayyid 'Ajall 'Umar al-Bokhārī）的孙子，排在第二位的是蒙古人，而第三和第四位的是畏兀儿人。[2] 伴随官位讨论的是有关官职划分，其中的细节中并未提到种族因素，或可据此推知，它与委任官员之事无关。对官府部门和省（shings）的官员，提到姓名和头衔时没有关于其民族和种族血统的说明，而越来越多的蒙古人取了穆斯林的人名。例如，速古儿赤（掌伞者）的长官依次为亦思马因（Isma'il）、马合木沙（Mohammadshah）、木八剌（Mubarak）和亦黑迷失（Yighmish），其中并不含有种族出身的标示，尽管伯颜平章（Bayan Finjan）倒是被忽必烈指称为波斯人或撒儿塔兀勒（sarta'ul，即回回。——译者注）的。

杭州在元代成为一个主要的国际都市，明显反映在波斯编年史

---

[1] 伊利沙白·恩狄考特－威斯特：《蒙古统治下的中国》（Elizabeth Endicott-West, *Mongolian Rule in China: Local administration in the Yuan dynasty*, Cambridge, Mass., 1989），见第三章。
[2] 拉施特：《史集》，Thackston 译本，第 443 页。

家在对这个城市高度关注的同时,却对中国其他城市都相当忽略的事实里。宾那哈梯(Banākatī)、拉施特(Rashīd al-Dīn)和穆思脱非(Mustawfī)均用较长篇幅对"行在"(Khunsāī,波斯人对杭州的称谓)进行描述,强调它的伊斯兰认同,而瓦撒夫(Waṣṣāf)则关注"行在"(杭州,Khunsāī)的繁茂和富庶。

(11行)对中国的叙述:"行在"(Khunsāī,杭州)是中国最大的城市,"如同天堂般辽阔"。其周延大概有二十四法尔升格(parasangs)。用烧制的砖和石子铺就街道。木制的房屋和建筑装饰着大量精致的彩绘。从城市的这头到那头之间设置了三个驿站(Yams)。主要的市场据称有三个法尔升格(parasangs)长度,其中有64个形制相似、平行的四方院子(市场商户)。(第15行)每天的盐税可以带来700"巴里失"(balish,一种纸钞。bālesh chāw,波斯语直译为枕头,指银锭。——译者注)的收益。手工艺者数目庞大,仅金匠就有32000人之多;至于其他类别人口的数目,就"可想而知"了。城市中有700000士兵和700000百姓(raiyat),这是当时的官方人口清查所登记的数字。另外,还有如同堡垒般的700个教堂/寺院(kalisa),没有信仰的牧师、不坚守宗教的僧人充斥其间,[kashīshīn-i bī kīsh, va rahābīn-i bī dīn](第17行)又有官员、看守、监察官和侍者的随从和属民,这些人员都不录入户计名单,他们因此会被免税。40000名士兵担任"守备"(ahl-i-herāsat)(19行)和夜间巡逻。当(夜晚降临时)他们便组队守卫在固定的城门、街区、小巷(Kūchehhā)街道和各个角落,高度警备着(保证人民的安全)。城市中有360座桥(第23行)建造在如同底格里斯河般宽广的运河上,这是中国海造成的结果;各式各样的舟船和渡船利用水道经营生意,以满足不同人群的需要[bar āb ravān](第24行)(数量无法计算)……来自世界各地的人们聚集在这里,无论是在这里做生意或有其他目的,很明显都具备充足的理由和才能。所有这些都与这座故都有关联。(第22页第1行)但是,在它的领土和属国中有四百多个休闲城市,至少这些定居城市要大于泄剌子(Shiraz)或报达(Baghdad)。同时,据中书省的记录,像"行在"(Khunzai,杭州)一样,隆兴府(Lankin-fu)、Zaytūn(泉州)和大秦(Chin-i-Kalān,译者按,指广州)都被称作省(Shang),即大城市之意。[1]

穆思脱非(Mustawfī),他的亲人在伊朗融入拖雷系政权过程中扮演了重要角色[2],不仅强调杭州(Khunsāī)的重要性,还注意到穆斯林在杭州治理中极具影响力的角色。

马秦(Māchīn,蛮子或南部中国),一个被蒙古人称为南家子(Nankiyās,这是蒙古人对意思为野蛮人的一个汉语词汇的讹读。译者按:与"南蛮"的名称相比,南家子一语在当日北方汉语中似较少侮辱性)的幅员广阔的国家。处在第一和第二地

---

[1] 瓦撒夫:《瓦撒夫史》(Waṣṣāf, Tārīkh-i-Waṣṣāf, Tehran, 1338/1959),第21—22页;并见阿卜杜勒·穆罕默德:《瓦撒夫史》('Abdul Moḥammad Āyatī, Taḥrīr-i-Tārīkh-i-Waṣṣāf, Tehran, 1372/1993, Alexander Morton 译),第17—18页。
[2] 参见兰恩:《谁的秘密意图》(Lane, *Whose Secret Intent*),未刊稿;穆思脱非:《选史》(Mustawfī, *Guzida*)。

带中，首都设在杭州（Khansāy），有时也叫 Siyāhān（为闻名于该城市中的湖泊 Si-Hu 或西湖的音写）。他们说，杭州是最适合人居住的城市，至少在东部地区不再有这样好的城镇。一个湖泊置于市中，方圆六里格（leagues），城市房屋环绕湖的周围。气候温和，盛产甘蔗和大米；但是罕见椰枣（dates），并且极难获得，以至于十 Mann 的蔗糖只能交换一 Mann 的椰枣。肉食主要是鱼，也吃牛肉，羊肉很少见，故而价格极其昂贵。人口达数千之众——也有人说是一万——有专门的守卫和卫兵监督。大部分百姓不信教，虽然穆斯林数量很少，但掌有权力。[1]

拉施特同样就杭州（Khunāī）的重要性做了简短的描述，他将杭州与元代的其他省相联系，并且给出了元政府中重要穆斯林官员的名字，其中就有杭州的波斯裔长官昆都士人沙不丁（Shahāb al-Dīn Kunduzi）。[2] 宋亡之后，穆斯林在杭州牢牢站住了脚跟，建立起一个混合的"蕃"坊，后者在宋时其实已经存在，尽管其规模比不上南部的泉州（Zayton）和广州那样大。这些"蕃客"被吸引到昔日的首都，就像内地各处的中国人通过运河航道（包括不久后修复并延伸至北方的大运河）与杭州相联系一样。

随着宋室迁都至风景如画的城市，位于西湖和浙江（与海相连）之间的杭州，作为一个政治、经济和文化的国际都市获得迅速的扩展，履行起包括接待异国使者在内的帝国首都的功能，其中阿拉伯

---

[1] 穆思脱非：《内心之纯洁》（Mustawfī, *Nuzhat al-Qulub*, tr. Guy Le Strange, Leydan: Brill; London: Luzac, 1919），第 254 页。
[2] 拉施特，第 958 页；Thackston 译本，第 469 页。

和波斯的"奉经之民"也受到很好的待遇，包括接受他们的贡物和礼品。这些外国使者中有些商人和外交官，因为已在某个时候建立起综合的番客社区而为人们所知。这些富有的外域人群与来自内地的中国商人一起居住在位于城市南部被称为凤凰山的山地，准确来说应名为番客山（Strangers' Hill）。[1] 他们或许与早已在广州和泉州定居的穆斯林群体保有联系，当日泉州（Zayton）的穆斯林群体不仅有完整的文献记载，而且墓葬群也被保存下来，足以证实泉州穆斯林的规模和年代。[2]

在清真寺背后朝西，有一片俯瞰着整个清真寺的高耸的公寓楼群，从那里能清楚地看到三层穹顶的主礼拜堂，即清真寺内最古老的部分，其修建年代可以上推至13世纪晚期，尽管有关这个修建年代还存在争议。依番客山而建的清真寺恰好位于这个激越而喧哗的城市之心脏。根据中古时期的一张地图和13世纪名为《都城纪胜》的小册子，"中瓦"，一个有失端庄的"娱乐中心"位于清真寺的南面，其北面则是一座三层楼的建筑物。在清真寺的对面，依次为栗子糖铺、彭氏雨鞋店、支家羊肉餐馆，向北不远有一家声誉不佳的剧院，而大瓦肆就紧挨着肉市。根据《都城纪胜》，店铺鳞次栉比地排列在御街的这一处，夜市几无中断，到处"扑卖奇巧器皿、百色物件，与日间无异"[3]，直到四鼓时（凌晨2点）方静。

---

[1] 参见 A. C. 穆勒：《行在及其他有关马可波罗的札记》（A. C. Moule, *Quinsai, with other notes on Marco Polo*, CUP, 1957）。

[2] 陈达声：《泉州伊斯兰教石刻》，福建人民出版社1984年版。

[3] 《都城纪胜》，A. C. 穆勒译，收入《新中国评论》（*New China Review*）卷一，1921年版，第15页。

由于"瓦"[1]太过接近宗教场所，在清真寺于1281年整修或重建之后，它们是否得以继续运营，我们无法确知。但是在元代统治之下，戏院肯定甚为繁荣，戏曲成为非常受欢迎的娱乐形式。瓦或者瓦肆名为戏院，实际上是官方许可的妓院。《咸淳临安志》中枚举出全城17处瓦舍，并且写道：

> 瓦子，取聚则瓦合，散则瓦解之义。故老云，当绍兴和议后，杨和王为殿前都指挥使，以军士多西北人，故于诸军寨左右营创瓦舍，招集伎乐以为暇日娱戏之地。其后，修内司又于城中建五瓦以处游艺。今其屋在城外者多隶殿前司，城中者隶修内司。[2]

这是一种娱乐中心，又称"瓦肆"，即聚合作乐的市肆，内有多达55个的大小"戏院"，其中以牡丹棚、莲花棚和象棚最大，可容数千人。[3]这里至少有三个瓦子，包括大瓦肆在内；在清真寺于1274年重修之前，该地并非是一个宗教活动中心。1262年，在汗八里（大都）设置了一个管理宫廷娱乐的官方机构，直到1284年，它被登入古典乐师的官方档册，而精英艺术家与宫廷乐伎之间的区别仍被维持着。在汗八里之外，仅杭州设有一个管领娱乐的机构。[4]也许本文主题之所以值得注意，恰是因为瓦子在元代杭州的流行，以

---

[1] 对于瓦肆的详尽研究，参见 Wilt Idema & Stephen West，*Chinese Theatre 1100-1450: A Source Book*，Franz Steiner Verlag GMBH Wiesbaden，1978。
[2] 《咸淳临安志》卷一九（19b），引自 A. C. 穆勒：《行在及其他有关马可波罗的札记》。
[3] 时钟雯：《中国戏剧的黄金时代——元杂剧》，第7页。
[4] Wilt Idema & Stephen West，*Chinese Theatre 1100-1450: A Source Book*，Franz Steiner Verlag GMBH Wiesbaden，1978。

及它们在凤凰寺附近的存在。它们不仅在地方编年史作者和方志作者的各色作品中被屡屡提及，而且营生于其中的姑娘们本身就是很多产的作家，其中最著名的作品要属成书于大约1330年的《青楼集》(Green Bower Collection)。[1] 该书围绕那些被称为青楼女子的女孩们展开。管领娱乐的官方机构一个主要职能，是为贵族官僚、士人和富商们提供娼妓和歌伎。因此在杭州这座元代精英汇聚的城市，设置这样一个大都之外唯一的相关管领机构是很有必要的。[2]1274年的地图显示，清真寺被描绘为一个有围墙的花园，而不像一座寺院；据此，则转变应始于商人阿老丁（'Alā al-Dīn）后来在此修建清真寺之时。但设若此地本无清真寺，那我们就难免会有这样的诧异，即阿老丁如何会选择这样一个地段来建寺。一位年老的遗姬道出了在她的生活陷入困境之前瓦肆的辉煌。李祯（1376—1452年），明代剧作家、诗人，在结识这个历经沉浮的老妇后，"遂呼酒饮之"，从妇人口中套取出她的经历和元朝兴衰的往事。

齐姜宋女总寻常，惟诧奴家压教坊。
乐府竞歌新北令，构栏慵做旧西厢。
煞寅院本编蒙赏，喝采氍毹每擅场。
浑脱囊盛阿剌酒，达拏珠络只徐裳。[3]

——《至正伎人行》

---

[1] 参见拙作：《蒙古帝国的日常生活》（*Daily Life in the Mongol Empire*，Greenwood，2006），第251—254页；Huang：《青楼集》（*Ch'ing-lu-chi*）。
[2] Wilt Idema & Stephen West, *Chinese Theatre 1100-1450: A Source Book*, p. 108.
[3] Ibid.

清真寺不会是唯一一座在成吉思汗家族掌管杭州之后修复的建筑。不少研究[1]叙述了杭州如何逐渐发展成中国古玩的中心市场，为了这项繁荣的产业，各种生意如何在城市的各部分开张，而御街自然是其中的焦点。对于许多旧日传统精英的命运改变及由此而发生的权力、影响力和财富新核心的崛起，画商、装裱工、修补工和鉴赏家们作出了迅速的回应。一个重要的宋遗民周密（1232—1298年），不但在这个朝气蓬勃的、几乎看不见战争创伤的、被征服的胜朝故都中集聚了一大批书画收藏，而且还将其同好们的藏品一一录诸笔札。他的著述，使人们得以窥见13到14世纪杭州地方极其富贵的精英圈子内部状况的一个独特方面。

据记载，尽管蒙古人在谢太后投降之后迅速掌控了皇宫、皇室产业和诸国库，并将财产珍宝运至忽必烈的都城——汗八里，但还是有部分财产流入了杭州本地市场。事实上，艺术和手工艺品流出的主要来源之一是广济库，一个官方府库。它是为专门存储被没收的宋朝官员们的珍宝而建立的。许多宋室收藏，如书籍、珍奇物品、书法和其他珍贵物品均由广济库售出。对元广济库官员的活动，黄溍（1277—1357年）曾有如下记载：

国朝既取宋，分命重臣行中书省事莅治其地。仍即其帑藏置

---

[1] 见周密：《云烟过眼录》(*Record of Cloud and Mist Passing before One's Eyes*, Ankeney Weitz 译, Brill, 2002)；安克奈·威茨：《杭州元初的古董市场杂考》(Ankeney Weitz, "Notes on the early Yuan Antique Art Market in Hangzhou," *Ars Orientalis*, Vol. 27, 1997)。

广济库以隶焉。所统郡邑岁入上供及经费之出纳，无所不掌。[1]

黄溍又细数道，售卖所得均上交汗八里（译按：本文作者似将上引文献中"仍即……"等语，误读为"所有存留在国库里的[宋皇室财产]，都被转交给广济库，并被[按收纳现金方式]售出"）。然而即使在就其所有之物的价值咨询过地方权势之家后，掌管广济库的人们仍不具备如此复杂的知识，使他们得以最有效地从事该项制度的操作。文献中即有某些珍贵物品流出广济库的记载。[2] 城市中火爆的艺术市场的兴起，为故宋贵族与新的元朝精英之间的互相交流，提供了社会互动和社会流动的另一种渠道。所谓新精英，是指由各色人们汇集而成的一个干劲十足的不稳定团体，其中包括充满事业心的艺术鉴赏家，难免会出现的一大堆投机者、欺诈者和满心巴望成功的商人，以及相当数量的西域人，内中不乏渴望在他们的新家乡站稳脚跟并获得地位的声誉良好的商人。

正如拉施特所说，元代穆斯林人数众多，以致他们彼此互不相识。在他们聚居的环绕凤凰寺的中心地区，其邻居大部分也都是中国人。汉文碑刻均确定了清真寺的位置所在。

> 西文锦坊南。面东，魁伟。（1493 年，明弘治六年）
> 真教寺之建于杭州城内之文锦坊，其为时也久。（1743 年）

---

[1] 黄溍：《重修广济库记》(1340)，《金华黄先生文集》第 9 卷 8a—9a，引自安克奈·威茨：《〈杭州元初的古董市场〉注》，第 27—38 页。

[2] 安克奈·威茨：《杭州元初的古董市场杂考》，第 28 页。

（畏兀儿人）遂择西文锦坊为其居，并书其额曰"凤凰"。（1892年）

今天，城门再次沿御街重现，成为城中之城的印记。正如北非旅行家伊本·白图泰（Ibn Baṭṭūṭa）所记："走进汗沙城，才发现这座城是六座城池。每座城都有城墙。六座城由一大城墙环绕着。"[1] 穆斯林墓地（即从前的聚景园），其中依然竖立着穆斯林诗人丁鹤年的墓亭，曾经位于礼拜寺（旧称）正西的城墙之外。清真寺则位于御街，即一条北自御花园与禁宫入口的和宁门，至于城西北角之武林门的大街。现代杭州城建造了巨大的有题字的城门洞口来标识两者遗址所在。

1271年，皇帝下达了一道谕旨，命令重新铺设自宫城内通往宫外、直到朝天门的御街，而朝天门恰恰就在凤凰寺之南。道路用两万块厚板铺就，以适应这条中央大街上"车水马龙"般的交通状况。不多几年之后，它的良好性能使马可·波罗都惊叹不已。他说：

> 所有的街道都由石子或砖铺就。……主街的路面……设计为两条均十步宽的平行道路，中间铺以细砂，下面是拱形的排水管，能够将雨水导入运河而保持路面的干燥。[2]

御街今天已经被中山路所替代，依然醒目但少了一份华丽。整

---

[1] 《伊本·白图泰游记》（*The Travels of Ibn Baṭṭūṭa*, H. A. R. Gibb & C. F. Beckingham, Hakluyt Society），第900—902页。有理由对伊本·白图泰的杭州记述存在怀疑。

[2] 《马可波罗游记》，第189页。

条路仍大体遵循宋代大道的路线；但中古的建筑，如今只留下重建的鼓楼和清真寺。2009年的年中，对御街南线进行了大规模的整修。洋溢着富庶与繁华的步行街区，被环绕在出口处挂着各自坊名的围墙之间。若干条运河依旧如马可·波罗见到它们时那般模样。而有关这个城市在蒙古入侵前后的翔实记载，提供了一幅中古时期杭州的生动图画。[1] 清真寺有一块石碑说，礼拜堂的位置是在城内的中心，如同一个孤山，峁然高峙。石碑将清真寺刻画为东镇江海，西"映湖山"。1670年，时任礼部祠祭清吏司郎中的丁澎在他撰写的碑文里说，清真寺以其壮丽在东南胜景中令人印象深刻。尽管使他留下如此强烈印象的，或许是今日已不复存在的它壮丽的正面外观，而不是安静地耸立在那里的三层穹顶的礼拜楼。

除伊本·白图泰对于行在穆斯林有所描画外，同时代的其他相关叙述几乎都对杭州的清真寺及其穆斯林社区保持令人奇怪的沉默。马可·波罗花费了比用于任何其他主题都来得多的篇幅，以抒情诗般的笔触来渲染来这座他钟爱的城市，但他却对该城中的穆斯林只字未提。另外，除了周密和陶宗仪，其他人也都在他们的记述里略去了城中穆斯林的内容。而上述这两位最著名的作家，却反而是在临安仍作为宋都城时写下他们的作品的：很可能当时那里的穆斯林社区非常小，清真寺或者还没有建造起来，或者还处于全然荒芜的状态中。

吴自牧的《梦粱录》讲述了一个农夫的美梦。正当客栈主人在为他准备简单的餐食时，他做了一个身经荣华富贵的梦。而这样的

---

[1] 参看A.C.穆勒：《行在及其他有关马可波罗的札记》。

黄粱美梦正是杭州城的现实生活。

> 杭州城内外，户口浩繁，州府广阔，遇坊巷桥门及隐僻去处，俱有铺席买卖。盖人家每日不可阙者，柴米油盐酱醋茶。或稍丰厚者，下饭羹汤，尤不可无。虽贫下之人，亦不可免。盖杭城人娇细故也。……插四时花，挂名人画，装点店面。四时卖奇茶异汤，冬月添卖七宝擂茶、馓子、葱茶，或卖盐豉汤，暑天添卖雪泡梅花酒，或缩脾饮暑药之属。……"嘉庆楼"、"花月楼"、"赏新楼"……浓妆妓女数十，聚于主廊檐面上，以待酒客呼唤，望之宛如神仙。

具体的街道描述在《都城纪胜》中已经提及。这部小册子是由灌圃耐得翁所撰，仅知其姓赵。全书分14门，记述杭城的食店、诸行、市井、园苑、酒肆、瓦舍众伎等。

四种介绍杭州的汉文史料已经提及。它们分别为1247年由赵氏著序的《都城纪胜》，别号西湖老人者撰于大约1250年的《繁胜录》，成书于约1300年（依维德及维斯特的看法）、对瓦肆着墨较多的吴自牧《梦粱录》，以及纂修于1276—1294年之间的周密《武林旧事》，后者为周密在隐退并将其精力投入写作钻研的过程中所写的一本笔记小说。[1]

尽管在很大程度上可以推测说，无论一个穆斯林群体有多小，他们都会在城里修一座为他们服务的清真寺，但我们所能找到的主

---

[1] Wilt Idema & Stephen West, *Chinese Theatre 1100-1450: A Source Book*, p. 11.

要证据只有刻于 1670 年的石碑。它声称该寺于宋末毁于火灾。这一说法也可以在诗人丁鹤年（1335/6—1424 年）之墓及其墓亭铭文中发现，据说他是阿老丁的孙子[1]，该清真寺的建造者。铭文说，原有的清真寺是在所知未详的军事冲突中遭到毁灭的。

> 寺创于唐（618—907 年）而毁于季宋（960—1276 年）。[2]
> 清真寺部分毁于火灾，部分毁于战乱。礼拜堂和其他建筑几经毁损修复。[3]
> 是时凤凰寺毁于战火。[4]

成书于 1526 年的田汝成《西湖游览志》，将有关该寺的详细叙述置入其历史背景中。

> 真教寺在文锦坊南，元延祐间，回回大师阿里鼎所建。先是宋室徙跸，西域夷人安插中原者，多从驾而南。元时内附者，又往往编管江浙、闽广之间，而杭州尤多，号"色目种"。隆准深眸，不啖豕肉，婚姻丧葬不与中国相通。诵经持斋，归于清净。推其酋长统之，号曰"满拉"。经皆番书，面壁膜拜，不立

---

[1] 戴良：《高士》，《九灵山房集》卷一一，转引自陈垣：《元西域人华化考》（*Western and Central Asians in China under the Mongols*, tr. by L. Carrington Goodrich, Steyler Verlag-Wort und Werk, Nettetal, 1989)，第 98 页。

[2] 见刻于 1670 年中国穆斯林丁澎写的碑文，碑文又收入刘智编撰的《天方至圣实录》卷二〇。该碑现藏凤凰寺。

[3] 该碑铭根据宋、元、明时期的清真寺中的石刻和建筑梳理一个大概脉络。虽未明确说明，但暗示此清真寺建于唐代。碑刻刻于 1892 年，马钊（Ma Zhao）撰文。

[4] 此话来自安置中国诗人丁鹤年石棺的墓亭旁之匾额。

佛像，第以法号祝赞神祇而已。寺基高五六尺，肩镝森固，罕得阑入者。俗称礼拜寺。[1]

除了上举碑铭和文献，还有一幅绘成于 1274 年的地图，可以间接地证明，那原本存在的清真寺以某种方式被忽略了。这幅地图将今清真寺所在位置标明为武林园。然而在此后明代的一张带有许多相同命名地点的地图中，该地被重新命名为真教寺。这个对清真寺的一般称呼更加重了下述推理的分量，即原初的清真寺因年久失修而被人们置若罔闻。武林园园址之遭到人们忽略，从当日社会批评家周密对杭州的观察中能获得进一步证实。他说到宋代都城中诸瓦子、行市、酒肆、"胜景"和其他公共场所的位置，说到与瓦子所在地相关的临近建筑，即御街上的中瓦和靠近它的"三元楼"，却未曾提及位于此二者之间的武林园。但是，在有关酒肆的另一部分，它提到了位于该园之南的某个地点，其中隐含的意思似乎是，该园林是一个可予确定的地点，不过其中没有能叫得出名字的建筑。[2]

在四幅地图中，1274 年的地图相对清晰地呈现出城市、宫城、河流、湖泊，并且足够精确地给出了该城市及其周围那些至今仍可辨识的地标。有关西湖的地图尤其易于识读，即使今天的游客，仍可根据此图方便快捷地环湖游览观光，并进入周边山脚的茶苑。图中标明了大道、运河、桥梁、佛塔、小山，以及其他那些著名、优美

---

[1] 见田汝成：《西湖游览志》（1526 年），引自唐纳德·莱斯利：《传统中国的伊斯兰教》，第 113 页；《西湖游览志》卷一八，第 239 页，威谢莱及穆勒：《杭州的伊斯兰教》(A. Vissière & A. C. Moule, *L'Islamisme à Hang-tcheou*)，第 88—89 页，其中使用了吴之鲸《武林梵志》中的一条类似材料，17 世纪早期，卷一，页 35b。

[2] 周密：《癸辛杂识》。

的自然景点。此图的一个特征是上面有很多空白方框，乍看起来使人迷惑。这些只是由中世纪的临摹者卢文弨（1717—1795 年）插入的空白框。在无法识读原手稿中的记注时，他不想冒险去复制一个不精确的信息，而宁肯用空白的方框来表示每一个认不出来的字，以待今后对它们做出准确的、可能的阐释。[1] 实际上，明人田汝成[2] 此前也是根据原图来从事复制的，其中也有很多空白，但他的复制图价值不高。图上到处散布着歪歪扭扭、无法辨认的汉字记注，大部分是各种制度机构的名称，但对其属性或功能，我们一无所知。很多归类为坊的地方很可能与马可·波罗记录的大小"市坊"相对应，直到今天仍然存在。从御街双曲之处直到它被主运河穿越的地点，仅沿大街西侧就标出了 14 个坊。坊基本上都沿着一条伸展在两座坊门之间的大街构成，街两边都是作坊或店铺。一座坊门朝向主街开设，另一座则面对运河，或者通向坐落着商人房屋和库房的街道。

尽管城门和水门的位置画得准确无误，主要运河相对于街道以及其他建筑物也获得了准确的呈现，这幅行在图却将杭州城简化为一个长方形。御街由和宁门出宫城，延伸三里之多，向北达于鼓楼，再穿过城市直达西北角的武林门，路上有些地方宽达 60 米。在这两座城门处，如今都建造了一个城门洞口以为标志。有时，诸如鼓楼、城门、宫城所在的市南小山、运河、某些街道、城墙，以及树林繁茂的地区，会被形象地呈现在图上。地图对城市东半部、河中舟船

---

[1] 参见 A.C.穆勒：《行在及其他有关马可波罗的札记》，第 12 页。
[2] （明）田汝成：《西湖游览志余》，浙江人民出版社 1980 年版。

以及杭州著名的潮汐[1]也采用图像式描绘,如同对城市南部宫城建筑群的细部处理一样。最具视觉表现力的是地图上的湖泊及其周围的小山、树林、岛屿和堤坝。所有四幅地图,特别是行在图,都整个地铺满了对于各色建筑物细密而模糊不清的逐条记注,这些地名被挤压在一起,使早期那些读图者深感头疼,只好用诸多小方框来替代无法识别的地名。由此通常形成一长串有关坊、行市[2]、桥梁、寺院、宫殿、大门、巷道、瓦子的名录,穿插在一些特殊建筑和机构,比如太后宫院、驿站、作为科举考试场所的贡院、御厨、太学、国子监泮池、龙舌街等等之间。"中国的每个省、行政部门、省以下地区,以及许多名山、寺院或书院都有至少一部方志。"[3] 它们的存在,除有助于厘清许多名称的发音和正字法之外,对本研究的助益不大。然而,可供选择使用的非正式笔记,以及几近于取之不竭的、丰富的文献史料,还是使中国社会史的研究得益巨大。[4]

"武林园"三个字,被包括在随着御街这条将行在沿南北轴线分隔为两部分的主干道延续伸展的一长串地名之中。武林乃是杭州的一个传统的、文学化的别名;而武林清真寺,则是这个伊斯兰寺院建筑群的广为流传的另一个名称。如上所述,明代刊印的另一幅地图,很可能即以早先的那幅宋行在图为底本,所以同样用一堆杂

---

[1] 这一现象始终有规律地发生着并给伯颜将军留下了深刻的印象,参见穆勒:《中国的钱塘江潮》,载《通报》(A. C. Moule, "The bore on the River Ch'ien-T'ang in China," *T'oung Pao*, Vol. 22, No. 3, July, 1923),第135—188页。
[2] "市肆谓之行者,因官府科索而得此名。不以其物大小,但合充用者,皆置为行"。见《都城纪胜》,A. C. 穆勒译,第357页。
[3] 《都城纪胜》,第14页。
[4] 谢和耐:《蒙元入侵前夜的中国日常生活》(Jacques Gernet, *Daily Life in China on the Eve of the Mongol Invasion, 1250-1276*),第18—19页。

乱无章的、经常无从辨认的汉字来记注杭州城。但它却能将"真教寺",或者是"清真寺"的名称辨识出来,其位置尽管已不再位于中瓦子与三元楼之间,却正好与宋行在图中武林园的定位点相符。这似乎可以证实该清真寺在其捐助者阿老丁于元统治前期到达杭州之前的颓败状况。从现存石碑来看,这时候的清真寺业已毁于火灾,其宅址已遭废弃。最重要的是,该地很可能杂草丛生,一片荒芜,虽然名字保留了下来,但却被错误地认为不过是从前的一座园林。

尽管在成吉思汗王朝大军于1276年抵达之前,这相同的地方很可能存在过一座清真寺,人们还是认为,即使不是完全新建,至少阿老丁承当了该寺事实上的重建。有证据表明,除却墙体和屋顶之外,现存的礼拜堂保留了元时的建筑主体。"寺院落拓此地,以期不朽。"[1]阿老丁作为杭州清真寺的建造者被后人反复提及,这一事实说明,在阿老丁来杭之前,无论出于什么样的原因,清真寺业已极度凋敝。而正是此人,在一块被当地人称为武林园的废弃宅基上,建造了一座全新的建筑。现在面临的进一步争议,就是宋室败退后该清真寺的实际建筑年代问题:它究竟发生在1281年、1314年至1320年,抑或是在1341年?

1281年是最经常地被指认的杭州这座清真寺的建成年代,它以礼拜寺、武林寺、凤凰寺、真教寺、正教寺等寺名著称于世。根据当时记载,阿老丁和他的弟弟,两个富有的商人从"西域"来,为忽必烈汗正在从事的征战慷慨解囊。在允纳其财金资助同时,也向他们授予官职、土地和财产。弟弟接受了大汗的赏赐,并进入忽必

---

[1] 1892年石碑,弗洛伦斯·霍杜斯(Florence Hodous)译,SOAS。

烈的行政体制；哥哥阿老丁因年暮不克入仕，故接受了土地和财产之赐。有记载说，当他来到虽经失陷、但未遭破坏的南宋故都杭州时，阿老丁伤心地发现了那座在宋时受危及全城的军事冲突之残破而久已失修的礼拜寺。由于这座城市中穆斯林人口的迅速增长，阿老丁主持了清真寺的重建。他的慷慨大方嗣后被记载在各种史料里[1]。例如戴良（1317—1383年）就写道：

> 鹤年，西域人也。曾祖阿老丁与弟乌马儿，皆元初巨商，当世祖皇帝徇地西土，军饷不继，遂杖策军门，尽以其资归焉。仍数从征讨，下西北诸国如拉朽，廷论以功授官，阿老丁年老，不愿仕，特赐田宅，留京奉朝请。乌马儿擢某道宣慰使，其后招降吐蕃有大功。遂自宣慰拜甘肃行中书省左丞。祖苫思丁，由北晋王从官起家，累官至临江路达鲁花赤，政尚宽仁，民怀其德。父职马禄丁，轻财重义。[2]

戴良曾任元行中书省儒学提举，与丁鹤年交往甚厚。今天在西湖岸边的穆斯林墓地，仍然有诗人丁鹤年的墓亭。丁鹤年的祖父阿老丁是否就是那个重建清真寺的阿老丁？至今尚未找到这两个同名者确系一人的决定性证据。存在一些相当诱人作如此推想的细节，但无法将之进一步落实，就像清真寺捐建者一样，关于他也不再有任何别的信息。

在拉施特声言的杭州三座清真寺里，仅有凤凰寺遗留下来。今

---

[1] 参见丁鹤年石碑，陈垣上引书，古德里奇（Goodrich）译本。
[2] 戴良：《九灵山房集》卷一九，页1B。

存于清真寺院中的石碑，提供了有关该寺修建的基本事实，虽然明代前期的碑铭与更晚近者的说法之间不尽一致。尽管大家都同意如下看法，即现今宅址上的清真寺修建于元初，但目前尚不清楚，在这之前此地是否曾有清真寺的存在。甚至对杭州第一个清真寺究竟初建于哪个王朝的问题，现在也没有一致见解。两块 17 世纪的石碑（现藏于杭州凤凰寺内一间特建的小房间）均主张，自唐代起此地就有清真寺，但它们都未提及唐代建寺的具体年代。

> 武林（即杭州）真教寺，始建于唐。历宋元明三朝，凡数百年。（1648 年）
>
> 寺起于唐，宋末毁于火。（1670 年）[1]

另一方面，比上述两碑更早，据一块撰写于 1452—1453 年、立石于 1493 年的石碑记述，该寺建成于 1281 年，而不曾提及任何更早期的建筑。

寺内最早的石碑刻于 1452 年，为阿拉伯—波斯文。除宗教赞语外，它掺杂了少许前伊斯兰的波斯历史以及对明朝皇帝的赞誉，如"愿大明汗帝国永存，愿他的王国稳定，政权牢固"。[2] 唐纳德·莱斯利（Donald Leslie）不再将清真寺的唐代渊源纳入讨论范畴，但他在参照了田汝成进士的《西湖游览志》[嘉靖二十六年（1547 年）初刊本]后指出，建造该清真寺的，是于 1126 年跟随

---

[1] 弗洛伦斯·霍杜斯（Florence Hodous）译，SOAS。
[2] 阿格奈·史密斯·吕维斯：《一则记述中国杭州清真寺重建的碑记（1452 年）》（Agnes Smith Lewis, *An Inscription Recording the Restoration of a Mosque at Hangchow in China, A. D. 1452*, tr. by E. G. Browne, CUP, 1911），第 3 页。

宋室从开封南迁到杭州的"西蕃人"。[1] 这些记载说明，曾服务唐皇的突厥（应为回鹘。——译者注）雇佣兵被鼓励东迁；后来在杭州，他们选择定居在文锦坊。普遍认为，杭州在唐代就已经发展为一个繁华的城市。它不仅通过交错的河流和运河与内地发生联系，而且与日本、占城和大食（阿拉伯、波斯穆斯林）等海外中心有商贸往来。自其东迁后，有关这群人的记载中断，直到1126年女真人入侵后不久，宋朝皇室将都城从北方的开封迁至杭州（又名行在，字面意为暂驻之处）。[2] 在随皇室南渡的人们中外国人群很小，而其中包括了开封的犹太人和来自中亚、印度、叙利亚、波斯和阿拉伯的穆斯林。[3]

围绕阿老丁，能够作为史料来使用的是一个有趣的例子，因为有具体的信息可资利用，并且具有可比性。事件的主人公乃是一个名为阿老瓦丁的波斯人，他也于1271年为忽必烈汗的战争提供了资助，同样他也获得了适当的奖赏。这一细节记入《元史》的穆斯林传中。[4] 大约1271年，忽必烈汗遣使阿八哈（忽必烈之侄，伊朗伊利汗），征发善于制造围城攻击械具、尤其是回回砲的工匠，以助其西部战事的推进。宗王派遣两名工匠应征，举家驰驿至京师。对这两位来自设拉子的波斯工匠的传记参见《元史》，一名阿老瓦丁，一名亦思马因，他们之后的命运都被详细记述。与作为凤凰寺修造者

---

[1] 莱斯利前揭书，第48页。
[2] 参见A.C.穆勒的长篇讨论，《行在及其他有关马可波罗的札记》，第4—11页。
[3] 谢和耐：《蒙元入侵前夜的中国日常生活》，第82页。
[4] 《元史》卷二〇三，页4b；同时参见A.C.穆勒：《行在及其他有关马可波罗的札记》，第86—88页；布莱彻施奈德：《中世纪研究》（Bretschneider, *Mediaeval Researches*）卷一，第273—274页。

阿老丁有一点关联的，是那两位军械匠所获得的似乎是给予优秀工匠的一系列相当标准的奖赏。二者都各赐"衣段"、居第和官职。对于工匠来说，他们的迁职意味着成功事业的开始。特别对亦思马因而言，他的东移为他的子孙们为在拖雷系的家族政权里获得权势和地位打下了坚实的基础。在忽必烈时期，为他的需求提供支持，对来自西方的人们来说，是一种获得奖赏的好策略。尽管那些在13世纪初加入成吉思汗军队的匠人及其家族并未立即受益于他们毅然举家随军的投附，他们的子孙却经常发现，在其事业与地位发展方面他们处于很有利的位置。伴随着宋朝的溃败，中国南部的许多官职被穆斯林获得，虽然他们缺少相应等级的政府官员通常所具有的那种家族背景。正如舍剌甫丁（Sharaf al-Din），他担任过的众多要职中包括杭州达鲁花赤，据说是一位工匠的儿子，但我们对其具体身世所知甚少。[1]

对将该清真寺的修造归功于阿老丁的匾额，是为纪念杭州诸多文化名人之一丁鹤年生平事迹而立的。这位著名诗人的坟墓和墓亭就位于今天西湖岸旁一簇枝繁叶茂的树丛中。1424年，因他本人的要求，丁鹤年被安葬在西湖岸边的杭州穆斯林墓地里，该墓地即位于清波门外的凤凰山麓。匾额称清真寺的建造者为阿老丁，此人与诗人的同名祖父阿老丁应当是同一个人。但这一勘同被刘迎胜等学者看作毫无根据的附会。[2] 因为它仅以二者同名为依据，而在"西人"中类似这样的穆斯林名字太过常见了。

在墓亭近旁的牌匾颂扬了丁鹤年对在战乱中失踪的母亲的挚爱。

---

[1] 参见陈垣前揭书，古德里奇译，第272—273页。
[2] 笔者的私人交谈与电子邮件。

他曾在一次梦中见到母亲已经故去,他为母亲建了一座坟墓以悼念她,并嘱咐死后要将自己骨殖安葬在母亲身旁。由于这种挚爱和孝心,人们为他建造了石亭,使之成为城市文化遗产的一部分。他所受的教育还应归功于另一个有影响力的女子,他的姐姐、入传《明史》的月娥。她在正史中能够占有一席之地是因为在一伙强盗攻击并攻陷豫章之后的殉难。当时她已经是城中有一定影响力的女性,所以当她选择了死亡而非屈服于强盗的淫威之下时,有九名女子仿效她怀抱女婴自沉之举。耆老商议曰:"十节同志,死不可异圹。""十节墓"建于她们故居黄池之南,十节墓前有月娥兄丁鹤年题刻的小碑。[1]

丁鹤年墓的早期影像表明,自拍摄照片的1910年代或更早至今,墓亭本身变化甚微,但其四周景致已经无法辨识了。在照片的背景中,除了蔓草丛生的植物外,有两座建筑都已不复存在。它们分别是在照片背景右边可识别出的杭州城墙,以及墓亭左后方小清真寺的众廊柱。含糊提及其他清真寺的材料则曾被威谢莱(Vissière)注意到,包括拉施特和宾那哈梯(Banākatī)所声称的该市建有的三座大礼拜寺,以及真假难辨的伊本·白图泰的话,据此则杭州实际上曾建有众多清真寺。但这些片言只语都不足用来查索某个清真寺的具体地点。

马秦(Machin)每年的税收共有九百万金币。首都名为行

---

[1] 陈垣:《元西域人华化考》(*Western and Central Asian in China under the Mongols*, tr. & ann. Ch'ien Hsing-hai & L. Carrington Goodrich, Steyler Verlag-Wort und Werk, Nettetal, 1989),第282—283页。(黄池当为黄池里。见(明)乌斯道《月娥传》,《春草斋集》卷七,民国四明丛书本。——译者注)

在（Khunsai）；城墙直径有十一法尔升格（parsangs）。城中有三个驿站。房屋是三层建筑。行在有三座第一等的大清真寺，每周五均挤满了穆斯林。穆斯林居民如此众多，以至于他们大部分彼此并不相识。[1]

无论如何，一般认为穆斯林墓地应该有自己的清真寺，即便凤凰寺在城内距城墙有一段短程，这一观点也由威谢莱翻印的丁鹤年墓亭早期黑白照片所证实。[2]

阿老丁所建之遗存主要是主礼拜堂，该礼拜堂是在阿老丁的指导下综合了中国和伊斯兰风格而建造的。该建筑群的最终形式存续了几百年，建筑规模曾是现在的两倍多，因俯瞰之下形似凤凰而得名。在斋月中尤不可缺的望月楼，成为清真寺的公众形象。立于清代的望月楼造型独特，由寺门、走廊和客厅组成，1920年代杭州市的规划者们为了拓宽中山路而将这些装饰华丽的建筑拆除，它们均倒在开发者的推土机下。修路部门与杭州政府工程局下令拆去寺门（Diwan），他们在此问题上激烈争论良久，很小的异议导致了双方的僵局，因此这些古老的建筑就消失了。幸运的是，一些关于望月楼牌坊的黑白老照片和绘画存留下来。它按照中国风格建造，不过保留了一个经典伊斯兰式入口，饰有以阿拉伯传统书法写就的伊斯兰诗句。在正门的上面是汉字写成的寺名"凤凰寺"，因其两倍于现今的占地形状酷似神话中的鸟类而得名。望月楼为三层门楼，高大但不宽阔，砖瓦结构，

---

[1]《史集·中国史》(*Jāma' al-tavārīkh*, China)，第2页，同时参见《宾那哈梯史》(*Tārīkh-i-Banākatī*)，第340页，有细微不同。

[2] 威谢莱与穆勒前揭书。

走廊与客厅相连，后者通过一个环廊与原先的礼拜堂相连。整个建筑群隐藏在高大厚实的墙内，其中建有藏碑室、盥洗设施、一个太平间和一个小后门。向西面朝麦加的院子为长方形，四边两两平行。1953年，礼堂，即如今的客厅，被建造起来以取代大部分消失了的望月楼。它完全以伊斯兰风格建造，与原主礼拜堂直接相连。[1]

不过，在2009年4—10月间，大规模重点工程沿着中山路先前的延伸方向展开，目的是为了将御街部分地恢复到往昔的胜景。当时御街很大一部分已经变成了被忽视的褪色的建筑，了无生气且破旧不堪。旧店铺已经被拆除，更具装饰性的外观被恢复，人行道被重新铺设，沿整个街边挖了一条小渠，并栽种树木以供纳凉与鸟归。现在街区每部分都有一座庄严的大门，许多商店为了与皇家主题相一致而迎合高端市场，于是高档珠宝店、艺廊和品牌服装店就占据了支配地位。然而在所有巨变中，最戏剧性的是清真寺自身。无标志的、暗绿铁门的旧入口被仿制的元明时代的大门所替换，望月楼的外观和规模则完全按照现有的、带粒状纹的黑白照片尚可清晰辨识的模样忠实地复制出来。只有在内部，现代性才被允许占据优势，包括数码陈列品、虚幻的灯光以及照片的展出。即使考虑到中国人近年来在仿制各种历史遗迹方面积累了大量经验，因而无需再由于他们对精确性和细节的用心而感到太吃惊，凤凰寺的复制仍会令人印象深刻。

由三间相通的房屋构成的礼拜堂是结实的砖石结构，在主室里存放了一个红木制成的华贵的圣龛（mihrab）。圣龛是镀金的，并刻有《古兰经》诗句，安置在一个肃穆的、刻有饰纹的石质祭坛上。这

---

[1] 参见《杭州中山路》，2008年版，第30—35页。

座保存完好的圣龛建于1451年。正上方，中心穹顶的内部饰有一幅描绘花卉、山川、鸟类、动物和河流的装饰画，这幅画绘在一个对称的花形轮廓之中，它亦为明代之物，并被保存得惊人地完好。中心穹顶南边的穹顶上也绘有类似的装饰用的花形图案，在一定程度上较主室的装饰更为完好、完整。除了一座现代木质的敏拜楼（minbar），旧的元代礼拜堂并没有其他陈设或装饰。地板上铺着朴素的地毯。但一些被绘制在主礼拜堂四周外墙上以表现传统伊斯兰图案的几何布局，还带有中国影响的细微证据。清真寺区域中有两眼井，一口用墙围置于净房边，另一口则在藏碑室的外面，一直为穆斯林社群提供清洁可靠的水源，同时亦供清真寺所需。它们均刻有古代汉文。

这片墓地是否在清真寺之前已经使用，或者清波门外的聚景园是否在波斯人社区建立前已转变为一个穆斯林的安葬地，现在都还不清楚。然而，对聚景园的描述可以在元以前的材料中找到。辑入《临安志》的《潜说友》（1268年）对聚景园有如下描述：

> 聚景园。在清波门外。孝宗皇帝致养北宫，拓围西湖之东，又斥浮图之庐九，以附益之。亭宇皆孝宗皇帝御扁，尝恭请两宫临幸。光宗皇帝奉三宫、宁宗皇帝奉成肃皇太后，亦皆同幸。岁久芜圮，今老屋仅存者，堂曰"揽远"，亭曰"花光"。又有亭植红梅，有桥曰"柳浪"、曰"学士"，皆粗见大概。惟夹径老松益婆娑。每盛夏，芙蕖弥望，游人舣舫。[1]

---

[1] 承四川成都大学 Steven Haw 意译。译按：引文见《（咸淳）临安志》卷一三《苑囿》。

《宋史》中约有 20 多处简短地提到皇帝或太后幸临或降旨聚景园。显然，这是一座皇家的避暑胜地，更准确地说是高级皇室成员的居所。考虑到皇室侍从的数目，聚景园当时的规模可能极其宏大。[1] 在田汝成的《西湖游览志》中，从清波门和南山路延伸至湖边，园中有"会芳殿、瀛春、览远、华芳等堂"，包括孝宗在内均曾临幸此地。似乎在孝宗朝时期（1163—1298 年）该园充满了活力。[2] 艺术收藏家和社会评论家周密，声称"贵妇去聚景园以避暑热"。不知出于何等原因，宁宗朝时（1195—1224 年）聚景园曾一度停用，周密称花园在这些年中荒芜无修。[3] 在周密记录所涵盖的 1224—1291 年间，他不曾说起过聚景园成为穆斯林墓地的事。但是，在最早绘成于 1268 年的地图明显将聚景园标示出来，而 18 世纪卢文弨在摹制地图时却以空白方框代替，表明他已无能力辨认原稿中的汉字。空白方框所替代的是"聚景园"，这一点被明代学者田汝成利用原图的晚出摹本所证实。他所重摹的宋代地图中包括了大部分卢文弨摹本中的缺字，尽管其制图和书法均远逊于 1268 年《(咸淳)临安志》中的出色的地图。[4]

  周密以十分写实的风格说及穆斯林葬礼，他似乎对此颇为熟悉，而且显然是从个人体验出发来讨论问题的。在《癸辛杂识》中，他

---

[1] 感谢 Steven Haw 通过电子邮件提供的意见。
[2] 转引自郭成美，第 66 页。（译按：引文见《西湖游览志》卷三《南山胜迹》。）
[3] 周密：《武林旧事》卷四，引自郭成美，第 66 页。（译按：《武林旧事》卷三《都人避暑》但说"士女""登舟泛湖为避暑之游"，"时物"有"聚景园之秀莲新藕"，没有提及"贵妇去聚景园以避暑热。"）
[4] 这些宋代临安地图存于田汝成《西湖游览志》，明嘉靖二十六年（1547 年）；台北：成文出版社影印 1983 年版。原件可见于：《潜说友》，辑入《咸淳临安志》三卷（1268 年），台北：成文出版社 1970 年版，影印清道光十年本。

对当地穆斯林社群安排并安葬死者的细节描述，暗示着他与参与者们的关系应该足够密切，才能被邀请参观甚或列席丧仪。

> 回回之俗，凡死者专有浴尸之人，以大铜瓶自口灌水，荡涤肠胃秽气，令尽。又自顶至踵净洗，洗讫，然后以帛拭干，用纻丝或绢或布作囊，裸而贮之，始入棺敛，棺用薄松板，仅能容身，他不置一物也。其洗尸秽水则聚之屋下大坎中，以石覆之，谓之招魂。置卓子坎上，四日一祀以饭，四十日而止，其棺即日便出瘗之聚景园，园亦回回主之。凡赁地有常价，所用砖灰匠者，园主皆有之，特以钞市之。直方殂之际，眷属皆劈面，捽披其发，毁其衣襟，感踊号泣，振动远近。棺出之时，富者则丐人持烛撒果于道，贫者无之。既而各随少长，拜跪如俗礼成服者，然后呫靴尖以乐，相慰劳之意。止令群回诵经。后三日，再至瘗所，富者多杀牛马以飨其类，并及邻里与贫丐者。或闻有至瘗所，脱去其棺，赤身葬于穴，以尸面朝西云（辛卯春，于畎碧目击其事）。[1]

这段文字的译者史蒂文·豪（Steven Haw）注意到，在突厥人中间，至少是前伊斯兰时期的突厥人及其邻近部落，在葬礼中有将脸刮伤的习俗。泉州碑铭以及其他地方提到的"泣血"[2]，正可以被理解为一度相当流行的以劈面来哀悼死者的习俗，亦即丹尼斯·西诺尔

---

[1] 周密：《癸辛杂识》续集上（Steven Haw 译，汉文原文见中华书局标点本 1988 年版，第 142—143 页）。
[2] 陈达生：《伊斯兰碑刻》，第 34 页。

(Dennis Sinor）所描述的畏兀儿人中"对逝者表示悲哀、忠诚或敬重的一种普遍行为"。[1]

城中另一处穆斯林墓地位于旧锦安路，临近丰乐桥的穆斯林聚居区，属嘉靖时期。尽管有些波斯和穆斯林商人居住在与杭州其他富贵家族宅区相毗邻的、可以向南俯瞰西湖和宽阔奔腾的浙江的番客山回回聚居区，在紧接御街东端的丰乐桥附近，穆斯林也占多数。回回新桥至今尚存，虽然毫无疑问桥本身已被重修数次。它坐落于上述丰乐桥和荐桥之间，横跨中河。陶宗仪在1366年左右曾记载此桥与凤凰寺之间的地区说：

> 杭州荐桥侧首，有高楼八间，俗谓八间楼，皆富实回回所居。一日娶妇，其昏礼绝与中国殊。虽伯叔姊妹有所不顾，街巷之人肩摩踵接，咸来窥视，至有攀缘檐阑窗牖者。踏翻楼屋，宾主婿妇咸死。此亦一大怪事也。[2]

定居杭州的笔记小说作者对穆斯林颇不友好的长篇横议，接着用以下那段韵文对回回人加以奚落，而后又以有关聚景园回回墓地的话题来结束这篇不怎么得体的叙述：

> 郡人王梅谷戏作下火文云："宾主满堂欢，闾里盈门看；洞房忽崩摧，喜乐成祸患。压落瓦碎亏，倒落沙泥鳖；都钉折兮，

---

[1] 丹尼斯·西诺尔主编：《剑桥早期亚洲内陆史》（*The Cambridge History of Early Inner Asian*, ed. by Dennis Sinor, CUP, 1990），第304、327页。
[2] 陶宗仪：《辍耕录》卷二八，刘迎胜译；唐纳德·莱斯利：《传统中国的伊斯兰教》，第93页。

木屑飞扬。玉山摧坦腹之郎，金谷坠落花之相。虽以乘龙兮魄散魂消，不能跨凤兮筋断骨折。丝脱兮尘土昏头，神碎兮珠翠黯压。倒象鼻塌，不见猫睛亮。呜呼！守白头未及一朝，赏黄花却在半晌。移厨聚景园中，歇马飞来峰上，阿剌一声绝无闻，哀哉树倒胡孙散"（阿老瓦、倒剌沙、别都丁、木楔非，皆回回小名，故借言及之）。[1]

随着穆斯林占据"番客"山（Strangers' Hill）上的奢华区，占据处于杭州中心的首要市区，以及俯瞰西湖的曾是皇家园林一部分的墓园，对这些有权有势、并与其蒙古主子关系密切的外来者的敌视常常明显可见，特别是在那些不妥协地坚持着不与元朝精英合作的故宋遗民中。

但是如同詹妮弗·杰（Jennifer Jay）在她对于宋遗民性格的研究中所揭示的[2]，反抗既不是广泛存在的，也不像经常报道的那样行动一致。自13世纪20年代对女真人的敌意爆发以往，与蒙古人的合作在各个层级都在出现。而当成吉思汗家族无情地把宋朝的抵抗销蚀至尽的时候，高层的叛变即以人们所熟知的比率发生。南宋官人们纷纷参与到位列于色目和金人之后接受拖雷王朝官僚体系委任的行列之中。从这个角度来判断，随着波斯人和穆斯林之被视为竞争对手而非压迫者，对外来者的愤恨也略见轻缓。

这些宋遗民表达出对穆斯林的相当厌恶，虽然这种情绪并不

---

[1] 陶宗仪，引自唐纳德·莱斯利：《传统中国的伊斯兰教》，第93页。
[2] 詹妮弗·杰：《鼎革之际：十三世纪中国的忠诚意识》（Jennifer Jay, *A Change in Dynasties: Loyalism in Thirteenth-Century China*, Western Washington Univ Center, 1991）。

普遍。

而周密，一个公开声明忠于宋室的大汉族主义的高级士人，对于他所邂逅、所观察与谈论的穆斯林却抱持着远为深厚的同情心，尽管他充分意识到他们的影响力、并且难免对之心怀警觉。他讲述了一个奇怪的故事，即当日曾流传过一则引起社会恐慌的禁止养猪的谣言，致使人们抢着大批宰猪，以至市场上肉价极低。它反映了汉人社会对穆斯林在元廷影响的疑惧。[1] 周密对于回回人移居中国的可能原因无疑是有认识的。

> 回回国所经道中有沙碛数千里，不生草木，亦无水泉，尘沙眯目，凡一月方能过此。……或迷路水渴，太渴则饮马溺或压马粪汁而饮之，其国人亦以为如登天之难。今回回皆以中原为家，江南尤多，宜乎，不复回首故国也。[2]

在他的友朋精英圈中有一伙杰出的艺术品收藏家，他们自认为是一个非常封闭的杭州小雅集的成员，这些成员们的藏品为周密一项特别研究的主题。这些人是精英中的精英，组成了周密的至友的核心。而其中至少有一人，高克恭（1248—1310 年）[3]，是一名西域人，很可能还是穆斯林，属于周密所在的杭州有声望的精英群。此人之被 13 世纪杭州社会的上流所接受这一事实，即可表明中国所曾经受的社会巨变。高克恭是一位来自中亚的穆斯林，他仕宦生涯

---

[1] 引自莱斯利前揭书，第 92 页。
[2] 周密，引自莱斯利前揭书，第 94 页。
[3] 周密，第 151—152 页。

的大部分时间是在充当一名中等品级的书记官，并从13世纪70年代中期起在低等书吏官位上持续任职达15年之久。在颇受争议的桑哥（1291年伏诛）"执政"期间，高克恭任察院的派出机构提刑按察司判官（七品）。但随这位声名狼藉的大臣被处决，他的运气得以改善，获得一连串的提升，累官而至杭州任职，并在那里进入行中书省。他最初的动作之一，就是成功地建议将士人家族归入儒户或官宦户计的行列，上述身份可使这些家庭免除一定的赋税和课差。这一决定对南方精英们和传统的宋朝遗民家族特别有益，这一点或许可以解释高克恭为什么会被杭州的上层社会所接受。在接近1292年时，高克恭即已被介绍给周密相识，并在自己家中款待过这位社会名流。[1] 由于他的诚实，由于他为民间而不仅是为政府谋利，高克恭赢得了好名声。在周密有关高克恭的笔记条目中，这位鉴赏家处处赞誉这位富有的贵族执守于伊斯兰教。

实际上，许多故宋遗民从金遗民逐渐消退的对抗以及在成吉思汗王朝的官僚机构中故金官员数量的膨胀，看到了自己境遇的影子。王鹗（1190—1273年）、耶律楚材（1189—1243年）、金指挥官张柔（1190—1268年）、金军事将领史天泽（1202—1275年），这些人只代表了众多金代官员和中国北方地方显贵中极小的一部分。他们投降并自愿服务于成吉思汗后裔的理由不一，但对于蒙古人所率军队的继续征服及其统治定居的中原来说，他们的合作已经被证明是不可或缺的。诸如王鹗这样的官员，带给国家的声望是无法估量的。很清楚，到元朝建立，到它分配新政权在南方的各种官职时，故金遗

---

[1] 周密，第151页。

民继续抵拒成吉思汗王朝的企图几乎全都不见踪影了。

有关这一短暂时期中南方精英们的文献记载还不算太少。周密的痛苦反映出南宋官员都身处于一系列变化的境况中，因为他们所要面对的，是凌驾于被统一的中国之上的外来统治这样一种无法预知的局势。包括周密在内的这个坚定地自视为文化精粹集中体现的杰出的热心艺术者群体，也含有一些正在元政府中任职的前金官员。像周密和处于帝国另一端的阿塔·灭里·志费尼之类人物的自我关注与自负，在其作品中表现得很明显。其中特别值得注意的是，他们不仅乐于接受前金官员与[现政府的]"合作者"加入他们的上流社交圈，而且也欢迎突厥人。事实上，在面临由南宋政权的瓦解所造成的个人命运挫折，以及他拒绝出任元职后，周密历经了一段时间的深刻反省。在湖州，祖上传下来的宅院、藏书、藏画，连同侍妾和仆人离散殆尽。在47岁时，他突然发现自己已一贫如洗。到1282年，他似乎在困境中求得了妥协，并认定自己不再入仕为宦，以此酬答世代报效宋朝的先人之教。但另一方面，与文天祥寻求军事对抗以及坚决拒绝与新政权发生任何关系的郑思肖不同，周密并不考虑政治抵制立场，因为那样就意味着从文化或者社会交往中完全退出。[1]

元初社会权力和身份地位流通的渠道是相当畅通的，并不像后来的描述那般封闭排外。安克耐·威茨（Ankeney Weitz）引述过亡宋皇帝理宗之驸马杨镇的例子。他在旧政权陷落之后不久即以行省左丞（junior vice-councilor，正二品）的身份出现在杭州。尽管有不少

---

[1] 詹妮弗·杰：《鼎革之际：十三世纪中国的忠诚意识》，第207页。

非难的传言出自顽固的宋遗民之口，他仍然被周密的个人圈子所接受。周密的作品名录所提到的藏画人名单中，仅有 6 个人是真正成长于宋统治下的南方。尽管被认为是当然的宋室遗民，他们却未曾显现什么忠诚的品格。[1] 申屠致远，一位北方官员，生于贫困，因其父为金遗民而不肯入仕蒙古。如同很多金朝遗民的子女，申屠致远供职于蒙古政府，并于 1276 年被任命为杭州的宣慰司（Pacification Commission）官员，以协助政权由故宋向新元的过渡。他因建言将宋皇室艺术藏品妥善保存并装船运至大都（汗八里）而闻名于世。他本人所收藏的绘画、书法、青铜器以及其他艺术珍品使他声名远扬，尽管行政品级相对较低，申屠致远仍然成为杭州社会中一个大众性人物。

> 东平申屠公往以御史出使江西，一日而斯文生气。当时士大夫幽远传诵，想望风采，恨不得相见。……山㮅表君自金陵归，又能言谈论气象，一家父子讲贯琢磨，古书积迭，他无嗜好。名堂"博古"，客来终日煮茗谈坐，前桥后梓，交发辉映，盖欣然未见如既见也。客有请曰："博古何如？"则为之言："古之不可以不博者。"[2][3]

从周密的态度中反映出来的，正是南宋故都中的这种流动性和社会隔阂松弛的增进。在他所属的艺术品收藏家的核心圈内有五位

---

[1] 周密：《云烟过眼录》，Ankeney Weitz 译本，第 18 页。
[2] 刘将孙：《养吾斋集》，18：4b—7b。
[3] 刘将孙，引自周密：《云烟过眼录》，Ankeney Weitz 译本，第 21 页。

异域人士，这不仅证明了元朝文化都城杭州的社会流动性之程度，也证明了非汉人竭力仿效他们的汉人同伴的抱负，而这正是帝室朝廷早已在走的道路。许多来自西域的定居者接受了包括儒学在内的中国文化，并且把这作为他们的崇高社会地位的象征，作为受到汉族同僚们注意与赞赏的一种进步而沾沾自喜。不过，这些外来者，特别是穆斯林们，能够将他们所适应的文化与其传统的信仰和实践化为一体，正如穆斯林陵园的普及所清楚地表明的那样。

并不是所有葬于聚景园的穆斯林都来自波斯人的精英层，有些人是从匠人被拔擢到在成吉思王朝等级中的显贵地位的。首任上海县达鲁花赤舍剌甫丁，就是一个匠人的杰出范例，其家族大概是在成吉思家族征服花剌子模的第一拨浪潮中被征集的。舍剌甫丁在生前受到很高的荣誉，应其请求，葬于杭州穆斯林墓地，其成就在其子纳速鲁丁（Naṣīr al-Dīn）和木八剌沙（Mubarak-Shah）立于1324年的碑石中受到赞扬。舍剌甫丁父可马剌丁，据记载，原为工匠，后来以承担管理之职而成为匠人之首。所有有关血统／出身、有关故乡记载，或任何有关家族起源或祖先联系的踪迹的缺失，都只能暗示其父仅为众多工匠中的一员，他们自花剌子模迁移至中国各地，在一个宗王封地里提供服务。再者，任何与他的青年时代有联系的细节缺失可能表明他未被训练过，或列入怯薛，从而说明他出身较卑微，尽管不至于低微到被支配着许许多多这等样地背井离乡的人们之命运的"伟人们"视而不见的地步。家庭中流行纯属伊斯兰式的人名，而没有汉人、蒙古甚至突厥式人名，则很可能说明该家族的波斯背景。可马剌丁之子舍剌甫丁，吸引了一位极其了不起的"大人物"伯颜那颜——杭州城征服者的注意力。"至元十二年（1275 年），公 (下阙) [入职] 中书省，伯颜丞相奇公之才，荐引进见。"[1] 一旦登上从政阶梯，舍剌甫丁便得以受益于特别流行于拖雷系帝国中的精英教育文化，在那里族裔和宗教背景并不等同于仕途的发达。舍剌甫丁曾六度在县衙门任职，最后在 1320 年，在他接近 70 岁高龄时，皇帝委命他为朝列大夫、广州路治中。尽管这一职位会带来威望，他却选择辞谢，而退休于杭州，几近隐居在位于丰乐桥附近"旧班前"区域的他自己家中。在 1274 年杭州地图上的众多桥梁中，丰乐桥是其中少有的能存留于现代杭州者之一。墓志铭描绘他的最后岁月说，他活得相当恬静自在，有丁口日益旺盛的家人相伴，筑池圃，植花竹，以诗酒交亲友，以礼仪教子孙，诚然是一位融于自然，而"视富贵为浮云"的人。1323 年 7 月一晚，他呼诸子前曰："我一生仕路，廉谨勤俭，赖以立身成家。今与汝辈永诀，汝辈当念我，各为保家计。"[2] 他虽然恪守自己的宗教，并且还选择埋在依山傍湖的穆斯林墓地，但他却给同时代的汉人和之后的文人及编史者们留下一种追随并践行儒学观念的印象。他的儿子们继续着积极参与元官僚体制的家风。他们在坚守其伊斯兰身份的同时也尊重并践行儒家教诲，这也使许多人印象深刻。[3]

其他葬于城市中的新穆斯林墓地的较为重要人物亦见于书面史料。道吾（字善初），来自西域的阿鲁温（A-lu-wen，可能是位于起儿漫沙 [Kermanshah] 和巴格达之间的忽勒万 [Hulvan]），并且历任

---

[1] 郭晓航：《元代首任"上海县达鲁花赤"舍剌甫丁考释》。
[2] 同上。
[3] 陈垣：《元西域人华化考》（*Western and Central Asians in China under the Mongols*），《华裔学志》专题丛书第 15 种（*Monumenta Serica Monograph Series*. XV, Nettetal, 1989)。

大夫、温州路总管府事、杭州治中等要职，根据明代历史学家宋濂（1310—1381 年）的记载："卒，葬杭州城灵芝寺左聚景园中。其子刺哲君祔焉。"[1]

另一位受到关注的人物是丁文苑（即哈八石），生于公元 1284 年，殁于上任途中，时 47 岁。祖父为东来的异密·阿里（Amir Ali）。历任礼部主事、秘书著作郎、监察御史、户部员外郎、浙西道廉访司事。据记载，其子慕尚表达了其父希望葬于西湖的遗愿，后者终于实现了自己的愿望："杭西山先人所爱，因可守也，遂谋葬焉。"[2]

如今在清波门的旧址，仍可看见安置在那里的几个石棺，属于某个出自卜合提亚里（Bakhtiyārī）家族的受尊敬的圣者和他的两位同伴。还有两块重建的石碑，用来纪念这个活动在杭州的卜合提亚里。但这个卜合提亚里，很可能被与当地传说中那个在唐代或宋代来自西域的早期传教人混为一谈了。

> 据传说，在唐或宋朝，伊玛目自西土而来，卜合提亚里（Bakhtiyārī）与两位随从来到了杭州。他传播伊斯兰教，并以医术济民。他深受众穆斯林的敬重和爱慕。归真后，这些穆斯林将他葬于清波门外。1923 年，在整修旧城墙时发现了他的墓。[3]

因为与当地传说的这层联系，三座石棺与异密·卜合提亚里（Amir Bakhtiyārī）的墓碑究竟是否有关，还难以澄清。尽管现代建

---

[1] 转引自郭成美，第 66 页。
[2] 引自郭成美；白寿彝，第 135—138、342—250 页；陈汉章，第 145 页。
[3] 引自立于西湖边的卜合提亚里（Bakhtiyārī）石刻介绍，Cai Zhihai 翻译。

造在这里的公共花园或可作为此地曾是聚景园的佐证，卜合提亚里纪念地和丁鹤年的湖边碑亭却已是墓地仅存的遗迹了。晚至中华民国时期的 1920 年，有位作家注意到，在西湖东南角通往虎跑寺旁的路边有一块岩石，上刻四个汉字，意为"番回冢墓"。[1]

伊玛目卜合提亚里纪念地中的诸碑石声称，圣人伊玛目卜合提亚里早在唐代就来到此城，在百姓中广为传播伊斯兰教，并以其医技帮助大众，因此获得极高的尊敬和一批全心全意的追随者。这种敬畏一直持续至今，可见于每周五于原址举行的宗教仪式之中。不过郭成美并不采纳这个民间传说，她推测卜合提亚里是一位波斯商人，惟其同伴究竟是他的儿子还是他的助手仍不能确定，他与墓石上著名的异密·卜合提亚尔·你鲁昔牙—你昆那勒（Amir Bakhtiyār Nīlūsiya-Nikūnal）是否有关系，同样无法确定。而异密·卜合提亚尔是异密·补白克·倒兀昔牙—你昆那勒（Amir Abu Bakr Dawūsiya-Nikūnal）之子，是几成传奇的不花剌人、曾任云南平章直至 1279 年逝世的赛典赤·乌马儿（Sayyid 'Ajall 'Umar al-Bukhārī）之孙。异密·卜合提亚尔（Amir Bakhtiyār）卒于 1330 年 8 月。在泉州，异密·赛典赤·脱欢沙（Amir Sayyid 'Ajall Toghan-shah）显然出自同一显要家族，据记载卒于 1302 年 10 月。[2]

现藏于凤凰寺的其他墓碑展示出波斯人主导下的行在（Khunsāī）伊斯兰社区的横截面。碑铭大部分尚可清楚辨识，不幸的是，某些至关重要的信息，诸如惯常位于墓碑底部、构成碑铭最后一行的墓主姓名和日期，多已经模糊不清或无可挽回地损毁了。

---

[1] 威谢莱（Vissiere）。
[2] 陈达生：《伊斯兰碑铭》，第 33—34、81—82 页。

而中国的"摹拓"技术则使铭文的可辨识度大大提高了。

这种摹拓技术至少可以上溯至公元7世纪。它也被称作"擦墨"（ink squeezes），可有效地"印出"下凹的碑铭，于是就可能为便于碑文的保存和流传而制作多份复制品。这一技术要先将一张湿纸覆于碑铭表面，再用兔毛刷将它夯压出种种凹痕。另一种方法也被使用过，即在夯压前使用干纸，再以大米或小麦制成的糨糊刷擦。待纸张几近干燥时，用墨印包轻拍其表面，然后把纸从碑石上揭下来，制作出一幅黑白分明的下凹铭文的图像。铭文由白色部分构成，因为墨不会被拍入凹陷部分。当然如果铭刻为阳文，则出现相反的情况，朝着墨渍所暴露出的是图像或碑刻书法，故其为黑色。杭州凤凰寺的石碑和墓碑都有（拓片制作时的）覆纸存留，由此可知铭文何以会如是清晰可辨。据信这一技术，即使不是更早的话，也是随着中国印刷术的发展同时出现的。[1]

在那些葬于聚景园墓地、而其墓碑在20世纪20年代出土的诸人中，商人代表了多数。商人们不仅仅掌握着有影响力的位置，而且也发展和扩大自身的角色。捐建凤凰寺的阿老丁就是一个利用财富推进自己及所在社群之各种目标的实例。商贾个人能得到的尊重与赞誉，反映在出土于杭州古穆斯林墓地的西木娘人（al-Simnānī）的碑铭（A7）中[2]。因为一个人逝于远离故土之地，就会被尊为殉教者，即"流离之死即是殉教"。碑文赞誉他的旅程道：

---

[1] http://www.lib.berkeley.edu/EAL/stone/rubbings.html, East Asia Library, University of California, Berkeley.

[2] 墓碑的分类依据郭成美1995年发表的有关杭州清真寺和墓碑的论文中的归类法。

他在各国旅行，寻访那些正直且一心一意的真主的奴仆们，造访了西土和东方，拜访了苫国（Syria）和伊拉克（Iraq），进行"小朝觐"（lesser pilgrimage，译者按，一般将回历 12 月以外其他时间内进行的朝觐称为"小朝觐"），去过内志（Najd），尊敬贫者，且因乐施而为人传颂。[1]

颂词后是一串赞美头衔——"长老（Shaikh）、最尊贵的人、伟大的人、慷慨的人……"其后跟着他的第二串"头衔"，即"商人的骄傲，美好与高贵的装饰，闻名于各城，品性优雅，举止纯正，在沿海地区的诸王子中享有盛名"。最后的赞词达到顶峰："穆斯林和伊斯兰的荣耀，为诸世之主（Lord of the Worlds，译者按，指真主）所关照。"随后以其全名结束铭文。显然这是一位极重要的、游历各地的商贾，他在晚年转向宗教事业并在死时被尊为长老（Shaikh）和苏菲（Sufi）。至于他是否曾被视为、或者就是著名的苏菲派诗人'Alā' al-Dowla Simnānī（1261—1336 年）的追随者，尚有待论断。

同样地，墓地中另一块墓碑（A9）所颂扬的，是卒于 1316 年 9 月 24 日的瞻思丁·伊斯法哈尼（Shams al-Dīn Isfahānī）。其中"流离之死即是殉教"之语也值得注意。他亦被称赞为一位苏菲，同时被尊为"长老、最出众的……商贾的骄傲、闻名于各城、学者和陌生人的布施者……在伊拉克（al-'Iraq，沿海地区）诸国王中享有盛誉"的商人。碑阴有一首献给"火者·马合麻（Khwāja Mohammad），亦思法杭之珠"的波斯文挽歌，其中提到他是从伊拉克之国来到汉地

---

[1] 这段文字由亚历山大·莫顿（Alexander Morton）译出。

的。另一块墓碑似乎应属于其子火者·阿老丁（Khwāja 'Alā' al-Dīn），卒于11年后的1327年，可惜波斯语和阿拉伯语诗句未透露此外任何个人细节。其他的墓碑上被归于阿里（'Alī）的诗句，并不必然地显示出什叶派的可能性。

穆斯林社会对其商贾和教职人员的高度重视，清晰地显示在其他颂扬重要居民的墓碑颂文上。墓碑（A1）纪念了一位突厥的抑或可能为蒙古的商人，其名为火者·忽撒姆丁（Khawāja Ḥusām al-Dīn），火者·也罕·脱斡里勒·别·也可·外力（Khawāja Yaghān? Ṭughril Bak? Yeke Wali?, AYKWLI）之子。墓碑称他为一名成为殉教者的年青人（Shābb），并刻有记录其路程及其与"义人们"交往之事的诗句。据载他卒于伊斯兰历707年4月29日（29 Rabi' II 707）。编号A3的墓碑，包含了许多可在其他现存碑文中找到的特征，虽然墓碑底部包含有个人细节和日期的内容已经磨灭。尽管如此，从现存信息可知逝者是一位年轻的商人。他旅行过并造访（朝圣）过义人们。他游历过东方和西方，到过苫国（Syria）、伊拉克（Iraq）、内志（Najd），并进行"小朝觐"（'umra, the lesser pilgrimage）。与其他人一样，赞扬他"闻名各城"云云的大部分词句都与马合木·西木娘尼（Maḥmūd Simnānī）之墓志铭（A7）的相应部分相同。这是否意味着两块墓碑之间存在联系，或可能同为行商，或仅因碑铭的撰者或刻镌者为同一人，尚存疑。碑铭再次咏诵道："流离之死即为殉教"。

编号为A5的石碑颂扬了一位传教者的一生，其父亦为传教者（wā'iẓ），伊玛目·塔术丁·牙牙·宾·伊玛目·满剌·不鲁罕丁（Imam Tāj al-Dīn Yaḥyā bin Imam Maulānā Burhān al-Dīn），惟惜日期缺失。

两人均为教职人员，儿子则被称为年轻人（shābb），卒于41岁。碑阳写有阿拉伯文诗句，惟碑阴所书，则多为赞誉其虔诚之辞。

虽然时常提及阿里（'Alī）一词并非意味着言说者必定属于什叶派，但在墓碑A6中，碑文把出身于伟大的马合麻·塔剌比（Muḥammad Ḥalabī）家族的商人沙不丁·阿合马·宾·奥都剌（Shihāb al-Dīn Aḥmad b. 'Abdullāh）与最初四位哈里发之美德进行比较，即毫无疑义地显示他们从属于逊尼派。他的名字和敬称——火者（khwāja，通常授予商人）——存于碑阴的波斯语铭文中，但是正面的上部和底部均已不存。

聚景园墓地的名望和吸引力已经在文献证据中得到证实，而园中众异密（amirs）的存在也由此凸显出来。撒都鲁（Ṣadr）之子异密·巴都鲁丁（Amir Badr al-Dīn）的墓碑（A13）由古兰经经文和其他一些亦可在伊斯法哈尼（al-Isfahānī）的墓碑中找到的词句组成。

"凡生灵均要尝受死亡。"

这里是异密（amir）的安息之所，他是最显要、高贵、伟大、无与伦比的人。

幸运之源，乐施之中心，宗教大师的布施者。

真理拥有者的支持人，时代所钟爱的被选者。

慷慨与乐施的主人，异密·巴都鲁丁（Amir Badr al-Din），撒都鲁（Sad[r]）之子。

另一个在墓碑藏品中出现的异密（amir）是出于不花剌（Bokhārī）某家族的异密·卜合提亚尔（Amir Bakhtiyār）（A11），家族的创始人曾为花剌子模沙手下的一名指挥官，1220 年战败后加入成吉思汗帝国的军队，其诸子名列怯薛，由此而家族兴旺起来。最显赫的家族是瞻思丁·赛典赤（Shams al-Dīn Sayyid 'Ajall），大理（云南行省）长官，其子孙相继官居要职，在东西部都影响甚巨，甚至连萨法维王朝（Safavid）历史学家宽答迷儿（Khwandamīr）都自称为其后裔。[1] 赛典赤的一位后人在时间为 1670 年的石刻中被提及：

洪武（1368—1398 年），有咸阳王赛典赤七代孙赛哈智（Ha-tche，即 Hajji）赴内府，宣谕：允各省建造礼拜寺，历代赐敕如例。[2]

异密·卜合提亚尔与其父异密·补白克（Amir Abū Bakr）两人带有蒙古或汉式的敬称：异密·卜合提亚尔·你鲁昔牙－你昆那勒（Amir Bakhtiyār Nīlūsiyā-Nikūnal），其父则谓异密·补白克·倒兀昔牙·你昆那勒（Amir Abū Bakr Dawūsiya-Nikūnal）。[3]

虽然并非异密，汗八里人火者·马合麻·宾·阿儿思兰（Khwāja Mohammad b. Arslan al-Khanbaliqi）所拥有的火者（Khwāja）头衔，也暗示他很可能曾是一名大臣。他的墓碑（A15）指出他卒于 1317 年 3 月，同时他非同寻常的 nisba（出身），即"汗八里人"（al-Khanbaliqi），说明他与忽必烈汗的新都城（1272 年定都）有着意味深长的联系。而另一位被提到的汗八里人（Khanbaliqi）为乌马儿

---

[1] 参见宽答迷儿：《旅行者之友》（Khwandamir, *Habib as-Siyar*, tr. Thackston）第一卷，导论，第 ix 页。
[2] 弗洛伦斯·霍杜斯（Florence Hodous）译，SOAS。
[3] 参见《报告》（*Repertoire*）。

长老（Shaikh 'Umar）[1]，1302 年葬于泉州（Zayton），但是还没有其他相关信息出现。火者·马合麻父亲的突厥名阿儿思兰（Arslan），暗示着他们来源于突厥斯坦，这样就更好地解释了"marty"（殉教者）一词的使用，如果汗八里果真是其"祖先"的故乡，杭州与之只有东南一段相对短的距离，不太可能被认为是流离。汗八里人（al-Khanbaliqi）的出身被赏赐给火者·马合麻（Khwāja Mohammad）或其家族，前提是他曾在新政府中担任要员或中央官职，或其家族均曾担当高官。在其墓石碑阴，有一幅雕刻细致的图像，没有注解或经文修饰。这幅刻在碑阴的图画，描绘了一个冒着烟的香炉置于供桌之上，侧边是两个花瓶。与其他墓碑一样，有时就在墓碑边上的中心图案的边缘刻有精美的花纹，或是抽象的阿拉伯式花饰，或是盘枝纹，与当时主要出口西域的青花瓷器图案极为相似。

正如考古学证据所证明的，瓷器——特别是青花瓷——通过海路或陆上沿丝路西输波斯。元代生产的、尤其专为波斯伊斯兰教市场生产的青花瓷，成为伊朗国家博物馆的珍品。产于卡尚（Kashan）的钴输入到中国以供青花瓷的制作，而釉下蓝在中国的发展则更是史无前例的。[2] 除了钴之外，西域的商人还将用于伊斯兰世界金属制品的图案设计携至江西景德镇，以供那里制作瓷器时描摹之用。[3] 从持续被使用的杭州凤凰山郊坛下官窑出土的瓷器残片推测，那里也

---

[1] 陈与卡劳斯（Chen and Kalus），No 52。
[2] 《8—15 世纪波斯对中国艺术的影响》（*Persian Influence on Chinese Art from the Eighth to the Fifteenth Centuries*，Basil Gray Source：*Iran*，Vol. 1[1963]），第 16 页。
[3] 普里西拉·苏切克：《作为元—伊利汗朝关系例证的陶器生产》，载《人类学与美学》（Priscilla Soucek, "Ceramic Production as Exemplar of Yuan-Ilkhanid Relations", *Anthropology & Aesthetics*, no. 35, Intercultural China, 1999），第 125—141 页。

生产销往西域市场的产品。因近于宫城山（Palace hill），宋代在此窑烧制的瓷器多为御用。另一窑址，1998年于靠近北城墙处发掘的老虎洞窑，也用于烧制官式青瓷。奥斯曼帝国坊间制作的颇负盛名的伊兹尼克（Iznik）瓷器，很可能只是对于因1514年大不里士陷落而落入奥斯曼帝国手中青花瓷的仿制品。

　　保存下来的中古时期的窑址、本地制造的陶瓷器的存在、本地制作的墓碑及铭文以及邻近的大型佛教造像的存在，说明一个满足各方面贸易的庞大的制瓷业在杭州及其周围发展起来。在西面，在茶重山（tea-heavy）的山脚，坐落着一所佛教寺院及迷宫般的佛窟，呈蜂巢般地分布在被形象地称为"飞来峰"的山谷周围。灵隐寺的修建年代可追溯到326年，但是许多闻名遐迩的佛像，如著名的弥勒笑佛，则上溯至元代。实际上，装饰众多洞穴的大量塑像以及交错的通道应当是由当地工匠完成的。采石、石雕和最终的艺术成品都从13世纪晚期繁荣起来，很可能这一行业的不同分支是互相支撑并在不同层面上相互关联的

　　灵隐寺与汗八里的朝廷保持怎样的联系尚不确定，但也许值得注意的是，如众所周知，密教在汗八里宫廷中得到施行，可汗身边围绕着一群迷恋双修的专家。灵隐洞穴中的两尊笑佛也许正在笑看大运河另一端的汗八里城中所进行的修习。八思巴本人曾为大汗授时轮金刚曼荼罗（Kala-cakra-mandala）灌顶，以及包括欢喜金刚住持（Hevajra-vasita）在内的密教仪式，同时大师也接受了忽必烈的封授。活跃在1290年左右的宋遗民学者郑思肖提供了有关在大都宫城中密宗仪式的记述。不过，这些记录不仅暴露了郑思肖对成吉思汗家族明显的厌恶，同时也表明他对喇嘛教的无知。他津津有味地

描述了这位君王及其随从沉迷于淫乱的修习,但是他将对牛头人身的大威德明王(Yamantaka)与其他兽头神紧抱其裸身明妃于臂的描绘,按照字面解释为元统治者在仪式中施行兽交的例子。如果说郑思肖倾向于制造轰动,而其记述的基础,则是可在《元史》中得到印证的元廷中的密教修习。在惠宗宠臣《哈麻传》中,即包含了宫中演习密宗仪式的描述。哈麻将皇帝介绍给两位西天僧,一为忻都人,一为吐蕃人。惠宗(1333—1367年)在这一秘密仪式中受到僧人伽璘真(Chia-lin-chen)的指导,他担保其今世长寿、来世富贵。按《元史》记载,惠宗每日纵情于修行,包括其诸弟、倚纳者,广取良家女。[1]

刘毓萱　刘迎胜译

---

[1] 《元史》卷二〇五,引自〔荷兰〕凡·高罗佩:《古代中国的性生活》(R. H. Van Gulik, *Sexual Life in Ancient China*, intro & biblio by Paul R. Goldin, Brill, Leiden & Boston, 2003),第259—260页。

元杭州凤凰寺回回墓碑考

亚历山大·莫顿

在杭州凤凰寺庭院中，有一座收藏阿拉伯语和波斯语墓碑碑刻的碑廊。其中多数已断损，残缺的主要是刻有年代的墓碑底部；少数则已成残片。五块墓碑存有年代，均立于元朝后期，即伊斯兰教历707—752年间（1307—1351年）。众所周知，这些石碑是于20世纪上半叶从杭州西湖畔的穆斯林墓地旧址迁移至此地保存的。郭成美和郭群美对这批石碑的研究，提供了一些有关迁移的细节。该文叙述了石碑在碑廊中的位置以及有关碑铭内容的其他信息，并且提出了一个有用的编号体系，本文即沿用此编号。[1]14方石碑存于碑廊前半部，分为上下两排，上排的石碑置于支架上。面向这些石碑，可以将它们自左至右分别编号为A1—A7和A8—A14。其他5方嵌于后墙内，由左至右编号为A15—A19。其中的3方已经完全或几乎无法辨识，还有一方由两块残片组成；只有A16内容完整。[2]石碑

---

[1] 郭成美、郭群美：《杭州伊斯兰教阿拉伯文波斯文古墓碑考》，《回族研究》1997年第1期，第65—72页。
[2] 在郭氏的文章中，这方碑的编号显然是A15，但A15实当为后墙从左起的第一方碑，而此碑编号应为A16。

于 1974 年安置进碑廊。该碑廊似乎是专为放置这些墓碑以及另一些物件而修建的，其中包括铭刻汉文的石碑和一方波斯文石碑。[1] 很可能就在那个时候，损坏的石碑四周被用水泥修补起来，使它们的外形与完好无损者相一致。还有一方石碑（A20），被单独放置；只有开头部分的碑文不可辨识。石碑均为深色油页岩。碑高大多在 80—100 厘米之间。墓碑形状为最为常见的那种有尖顶的拱形。碑铭刻在拱门内部的凹面上；许多情况下拱门的内部形状是尖弓形。拱门外部正面通常是雕刻的花纹装饰，大多数情况下会延至碑的两侧。几乎所有站立的石碑都有双面碑铭；而对于嵌入墙内的石碑来说，它们被这样安置是因为碑背面没有碑文或明显装饰。目前，碑铭及其周边区域已经被拓在纸上，使得雕刻的地方，包括碑铭，凸显于黑底之上。这种技术在中国通常被用于获得逼真的碑铭拓片。碑文的书写出于许多人之手，采用好几种字体。尽管书写者未必马虎从事，文本的书写经常出现某种非正式的处理法，特别是对那些在更正式的阿拉伯文中本不宜连书的字母，在碑文里却往往被连在一起。在这方面它们同中世纪晚期中东穆斯林国家发布的法令和其他官方文件有些许共同之处。部分碑铭的开头几行被精心设计为醒目的书法样式。其工序很可能是先用颜料将它们手书写在碑上，再由刻工依样勒石的。

---

[1] 波斯石碑的原文和翻译由布朗尼（E. G. Browne）提供，参见里维斯：《一方 1452 年记载重修杭州清真寺的碑刻》（Agnes Smith Lewis, *An Inscription Recording the Restoration of a Mosque at Hangchow in China A.D. 1452*, Cambridge，1911）。

墓碑目录

A1 回历707年，忽撒母丁·宾·也罕·脱斡里勒·也可·外力（Husām al-Dīn b. Yaghān Tughril AYKWLY?）。

A2 无个人细节或日期。

A3 商人。姓名和日期缺失。

A4 无个人细节或日期。

A5 传道者（al-wā'iz）塔术丁·牙牙（Tāj al-Dīn Yahyā），传道者不鲁罕丁（b. Burhān al-Dīn）之子。日期缺失。

A6 沙不丁·阿合马·宾·暗都剌（Shihāb al-Dīn Ahmad b.'Abdullāh），马合麻·哈剌比（Muhammad Halabī）后裔。日期缺失。

A7 回历7XX年，西木娘人马合麻·宾·马合麻·宾·阿合马（Mahmūd b.Muhammad b.Ahmad al-Simnānī），商人，苏菲派。

A8 似没有碑铭。背面饰以花纹。

A9 回历716年，亦思法杭人瞻思丁·马合麻·宾·阿合马·宾·纳速鲁（Shams al-Dīn Muhammad b.Ahmad b. Abi Nasr Al-Isfahānī）。商人。

A10 回历752年。呼罗珊人马合木·宾·马合麻·宾·札马鲁丁（Mahmud b. Muhammad b.Jamāl al-Dīn al-Khurāsānī）。

A11 回历730年，不花剌人阿米儿·卜合提亚尔·宾·补白克·宾·乌马儿（Amir Bakhtiyār b. Abī Bakr b. 'Umar al-Bukhāri）。

A12 回历727年，亦思法杭人阿老丁·宾·瞻思丁（'Alā al-Dīn b. Shams al-Dīn al-Isfahānī）。A9 的儿子。日期缺失。

A13 阿米儿·把都儿丁（Amir Badr al-Dīn）。日期缺失。

A14 个人细节和日期缺失。

A16 回历 717 年，汗八里人马合麻·宾·阿儿思兰（Muḥammad b. Arsalān al-Khānbāliqī）。

A18 阿林/学者（'ālim）中的一个，通博于伊斯兰法律的人。残缺。

A15、A17、A19 大部分或全部无法辨识。

虽然墓主中许多出身可予确认的人多来自伊朗或中亚，其墓志却大部分是用阿拉伯文就写的。这种语言普遍使用在整个伊斯兰世界的墓葬及其他种类的碑铭中。不过也有若干墓志，含有波斯语的韵文，尤其像一些较长的挽诗，其中最完整的一例，是本文公布的亦思法杭人瞻思丁（Shams al-Dīn Iṣfahānī）(A9) 的墓碑。迄今为止，在所有这些碑铭中，仅有两方已被利用过。1936 年，白寿彝和马志祥发表了收藏在北京某研究机构的 A11 的碑铭和 A1 一面的碑铭，并将它们译为汉文。根据他们公布的图片，曾有 A11 的阿拉伯原文和法文译文发表。[1] 之后郭氏又对这两方墓铭进行了研究。[2]

从当日汉语和其他语言的文献，比如伊本·白图泰（Ibn Baṭṭūṭa）的记载中可以知道，元代杭州这个大城市，曾拥有过一个规模相当可观的穆斯林共同体。对此，墓碑提供了可喜的补充信息。它们何以从墓地被迁移到清真寺，其确切情形已无从获悉，但不难推想，这些墓碑之所以被保存起来，是因为它们的上乘质量；墓地中一定

---

[1]《禹贡》（半月刊），1936 年 8 月，《阿拉伯文碑铭年表报告》(Répertoire chronologique d'épigraphie arabe)，xiv（开罗，1954），第 272 页（这里墓碑被错误地说成是在北京，碑文的最后一行遗漏，而将参考文献错误地记录为 1935 年）。

[2] 郭成美、郭群美：《杭州伊斯兰教历 707 年碑、730 年碑考》，《回族研究》1993 年第 3 期，第 16—20 页。

还有许多属于地位低微者的不甚引人注目的纪念碑。[1]而被移至清真寺中的墓碑则多属于穆斯林社会上层的代表者。大部碑铭都相对较长。虽然其内容很大部分由谀墓文字中常见的颂词和表示虔敬的话构成，但相对于更大多数穆斯林墓葬碑铭而言，它们还是提供了较多的实际信息。有七方碑铭给出亡者的职业：其中两个是异密/官员（emirs），一位是阿林/学者（'ālim），一位是传教者，他父亲也是传教者，还有三个商人（其中最后一位还是苏菲派）。有几方墓铭提到长途旅行，以及商人或其他人与远方的交往。亦思法杭人瞻思丁（Shams al-Dīn Iṣfahānī）从伊斯法罕（Iṣfahān）来到中国。出身西模娘的商人和苏菲信徒马合麻（Mahmūd Simnānī）（A7），曾游历东西方，到过内志（Najd）、伊拉克和叙利亚，去过麦加履行小朝圣。[2]对于自己已远离其文化本源的那种意识，很可能影响着这群移民者。这从两段所谓先知穆罕穆德格言之广为流行可以看出来。它们都宣称，死于远离故国之异乡者即为殉教。兹将其中三通墓志（A9，A16，A13）的图版、校正文本与译注刊布如下。[3]

一、亦思法杭人瞻思丁（Shams al-Dīn Iṣfahānī）（A9）

亦思法杭人瞻思丁·马哈麻·宾·阿合马·宾·阿必·纳速鲁（Shams al-Dīn Muhammad b.Ahmad b. Abi Nasr Al-Isfahānī）卒于[伊斯兰历]716年（1317年）。它是所有收藏中墓志最长和保存最完好的墓碑。墓碑正面的铭文以常用的《古兰经》有关死亡和死后世界的引

---

[1] 白寿彝说在杭州据称有100座墓碑。
[2] 同样的中东之旅在A3中亦给出，但姓名和日期缺失。
[3] 我们试图出版一部涵盖整个群体的专著。

١. قال الله سبحانه و تعالى

٢. «كُلُّ نَفْسٍ ذائِقَةُ المَوْتِ وَ نَبْلُوكُمْ بِالشَّرِّ وَ الخَيْرِ فِتْنَةً وَ إِلَيْنا تُرْجَعُونَ»

٣. و قال النّبى صلى الله عليه و على آله و سلم «اكثروا ذكر هادم اللذات و انّ المنايا قاطعات الآمال و الليالى

٤. مدنيّات الآجال، و العبد عند خروج نفسه و حلول رمسه يرى جزاءها.» روى فى الاخبار عن سيّد الاخيار و رسول الملك

٥. الجبّار محمّد النّبى المختار، عليه الصلوة [كذا] الواحد القهّار، انّه قال «من مات غريباً فقد مات شهيداً.» و لقوله عليه السلام «موت الغريب شهادة.»

٦. انتقل من الدّار الفانية الى الدّار الباقية و اختار الآجلة على العاجلة و أثر الاخرى على الاولى لعلمه انّ ايثار الاخرى احرى و اولى

٧. و اتّصل الى رحمة الله تعالى، راجياً عفوه و غفرانه مترقّباً فضله و احسانه مستذرياً كنف طوله و احسانه مستغفراً لخطايا نادماً على ما فرط

٨. من ذنبه، الشيخ الاجلّ الكبير الكريم المنعم المكرّم فخر التّجّار مشهور الامصار مربّى العلما و الغربا مزكى الاخلاق رضى الاعراق المعروف

٩. بين ملوك اطراف العراق المغفور المرحوم خواجه شمس الحق و الدّين عزّ الاسلام و المسلمين محمّد بن احمد بن ابى نصر الاصفهانى امتعه الله بالرّحمة

١٠. و الرضى و اسكنه بحبوحة الجنان و كان زمان وفاته فى ليلة الجمعة السادس من شهر الله الاصم رجب عظّم الله حرمته

١١. سنة ست عشر و سبعماية.

碑 A9 的背面

١. كُلُّ حَیٍّ سَیَمُوتُ وَ هُوَ حَیٌّ لا یَمُوتُ

٢. دلا مباش مغفّل ز ملک عالم جان * از انک عالم جان راست ملک جاویدان

٣. مدار جان گرامیٔ جاودانی را * بغفلت از پی عیش دو روز سرگردان

٤. درین جهان که رباطیست در ره عقبی * پر اژدها کی بود قوتشان هم از انسان

٥. ازین رباط پر از اژدهاء مردم خوار * گذر که نیست مقام معاش و جاء امان

٦. طمع مدار کزو ذرّهٔ وفا بینی * چو هست اورا پیوسته بر جفا بنیان

٧. مخور فریب و غرور زمانهٔ جافی * کی هرچه داد بتو باز گیرد از تو همان

٨. بداد دانش و کوشش اگر خردمندی * تو نیز دادهٔ خود یک‌بیک ازو بستان

٩. نبی چو گفت که دل در جهان نباید بست * ازان سبب که ندارد ثبات سفله جهان

١٠. چرا تو قول نبی را نمی‌کنی باور * گرت مهارت عقلست و روشنایی ٔ جان

١١. تو فکر کن که کیان بوده‌اند پیش از تو * زانبیا و ولی و ز قیصر و خاقان

١٢. کجا شدند کز ایشان نمی دهند خبر * کجا شدند کز ایشان نماند نام و نشان

١٣. ... از رحلت چنین صدری * بگیر عبرت و می‌کن هزار گونه فغان

١٤. گزین و زبده اهل کرام شمس الدّین * ستوده خواجه محمّد نگینهٔ صفهان

١٥. یگانهٔ کی بحلم و سخا و همّت بود * سپهر قدر و محیط آستین و قطب امکان

١٦. درین زمانه مر اورا نبود فی الجمله * بمردمی و فتوت نظیر از اقران

文开始，接着是三句被认为出自先知穆罕穆德的格言。其中两次提到，死于异乡即为殉教；它们同样出现在 A15 中（见下）。再往下从逝者所追求的谦卑与虔信谈起，说到他从尘世的离去。此后的句子，在对死者品性和各种头衔的罗列中，透露了较多的信息。他被描绘为"商人的骄傲"。碑文称死者"闻名于诸城之间"，"知名于伊拉克(al-'Irāq)诸王"云云，可知他在长途贸易中所至甚远。这里说的"诸王"，最可能的解释是指君临波斯及其周边领土的伊利汗朝统治者们。墓碑背面绵长的波斯文挽歌，再度以尘世虚幻的论题以及对活着应多为后世着想的告诫作为开场白。之后对瞻思丁德行的描述，很大程度上是一些套语，不过还是为我们指明了，他本人是从伊朗（波斯）伊拉克的伊斯法罕（Isfahan）来到中国定居的。

瞻思丁（Shams al-Dīn）之子阿老丁（'Alā al-Dīn）也留下一块墓碑（A12），他卒于 [伊斯兰历] 727 年（1327 年）。此碑的镌刻质量要明显地差一等。

译文

正面

1. 受赞的、至圣的真主说：

2. "凡有血气者，都要尝死的滋味。我以祸福考验你们，你们只被召归我。"

3. 先知（愿真主赐福他和他的家人，愿他们平安）说过："要时常想到各种欢乐的摧毁者；死亡会突然打断每一种希望，黑夜

4. 使终点临近，而（真主的）仆人应将他灵魂的离去及其坟墓的到来视为奖赏"。据说，来自至善之人的主人和

5. 至能之王的使者，穆罕穆德，被选中的先知（愿真一赐福于他），征服者，他曾说："人死于他国异乡，则其死有若殉道者。"他的确这样说过："异域之死是为殉道。"

6. 他们从那易于消亡的世界去到持续不灭的世界，宁要恒久而放弃朝荣暮败，选择最终而非开初，因为最终才是最值得的和最好的，

7. 才能与至圣的真主之慈仁相承接，以祈求他的怜悯和宽恕，期望他的恩泽和祥慈，寻求他的力量和仁爱的庇护，乞求赦宥他的过失，忏悔他无意的

8. 罪恶。筛海（the Shaikh），杰出的，伟大的，慷慨的，受尊敬的，商人的骄傲，在诸城之间知名，学者和陌生人的护持者，性格优良，气质开朗，闻名

9. 于伊拉克的诸王中间，死者，离去者火者·瞻思丁·哈黑（Khawāja Shams al-Haqq wal-Dīn），伊斯兰和穆斯林的骄傲，亦思法杭人马哈麻·宾·阿合马·宾·阿必·纳速鲁（Muḥammad b. Aḥmad b. Abi Nasr Al-Isfahānī），愿真主将喜悦授予此人，出自于真主的慈悲

10. 与认可，使之安居于乐园的中心。他亡故于真主的聋月，即七月（愿真主赞美它的圣洁）第六日，即主麻日夜晚，

11. [伊斯兰历]716年（1317年9月24日）。

注解

行1.《古兰经》（Qur'an）第xxi章第35节。[1]《古兰经》经

---

[1] 闪目氏·仝道章译注：《古兰经》第21章诸圣（安比亚）第35节，江苏省伊斯兰教协会印行，1999年，第348页。——译者注

文的英译采自阿兰·约翰（Alan Jones）的译本（"吉伯纪念丛书"，2007年）。

行3. 各种欢乐的摧毁者指死亡。

行5. 在本句中，*salāt* 之前被加上了定冠词 al-，但这不符合语法规则。

行9. 关于伊拉克（Al-'Irāq）一语，正如在墓碑背面的诗歌所示，瞻思丁（Shams al-Dīn）的家乡伊斯法罕（Isfahan），位于被习称为波斯伊拉克的地区。这一时期波斯和阿拉伯伊拉克的主要统治者都是蒙古的伊利汗们。瞻思丁很可能与他们十分熟悉，尽管此地还存在一些其他较小的公国。另一方面，根据阿拉伯字典，作为一个名词，'irāq 的意思为"沿海地区"。因此在这里，它也完全可以被用来指称由海上贸易联结起来的从中国直到非洲和中东诸海港之间的整个沿海地区。

行10. 在穆斯林的用法中，主麻日（周五）夜晚指的是星期五之前的那个夜晚。

背面

1. 每个生灵都会死亡，只有真主是永生不死的。

2. 哦，心啊，不要罔顾生灵所寄的尘世王国，因为生灵之世也属于永恒王国。

3. 不要为贪图两天的欢愉，就毫不在意地让你珍贵的永恒之魂误入迷途，

4. 现世如同通往后世的商道客栈，里面住满了以人为食物的龙。

5. 不要停留在这个住满食人龙的客栈里，那儿绝无你容身之地，

亦非安全之所。

6. 不要奢望能从那里看到一丝忠诚，因为它永远立基于暴政之上。

7. 不要被命运的诡秘和欺骗蒙住眼睛，因为凡它给予你的，它都会从你收回。

8. 它没有给过你智慧或力量吗？如果足够聪明，就一个接一个地接受他所有的给予。（？）

9. 如果先知说，你不应该一心沉迷于尘世，那是因为这个卑下的世界没有安宁。

10. 为什么不相信先知的话？——如果你有敏睿的智力和纯洁的灵魂，

11. 且想想那些活在你之前的人们吧，那些先知和圣人、君王和可汗们。

12. 他们去哪里了？——没有人知道他们的消息；他们去哪里了？——他们没有留下姓名或踪迹。

13. ……正值这样一个领袖离去之际，以一千种方式来表示关注和哀伤，

14. 从贵人中特别精选出来的、最上等的瞻思丁，备受称颂的火者·马哈麻（Khwāja Muhammad），亦思法杭的宝石，

15. 举世无双的人，其宽容、慷慨和热情犹如上苍，其大度犹如海洋，其坚定犹如北极星。

16. 简而言之，他的刚毅和名誉在如今这等时代无人匹敌。

17. 在数以千计的世代与循环中，真主还从未把像他这样的人从伊拉克带到久负盛名的中国过，

18. 因为他是一个具有各种卓越品质和优点的人……是幸运的，

并被所有成就杰出的人们所接受。

19. 因为他以慈善闻名，人们无时无刻不在千百倍的悲痛和遗恨中。

20. 出于你的恩慈，哦真主啊，在此尊贵的时刻，恳请您将他灵魂的宝石带到天堂的最高处，

21. 这样他纯洁的灵魂便能得到安息，以天堂花园里所有纯净灵魂的名义。

注解

行 1. 尽管使用了《古兰经》中的词汇，但这句阿拉伯语的短语并不出自《古兰经》。

行 2—21. 此处的波斯语诗句遵循"木只塔忒"（mujtathth）韵律。以每半节诗为单位书写在一个格栏中。

行 20. 此句中的 rasānī 一词于韵律不协，显然是 rasān 的误笔。

二、汗八里人马哈麻（Muḥammad Khānbāliqī）（A16）

火者·马哈麻（Khawāja Muḥammad）卒于[伊斯兰历] 717 年（1317 年）。其父亲名阿儿思兰（Arsalān），突厥语译言"狮子"，表明这个家族出于突厥部。然而，此人名讳中标识其出身的部分却称他出于汗八里，译言"汗之城"，如今以北京知名。汗八里作为元朝首都仅始于 13 世纪的第三个 25 年内，故知这个家族定居该地不会十分久远。在泉州，有另一个汗八里人（Khānbāliqī）的墓碑，卒年更早，为[伊斯兰历] 703 年（1303 年）。[1]

---

[1] 陈达生和路德维克·克劳斯（Ludvik Kalus）：《中国的阿拉伯文及波斯文碑铭残片》卷 1（Corpus d'inscriptions arabes et persans en Chine, I）巴黎，1991 年，第 52 号。

马哈麻·汗八里乞碑正面

١. كُلُّ نَفْسٍ ذَايِقَةُ ٱلْمَوْتِ.

٢. قال النّبى، صلى الله عليه و على آله و سلم، «من مات غريباً

٣. فقد مات شهيداً.» و قال، عليه الصّلوة و التحية «موت الغريب شهادة.»

٤. اعرض عن دار الغرور الى دار السّرور و فارق الاخوان فوصل

٥. الى رحمة الله الملك الدّيّان و هو الاجلّ الكبير كريم فخر الاقران

٦. بديع الخلّان المغفور المرحوم خواجه محمّد بن ارسلان الخانبالقى،

٧. تغمّده الله بالرّحمة و الرّضوان، و اسكنه فى اعالى الجنان

٨. و كان وفاته الخامس من محرّم من سنة سبع عشر و سبعماية.

这个时期，伊斯兰社会中身份重要的商人们经常使用"火者"（Khawāja，波斯语为Khʷāja）的头衔，见上揭亦思法杭人瞻思丁（Shams al-Dīn Iṣfahānī）的墓铭，不过诸大臣、其他文官和权贵也用这一称号。

译文

1. "人人都要尝死的滋味。"
2. 先知（愿真主赐福他和他的家人，给他们以拯救）说："凡死在异乡
3. 即为殉道之死"；他（愿福赐予仁慈降临他）还说："背井离乡之死就是殉教。"
4. 他从虚妄的居地离去，到达幸福之所，他离开他的兄弟们而接获
5. 真主、君王、法官的慈仁；他是最杰出的，伟大的，尊贵的，其同侪者们的骄傲，
6. 诸友朋中的翘秀者，死者，故去者，火者·马哈麻（Khawāja Muḥammad），汗八里人阿儿思兰（Arsalān al-Khānbāliqī）之子，
7. 愿真主以仁慈和恩惠庇护他，愿他升入天堂。
8. 他的死亡时间在[伊斯兰历]717年1月（Muḥarram）的第5天（1317年3月22日）。

注解

这方石碑被嵌入收藏这些墓碑的建筑的后墙中。未详其背面是否有碑铭或值得注意的装饰；不过倘若真的如此，那它恐怕也就不会被这样放置了。

行 1. 这一短语在《古兰经》中出现过三次（第 iii 章 185 节；第 xxi 章 35 节；第 xxix 章 57 节）。它被普遍用于墓碑铭文里，如同上揭 A9 那样，并随之出现相类似的韵文。

行 2—3. 被归诸穆罕穆德的"死于异乡即为殉教"的格言，出现在好几通杭州的石碑，如 A9，乃至泉州地区的其他墓碑上。元代中国的穆斯林，即使将其出生追溯到北部中国，亦仍明显有一种生存于异族社会的意识。

行 5. 由于缺少定冠词 al-，karīm 一语颇难解索。很可能是依附于它的某个词被省略，而其所言恐即 Karīm al-akhlāq（"诸品性的尊贵"）之类的短语。

三、把都儿丁（Badr al-Dīn）（A13）

据其异密（amir）的头衔，可知把都儿丁（Badr al-Dīn）显然是一位军官，无疑属于元朝军队所录用的众多穆斯林中一员。另一方面，碑文残存的开头部分提及其父的文字，显而易见可以修复为撒都鲁（al-Sadr），通常是给予文官或其他世俗权贵的尊称。由于墓碑下半部损毁，墓主卒年已不可知。最大的可能是，其死亡时间与其他有日期的墓碑处于同一时期，是即 14 世纪的某个时段，当时元政权将来到中国的穆斯林安排在特别受优待的地位。

尽管碑铭相对简短，但其字体硕大，并从容展开在很宽松的空

异密・把都儿丁墓碑正面

١. كلُّ نفسٍ ذايقةُ المَوت.

٢. هذا مرقد الامير الاجلّ الكريم الكبير عديم المثل

٣. و النّظير معدن الاقبال مركز الافضال مربّى ارباب

٤. الدّين مقوّى اصحاب اليقين مختار الاحباب فى الزّمان

٥. صاحب الجود والاحسان امير بدر الدّين بن الصّد[ر] ...

٦. ... طاب الله ثراهما و ...

异密・把都儿丁墓碑背面

١. «كُلُّ شَىءٍ هالِكٌ اَّلا وَجهُهُ»

٢. اَلموتُ بَحرُ مَوجُهُ زاخِرٌ * يَبْطُلُ فيهِ حِيَلُ ٱلسّائِحِ

٣. [يـ]ـا نَفْسى [كذا] إنّى قائِلٌ فَاسْمَعى * مَقالةً مِن مُشْفِقٍ ناصِحٍ

٤. [لا] يَصْحَبُ ٱلإنْسانَ فى قَبْرِهِ * [غَيْرَ ٱلتُّقى و ٱلعَمَلِ ٱلصّالِحِ]

间之中。标点和音符的使用也相对周到，此碑背面的韵文尤其如此。碑两面分别用来作为开头的《古兰经》引语部分书法精致，其笔画之粗犷令人印象深刻。总之，此碑与其他杭州墓碑相较，以其更高的质量毋庸置疑地反映出死者社会地位的崇高。

译文

正面

1. "人人都要尝死的滋味。"
2. 此地安睡着一位异密，最杰出者，尊贵者，伟人，无与
3. 伦比者，好运的源泉，仁慈的中心，宗教大师的
4. 供养者，真正知识拥有者的支持人，时代所钟爱的被选者，
5. 慷慨和善行的主人，异密·把都儿丁（Amir Badr al-Dīn），撒都鲁（Ṣad[r]）之子
6. ……愿真主使他们的墓地充满芳香和……

注解

行1. 这一短语在《古兰经》中出现过三处，分别为第 iii 章 185 节；第 xxi 章第 35 节；第 xxix 章第 57 节。

背面

1. "除他（译者注：指安拉）的本体外，万物都要毁灭。"
2. 死亡是片大海，波涛汹涌；旅行于其中者任有作为，也总是

徒劳。

3. 我的生灵啊，我在说话；因此请倾听，一个有怜悯心的导师的言语：

4. "只有虔诚和正直的行为，才能陪伴那墓中的人。"

注解

行 1.《古兰经》文句，第 xxviii 章第 88 节。

行 2—4. 在 A12 的背面，也有同样诗句的某种变化形式。此碑行 3 与行 4 的残缺部分，即采补自那里。*yā nafsī* 的写法违反了诗的韵律；应该校正为 *yā nafsi*，最后为短元音，出现在 A12 中的文字即如此。此处韵律应是 *sarīʿ*。感谢欧文·怀特（Owen Wright）在诗歌格律细节方面提供的友好指教。

兹将其余十四通多少可予辨识的墓铭上的有关信息简述如下。

A1. 火者·忽撒姆丁（Khawāja Husām al-Dīn），火者·也罕·脱斡里勒·别·也可·外力（Yaghān? Ṭughril Bak? AYKWLI）之子。或许有突厥背景。死于[伊斯兰历]707 年 4 月 29 日。一个"青年"（*shābb*）。曾游历并拜访过遵循正道的人们。未知这是否意味他是个商人。死于异乡即为殉道。

很少见的是，墓碑的两面都刻有死者的姓名和日期，而碑文则不相同。韵文底部为阿拉伯诗句。

A2. 碑文下部缺失。没有关于死者个人的细节。

正面诗节被归于阿里（ʿAlī）。阿拉伯和波斯文诗节在背面。

A3. 下部缺失。没有姓名和日期。逝者是一个年轻人并显然是商人。他曾外出游历并访问（或朝觐）过遵循正道的人们。他到过东方和西方，去过苫国（Syria）、伊拉克（Iraq）和内志（Najd），进行了小朝圣（the lesser pilgrimage）。他闻名于众城。碑文许多都与西模娘人马合木（Maḥmūd Simnānī）墓志铭（A7）的相应部分一致。可能两人是在一起旅行的。流离之死即是殉教。

碑阴包括一节阿拉伯诗文和一节波斯格绥德体（qaṣīda），不完全，以向真主祷告起首。

A4. 仅存上部。没有个人细节。此碑碑阴的韵文起首与见于 A3 的波斯文诗句相同。

A5. 伊玛目·塔只·牙牙（Imam Tāj Yaḥyā），伊玛目·毛剌·不鲁罕丁（Imam Maulānā Burhān al-Dīn）之子。缺少日期。父子二人均为传教者（wāʿiz）。死者被描述为年轻人（Shābb），并且卒于 41 岁。一些阿拉伯诗文刻于正面。背阴仅为表达虔诚的诗文。

A6. 上部和底部均缺失。沙不丁·阿合马·宾·暗都剌（Shihāb al-Dīn Aḥmad b. ʿAbdullāh），来自于伟大的马合麻·哈剌比（Muḥammad Ḥalabī）家族。没有日期。逝者的名字仅存于墓碑背面的波斯文诗句中。那里他的德行被与四大哈里发相提并论，这表明他是逊尼派，因为德行，他被授予火者（Khwāja）的身份。

A7. 西模娘人马合木·宾·马合麻·宾·阿合马（Maḥmūd b. Muḥammad b. Aḥmad al-Simnānī），称作塔只·马里 [Tāj Malīḥ(?)]。死于伊斯兰历 7？？年，余下的日期部分已经磨灭。底部缺失。是一个商人。在墓碑正反面刻有长老（Shaikh）头衔，被称作苏菲（Sufi），有"苦行的"和"虔诚的"等语修饰于后。旅经东方和西方，到过苦国（Syria）、伊拉克（'Iraq）和内志（Najd），进行过小朝圣（'umra），闻名于众城，并为伊拉克（al-'Irāq）地区（可能是指沿海地区而非伊拉克）的诸君王所知。流离之死即是殉教。

背面的诗句归颂于阿里（'Alī）。

A8. 一侧有花纹装饰。另一侧难以辨认。可能没有碑。

A10. 呼罗珊人火者·马合木·宾·马合麻·宾·札马鲁丁（Khawāja Mahmūd b. Muhammad b. Jamāl al-Dīn al-Khurāsānī）。[伊斯兰历]752年3月。目前大部无法认读。顶部佚失。

A11. 不花剌人异密·卜合提亚尔·宾·异密·补白克·宾·异密·乌马儿（Amir Bakhtiyār b. Amir Abū Bakr b. Amir 'Umar al-Bukhārī）。[伊斯兰历]730年10月21日。除了阿拉伯文或波斯文，卜合提亚尔和他的父亲还拥有其他语言的头衔。在墓碑遭破坏之前，它已被《阿拉伯文碑铭系年目录》刊出。背面：香炉和花瓶图案。

（第一部分仅为转述）真主说：万物都要灭亡，唯有主宰（不朽？）；他是最精妙者，使他们都归于他（死亡）。他（死者）从朽？的宇所迁移至永存的居宅。他？选择未来之住处于现在之住所，又选择后世于今生。选择宇所是最相宜的，至应当的。

他求？？其所妄为者，？？其所过失者，而？接于真宰的恩？

他是仁义而伟大的官长，其名为阿米勒布黑？巫？克。

碑文讨论安拉，关于逝者离开世界，请求宽恕，等等；给出了死者的名字阿米勒布黑？巫？克（A-mi-le-bu-hei-?-wu-?-ke）（异密·卜合提亚尔），并且说他来自相尼克尼里（Xiang-ni-ke-ni-li）。他是一位天才的学者，对待贫者友善。他是阿米克奴尼克米勒？德（A-mi-ke-nu-ni-ke-mi-le-?-de）（异密·补白克）之子，不花剌人欧默耳（Ou?-mo-er）（乌马儿）官长（guan-zhang）之孙。他照顾并教育穷人和弱者……他卒于[伊斯兰历]730年19月21日。

A12. 亦思法杭人火者·阿老丁·宾·火者·瞻思丁（Khawāja 'Alā' al-Dīn b. Khawāja Shams al-Dīn al-Iṣfahānī）。[伊斯兰历]727年5月23日。可能是A9墓主之子。背面的阿拉伯文和波斯文诗句未含有个人信息。在其他墓碑上，这两段诗文都归颂阿里。

A14. 底部之大部分已佚失。没有个人细节。诗句系归颂阿里（'Alī）。背面刻一首波斯文长诗，残存部分都在赞美真主的力量云云。正面的字体很像金属制品上的铭文。

A15. 汗八里人（al-Khānbāliqī）火者·马合麻·宾·阿尔思兰。[伊斯兰历]717年1月5日。可能有突厥血统。这个家族不可能已经在汗八里居住很久。流离之死即是殉教。

从文章中建筑物内部的照片以及对置放墓碑的描述来看，这似乎应该是A16，但是在文章中的其他地方，它看起来被编号为A15。

A18. 嵌入墙中。从不同视角来看它应该是这个编码。我们的D1。麦术（Al-Majd）。缺少姓名或日期，但是提到了阿林/学者（'ālim）之死，表明它是来自这样一个人的墓中。残存的两部分不能互相拼合。

刘毓萱　刘迎胜译

元代海运与滨海豪族

陈　波（复旦大学文史研究院）

　　元代承运海漕的滨海大族之中，朱清、张瑄二氏所受关注最多。本文主要讨论自朱张伏诛之后，特别是由于方国珍崛起导致的浙东政治格局变迁以往，位于元海漕起解地的几个千户所驻地周边地域参与海运并被元廷授予官职的滨海有力家族。元代文献多称他们为"豪民"，现代学者则习以"海运世家"或"航海家族"称之。通过对此类滨海豪族兴衰嬗递的考察，本文试图凸显他们在元中后期的江南社会中所发挥的功能，及其与国家权力之间的复杂互动。

　　元代文献《经世大典》有"海运"一门，其中有关至元至天历年间的资料，相对完整地保存在《永乐大典》残卷中，清人辑其大部为《大元海运记》一书。《元史》诸志、传中，以及元人文集所收诸多人物的神道碑中，亦含有相当数量的元代海运资料。波斯文史籍对此也有所记载。[1] 关于元代海运的既有研究业已达到

---

[1] 参见四日市康博：《モノから見た海域アジア史：モンゴル～宋元時代のアジアと日本の交流》，福冈：九州大学出版会 2008 年版，第 136 页。

相当深入的程度。高荣盛依据翔实资料所作的全面论述，至今仍然是了解元代海运体制整体全貌的必读之作。陈高华《元代的航海世家澉浦杨氏——兼说元代其他航海家族》，揭示出元代沿海大族以从事漕粮海运为一种家族性事业，不仅仅是从中获取经济利益，也因此获得政治地位及特权，从而惠及家族的其他事业——如海外贸易等。星斌夫和吴缉华都以研究明代的海运和河运为主，出于研究的延伸，兼涉元代海运，为元明海运的对比研究做出了开创性的贡献。日方学者中研究最为深入的无疑是植松正，他长期致力于元代江南政治与社会史的研究，力图将元代海运体制纳入"元朝江南支配"[1]体制的大框架中进行观察，代表性的研究有《元代江南の豪民朱清・張瑄について——その誅殺と財産官没をめぐって》、《元代浙西地方の税糧管轄と海運との関係について》、《元代の海運万戸府と海運世家》等。或许部分地出于陈高华对于澉浦杨氏研究的启发，植松正撰写的《元代の海運万戸府と海運世家》一文，对以崇明为基地的朱张二氏、以常熟福山港为基地的曹氏、常熟徐氏及刘氏、昆山顾氏、长兴费氏（后入赘嘉兴刘氏，并占籍松江）、太仓刘氏的家系及婚姻及仕宦进行了详尽的研究，在此基础上提出元代海运体制是一种"官民协调体制"。本篇拟在综述前辈诸家已有成果的基础上，对元代中后期浙东的几个海运家族做进一步的分析。

---

[1] 另可参见植松正：《元朝初年的江南统治》（WUEMATSU tadashi, *The control of Chi-ang-nan in the early Yüan, Acta Asiatica* No.45,1983）。

一、朱张伏诛与浙西、苏南航海家族之隆替

元代承运海漕的滨海大族之中，朱清、张瑄二氏是目前受关注较多的二例。需要提及的是，与福山曹氏、常熟刘氏及徐氏、昆山顾氏、澉浦杨氏等家族相比，朱、张二氏的社会起点比较低，乃是海盗出身。他们不同于其他家族之处，是前者在宋代就有一定的经济基础与政治地位，如福山曹氏自称是宋将曹彬之后，费氏、澉浦杨氏之先都是宋末武官。兹以上述三家为例，在既有研究成果的基础上，对朱张伏诛之后浙西、苏南地区滨海豪族参与海运及其兴衰隆替的大致情况，再作一些讨论。

元代海运的起运机构几经改组，到至大四年（1311年）才基本确定下来。其最上面是"海道都漕运万户府"，下设七个千户所及镇抚所，七个千户所依次是常熟江阴、昆山崇明、松江嘉定、杭州嘉兴、庆元绍兴、温台等六处千户所，再加上置司于平江路的"海道香莎糯米千户所"。除温台所和庆绍所置司于温州路与庆元路外，其他千户所和镇抚所都设于平江路。如果通观元代的海运家族，就会发现他们都分布于这个七个千户所的辖地之内，而将漕粮海运作为一种家族的共同事业。

福山曹氏在常熟福山港聚族而居。元代海运在刘家港集结起运后，常常在福山港候潮待运。[1] 曹氏一族或即因此兴旺发达。对于曹氏的世系及婚宦等情况，植松正先生已经做了详细的研究，无烦赘述。曹氏自称宋将曹彬之后，随宋室由汴徙吴地，这一点未必可信，

---

[1] 参见高荣盛：《元代海运试析》，《元史及北方民族史研究集刊》第7辑。

因为至少在宋元之际，曹氏在福山港聚族虽已至二百余人，但曹昌、曹通、曹文富三代俱"晦迹弗耀"，直到曹文富子南金，方在大德四年以材选"制授金符、敦武校尉、海道运粮千户"，真正开始显达。[1] 曹氏一族担任海道官职的人，只有二位，即曹南金及其孙曹珪，前者在至大三年以嘉定等处海运副千户超授武略将军海道漕运副万户，至大四年部海艘八百夏运入京，旋任满受代，至治三年（1323年）复起为平江等处海运香糯所千户，泰定元年（1324年）卒。[2] 曹珪袭祖父职，任海运香糯所千户，"在官二十年，部饷航海者凡八上"，至正乙未（1355年）"以漕事如京"，乙亥年（1359年）在北通州遇兵乱，抗节不屈，做了元王朝的死义之士。[3] 元末江阴寇朱英"以其党仇杀"求援于雄踞高邮的张士诚，张士诚"始疑不敢应"，而福山曹氏"发江船百艘，载牛酒迎之，遂径渡江至平江"。[4] 说明到元末曹氏的航运实力依然十分雄厚。

原居长兴的费氏一族在宋代亦非显达之家，直到宋末费棻出赘嘉兴刘氏，"以策干两淮制阃"，累官"浙西兵马钤辖，权提举上海市舶司事"，从此占籍松江，作为一个航海家族开始兴旺发达。元军南下，费棻可能由于及时迎降，得以维持家门不坠，卒官浙东道宣慰使。其子费拱辰，在宋为殿前司主管机宜文字。[5] 至元二十四年（1287年）桑哥当政时，立行泉府司专领海运，增置万户府二，费拱

---

[1] 另有"赵文明"者，后尝与费雄同为万户，其祖赵景周入赘曹氏，后移居上海之陈塘村。参见（明）顾清：《东江家藏集》卷三一《封工部主事壻西赵翁墓志铭》。
[2] （元）黄溍：《金华黄先生文集》卷三五《武略将军海道漕运副万户曹公墓志铭》。
[3] （清）朱圭：《名迹录》卷三《元故海道千户曹君圹志》。
[4] （清）曾廉：《元书》卷九四《列女六十九》。另魏源《元史新编》卷五二《列女》二所载略同。
[5] 《金华黄先生文集》卷三〇《费氏先茔石表》。

辰与张文虎同为平江等处运粮万户，同年浮海运粮分道以进，从征交趾。[1] 费拱辰之子费雄袭父职为万户，并娶赵孟頫之女为妻[2]，而费雄之女嫁给元末著名士人陶宗仪为妻。[3] 可以看出，费氏虽为武人出身，却喜与士人来往，借此提升自身的文化品位，以邀时誉。而赵孟頫这样高自标持的士人官僚竟与结秦晋，也可见费氏在江南有相当高的门望。

关于澉浦杨氏，陈高华已撰文论及，兹仅略述大概。杨氏之先在宋时即已兴旺，"自闽而越而吴居"，占籍为嘉兴人，世居嘉兴海盐的港口澉浦，"累世以材武取贵仕"，显然是一个军功世宦之家。杨氏的真正兴旺自杨发始，在南宋末已贵至"右武大夫、利州刺史、殿前司选择锋军统制官、枢密院副都统"。元军南下，杨发以降将身份"改授明威将军、福建安抚使，领浙西东市舶总司事"。至元十四年（1277年）立市舶司三于庆元、上海、澉浦，令杨发总督其事，至此杨氏已赫然跻身入航海巨族。[4] 杨梓子承父业，澉浦杨氏在他这一代如日中天。至元三十年（1293年）杨梓与福建行省的其他军官一起，在爪哇之役前航海前往爪哇诏谕国主土罕必阇耶。[5] 大德七年朱清、张瑄伏诛，海运一度陷入混乱。至大三年，江浙省臣建言，由色目人沙不丁一族与澉浦杨氏共同整顿海运，获得元廷同意，次年即正式下达任命，"交马合麻丹的（Mahammudandi）提调，哈散、

---

[1]《元史》卷二〇九《外夷二·安南》。
[2]（元）欧阳玄:《圭斋文集》卷九《元翰林学士承旨荣禄大夫知制诰兼修国中赠江浙等处行中书省平章政事魏国赵文敏公神道碑》。
[3]（元）郑元祐:《侨吴集》卷一二《白雪漫士陶君墓碣》。
[4]《元史》卷九四《食货志二·市舶》。
[5]《元史》卷二一〇《外夷三·爪哇》。

忽都鲁做达鲁花赤，王柔、澉浦杨宣慰等做万户委付来"。[1] 各种迹象表明，澉浦杨氏与沙不丁一族深相结纳，而与朱清、张瑄不睦，这可能与杨氏之先本居闽地，与色目商人渊源颇深有关。杨梓之子杨枢继承父业，十九岁即以致用院官本船浮海，大德八年以海运副千户之职护送伊利合赞汗派遣的使臣那海西返，前后历五年始至波斯湾港口忽鲁模思（Hormuz）。天历二年（1329年）率领海运粮船至直沽，感疾卒于至顺二年（1331年）。杨氏的航海活动从此终结。

朱清、张瑄伏诛，其家族及麾下诸人多受牵连，福山曹氏、澉浦杨氏却从中得利。曹南金及杨梓都在朱张一党受到重大打击之后开始担任海道万户之职。从费拱辰与张文虎尝共事海漕来看，费氏与朱张关系应该比较密切，但仕途似乎没有受影响，费雄袭父职为万户。朱张伏诛后海道官员的任命一时杂出多途，缺乏任事有力的组织者。曹氏、杨氏、费氏虽都有一定实力，但与朱清、张瑄相比显然不能独当一面。

朱张宿敌沙不丁一族乘机再度参与海运决策。至大三年，时任江浙行省左丞的沙不丁建言以其弟马合麻但的"遥授江浙行省右丞、海外诸藩宣慰使、都元帅，领海道运粮都漕运万户府事"。[2] 所谓"领海道运粮都漕运万户府事"云云，似乎说明他并没有就任海道官职，而仍致力于海外贸易。因为早在桑哥时期，沙不丁一族就在桑哥的授意下立行泉府司，置上海、福州两万户府，其职司似只是由海道运送市舶货物。行泉府司所统海船不用新附军人，而用不习舟楫的

---

[1]《元典章》工部卷二《海道运粮船户免杂泛差役》。
[2]《元史》卷二三《武宗纪》二。《元典章》工部卷二《海道运粮船户免杂泛差役》作"马合麻丹的"。

乃颜叛军之余众，排斥朱张的用意十分明显。[1] 至元二十八年，桑哥倒台，沙不丁也受到连累，朱张伺机以牙还牙，上书控诉自海运隶属沙不丁主持的泉府司以来，"再添二府，运粮百姓艰辛，所有折耗俱责臣等，乞见怜"，要求"宜罢二府，或委他人"。[2] 此议获得忽必烈同意。时任庆元路总管府海船万户的张瑄之子张文虎也乘间上奏，获准将泉府司用以运送市舶货物的船只和军队也归自己管辖。[3] 朱张倒台，沙不丁正好乘机夺回种种利权。

朱张伏诛使其家族受到极大影响，但其属下五万户黄真、刘必显、殷明略、徐兴祖、虞应文[4]等所受影响似乎不大，他们在海运中继续发挥作用。徐兴祖之父名徐贵，在宋为统制官，入元官至武德将军海道副万户。兴祖本人自幼随父征战，参加了崖山之役、征日本之役以及征交趾之役，泰定三年（1326 年）还以海道运粮副万户亲自督运赴京，卒于京师。其子徐起贤袭忠翊校尉（正七品阶）、松

---

[1] 《元史》卷一五《世祖纪》十二："（至元二六年二月）丙寅，尚书省臣言：'行泉府司所统海船万五千艘，以新附人驾之，缓急殊不可用。宜招集乃颜及胜纳合儿流散户为军，自泉州至杭州立海站十五，站置船五艘、水军二百，专运番夷贡物及商贩奇货，且防制海道为便。'从之。"

[2] 《经世大典·漕运》一，《永乐大典》卷一五九四九。

[3] 《永乐大典》卷一九四一九《站赤》四：（至元二八年三月）是月江淮行省言："蔡泽始陈：'海道立站，摘拨水军，招募稍碇，差设头目，准备每岁下番使臣，进贡希奇物货，及巡捕盗贼，且省陆路递送之劳。以此奏准设置。'今本省再令知海道人庆元路总管府海船万户张文虎，讲究得'下番使臣，进贡货物，盖不常有，一岁之间，唯六七月，可以顺行，余月风信不便。莫若将福建海站船只，拨隶本处管军万户府，其在浙东者，隶于沿海管军上万户提调，听令从长区处，以远就近，屯住兵船，遇有使臣进贡物货，自泉州发舶，上下接递以致杭州，常加整治。头目军器兵仗船舶，于沿海等处，巡逻寇盗，防护商民，暇日守镇陆地，俱无妨碍，所处海站不须设置。'都省准拟。"奏奉设置，令罢去之。

[4] 参见屠寄：《蒙兀儿史记》卷一一三《朱清·张瑄传》。

江嘉定所海运千户。[1] 刘必显官至信武将军（从四品阶）、海漕副万户，大德九年卒于家，第二子刘居仁袭为武略将军（从五品阶）、庆绍所海运千户。[2] 虞应文是朱清女婿，官至海道万户，其事迹诸史籍皆语焉不详。但虞氏家族似乎是世居昆山太仓的大族，虞氏与朱清家族关系十分密切，朱清之子朱旭娶虞氏为妻，而朱旭之子朱明达[3]又入赘虞氏。又据《崇祯太仓州志》卷九《海运志·漕司》，虞氏有虞棠为海道万户，其子虞源为海道总管，其孙虞乐间在元末为海道万户。[4] 虞棠祖孙三代皆出任海道官职，似乎与朱清之婿虞应文是同一家族。殷明略是朱清、张瑄属下五万户之一，至元三十年曾开创自刘家港出发至崇明三沙，东行入黑水大洋直取成山的远海航线。殷明略在一些文献中又作殷明，应该是同一人物。殷氏似乎是世居太仓及崇明两地的大族，朱清所管运粮万户府下属有所谓殷武略翼，由一位名殷实的千户管领，此人曾运粮高丽[5]，出征交趾时由朱清、

---

[1] 至正《昆山郡志》卷五《人物》。
[2] 同上。
[3] 至正《昆山郡志》卷五《人物》："朱明达，字显之，世居崇明，乙亥归附王招讨，帅师入闽，多所全活。丙戌从征交趾，独其舟无遗失，全军而返，壬辰迁居太仓，官海漕，至承信校尉、运粮上千户。中年引疾，终于家。二子文德，号菊岩，承务郎、太尉府长史，丁父艰，遂不仕，扁其西斋曰可闲以见志。士英号松岩，将仕郎、同知济宁府事，亦中年引退。于是父子兄弟俱辞禄，人以是高之。且教子有义，方再世淳良，闺门雍肃，睦宗恤邻，咸服其义，庆延于家。文德子子钧，字可元，今承事郎、连州判官，以祖荫让士英子。子铨，字可章，袭忠翊校尉、温台等处海运千户。皆福禄未艾，传家诗礼，美誉绳绳，为乡间表法云。"所谓王招讨者，名王世强，可参见《吴文正集》卷六四《元荣禄大夫平章政事赵国董忠宣公神道碑》。朱明达作为朱清的孙辈，显然在朱清事发后受到牵连，并且此后朱氏家族家风丕变，深自韬晦。朱明达之孙朱子铨虽再度担任海道官职，但不再有朱清在世时的威势。
[4] 崇祯《太仓州志》："元海道万户虞棠墓在小北门外淮云寺前，子海道总管源、孙袭万户乐间并祔。"
[5] 《高丽史》卷八〇《食货志三·赈恤》。

张瑄奏，授以海船副万户之职[1]。又有所谓"太仓殷九宰"者，曾任海道万户。殷明略、殷实、殷九宰三人到底是什么关系，根据现存文献尚无从断定。另有崇明西沙人杨茂春，应是与朱清、张瑄关系密切之人，累官至武略将军（从五品阶）、松江嘉定所副千户时已年逾六十，"即欲求闲不听"，至治壬戌（1322年）"方得以武德将军致仕"。武德将军是正五品阶，对应的官职应该是海道正千户[2]，其孙杨元正袭职，似乎至正八年还在任[3]。

朱张伏诛，使元廷得以直接控制海运相关的人事任免权。在朱清、张瑄专制海运的至元和大德年间，在漕府人事安排方面，"有功，朝廷付金银牌，而许其便宜除授"，"运粮千户以下皆用其私人"。[4] 甚至"凡任船水手得力者皆投朱张"[5]，等于由朱清、张瑄两人一手遮天。朱清、张瑄下辖五万户皆为南人无疑，其中虞应文是朱清的女婿。虽然表面上也是四等人参用，但是南人充斥其间，达鲁花赤的设置对其可能没有多大约束力。这种局面随着二人伏诛而为之一变。福山曹氏、长兴费氏、澉浦杨氏仕宦作风谨慎，颇谙韬晦之道。如曹南金在至大三年押运赴京之后，"雅志恬退，既受代，即屏居丘园，优游自适"[6]，从此过起富家翁式的悠闲生活。澉浦杨

---

[1] 《元史》卷一七《世祖纪》十七：朱清、张瑄请授高德诚管领海船万户，佩双珠虎符，复以殷实、陶大明副之。

[2] 参见《元典章》吏部卷一《官制一·资品》。

[3] 至正《昆山郡志》卷五《人物》；又《东维子文集》卷二三《重建海道都漕运万户府碑》中有"董役者杨元正"的记载。

[4] 郑元佑：《遂昌杂录》。

[5] 长谷真逸：《农田余话》卷下。

[6] 《金华黄先生文集》卷三五《武略将军海道漕运副万户曹公墓志铭》。

氏则笃信佛教，雅好声乐，与雅士名流交接应酬。[1]费氏在居地上海也热衷佛事及赞助教育事业，并注意与著名士人家族联姻，说明其自身也有相当的文化水准。朱张专制海运的时代，唐兀人黄头似乎是一个异数。黄头汉名唐世雄，曾隶属朱清麾下，在至元二十七年（1290年）六月与千户殷实，万户黄兴、张侑一起以船47艘载江南米十万石来赈济高丽饥民。[2]他在延祐年间被擢升为海道都漕运万户，主持海漕，离任前推荐副万户"失拉朱丁"代行职务，似乎开启了一个职业官僚与滨海富民共同执掌海漕的时代。

二、方国珍发迹与浙东滨海大族之崛起

浙西和苏南等环太湖地区有发达的经济腹地及便利的水文条件，漕府下辖七个千户所有五个驻地都位于该新月形地带，海运世家也大多占籍浙西和苏南。如朱张二氏都世居崇明，后迁嘉定，费氏占籍松江府上海县，曹氏世居常熟，杨氏聚族嘉兴海盐而居。到元代末年，由于方国珍政权据有温、台、庆元三路，开始有浙东富民任海道运粮漕运万户之职。相关例证，据目前笔者所见至少有三个。一个是宋代以来世居鄞县、后迁居庆元定海的吴氏家族，根据《九灵山房集》卷二三《鄞游稿·元赠亚中大夫台州路总管追封延陵郡侯吴君墓志铭》记载，其家系如下：

---

[1] 参见陈高华：《元代的航海世家——兼说元代其他航海家族》，《海交史研究》1995年第1期。
[2] 《高丽史》卷八〇《食货志三·赈恤》；虞集：《道园学古录》卷四一《昭毅大将军平江路总管府达鲁花赤兼管内劝农事黄头公墓碑》。

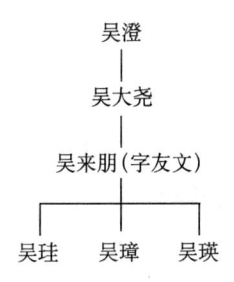

```
        吴澄
         │
        吴大尧
         │
      吴来朋(字友文)
      ┌───┼───┐
     吴珪  吴璋  吴瑛
```

吴氏家族在宋代是一个科第世家，入元以后并无显宦，而致力于在地方发展，是一个比较典型的士人家族。墓主吴来朋（1295—1357年），字友文，以方氏子入赘，虽然是一介布衣，但在当地威望极高，以致"一乡之内不惧于有司，而惧府君之一言。"元末红巾军渐呈燎原之势，吴来朋已年近五十，"不复有志于当时，卜鄞县桃源之凤栖山以居，日从逸人达士盘旋山水间，穷深极密，若将终身焉于是。"看上去纯然以逍遥物外为求。但元朝大厦将倾之际，又是这位隐士激励三子，"宜及时自厉，出为国家致分寸力"。表面上这似乎是在实践士人家族急于国难的理想，但其中恐怕也不无维护家族利益的考虑。其次子吴璋"乃奉命北游帝都，起家巡防百户，督运中原，蹈红巾中，抗节弗屈四载，朝议嘉之，擢海道运粮千户，其后海运有功，制升海道都漕运万户，紫衣金符，侪秩三品"。吴璋何时就任海道都漕运万户不详，最迟不晚于至正乙巳年（1365年），这一年其弟吴瑛见到"问舟于四明"的戴良，而亦不早于刘福通起事的至正十一年（1351年）之前。吴来朋死于至正十七年，当时四明已被方国珍控制。方国珍在至正十六年被元廷任命为海道运粮漕运万户，兼防御海道运粮万户，十七年率舟师5万进击张士诚于昆山州。[1] 吴璋何时就任海道都漕运万户，是宣力于方国珍的庆元幕府，还是直接听命于元廷，目前尚不明了。

另一个是世居庆元路定海县的韩氏家族，具体记载见于郑真[2]《荥阳外史集》卷四五《元故赠中宪大夫海道都漕运运粮副万户上骑都尉追封高阳郡伯韩公墓碑》。[3] 其家系如下：

元末庆元韩氏一族世系图

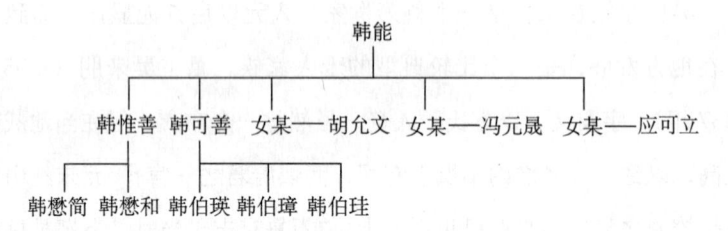

```
                              韩能
         ┌──────────┬────────┬──────────┬──────────┐
       韩惟善    韩可善  女某—胡允文  女某—冯元晟  女某—应可立
       ┌──┴──┐  ┌──┴──┬──┐
     韩懋简 韩懋和 韩伯瑛 韩伯璋 韩伯珪
```

与吴氏相比，韩氏祖上似无仕宦经历，应该只是靠经营发家的白身地主。墓主韩能，字君厔，号妙心居士，是一个热衷佛教的慈善家，"凡佛舍之增葺，金像之庄严，治道涂驾桥梁，倾囊发廪，一无所靳"。其长子韩常，字惟善，号贞一居士，惟善次子韩懋和受荐于江浙行省丞相；从上下文看，这里的"丞相"，很有可能是指方国

---

[1] 嘉庆《直隶太仓州志》卷二四《兵防下》。
[2] 《荥阳外史集》著者郑真，《四库全书总目提要》卷一六九《集部二十二》述其生平："真字千之，鄞县人。成化《四明郡志》称其研究六籍，尤长于春秋，吴澄尝策以治道十二事，皆经史之隽永，真答之无凝滞。洪武四年乡试第一，授临淮县教谕，升广信府教授，与兄驹弟凤并以文学擅名。真尤以古文著，初与金华宋濂声价相埒，尝与濂共作《裘中著存堂记》，真文先成，濂为之阁笔。后濂致位通显，翩翩庙廊，真偃蹇卑栖，以学官没世。故声华閴寂，传述者稀，今观所作，虽不能与濂并骛词坛，而义有根柢，词有轨度，与濂实可肩随，未可以名位之升沈定文章之优劣也。"明言郑真是元末明初鄞县出身的著名文士，与宋濂曾比肩一时。
[3] 韩氏家族的史料，可参见同书卷八《树德堂记》及卷四七《贞一居士传》。

珍。懋和得积官至海道都漕运正万户，这时正是方国珍专制浙西的时期。从韩能的墓志铭出于方国珍的重要幕僚刘仁本[1]（即墓碑中提到的"天台羽庭刘公"）之手来看，韩氏家族应该与方国珍关系密切。但韩氏家族似乎又与方国珍保持着某种若即若离的关系，据记载韩惟善事迹的《贞一居士传》，韩惟善长子"懋简尝两以庆元幕长荐，不就"。韩懋简不愿供职于方国珍的庆元幕府，说明韩氏家族对方国珍并没有采取完全合作的态度。韩懋和应于至正二十七年（1367年）之前即已就任海道万户之职。元廷援例增封其父祖二代，在大厦将倾的情势下，显然也不乏极力拉拢的意味。有趣的是，韩氏为顾及身家，甫入明即效忠新朝，《贞一居士传》明确记载说，韩氏"今内附有司，以户赋之重，推为粮长。每岁旅朝于京，拜伏奉天殿下，面闻圣谕，尚局珍馔饱饫宴赐，归语乡党，以为千载荣遇。"所谓粮长，是明初征收赋役的制度。[2] 显然韩氏在明朝大军的威势之下，为保全家族而甘输重赋。曾任元海道万户的韩懋和"以故官谪汴，尝召至吏部，将用之，以疾辞，今留居京师。"他之所以得以令终，或应与韩惟善及其长子懋简充任粮长、输重赋于明朝的行动有关。[3]

与韩、吴二氏相比，聚族居于庆元北郭的倪氏一族，是元代浙东

---

[1] 出身黄岩的乡贡进士刘仁本是促使方国珍参与元末海运的关键决策人物，参见檀上宽：《元末の海運と劉仁本：元朝滅亡前夜の江浙沿海事情》，《史窗》58号，2001年。

[2] 关于粮长制度，迄今为止代表性的研究是梁方仲：《明代粮长制度》，上海人民出版社1957年版。

[3] （明）郑真：《荥阳外史集》卷八《树德堂记》："圣运肇兴，懋和以闲良谪居汴梁，郡侯与长子懋简力贡赋以奉有司，尝奉命旅朝京师，拜伏奉天殿下，面闻圣谕，赐酒食以归，恩意醲渥，夙兴夜寐，用图报其万一，噫！非树德之极其至是乎？"由此也可见朱元璋对于浙地大地主的高压态势。朱元璋即位之后曾大规模迁徙吴地及浙地富民以实京师，澉浦杨氏、太仓虞氏等皆在其列。

承运海漕的重要航海家族，参与元末方国珍与张士诚合作进行的海运，尤其值得关注。据《春草斋集》卷十《处士倪君仲权墓表》记载，倪氏家族中有名倪可与（字仲权）者，生前与《春草斋集》作者乌斯道相友善。其父名倪天泽（1277—1334 年），其家自曾祖父倪文伟起就徙居庆元路郡城。倪可与自幼时起因为资质"秀嶷"见宠于其父倪天泽，"不使稍离左右"，从父亲与地方贤达的交际应酬中增长见识。他成年后，"从乡先生游如程公畏斋，方外硕宿如噩梦堂，名宦如太常柳公传、户部尚书贡公太甫、应奉邢公吉甫、状元陈公子山，益得以砥砺学业，奖掖风节"。倪可与在元末明初的庆元颇著声誉，成为浙东文人集团的重要成员。方国珍入据庆元之后，其兄弟诸人皆"因而受元爵贵显"，只有倪可与刻意与方国珍政权保持距离。方国珍命倪可与为其死去的越国夫人主持葬礼，他为求自庇"强起而考侯邦小君之制"，严格以礼行事，轰动一时。事毕方欲授以官职，"并以白金彩段为赠"，他坚拒不就。当时除方国珍外，总戎中原的扩廓帖木儿和江浙行省左丞相达失帖睦迩的权势炙手可热，且各自招贤纳士，奔竞之辈"争往惟恐后"。有人邀倪可与一起前往投靠，他称"阔阔公自设官拟朝廷，达失公玩兵而自弱其势"，予以拒绝。平时他"惟与故人之邃于学者游衍吟适园池中……积书盈斋室，手校雠不倦书，修倪氏谱系，续胡贯夫《庙学典礼》，补《朱子家礼》"。当时兵凶战危，士人多为保全性命而丧失名节，而倪可与"以风节自励"，颇为当时名士称许。元末著名色目士人丁鹤年所撰《挽倪仲权处士》一诗云：

　　维鄞有高士，乃居城北门。伯叔列茅土，弟昆罗搢绅。先生视富贵，蔑若行空云。萧然坐一室，诗书日讨论。忠信化闾里，孝友敦亲姻。用兹以殁世，人亡道弥尊。我昔客东海，托交见天真。荦荦金石义，霭霭骨肉恩。岂意隔生死，相思劳梦魂。尚怜灵凤毛，符彩备五珍。每过话畴昔，相对泪沾巾。我辈匪儿女，所感在斯文。[1]

此诗不仅交代倪氏一族聚居于庆元北门一带（严格而言是西北），又能印证倪氏兄弟中有人出仕方国珍政权，即所谓"伯叔列茅土，弟昆罗搢绅"。除丁鹤年之外，倪可与和刘仁本、戴良、乌斯道兄弟、葛逻禄氏迺贤（马易之）、张仲深、程端礼、贡师泰、禅僧噩梦堂[2]等一时名流都有往来。尤其是刘仁本、乌斯道、迺贤等人经常造访倪家的居宅亭园，雅集游宴，联句赋诗，品题书画，流连忘返。[3]其书斋"履斋"拥有万卷藏书。某种程度上可以说，倪可与位于庆元北郭的居宅亭园及书斋"履斋"，在元末东南扰攘的时势下，与昆山富豪顾瑛的玉山草堂一样，具有文艺沙龙的功能，为浙东文士提供了休憩身心和经济庇护的场所。例如丁鹤年这样元末以来流离失所、迁避无常的色目文人，居然在"深忌色目人"的方国珍辖

---

[1] 丁鹤年《海巢集》卷一，清光绪琳琅秘室丛书本。
[2] 乾隆《鄞县志》卷二〇《仙释》曰："昙噩，字无梦，号梦堂，姓王氏，住慈溪。至元五年居鄞之宝庆寺，洪武初应诏至京，以年老放还。"噩梦堂是元末明初声名卓著的禅僧，史籍多有记载，有诗传世，兹不赘述。
[3] 丁鹤年《海巢集》卷一《挽倪仲权居士》、卷四《题四明倪仲权处士小像》，戴良《九灵山房集》卷二二《倪仲权索予书所作诗文题其后》；刘仁本《羽庭集》卷一《适意为倪仲权作》、《六月四日宴倪仲权荷亭》、卷二《过鄞城北郭倪仲权居宅》、卷三《秋日过倪仲权不值见其西席乌性善》（乌性善乃乌斯道之兄）、卷六《履斋记》；迺贤《金台集》卷一《题罗小川青山白云图为四明倪仲权赋》；张仲深《子渊诗集》卷一有诗序曰："倪仲权宅城北隅，凿池植莲，环以翠竹，友人乌继善颜其斋曰花香竹影，盖取慈湖杨氏之言，曰花香竹影，无非道妙，因赋十韵"，其诗无题；乌斯道《春草斋集》卷一一《书倪仲权所藏南轩先生墨迹后》、《题花香竹影图》。

境内流连不去[1],居留长达廿余年,先后寓居昌国、鄞县、慈溪、定海、奉化,并在定海浃口筑有"海巢",一方面可能是难以舍弃此处"多族士人圈"中浓厚的文化氛围[2],另一方面是由于有倪仲权这样殷实礼士的朋友经常予以生活接济。

但是,倪可与同文人骚客交接往来的经济来源何在呢?倪氏家族到底是一个什么样的家族?实际上,《春草斋集》在紧接《处士倪君仲权墓表》之后收录的,便是《转运使掾倪君太亨行状》一文,记载了倪仲权伯父倪溢(字太亨)的生平。据行状,倪太亨仅略通文墨,"读书务通大意,脱略俗儒句读之习"。但是他极具商业头脑,"尝使人贾泉南得米,盈巨舰,米商因君而至者六十余艘。时价腾踊,群商且得志,君故损其直,商瞪目恨君。君曰:'以千人之饥为一己利,可乎?'凡故旧有遗孤以贫乏告,即厚赠之,不以存没易其心。"毫无疑问,他在这笔买卖中既获得了商业利益,也赢得了乡党时誉。倪太亨"性明敏刚介,遇事果断无凝滞,任气节,不肯屈人下",具有旺盛的进取心。在贸米泉南成功之后,他就尝试由吏人仕,"初试吏部之狱典",既"升府史",又"转市舶吏目",复"升江淮财赋府曹",其吏程终结于"两浙福建运司掾"。尽管他终其一身并未得任正官,但先后历仕之市舶吏目、江淮财赋府曹、两浙福

---

[1] (明)瞿佑《归田诗话》:"丁鹤年,回回人。至正末,方氏据浙东,深忌色目人。鹤年畏祸,迁避无常居。"

[2] 萧启庆:《元朝多族士人圈的形成初探》,收于氏著《内北国而外中国:蒙元史研究》下册,中华书局 2007 年版。萧启庆通过分析大量实例,提出元代"各族士人之群体意识已凌驾于族群意识之上"的观点,尽管他没有明确指出这种多族士人圈在何时形成,通过所举实例可知应在元代中后期。关于丁鹤年避居四明的行迹,可参见王颋:《鹤零旧里——"西域"诗人丁鹤年传记考辨》,载氏著《西域南海史地考论》,上海人民出版社 2008 年版。

建运司掾都属于财政、物流等部门的关键职位，无疑为倪氏家族积累了相当财富，奠定了倪氏作为元末航海巨族的基础。结合该行状，可知倪氏一族的世系是：一辈倪居正，二辈倪文伟，三辈倪敬聪，倪敬聪生子三人，倪溢（一说倪溢，字太亨）居长，次为倪天泽，还有一个弟弟。倪太亨无子，"以仲氏天泽之子可观为后"。也就是说，倪可与（字仲权）、倪可观是兄弟，倪可观过继给伯父为后。[1]

倪可与之父倪天泽又是怎样一个人呢？据乌斯道《处士倪君仲权墓表》可知，倪天泽与四明出身的著名儒士程端礼（1271—1345年）相友善。实际上，程端礼在其文集《畏斋集》中，四次提到这位挚友，倪天泽去世后墓志即为程端礼所撰。[2] 乌斯道《春草斋集》卷七《倪隐君传》也记载了倪天泽的事迹。综合程端礼和乌斯道所记，可知倪天泽字济亨，生有七子，依次是可明、可伯、可与、可观、可行、可元、可端，过继给长兄倪太亨为后的是第四子倪可观，七子之中尤以倪可与最为知名。又据程端礼之弟程端学《积斋集》卷四《灵济庙事迹记》记载，"皇庆元年，海运千户范忠暨漕户倪天泽等，复建后殿廊庑斋宿所，造祭器"[3]。元代捐资兴役之类的公益事业一般都是由官府出面张罗，地方士绅襄助其事，而灵济庙

---

[1] 程端礼《畏斋集》卷六《元故处士倪君墓志铭》中所记载的倪氏世系与乌斯道所记稍有出入，依次是倪居正、倪文珣、倪敬之，倪溢、倪天泽兄弟，而据乌斯道记载，倪天泽长兄名倪溢，父名倪敬聪，祖名倪文伟，《春草斋集》的作者乌斯道与倪可与相友善，比倪天泽、程端礼低一辈，他所记倪氏家族的世系可能不及程端礼可靠，乌斯道自己在所撰行状中也提到："晚未尝与君（指倪天泽之兄）接，殷勤而敢以论列君之行事者，亦得说于君之所交耳，惟立言君子采摭而铭之可也。"本文所列倪氏世系以程端礼说为依据。

[2] 依次是《畏斋集》卷二《挽倪济亨》《燕倪济亨新居》、卷四《宴倪氏园池诗序》、卷六《元故处士倪君墓志铭》。

[3] 至正《四明续志》卷九《祠祀》、乾隆《鄞县志》卷七《坛庙》都引用了程端礼文。

主祀的又是宋元时代滨海民众普遍信仰的航海神灵"天妃",因此程端礼所提到的"漕户倪天泽",无疑是出自庆元倪氏一族,与程端礼相友善的倪天泽是同一个人。也就是说,倪天泽一家实际上是海运船户。综合程端礼、乌斯道、刘仁本等人的记载,可知倪天泽家境优裕,受父兄影响,喜欢交接文人学士,他在庆元北郭购地,"浚池筑室,手植花竹,靓深欝茂,鱼鸟翔泳,如在林壑。居成,延高人胜士,讲诵觞咏,日以为常。"[1] 其书斋"取易澤下乾上之䷘",号为履斋,藏书达万卷之巨。"延士乐宾,衣冠俎豆无虚日。凡朋偶之往来,亲戚之情话,骚人墨客,吟咏相接,诗赋辞章,动盈签轴。"[2] 倪天泽终身未仕,是庆元颇有声望的士绅,其为人行止给予其第三子倪可与以极大影响。

据《元故处士倪君墓志铭》及《倪隐君传》,可知倪天泽还有一个弟弟。关于此人事迹,分别见于嘉靖《宁波府志》卷三五以及《万姓统谱》卷一四记载,而以后者较为详尽,兹具引如下:

> 倪天渊,字震亨,鄞人。修髯广颡,气和行朴,与人交终始一致。家饶而性尚俭素,一冠十年不易。事亲竭力,乐施予。穷乏者,假贷无吝色,有负逋者,即焚券不责其偿。时江南岁漕白粲,经海达畿。天渊籍占漕役,躬自蹈海,有舟十艘,每运数万石,操舟之卒千人,一束以纪律。至元戊寅,漕舟多没于风,天渊舟漂高滩上。众欲舍舟,天渊不从,拜且祈,俄而神炬见桅端,先辉烛人,风回获济。积四十余年,中台御史袁

---

[1] 《畏斋集》卷六《元故处士倪君墓志铭》。
[2] (元)刘仁本《羽庭集》卷六《履斋记》。

赛音布哈按行海道，嘉其尽力王事，且年高行笃，状闻于朝，旌之曰"高年耆德"之门。后子可辅仕江浙行省参政。

由此小传可知，倪天渊字震亨，籍占漕役，服劳长达四十余年，拥有漕舟十艘，每运达数万石，雇佣梢水人等多达千人，可见其家势非同一般。他在至元戊寅（后至元四年，1338 年）年的海运中避免了漕舟漂溺的事故。因其种种劳绩，倪氏家族被元廷嘉为"高年耆德之门"。倪天渊应该就是倪天泽的弟弟，与其兄倪天泽颇具人文修养相比，倪天渊是善于经营的实干家，大概是兄弟三人之中为家族发展贡献最大的人。其子倪可辅，官至江浙行省参政。

乌斯道所撰《处士倪君仲权墓表》又提到："天台方公拥兵入城，奋威武，累官至丞相，凡出其麾下者，皆得奏请于朝，致显官，君伯仲亦因而受元爵贵显。"是知方国珍割据浙东三路之际，倪可与同辈兄弟中至少有两人出仕方国珍政权。其中之一，应该就是倪天渊之子倪可辅。嘉靖《宁波府志》记载府治北有所谓"倪家花园"，为"倪万户建"，《乾隆鄞县志》卷二四《古迹》，"倪家花园"条下加按语曰："倪可辅，官浙东宣慰司都元帅兼海道漕运万户，见忠祐庙碑。"同书卷二三《金石》曰："加封忠佑庙神之碑，至正二十四年六月翰林国史院检阅官袁士元撰，浙东道宣慰司都元帅兼海道都漕运万户倪可辅书并篆额，上有蒙古字十行，又正书宣命二字，在北郭庙，文载坛庙门。"关于"加封忠佑庙神之碑"，全称《皇元加封忠佑庙神之碑》，今全文保留于《两浙金石志》卷一八，文曰："至正二十三年稛载之舰至鸡鸣山，连日飓风，雾雰晦冥莫知向，方漕臣棹夫同心叩祷，神人徧现，若自天降，豁然开霁，如夜斯晓。

既达于京，具辞上闻，加封昌城刘侯武烈公沙使协佑侯，庙额如故。"综合上述记载可知，倪可辅最迟在至正二十三年（1363 年）已经担任海道都漕运万户。这一年的春运，是方国珍和张士诚最后一次合作向大都海运漕粮。又据《乾隆鄞县志》卷七《坛庙·灵应庙》转引明初名臣胡濙[1]所撰庙记曰："元武宗至大三年六月，诏重建祠宇，以妥神灵。顺帝至正二十年，中原梗塞，海道漕运万户倪可久奏言，籍王阴庇，扶护粮艘，风波不兴，舟人无恐，竟抵沽以济国用，请加褒封。"其中提到的海道漕运万户倪可久，应该就是倪氏家族中出仕方国珍政权的另一人，与倪可辅同辈。至正二十年的海运是方国珍与张士诚合作进行的第一次海运。《至正四明续志》中提到，在至正元年，郡守王元恭（即《至正四明续志》著者）因郡民之请修筑农业水利工程"茅洲碶"，"嘱郡人倪可久等出备工料，拆移填塞旧闸"。这与胡濙所撰庙记中提到的重建灵应庙者，无疑是同一人物。[2]据程端礼《元故处士倪君墓志铭》和乌斯道《转运使掾倪君太亨行状》，可知倪天泽七子之中并无倪可久，说明倪可久应该是倪天渊之子，与倪可辅是亲兄弟。因乃父服劳漕事颇具成绩，倪可久、倪可辅二人方得出仕方国珍并贵为海道万户。元廷按照三品高官得封赠二代的惯例，对倪可久亲族父祖二代都有所封赠，甚至其二伯父倪天泽，也被授予"敦武校尉、台州路黄岩州判官"的赠官。

---

[1] 事迹见《明史》卷二一四《胡濙传》。
[2] 至正《四明续志》卷四《茅洲碶》。

元末庆元倪氏一族世系图

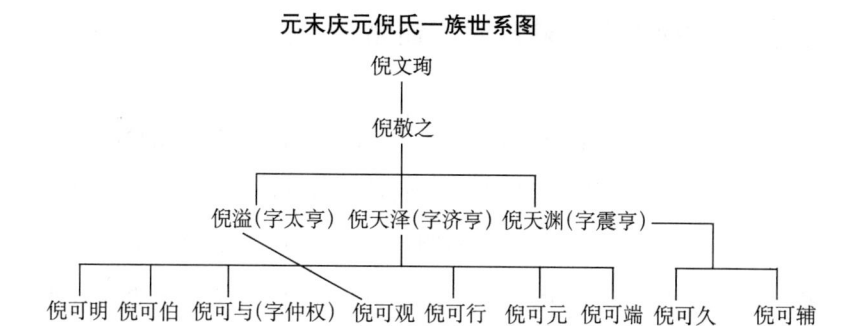

```
              倪文珣
                │
              倪敬之
                │
    ┌───────────┼───────────┐
  倪溢(字太亨) 倪天泽(字济亨) 倪天渊(字震亨)
    │             │             │
┌───┼───┐    ┌────┼────┐    ┌───┼───┐
倪  倪  倪可与  倪  倪  倪   倪   倪   倪
可  可  (字仲权) 可  可  可   可   可   可
明  伯           观  行  元   端   久   辅
```

不难看出，与浙西、苏南等地的富民相比，元代海道都漕运万户府下辖庆元绍兴、温台等二处千户所辖境内的滨海富民，远离海运权力中枢海道都漕运万户府所在地平江，往海运装粮地太仓也水程弯远[1]，因此在海运体制的利益及权力角逐中，长期以来处于弱势地位。而方国珍的出生地黄岩位于温台等处海运千户所境内，更属于海运体制的边际地带。方国珍之崛起海滨，并最终接受元廷招抚、开府庆元，无形中改变了海运体制的地域权力结构，使得浙东富民在海运体制中的地位明显上升，韩氏、倪氏家族尤为其中代表。而下文所要提及的方国珍姻亲戴氏家族，也与元末海运密切相关。

---

[1] 如至大四年（1311年），温台两路运粮船在回帆途中遭风，加上直沽交卸时所欠官粮，最后只好出卖五十六只、共二万六千料的船只以赔官债（《经世大典·漕运》一，《永乐大典》卷一五九四九）。鉴于此元廷曾有限度地提高脚价，但似乎收效甚微，到顺帝后至元四年前后，"浙东岁歉，无粮拨温台庆运户，驾空船往浙西刘家港安泊"，而有司竟然以"空船至浙西为易事，止依浙西脚价减除每石五钱"，等于是在依照皇庆二年十一两五钱的标准再减五钱，导致船户多有"罄家产不足以供费者"，经过庆绍等处海运千户朱奉直力争，才得以恢复旧有标准（《畏斋集》卷五《庆元绍兴等处海运千户朱奉直去思碑》）。

三、方国珍的姻亲戴氏家族述略

日本学者奥崎裕司曾撰文专门论及滨海地区支持方国珍起兵的"南塘戴氏",并指出"南塘戴氏"与方国珍是姻亲关系。[1]惟遍检奥崎裕司所据史料,几乎全部出自明代中后期的方志,其中明确提到南塘戴氏与方国珍缔姻的一条史料出自嘉靖《太平县志》卷八《外志·方寇始末》:

> 一日侵晨,诣南塘戴氏借大桅木造船,将入海货鱼盐。戴世宦,屋有厅事。时主人尚卧未起,梦厅事廊柱有黑龙蟠绕,屋为震撼,惊寐视之,乃谷珍,遂以女妻其子。

据笔者所知,南塘戴氏与方国珍家族缔姻之事最早见于嘉靖《太平县志》。除此之外,该志还记有戴氏的许多轶事。[2]这则记载无非是要说明戴氏预感方国珍将在元末的乱世中成就一番事业,因此与他结为儿女亲家,以利于家族的保全与发展。所谓"黑龙蟠绕"云云,当然不足信凭。元末继贡师泰任户部尚书的李士瞻出督海漕往福建途中,因"船主戴廷芳、廷玉"二人执意挽留,"系舟楚门湾,一住十余日"[3],檀上宽认为此兄弟二人属于南塘戴氏[4]的分支,

---

[1] 奥崎裕司:《元末方国珍を支えた戴氏》,《中国古代史研究》6,东京:研文出版1989年版。
[2] 如嘉靖《太平县志》卷八《杂志》另有"戴氏始基祖"、"塘下童谣"等条叙及戴氏发迹及其在明初被抄没诸事,后世方志如万历《黄岩县志》、康熙《临海县志》、光绪《黄岩县志》、民国《台州府志》关于戴氏的记载都沿袭了嘉靖《太平县志》,基本雷同。
[3] 李士瞻:《经济文集》卷六《楚门述怀》、《抵楚门》。
[4] 吴茂云《戴复古家世考》(《成都大学学报》1987年第4期)考证出南塘戴氏主要聚居于今台州市温岭县新河区塘下乡,现温岭市新河镇境内,此地元代辖于黄岩州。

并将楚门之地比定在菰田戴氏所在的永嘉一带。他的根据是李士瞻的《赠戴氏诗》[1]以及《抵楚门》诗二首：

> 楚门山色散烟霞，人到江南识永嘉。
> 半陇石田都种麦，一冬园树尚开花。
> 海天日暖鱼堪钓，潮浦船回酒可赊。
> 傍水人家无十室，九凭舟楫作生涯。
> 船泊江潮是异乡，戴郎家住楚门傍。
> 寄来青柿犹存蒂，摘得黄柑尽带霜。
> 竹坞人家茅屋小，石矶渔艇钓丝长。
> 可怜扰扰风尘际，谁识桃源有洞房。[2]

古人提及郡望时，多喜欢标榜祖先原籍所在，如南朝时期流寓江左的王氏动以太原王氏自命。永嘉菰田戴氏以及南塘戴氏自宋代以来是诗礼传家、名宦辈出的士人家族。[3] 从这两首诗所描绘的情形看，虽说不能排除楚门戴氏一族出自永嘉菰田戴氏或南塘戴氏的可能性，但笔者仍倾向于认为，他们只是兼营渔业、林业及农业的滨海土豪。关于方氏势力如何进据温州，寺地遵的研究颇可参考。当时永嘉东北部的山獠蜂起，当地豪族纷纷组织自卫武装，并在御乱过程中分成两派。以菰田戴氏为核心的一派在派系倾轧中处于下风，遂向南塘戴氏的姻亲方国珍请求援助，后者随即派其侄方明善以平

---

[1] 诗曰：“永嘉名郡多名族，孝义忠贞戴氏家。曾向辕门干上将，甘从虎穴试磨牙。兰孙比玉香凝砌，棣萼联辉树有华。意气每逢天上使，年年来此憩星槎。”
[2] 二诗俱见《经济文集》卷六，影印文渊阁四库全书本。
[3] 参见吴茂云前揭文。

乱为名进入温州。[1] 朱元璋派征南将军汤和攻陷庆元之际，曾俘获追随方国珍下海逃亡的"元帅戴廷芳"。[2] 檀上宽认为，他极有可能就是曾经招待李士瞻的"船主戴廷芳"。

关于戴氏一族最为详细的资料，其实是收录于《经济文集》（《民国湖北先正遗书》本）卷五的《赠戴氏序》。檀上宽所利用的《经济文集》，可能是未收此文的原本，所以有些论述只好凭推测。奥崎裕司所撰《元末方国珍を支えた戴氏》一文也没有利用这篇资料。兹将《赠戴氏序》全文引述如下：

> 浙水东七州，而永嘉最为浙之名郡。其属县乐清有所谓戴氏者，又为是郡之名族也。戴氏昆季三人，长某不幸早逝，次国荣，近以功授千牛官，次国宾[3]，尝为海道千户，其侄廷芳及其季廷玉各以军功擢官有差。其先世由赵宋氏以来同堂而食共财而处者，历世最为绵远，迩岁以兵燹扰乱，海滨戒严，兄弟若子姓佥谋拆爨而处，由楚门而竹冈凡三徙焉，或谓善谋矣。一门孝友，天至忠厚之性，无所造饰。太夫人垂老在堂，年迄八旬，其家无少长，非禀命莫敢辄行。嫂夫人方氏，是为廷芳昆季之母，廷芳虽贵为元帅，其妇之事姑，不啻若新妇之姑来时。孀居积年，诸叔仲非有大故，勿敢辄见。闺门之间，谊杂

---

[1] 寺地遵：《方国珍政権の性格——宋元期台州黄岩県事情素描》，《史学研究》223 (1)，1999年。
[2] 《明太祖实录》吴元年十一月辛巳："征南将军汤和克庆元。先是……方国珍驱部下乘海舟遁去，和率兵追之，国珍以众逆战，我师击败之，斩首及溺死者甚众，擒其伪副元帅方惟益、元帅戴廷芳等，获海舟二十五艘、马四十一匹。"
[3] 后文作"彬"，未知孰是。

之声，终日未尝一接于耳目，中外斩然也。轻财乐施，延敬宾客，每每一至，必鳞次而进，徧延于家，比美相尚，了无难色。求之王门之中，伯仲一律，以故朝之名公巨卿、藩屏之达官文武，凡往来于此者，无不百方邀致，穷珍腆达昼夜，期厌饫而后罢。去必问所欲费，欢然相送，左右取适，惟恐或后。至正十四年先太师丞相下高邮时，国彬君尝沥肝胆，率子弟，携义旅，不惮海运，从事金革，舳舻之供，鞬櫜之需，皆所自给。属太师罢兵解严，志遂弗竟。今海岛之间，当时尝与公颉颃者，怒目之忿犹不肯瞑，公之昆季独能含垢忍污，深自悔匿，宁割己财以啖左右之用事者，中心若无所于芥蒂，虽怀怏怏之心，曾不见一毫形之眉睫，非善于用世者，孰能是哉？噫！扬子云："古之君子不得志则龙蛇。"吾于戴氏见之矣。至（正）二十一年秋九月余以天子命奉使闽越，其舟即戴氏舟也，同舟主人则元帅之弟延玉别驾也。以其年十月二十一日来泊，用十一月朔日乃发，舣舟于海滨者凡十日，为主人之所延致者，又经两信宿而退，其情其乐其饮馔之丰厚，无一不如前所述，真好礼而慕义者也。经略使伯颜不花公、景仪季公皆科第中第一流人也，既以义旌其门，予也忝后斯文，居吴越而觏邹鲁，安得不留诗留文以播其名于好事君子？从余游者某某、中书户部尚书李某喜为之记。

根据该序所述，戴氏一族的谱系如下：

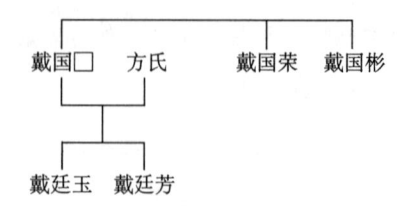

```
        戴国□ — 方氏    戴国荣  戴国彬
          |
       ┌──┴──┐
      戴廷玉  戴廷芳
```

序中明述戴氏一族自宋代以来聚族居于永嘉属县乐清，但为在元末战乱中保全宗族，"拆爨而处，由楚门而竹冈凡三徙焉"。也就是说，戴氏家族在元末已经分居于乐清、楚门、竹冈等地。就方位而言，戴氏原居地在乐清何处不得而知，楚门（湾）应位于温台边界与乐清的北雁荡山之间[1]，竹冈则是位于北雁荡山东麓的村落[2]。元代台州路黄岩州东南界有名为"楚门"的海港，与温州玉环岛隔海相望，明代在此地设立楚门千户所，属松门卫[3]，即今天浙江温岭市的楚门镇所在。李士瞻泊船十余日的楚门湾应该就是此地，而不

---

[1] 李士瞻《五更述事》诗叙述了抵达楚门湾之前的情形："北风撼船头，终夜苦难寐。暂寐遽惊觉，何如不成睡。凌晨欲交霁，喧哗复惊悸。问之见山来，谓是温州际。楚门舟人家，樯帆与心系。谁无遄归念，况乃此辈类。我心重贤劳，所思在王事。造物岂偏顾，悉愿委以遂。寒暑尚有差，神明苦难是。"诗中明言楚门在温州之际，由于舟人（主要是戴氏一族）临近家乡，皆有归家之念，李士瞻只得从众人之意逗留楚门。但他显然无久留之意，在《楚门述怀》诗中提到，"虽沐主家顾，志愿良未舒。情虽公私牵，轻重亦异趋。君家素忠义，所望同吾徒。王程已愆期，日夜畏简书。苟重君父忧，内省还何如。愿君竟兹意，早发勿趑趄。"因此在十一月初二日自楚门湾匆然发船，有诗云："朝辞戴氏子，暮见燕荡山。此山接天台，一见开我颜。"（诗题为《十一月初二日发楚门》）也就是说，楚门湾应位于温台边界与乐清的北雁荡山之间，据此其具体位置虽不能断定，但显然是处于南塘戴氏所居温岭与菰田戴氏聚居地永嘉的结合部。以上诸诗俱见《经济文集》卷六，影印文渊阁四库全书本。

[2] 《经济文集》卷六有诗题云："走也衔命而来，舣舟永嘉之楚门，盖居人戴氏里也。一日邀致于所居之村曰竹冈，杯酒留连，伯仲联侍。居周匝佳山水环绕于其间，间尝游目登眺，一时清远之思，崒然眉睫，昔谢太傅好游东山，未为无谓也。顾余何人，拟迹宰相，不能不愧耳。幸以诗人常谈见恕，是所望也。"其诗曰："雁荡山东是竹冈，林泉清赏胜沧浪。人家散处通潮浦，鸡犬成村自雁行。无数小舟湾柳外，暎山红树绕溪傍。主人惠我游山屐，谢傅情浓乐未央。"

[3] 《筹海图编》卷五《浙江兵防官考·沿海卫所》。

是檀上宽所言永嘉一带。另外，序中对于戴氏家系也记载得很清楚。戴氏族长应该是戴国彬，他曾任海道千户，可见戴氏实际上是承运漕粮的船户出身。[1] 至正十四年丞相脱脱攻打盘踞高邮的张士诚时，戴国彬"率子弟，携义旅，不惮海运，从事金革，舳舻之供，鞬橐之需，皆所自给"，十分卖力。但因脱脱阵前去职，使得他的义举化为泡影。事后为慰劳随其前往高邮的海岛群豪，他甚至"宁割己财以啖左右之用事者"。戴国彬之兄戴国荣"近以功授千牛官"，千牛是保卫皇帝或者诸侯人身安全的近侍武职，从戴氏与方国珍有姻亲关系看，他在方国珍庆元幕府担任此职的可能性比较大。戴国彬之长兄早亡，寡嫂为方氏，笔者认为她是出自方国珍一族，但方氏与方国珍的辈分关系不甚明了。根据序文，方氏"是为廷芳昆季之母"，也即戴廷芳、戴廷玉兄弟二人的母亲。考虑到方国珍在浙东三路的统治主要依赖亲族血缘关系来维持，以兄弟子侄分据枢要，自己坐镇庆元，以弟国璋据台州，侄明善守温州。正因为亲缘关系，戴廷芳才得以在方国珍麾下担任元帅，戴廷玉则为"别驾"，应是庆元幕府的侧近文职官员[2]，李士瞻奉使闽越时，他作为船主随行。大概正由于方氏出自方国珍一族，所以尽管其夫早亡，但仍然在家族中备受尊崇。不惟"诸叔仲非有大故，勿敢辄见"，戴廷玉之妻对这

---

[1] "海道千户"的全称是海道运粮千户，元代海运的承运机构海道都漕运万户府下辖若干千户所，千户之职多以占籍漕役的富民充任，相关研究可参见陈高华《元代的航海世家澉浦杨氏——兼说元代其他航海家族》(《海交史研究》1995年第1期)、植松正《元代の海運万戸府と海運世家》(《京都女子大学大学院文学研究科研究纪要》2004年史学编第3号)。
[2] 邱树森：《中国历代职官辞典》(江西教育出版社1991年版)"别驾"条："官名。汉代始置，为州刺史佐吏。因随州刺史出巡时另乘传车，故称别驾，亦称别驾从事史。魏晋南北朝沿置。隋唐曾一度改为长史，后又复原称。宋以后置诸州通判，因职守相同，故通判亦别称别驾。"

位婆婆（宋元之际儿媳称婆婆为"姑"）[1]也侍奉得十分周到。根据该序，且可确证汤和攻打庆元所擒之"元帅戴廷芳"，即李士瞻所记之"船主戴廷芳"。从戴氏兄弟热衷于交接达官贵人以邀取名爵的行止看，确如檀上宽所言，其人乃元末典型的"海上土豪"，楚门戴氏一族离南塘戴氏聚居之地并不远，但似乎称不上是诗礼传家的士人家族。李士瞻虽因受戴氏兄弟热情招待，所记颇多溢美之词，但他也没有提及戴氏与南塘戴氏有何关联。由此看来，楚门戴氏与南塘戴氏究竟是否同出一脉，尚有疑问。有趣的是，至正十四年夏四月，方国珍对于奉旨前去招谕的江浙行省左丞左答纳失里所提出的"授以五品流官，令纳其船，散遣其徒"的规定置若罔闻。当日史料说他"拥船一千三百余艘，仍据海道，阻绝粮运"。[2]而同年十一月，戴国彬却亲率子弟参与高邮之战。从中可以看出戴氏因曾任海道千户，与元朝关系较为密切，对待元朝的态度与方国珍有微妙差别。方国珍后来终于归附元朝并得任海道运粮漕运万户兼防御海道运粮万户，大概与戴氏任职海道千户期间所积累的深厚人脉关系有莫大关联。方国珍之侄方明善守温州期间，"每岁航米及货物至燕交通权贵"[3]。航海家族出身的戴廷芳、廷玉兄弟二人无疑也在此种接济元廷的海运活动中起到了重大作用，楚门湾也因此成为名公巨卿海上往来的中转站。

截至目前，可以肯定戴氏家族与方国珍有姻亲关系。只是元明之际居住温台交接地带的戴氏并非只有一支，不能断定都与作

---

[1]（宋）赵彦卫《云麓漫钞》卷五："妇谓夫之父曰舅，夫之母曰姑。"
[2]《元史》卷四三《顺帝纪六》。
[3] 万历《温州府志》卷一八《杂志·窃据》。

为士人家族的南塘戴氏同出一脉。就文献学的角度而言，《经济文集》的作者李士瞻与方国珍及戴氏是同时代的人，所记较之明中后期方志，显然更为可信。自嘉靖《太平县志》以来关于戴氏的记载，都不能坐实戴氏的居地、谱系，以及在方国珍政权中发挥的作用。至于其中包含的诸如"黑龙绕柱"之类的传说，更是不能采信。但这并不意味着这些记载就毫无价值。如嘉靖《太平县志》的编纂者何以要将戴氏家族与南塘戴氏挂钩，这种攀扯又何以在后出文献中被不加怀疑地采信，方国珍作为一代枭雄，在国家和地域层面的历史叙事中究竟有怎样的形象落差，凡此种种，仍然值得继续深入探讨。

四、余论

应该说，对于元代承运漕粮的滨海大族的研究，并不算是一个非常新的课题。早在民国期间，即有学者从政治史或者说制度史的角度关注元代海运，对朱清、张瑄二氏事迹进行过系统的梳理。[1] 而将此类家族从地域史或者社会史的角度加以解析，却还是比较晚近的事。陈高华先生对澉浦杨氏的研究，以朱清、张瑄的伏诛与元代海运体制之确立的关联性作为从事考查时的聚焦点，为我们呈现出一种新的视角所可能带来的认识历史问题的新空间。

当然，无论地域史或者政治史的研究视角也都会有其自身的局限性。植松正所撰《元代の海運万戸府と海運世家》一文是从地域

---

[1] 参见夏定域：《元朱清张瑄事迹录》，《浙江大学文学院集刊》第三集，1943年8月。

史角度成功阐述元代海运体制的佳作。着眼于地方势力对海运的控制力，他提出元代海运体制是一种"官民协调体制"。此处"协调体制"之中的所谓"民"，显然是海运船户的中上层，亦即海运船户中的极少数。至于被迫从事海运的中下等船户，自然不可能在海运中实现与元廷的利益协调。就目前的史料看，笔者倾向于认为，至少自朱清、张瑄伏诛之后，元代船户的整体境遇已大不如前。由于至大年间交钞发行的大幅度膨胀，而元朝政府用于支付船户的脚钞却提高有限，遂使元代船户的整体境遇处于持续恶化状态。特别是浙东温台等处千户所，其辖内船户往太仓装粮水程弯远，而脚价却较他处船户增加有限，负担尤其深重。方国珍之所以迅速崛起海滨，正与船户内部的阶层分化以及地缘差异的扩大有关。浙东中下层船户在元末生存境遇全面恶化，终于发展到公然贩盐行劫，以致"拒敌巡哨军船，杀害军官人等，岁岁有之"[1] 他们恰恰构成方国珍政权水军力量的选锋。而朱清、张瑄伏诛和方国珍崛起所带来的地域政治结构的调整，也无疑对于海运家族的兴衰嬗递产生了巨大影响。

---

[1] 如《至正条格》提到至正元年五月，"海道万户府每岁运粮海船不下二千余只，于直沽卸粮了毕，船户梢水滨海地面掘起盐泥压载，又于河内、山东近海场分贩卖成引私盐、鱼货等物，回至昆山、刘家港、江阴等处海口，其各处把隘镇守军官、军人等，每船一只取要钞一定，名曰搜空，就放船入港，公然货卖"（参见《至正条格》卷一一《断例·粮船回载盐泥》，韩国学中央研究院2007年整理本，第294页）。又据《南台备要》卷七二《建言盐法》："山东、河间二司盐场，多在濒海煎造，其在海大船，每岁入场，通同盐官、灶户人等公然买卖，视本已煎官盐贱如粪土。每船少者买贩数百引，多者千余引，运至扬州路管下崇明州地面石牌镇扬子江口转卖。此间边江拨脚铁头大船，结艅运至上江发卖，拒敌巡哨军船，杀害军官人等，岁岁有之。" 这则材料所指乃是至正十一年的情形，当时方国珍已经崛起海滨。所谓"在海大船"，如果对照《至正条格》的记载，应该就是指海运船户。

另一方面，针对元代海运的政治制度史研究路径也有其令人不够满足之处。因为这样的取向可能过于偏重一系列相关事件的序列以及略带机械的制度描述，很难使读者感知海运体制中权力结构奇诡多变的态势及其与地域秩序的关联互动。过多集中地关注朱清、张瑄如何卷入元廷内部的政治斗争，如何肆意聚敛，很容易流于支离而无助于掌握朱、张二氏为代表的地域人群的特性和元代海运体制的实态。实际上，两人跋扈不驯只不过是宋末元初崇明一带海民集团势力强盛的表征。而元朝委之以海道运粮的重任，无非是对既成事实的一种政治认可。后来二人恃宠而骄，视漕府为己物，名爵私相授受，徒众之中亲近者皆荣登显位。加之其部众行为并不检点，虽然占籍漕役为国效力，却并未完全更改宋末海民不受约束的旧习气。作为此种海民集团的首领，将二人诛杀无疑具有一种杀鸡儆猴的威慑效应，可视为元朝为巩固江南统治和自身经济基础而对以船户为代表的海民势力加强控制的举措。

元代因从事漕粮海运而兴起的航海家族，其家族命运与元政权命运是密切相关的。他们因承运海漕而发家，凭借财富获取海道官职，进而利用权势来获取更多的财富。在上述过程中，获得漕府的官职是家族发展的关键所在。一旦政治上失势，就意味着家族会日益失去显赫地位。张士诚、方国珍的崛起对江浙一带固有的社会阶级格局形成了巨大冲击，如吴地"自张士诚走卒厮养皆授官爵，至今称呼椎油作面佣夫为博士，剃工为待诏，家人奴仆为郎中，吏人为相公"[1]。这对原来已经与元朝政府建立了密切关系的航海家族无

---

[1] （明）黄省曾：《吴风录》。

疑是巨大的威胁。因此，在至正十二年方国珍进取太仓之际，漕户杭和卿家富于财，且作为曾受元廷表彰的义门[1]，乃散财招义勇抵抗，最终"一家无少长，咸为贼歼"。[2] 白身漕户尚且如此，带有海道万户等头衔的富民，出于身家利益考虑，纷纷挺身御乱。如江西吉安人夏迪，在方国珍兴起之际，"以海道万户为行军经历，统众至昆山"[3]。又有海宁人许懋，以"万户长督海运抵大都，授杭州路治中，不就，时红巾贼起，懋倡子弟义勇战却之"[4]。

明朝建立之后，布衣出身的朱元璋对吴地及浙地富民显然没有好感，遂将大批富民迁往内陆地区。时人称："三吴巨姓，享农之利，而不亲其劳。数年之中，既盈而覆，或死或徙，无一存者。"[5] 海道官员作为胜国故官，更是很少能够幸免，澉浦杨氏、太仓虞氏都在迁徙之列。[6] 杨氏旧居"废为延真观"，曾经广贮姬妾的梳妆楼积满尘埃。[7] 元明鼎革之际，江浙地区的富家巨室，有不少在群雄角逐的连绵战火中遭受重创。如福山曹氏盛时，尝"植梧桐数亩，主人将纳凉。其下令人以新水沃之，谓之洗梧"。由此可见其以富贵骄人之心。然"淮兵由福山入吴，曹氏园亭首被祸"。明人有诗咏其事

---

[1] 至正《昆山郡志》卷五："杭仁字仁甫，绍兴上虞人，以从事海漕迁居太仓，性好善乐义，捐赀施槥，以周贫乏，凡力所可及者，无不为也。其子礼，字和卿，恪承父志，且又色养不违。女妙寿芳年丧夫，誓不再适，节义一门，乡闾共美。至元六年，仁年八十有五，有司表其门曰高年耆德，仍复其家。先是大司徒以寿山居士号之，至是集贤院复授以永真处士之号，仁今年垂九十，夫妇尤康健云。"由此可知，杭和卿之父名杭仁。
[2] 弘治《太仓州志》卷七《义行·杭和卿》。
[3] （明）方鹏：《昆山人物志》卷九《游寓》。
[4] （明）徐象梅：《两浙名贤录》卷一〇《独行》。
[5] （明）贝琼：《清江文集》卷一九《横塘农诗序》。
[6] （明）张大复：《昆山人物传》卷五《虞臣》："虞氏自海道万户乐闲公为昆山人，洪武以间右实京师。"
[7] 天启《海盐县图经》卷三《方域篇第一之三》，卷六《食货篇第二之下》。

云:"歌舞当年只醉游,不知何物是闲愁。如今桐树无人洗,风雨空山几度秋。"[1]

元代的所谓"海运世家"往往集大地主、官僚、士绅、海商诸角色于一身。在元朝对江南统治的格局中,他们充当了地域社会秩序维持者的角色,构成日本学者植松正所说的"元朝江南支配"的重要社会基础。海运世家在元代有一定的稳定性,但并非一个完全封闭而静止的阶层。与中古时期的琅琊王氏、博陵崔氏等主要仰赖家学、家风的传袭与强固的宗族势力来维持名门地位,因而能跨越王朝更迭而荣显长达数百年不同,元海运家族间存在激烈的竞争,其地位的取得和保有主要依赖于他们与国家权力的关系。家族势力往往随着政治格局变动以及经营能力变化而消长。海运家族自身也往往难以摆脱传统伦理以及生产关系的制约。在积累了一定财富之后,他们往往热衷于求田问舍,邀取时誉,交接权贵,并沉溺于奢靡的生活,丧失原先的进取意识和冒险精神。再加上元代江南地区发达的商品经济以及允许地权流转的租佃制为主的土地制度,使得此种家族显得荣衰无常。一般而言,苦心经营而成就显赫的家势维持三代已属难能,经历元明易代后则大部一蹶不振。

元末群雄张士诚和方国珍二人曾合作参与元末海运。前者是泰州盐场的盐徒出身,"驾驶运盐纲船,兼业私贩"[2],其起兵十分倚重两淮地区的盐徒组织[3];而方国珍似乎也"以贩盐浮海为业"[4],

---

[1] 钱谦益:《列朝诗集》乙集卷七《题福山曹氏画》。
[2] 陶宗仪:《南村辍耕录》卷二九《纪隆平》。
[3] 参见周运中:《元末大起义和两淮民间武装》,《元史及民族与边疆研究集刊》第 20 辑。
[4] 钱谦益:《国初群雄事略》卷八《方谷真》。

其部下应该也不乏滨海地区从事私贩的盐徒。但是张士诚出生地泰州与方国珍的故乡台州黄岩就自然生态而言显然有巨大差异。前者处于淮南运河沿线水网密布的湖泊地区，后者则处于岛屿丛生的滨海地带。所以张士诚应该是偏重于沿运河贩盐，而方国珍之生业则不仅仅限于贩盐，或兼营海上贸易和航运业，比较接近于元代船户的营生方式，当然他本人应该并非船户。但由于台州黄岩属于海道万户府所属温台千户所的设置地区，方国珍在长期的海上兴贩生涯中与船户这一群体结成了较为密切的关系，其姻亲戴氏即是船户出身。不仅如此，元代以来集中在两浙地区的船户因贩盐以及"占刈官芦"等问题与盐运司屡生龃龉。[1] 而两淮盐司的行盐地面与两浙紧密相接，运粮船户与盐司所管运盐纲船在私贩过程中可能既冲突又合作。这种部门与地域经济利益的交错缠结，对于分别崛起于淮东与浙东的张士诚和方国珍之间的微妙关系到底产生了多大的影响，仍是值得更深入探讨且饶有兴味的问题。

附记：笔者在 2010 年 11 月参加中国元史研究会与杭州文史研究会合作承办的"元代杭州研究论坛"之际，拜读河北师范大学孟繁清教授与会论文《方国珍与元末海运》，从中获益良多，承孟先生提示，1929 年 4 月宁波长春门出土题为《移建海道都漕运万户府记》（录文收入章国庆《明州碑林集录》，上海古籍出版社 2008 年）的残碑一通，今嵌于天一阁东园游廊壁。碑文明确提到因至正十六年（1356）二月张士诚军进击海道都

---

[1] 参见拙文《海运船户与元末海寇的生成》，《史林》2010 年第 2 期。

漕运万户府驻地平江，允漕府诸官南奔，"辟庆绍所为都漕府"，正式托庇于开府庆元的方国珍政权。碑文并提到倪可辅在都漕运府迁庆元后，被方国珍任命为海运千户，不久升任万户。这些皆可印证本文第二节的观点和内容，且有所补充。为此向孟先生深致谢忱。

至元元年初设太庙神主称谓考

刘迎胜（南京大学历史学系）

元皇室仿汉制设太庙祭祀始于元世祖忽必烈即位之初，《元史·祭礼志》对此有明确记载：

> 至元元年（1264年）冬十月，奉安神主于太庙，初定太庙七室之制。皇祖、皇祖妣第一室，皇伯考、伯妣第二室，皇考、皇妣第三室，皇伯考、伯妣第四室，皇伯考、伯妣第五室，皇兄、皇后第六室，皇兄、皇后第七室。凡室以西为上，以次而东。二年（1265年）九月，初命涤养牺牲，取大乐工于东平，习礼仪。冬十月己卯，享于太庙，尊皇祖为太祖。[1]

此时在位皇帝为忽必烈，且在《祭祀志》后面的记载中，提到了他们的庙号，故这里提到的七室神主很容易确定：

---

[1]《元史》卷七四，中华书局，标点本，第1831—1832页。

置于第一室的"皇祖、皇祖妣"为成吉思汗与其正妻孛儿帖（Börte）。[1] 成吉思汗与孛儿帖为忽必烈祖父母，故称为"皇祖、皇祖妣"。

置于第二室的"皇伯考、伯妣"指元太宗窝阔台（Öködei）及其正后乃马真氏脱列哥纳（Töregene）。忽必烈之父拖雷为成吉思汗与孛儿帖的幼子，窝阔台为其三哥，故这里将元太宗与其皇后脱列哥纳称为"皇伯考、伯妣"。

置于第三室的"皇考、皇妣"分别指成吉思汗第四子拖雷（Tolui）与其妃唆鲁禾帖尼（Sorqaqtani）。他们是忽必烈父母，故这里称为"皇考、皇妣"。

置于第四室的"皇伯考、伯妣"指成吉思汗长子术赤及其长妃。[2] 术赤为忽必烈之父拖雷的长兄，故这里将术赤与其长妃亦称为"皇伯考、伯妣"。

置于第五室的"皇伯考、伯妣"指成吉思汗次子察合台及其

---

[1] 孛儿帖（Börte），蒙古语，意为苍色的。弘吉剌部贵族德薛禅与其妻速坛之女。

[2] 《元史·祭祀志》接着在提及改七室为八室时，提到了术赤长妃的名字：别土出迷失。经查此人在汉文史文史料中仅此一见。据《史集》第一卷第一册《部族志》记载，王罕之弟札合敢不"有四个女儿，一个名叫亦必合（Abīqah）别吉，为成吉思汗自己所娶；另一个名叫 بیک توتمیشی فوجین 必克秃忒迷失（Bīktūtmīšī）旭真，他聘嫁给了［他的］长子术赤"（周良霄汉译本，第215页）。《史集》第二卷《成吉思汗的继承者们》也记载："术赤汗青年时娶札合敢不（Jagambo）之女名 بیک توتمیشی فوجین 别秃忒迷失兀真（Bek-Tutmīš Fujin）为妻。彼为成吉思汗妻亦巴合别姬（Ibaqa Beki）与拖雷之妻唆鲁禾帖尼别姬之姐妹。"（周良霄汉译本，第126页） 此人即术赤妃别土出迷失，据此，可知她是克烈人。

妃。[1] 察合台为忽必烈之父拖雷的二哥，故这里将他与其妃亦称为"皇伯考、伯妣"。

置于第六室的"皇兄、皇后"指元定宗贵由与其正后斡兀立海迷失。贵由为元太宗子，与忽必烈为叔伯兄弟，故这里将他与其正后称为"皇兄、皇后"。

置于第七室的"皇兄、皇后"指元宪宗蒙哥与其正后忽都台。蒙哥为成吉思汗幼子拖雷长子，为忽必烈之兄，故这里将他与其正后称为"皇兄、皇后"。

按上述记载，至元元年初定宗庙为七室的顺序为：

方向：从西向东

第一室	第二室	第三室	第四室	第五室	第六室	第七室
成吉思汗	窝阔台	拖雷	术赤	察合台	贵由	蒙哥
Činggis qan	Öködei	Tolui	Joči	Čaqadai	Güyük	Möngke
孛儿帖	脱列哥纳	唆鲁禾帖尼	别土出迷失[2]	也速仑	斡兀立海迷失	忽都台
Börte	Töregene	Sorqaqtani	Bek-Tutmïš	Yesülün	Oqul Qaimïš	Qutuqtai

故而至元初所设太庙七室的世系以图表可表示为：

---

[1] 《元史·祭祀志》接着在提及改七室为八室时，提到了察合台长妃的名字：也速仑。《史集》第二卷《成吉思汗的继承者们》记载："察合台有妻多人，然其最要者为二：一为也速仑哈屯（Yesülün Khatun），乃弘吉剌部统治者之兄弟答里台（Dartitai）之子合答那颜（Qata noyan）之女，所有重要诸子之母也。孛儿帖兀真与也速仑可敦为堂姊妹。二为朵坚可敦（Tögen Khatun），为前述也速仑可敦之姊妹，系也速仑死后所娶。"（周良霄汉译本，第166—167页）周先生误将哈屯（Khatun）译为兀真。

[2] 即波斯文《史集》中之Bek-Tutmïš，克烈部王罕弟札合敢不之子。此人在汉籍中仅见于此。

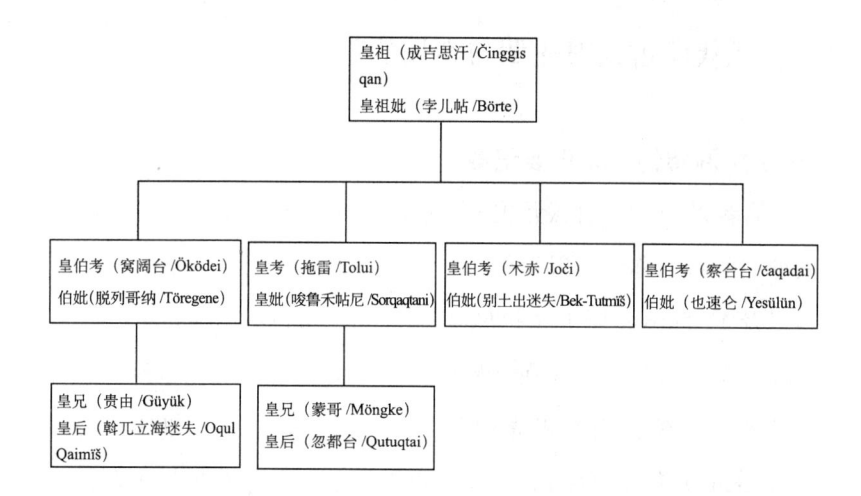

```
                    ┌─────────────────────────┐
                    │ 皇祖（成吉思汗/Činggis   │
                    │ qan）                    │
                    │ 皇祖妣（孛儿帖/Börte）   │
                    └─────────────────────────┘
```

```
┌──────────────┐  ┌──────────────┐  ┌──────────────┐  ┌──────────────┐
│皇伯考（窝阔台/│  │皇考（拖雷/    │  │皇伯考（术赤/  │  │皇伯考（察合台/│
│Ögödei）      │  │Tolui）        │  │Joči）        │  │Čaqadai）     │
│伯妣(脱列哥纳/│  │皇妣(唆鲁禾帖 │  │伯妣(别土出迷失│  │伯妣（也速仑/  │
│Töregene）    │  │尼/Sorqaqtani)│  │/Bek-Tutmïš） │  │Yesülün）     │
└──────────────┘  └──────────────┘  └──────────────┘  └──────────────┘
```

```
┌──────────────┐  ┌──────────────┐
│皇兄（贵由/    │  │皇兄（蒙哥/    │
│Güyük）       │  │Möngke）      │
│皇后（斡兀立海 │  │皇后（忽都台/  │
│迷失/Oqul     │  │Qutuqtai）    │
│Qaimïš）      │  │              │
└──────────────┘  └──────────────┘
```

世祖即位之初，尚未对元初各帝确定庙号。依常例，似应提及他们的名字。《元史·祭祀志》中也说，太庙祭祀时，蒙古"巫觋以国语呼累朝御名"[1]。但上述七室的神主的称谓却非常特别，表明在至元元年初定祭礼时，是以从元世祖忽必烈有关的辈分术语称之，如：以皇祖、皇祖妣称呼忽必烈祖父、母元太祖成吉思汗/Činggis qan、孛儿帖/Börte 夫妇；以皇伯考、伯妣分别称呼忽必烈的伯父、母元太宗窝阔台/Ögödei、脱列哥纳/Töregene 夫妇，术赤/Joči、别土出迷失/Bek-Tutmïš 夫妇与察合台 Čaqadai、也速仑/Yesülün 夫妇；以皇考、皇妣称呼忽必烈本人的父母拖雷/Tolui、唆鲁禾帖尼/Sorqaqtani 夫妇；以皇兄、皇后称呼忽必烈的堂兄、元定宗贵由/Güyük、斡兀立海迷失/Oqul Qaimïš 夫妇与其胞兄元宪宗蒙哥/Möngke、忽都台/Qutuqtai 夫妇。这一现象显然很不寻常。为什么会这样？这是本文拟探讨的问题。

---

[1] 《元史》卷七七《祭祀志》，第 1924 页。

一、元代蒙古人对先辈与亲属的称谓

(一) 拉施特的一段重要记载

笔者以为，上引《元史·祭祀志》中所记至元初年对太庙七室神主的亲属称谓，很可能译自蒙古语。当论及这一点时，不能不提及 13 世纪波斯史家拉施特 (Rašīd al-Dīn) 在《史集》成吉思汗世系一节中的一段在学界广为所知的记载，其中提到了他所生活的时代蒙古语对祖先的称谓。德国哥廷根大学 (Göttingen Universität) 德福 (Gerhard Doerfer)，与已故内蒙古大学亦邻真 (Irenčen)，均曾论及此。为论述方便论述，兹略去这段波斯文记载中的其他文字[1]：

مجموع را ایچیگین ابوگه گویند (majimū' rā īčīgīn ibūga gūyand)，[七世祖以上，在蒙古语中] 均应称为 īčīgīn ibūga。

به زبان مغولی دوتاقون گویند (ba zabān-i Muġūlī dūtāqūn gūyand)，[七世祖[2]] 在蒙古语中应称为 dūtāqūn。[3]

به زبان مغولی بورقی گویند (ba zabān-i Muġūlī būrqaī gūyand)，[六

---

[1] 《史集》(Jāmi' al-Tawārīkh)，德黑兰 1974 年波斯文刊本 (جامع التواریخ, تهران 1373/1974)（以下简称《史集》德黑兰波斯文刊本），第 292 页；余大钧、周建奇汉译本，商务印书馆 1986 年版，第一卷第二册，第 79—80 页。而德福与亦邻真两位的意见将在讨论中提及。

[2] 波斯文为 بدر هفتم (pidar-i šišum)，译言七世父。

[3] 《史集》土敦-蔑年事迹：مغولان جد هفتم را دوتاقون گویند (Muġūlān jidd-i haftum rā dūtāqūn gūyand)，七世祖父蒙古人应称为 dūtāqūn——德黑兰波斯文刊本，第 229 页；汉译本，第 18 页。

世祖[1]]在蒙古语中应称为 būrqaī。[2]

به زبان مغولی بوداوکو گویند (ba zabān-i Muġūlī būdāūkū gūyand)，[五世祖[3]]在蒙古语中应称为 būdāūkū。[4]

به زبان مغولی بودوتور گویند (ba zabān-i Muġūlī būdūtūr gūyand)，[高祖父[5]]在蒙古语中应称为 būdūtūr。[6]

به زبان مغولی الینچیک گویند (ba zabān-i Muġūlī ilīnčīk gūyand)，[曾祖父[7]]在蒙古语中应称为 ilīnčīk。[8]

به زبان مغولی ابوگه گویند (ba zabān-i Muġūlī abūga gūyand)，[祖父]在蒙古语中应称为 abūga。[9]

به زبان مغولی ایچیگه گویند (ba zabān-i Muġūlī īčīga gūyand)，[父

---

[1] 波斯文为 بدر ششم (pidar-i šišum)，译言六世父。
[2] 《史集》海都事迹：به زبان مغولی جد ششم را بورفی گویند (ba zabān-i Muġūlī jidd-i šišum būrqaī gūyand)，在蒙古语中，六世祖父应称为 būrqaī——德黑兰波斯文刊本，第 234 页；汉译本中将六世祖音译为"不兀迪"，但未注出波斯文拉丁转写，见同书，第 22 页。有关讨论详见后。
[3] 波斯文为 بدر پنجم (pidar-i panjām)，译言五世父。
[4] 在《史集》拜升豁儿事迹中，五世祖的写法不同：به زبان مغولی جد پنجم را بوده اوکور گویند (ba zabān-i Muġūlī jidd-i panjum rā būdaūkūr gūyand)，在蒙古语中五世祖父应称为 būdaūkūr（德黑兰波斯文本有标音）——德黑兰波斯文刊本，第 242 页；汉译本转写为 būdeh-aūkūū'，并说它"读音不明"，见同书第 32 页。
[5] 波斯文为 بدر چهارم (pidar-i šahārum)，译言四世父。
[6] 在《史集》敦必乃事迹中，四世祖的写法略有不同：به زبان مغولی جد چهارم بوداتو گویند ba zabān-i Muġūlī jidd-i čahārum rā būdātū gūyand)，在蒙古语中四世祖父应称为 būdātū——德黑兰波斯文刊本，第 244 页；汉译本，第 34 页。
[7] 波斯文为 بدر سوم (pidar-i siwum)，译言三世父。
[8] 《史集》合不勒事迹：مغولان جد سوم را الینچیک گویند (Muġūlān jidd-i siwum rā ilīnčīk gūyand)，三世祖父蒙古人应称为 ilīnčīk——德黑兰波斯文刊本，第 247 页；汉译本中将三世祖音译为 līnjīg，见同书，第 38 页。
[9] 汉译本注："蒙文 ebüge，祖父，本义为一族所出的祖先——始祖"——同书第 58 页，注 4。《至元译语》"人事门"：爷爷，阿不干——贾敬颜、朱风合辑：《蒙古译语·女真译语汇编》，天津古籍出版社 1990 年版，第 3 页。

亲]在蒙古语中应称为 īčīga。[1]

以下对上述记载略作讨论。

1. ایچیگین ابوگه （īčīgīn ibūga）——七世祖以前的祖宗

上述拉施特所记古代蒙古语对七世祖以前的祖宗的统一称谓 ایچیگین ابوگه （īčīgīn ibūga），德福的《新波斯语中的突厥语与蒙古语成分》[2] 未收。此字应为蒙语 ečige-in ebüge 的波斯语音写，按当时汉字音写体例应为"额赤格——因　额不哥"，华言"祖辈之父"、"祖父的父辈"。[3]

至于拉施特所记古代蒙古语对七世祖的称谓 دوتاقون （dūtāqūn），阿布勒·哈齐所撰察合台文《突厥世系》有类似记载：

آنینک آتاسی دوتومنن خان ییتی لانجی آتانی دوتاقون دیر

anïŋ ata-sï Dūtūm Minin khān yeti-lä-inči atanï dūtāqūn dïr

其父土敦蔑年汗是第七世祖父 dūtāqūn。[4]

---

[1] 并见把儿坛事迹，同书，第 64 页。《至元译语》"人事门"：父，爱赤哥——《蒙古译语·女真译语汇编》，第 3 页。蒙古语为 ečige，今蒙古语存此字，兹不赘引。

[2] Gerhard Doerfer, *Türkische und Mongolische Elemente im Neupersischen*, Wiesbaden, 1963–1975.

[3] 在明火原洁编《华夷译语》"人物门"中，则记载了另一个词："uridus，祖宗，兀里都思"——明抄本影印本，北京图书馆珍本古籍丛刊，第 6 册，书目文献出版社，无出版年代，第 29 页；并见《蒙古译语·女真译语汇编》，第 42 页。

[4] 《突厥世系》戴美桑察合台文与法译合刊本《阿布勒·哈齐把阿秃儿汗所著蒙古人与鞑靼人史》（*Histoire des Mogols et des Tatares par Aboul-Ghâzi Bêhâdour Khan*, publiée, traduite et annotée par Le Baron Desmaisons, Tome I, Texte, St. Petersbourg, Imperimerie de l'Académie des sciences, 1871），第 69 页。

此处"第七"这个词察合台文写作 ببتی لانجی (yeti-lä-inči)，在基数词 ببتی (yeti) 与序数词附加成份 نجی (inči) 之间增写 لا (lä)。另外，匈牙利（奥匈帝国）犹太学者凡伯里也提到，对于中亚突厥人来说："他们曾经必须能够首先说出其七代先祖，即其七代祖先的名字。"（"sie müβten" in erster Reihe die Jeti Atalar, d. h. dir Namen der sieben Ahnen hersagen können.） [1]

上引《突厥世系》的内容明显译自《史集》，不过从波斯文译为察合台文而已。《突厥世系》的作者阿布勒·哈齐本人乃系术赤后裔，生活于花剌子模。他书中的上述记录说明，当时中亚流行的《史集》抄本在此字上抄写基本一致，且在西域蒙古人中，对其意义也理解无误。但学者们在今天蒙古语的各种方言中，均未找到此词。德福在其书引言第八节中曾详论蒙古祖先的称谓，并未得出有意义的结论，他只能设想此字在蒙古语的发展过程中已经死亡。[2]

2. "孛儿孩" بورقی（borγai）究竟指几世祖父？

《史集》所记古代蒙古语对六世祖的称谓 بورقی（būrqaī），见于14世纪后半叶编成的东亚史料，如《秘史》，但意义有所不同，释为"高祖父"，即四世祖：

---

[1] 赫尔曼·凡伯里：《在人类学和人种志关系中的突厥民族》（Hermann Vámbéry, *Das Türkenvolk in seinen ethnologischen und ethnographischen Beziehungen*, Leipzig, 1885），第 226 页。凡伯里在其书第 285 页中有关哈萨克人还有类似的描述，兹据德福上引书，第 202 条，第 320 页。
[2] 见《新波斯语中的突厥语与蒙古语成份》第一卷，第 47—48 页。

孛儿孩因米讷

舌中

boryai-in min-u

高祖的　我的[1]

这里说的是，成吉思汗对速客虔氏（Sükeken）脱斡里勒（Toɣrïl）说，其的祖先斡黑答曾被敦必乃与察剌孩领昆俘获，因此脱斡里勒是成吉思汗高祖门槛里的奴仆。另，明火原洁编：《华夷译语》"人物门"中也收有此词，释义也是高祖（四世祖）："buruqai, 高祖，孛罗海。"[2] 那么，成吉思汗的高祖（四世祖）是谁呢？据《元朝秘史》，从成吉思汗上溯至海都的的世系为：

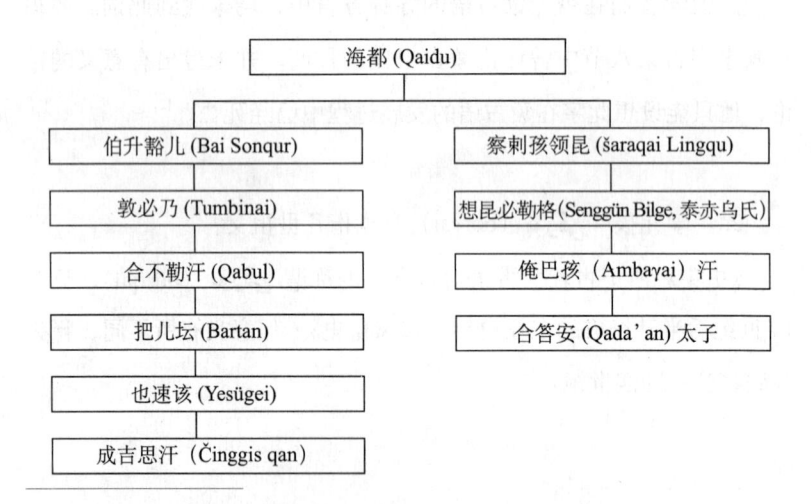

```
                  海都 (Qaidu)
                 /            \
   伯升豁儿 (Bai Sonqur)    察剌孩领昆 (Šaraqai Lingqu)
        |                         |
   敦必乃 (Tumbinai)        想昆必勒格 (Senggün Bilge, 泰赤乌氏)
        |                         |
   合不勒汗 (Qabul)         俺巴孩 (Ambaɣai) 汗
        |                         |
   把儿坛 (Bartan)           合答安 (Qada'an) 太子
        |
   也速该 (Yesügei)
        |
   成吉思汗 (Činggis qan)
```

---

[1] 《元朝秘史》第180节。蒙古语拉丁转写参照 B. Sumyabaatar, *The Secret History of the Mongols*, transcription（以下简称为 B. Sumyabaatar 书），ed. I. Manlajav, Ts. Shagdarsuren, Ulaanbatar, 1990, 第422页。

[2] 明抄本影印，北京图书馆珍本古籍丛刊，第6册，书目文献出版社，无出版年代，第31页；《蒙古译语·女真译语汇编》中的刊印本音译作"勃罗海"，第43页。

据此可知在《秘史》中，察剌孩领昆（Čaraqai Lingqu）为成吉思汗高叔祖父，即四世祖。因此成吉思汗说脱斡里勒（Toɣrïl）是他高祖门槛内的奴仆，指的是察剌孩领昆。因此，孛儿孩（borɣai）在《秘史》中所指的是四世祖，而非六世祖。那么，是什么原因造成《秘史》与《史集》在使用"孛儿孩"（borɣai）这个词的意义差别呢？

假设1：《秘史》与作者与《史集》有关蒙古人祖先称谓内容的提供者操不同的方言。

方言是由于一个社会内各地区不完全的分化或是几个社会间不完全的统一造成的。

一个社会内各地区发生了不完全的分化，各地区的民居彼此间的交往就会减少。这时候，在一个地区内，语言中出现的新成分一般就不会传播到其他地区去；这个地区内，语言中某些固有成分的改变或消失一般也不会波及其他地区。这样，各地区使用的本来相同的语言，共同点将逐渐减少，不同点将逐渐增加，逐渐形成各地区语言的相对独立发展的道路。于是共同语就在各个地区形成了变化，也就是说出现了方言。一个生产不发达的统一的社会，随着人口的逐渐增长，疆域的日益扩大，经济、政治上都不能再保持统一的局面，就会形成社会的不完全的分化，因而促使方言的产生。据我们所知，任何疆域较大的封建社会所使用的语言，都有方言的差别。一个社会内某一部分居民的大规模的集体迁徙，也会形成社会的不完全的分化，因而促使方言的产生。[1]

一种语言的不同方言之间的差别，首先是语音上的，其次是词汇上的。《秘史》的内容为成吉思汗远祖至元太宗窝阔台时史事，现在学界虽然不知其作者是谁，但他是成吉思汗家族的近亲则应无疑。而《史集》蒙古史部分内容的主要提供者为孛罗（Bolad）丞相，出于朵儿边（Dörbän）氏，也是成吉思汗家族的近亲。因此，他们与成吉思汗家族一起均属于蒙古部，应当拥有共同的亲属称谓体系。这就排除了造成《秘史》与《史集》在使用"孛儿孩"（boryai）这个词的意义差别的方言原因。

假设 2：造成《秘史》与《史集》在使用"孛儿孩"（boryai）这个词的意义差别的是蒙古语本身的演进，即《史集》反映的是蒙古语亲属称谓体系的较早阶段，当时蒙古人还记得"孛儿孩"（boryai）这个词的"六世祖"意义；而《秘史》所代表的是蒙古语亲属称谓体系的较晚阶段，其时蒙古人已经忘记了"孛儿孩"（boryai）这个词的"六世祖"意义，只知道它代表远古的祖先。但这个假说要回答这样一个问题：《秘史》成书早于《史集》。何以成书较早的《秘史》反而代表了蒙古语较晚亲属称谓体系，而成书较晚的《史集》反而代表的蒙古语较早亲属称谓体系？

从成吉思汗时代西征结束开始，便有蒙古人留驻西域。旭烈兀西征时，又带去了更多的蒙古人。进入波斯的蒙古人与留居蒙古本土与进入汉地的蒙古人相距遥远，双方处于相对隔绝的状态。如果

---

[1] 高名凯、石安石：《语言学概论》，中华书局 1979 年版，第 222 页。

采纳《秘史》的主体部分成于元太宗即位的那个鼠儿年，即 1228 年；而《史集》的《蒙古史》部分的主要信息提供者孛罗丞相赴波斯在元世祖忽必烈晚年，即 1280 年代末，则《秘史》与《史集》两者成书的时间差约半个世纪。东西两部分蒙古人之间的分离，或许会造成双方语言上的差别。可能的情况是，在此期间，东方的蒙古人，即蒙古本土与汉地的蒙古人亲属称谓趋向简单化，以从前的"孛儿孩（borɣai）"（六世祖）这个词，代指所有四世以前的男性祖先，但进入西域的蒙古人仍然使用早年的称谓。如此说成立，则说明《史集》中有关"孛儿孩（borɣai）"（六世祖）这个词的信息，并非得自从汉地进入波斯的孛罗丞相，而是得自在波斯生活了近三个世代的西域蒙古人。

3. 其他祖先称谓

上引《史集》所记古代蒙古语中对五世祖的称谓 بوداوکو (būdāūkū) 或 بوداوکو (būdaūkūr)，以及对高祖父（四世祖）的称谓 بودوتور (būdūtūr) 或 بوداتو (būdātū)，迄今未见合理的解释。

而《史集》所记古代蒙古语中对曾祖，即三世祖的称谓 الینچیک (ilīnčīk)，亦可在上引《秘史》第 180 节的有关记载中得到证实：

> 额邻出昆米讷
> elinčüg-ün min-u
> 曾祖的　我的[1]

---

[1] 蒙古语拉丁转写参照上引 B. Sumyabaatar 书，第 422 页。

与上引《秘史》的话一样，成吉思汗在这里又对速客虔氏（Sükeken）脱斡里勒（Toγrïl）说，他是成吉思汗曾祖门坎里的奴仆。对比上述《秘史》中的世系，敦必乃为成吉思汗的三世祖（elinčüg），故"曾祖"指敦必乃。明火原洁编：《华夷译语》"人物门"亦有："elinčük，曾祖，额邻触克。"[1] 亦邻真已指出，此乃蒙古语书面语 elünče，而现代蒙古语为 eleŋč。[2]

（二）其他有关记载

至于 13 世纪时蒙古语对其他亲属的称谓，史料中也有记载，如，祖先称额不格（ebüge）：

《秘史》中有：

沼舌列敦　　额不格　　帖舌列　　孛鲁罢
ered-ün　　ebüge　　tere　　boluba
一种（名）　的祖　那个　做了。[3]

这里是说，阿当罕·兀良合歹成为沼列氏的祖先。在《至元译语》中，有"爷爷，阿不干"[4]，即此。

---

[1] 明抄本影印本，北京图书馆珍本古籍丛刊，第 6 册，书目文献出版社，无出版年代，第 31 页；并见《蒙古译语·女真译语汇编》，第 43 页。
[2] 《成吉思汗与蒙古民族共同体的形成》，《内蒙古大学学报》1962 年第 1 期，收于《亦邻真蒙古学文集》，呼和浩特：内蒙古人民出版社 2001 年版，第 408 页。
[3] 《元朝秘史》第 44 节，蒙古语拉丁转写据上引 B. Sumyabaatar 书，第 43 页。此字在《秘史》中多见，又释为"老人"等，兹不赘引。
[4] 《蒙古译语·女真译语汇编》"人事门"，第 3 页。

祖父的配偶祖母，蒙古语称："老妪曰额蔑干。"[1] 而与之意义相近的还有"奶奶，我麻个克"[2]。换而言之："祖母曰额蔑格，一曰我麻吉克"[3]。

其中之额蔑格（emege）见于《元朝秘史》。该史料称，当札木合被处死前提到 emege：

必	阿ᶜ儿宾	额蔑格秃	不列额
bi	arbin	emegetü	bülege
我	宽广	婆婆有来	有来。[4]

这里的 emege 指的其夫人，其的义与上述字书的释义不一致。

有关父辈，如父、母，伯父、伯母与叔父、叔母在 13 世纪蒙古语中的称谓，史料也有记载。如：

父：额赤格
《秘史》中有："蒙力克　额赤格"
　　　　　　　Münlig　ečige

---

[1]《卢龙塞略》卷十九、二十《译部》上、下卷所收之《蒙古译语》，"仓类门"；《蒙古译语·女真译语汇编》，第 173 页。

[2]《武备志》收〈蓟门防御考〉载（蒙古）译语，《蒙古译语·女真译语汇编》，第 154 页。

[3]《卢龙塞略》卷十九、二十《译部》上、下卷所收之《蒙古译语》，"仓类门"，《蒙古译语·女真译语汇编》，第 173 页。

[4]《元朝秘史》第 201 节，蒙古语拉丁转写参照上引 B. Sumyabaatar 书，第 542 页。

　　　　　　　人名　　父。[1]

母：额客

《秘史》中有："额客　余延　额赤捏"

　　　　　　　eke-yüġen　ečine

　　　　　　　母　自的　背处。[2]

伯父：额宾（ebin）

《秘史》有："主ʳ儿扯歹　额宾"

　　　　　　Žürčedei　　ebin

　　人名　　　伯父。[3]

伯母：《至元译语》记：

"伯娘，阿参。"[4]

"伯婶，不合伯力艮。"[5]

叔父：阿巴合（abaqa）

《秘史》有："朵奔蔑ʳ儿干　阿巴ʳ合余安。"[6]

---

[1]《元朝秘史》第69节，蒙古语拉丁转写据上引B. Sumyabaatar书，第77页。《秘史》中多见，兹不赘引。

[2] 第18节，蒙古语拉丁转写据上引B. Sumyabaatar书，第21页。《秘史》中多见，兹不赘引。

[3] 第171节，蒙古语拉丁转写参照上述B. Sumyabaatar书，第376页。以下同。并见《至元译语》"人事门"：伯伯，爱宾——《蒙古译语·女真译语汇编》，第3页。

[4]《蒙古译语·女真译语汇编》"人事门"，第3页。婶母与此同。

[5]《〈武备志〉收〈蓟门防御考〉载〈蒙古〉译语》，见《蒙古译语·女真译语汇编》，第154页。《卢龙塞略》卷十九、二十《译部》上、下卷所收之《蒙古译语》，"仑类门"："其合伯叔姆婶曰哈不合伯力艮"，"婶曰阿补阿伯力根。"——《蒙古译语·女真译语汇编》，第173页。

[6]《元朝秘史》第11节。并见《蒙古译语》"人事门"：叔叔，阿不合——《蒙古译语·女真译语汇编》，第3页。伊利汗旭烈兀之子名阿八哈（Abaqa），即此字。

Dobun-Mergen abaqa-ju γ an

人名　　　　　叔叔自的行

兄：阿合（aqa）

《至元译语》："哥哥，阿合。"[1]

嫂：别里干——"别ᠷ儿格泥颜

bergen（i）jen

嫂嫂自的行"[2]

弟：斗（deü）——"弟弟，斗"。[3]

上述 13 世纪蒙古语中的亲属称谓，除了普通蒙古人用于日常生活之外，在成吉思汗建国以后，也用于其家族之中吗？换而言之，登基为帝的成吉思汗后裔也用它们称呼自己的亲属吗？

（三）元皇室对先祖与宗亲的称谓

元人李庭撰有《大元故宣差万户奥屯公神道碑铭》，记女真人奥屯公事迹。此人名世英，字伯豪，小字大哥。其先居上京胡里改路，金人破辽东降金。宋室南渡后，金在关中相地列营，分军镇守。其高祖奥屯黑风得蒲城，子孙因而家焉。其曾祖兀出、祖蒲乃、父闾僧历代均为金将。此碑铭在记蒙古国时代史事的文字中，有关于皇

---

[1]《蒙古译语·女真译语汇编》"人事门"，第 3 页。《秘史》中多见，兹不赘引。

[2]《元朝秘史》第 11 节。并见《至元译语》"人事门"："阿嫂，别里干。"——《蒙古译语·女真译语汇编》，第 3 页。以上有关蒙古亲属称谓事曾承南京大学特木勒指教，谨志谢意。

[3]《至元译语》"人事门"，《蒙古译语·女真译语汇编》，第 3 页。《秘史》中多见，兹不赘引。

室内部称谓的记载，今先录其有关史文。为醒目计，其中有关皇族称谓的术语以下划线标示：

丁亥岁（1227 年）任郃水酒税监，就充征行都统。领军至庆阳，与天朝大军相值。公度其众寡不敌，徒死无益，遂率众归降。以材武为<u>皇伯</u>抚军所知，荐之于<u>列祖成吉思皇帝</u>，上亦喜，眷爱甚厚，屡除恩旨，仍赐虎符，俾隶朵火鲁虎彻立必（Toɣluq Čerbi）麾下效用。庚寅（1230 年）岁，王师复下陕右，公与扎古带（Jaqutai）偕至富平。主帅命诸将分主其地。公以桑梓之故，愿得蒲城，帅从之。至县，下令谕众曰：尔辈穴地以为固，不足恃也。王师此来为久驻之计，尔辈讵能延岁月，即吾畚锸已具，非不能掘地及泉隧而相见。顾以乡里之旧，弗忍为也。尔能从吾令，当还尔父母妻子，复尔居业。不然则齑粉矣。众相谓曰：公信义素着，今为一方司命，其言必不食，盍往从之。于是相率出降。公温言慰遣之，众意遂安。时诸将之在它邑者，惟事屠戮，编民连颈就死闲有漏网者，皆裹疮扶病，无复生意，视蒲民按堵如故，莫不指以为乐土。至今人物繁庶，屋宇具存。垂白伛偻扶杖往来者，踵相接于道，非公曩日保完之力，能至是乎？蒲城既下，公与大军复合，同攻鄜城。既平凤翔，击五峰山，自陇州入一二里，破凤州，取武休关，至兴元，攻西和，又攻巩州，再入宋境。从<u>皇考四大王</u>大军，由兴元历金洋州，所至城寨，无不降附。复徇唐、邓，拔钧、许，麈三峰山下，遂破金军。及奉上命，镇守河中，招收天和、人和二堡。尔后偕塔海都元帅累岁征南十余岁闲，其勤劳亦已至矣。皇伯合罕皇帝在凤翔也，许公以河中府尹之职，命未及下，会以它事不果。其后公入觐，上喜曰：曩之所许，今当相付。命有司草制，公奏曰：臣名在四大王府有年，今改属别部，何面目见唐妃子母乎？上始怒，徐复喜曰："尔言是也。"唐妃闻其言喜甚。四大王尝谓妻子曰："大哥，吾所爱，尔辈勿以降虏视之。"及是，待遇益厚，与家人辈无异。以至唐妃亲视公肥瘠，裁衣制帽，以彰殊宠。辛丑岁（1241年）夏，河中船桥官谢以事诬公，讼于有司，夺公虎符。唐妃闻之大怒，言于上，复以虎符畀公。仍命皇兄蒙哥大王亲草懿旨，谓大哥以有功之故，朵火鲁虎（Toγluq）奉成吉思皇帝圣旨锡此虎符，不可夺也，仍授以万户之职。今上皇帝在潜邸，子贞入见，蒙降恩旨，亦历叙乃父之功。岁某月某日以疾卒于河中公廨之正寝，春秋六十有二，以辛亥年（1251年）十月，葬公于蒲城贤相乡万胜原先茔之侧。夫人竹鲁顽氏，先公卒。张氏出家为女冠，后公卒。完颜氏亦先公卒，再娶完颜氏，今无恙。二完皆金名族，俱有贤行。二子长曰贞，次曰亮，壬子（1252年）三月，完颜氏挈贞入见蒙哥皇帝。帝知其为大哥子，甚悯惜之，复锡虎符，仍降恩旨，时贞年甫十三。今上皇帝即位，贞复入见，其所宠锡与先朝无异也。[1]

成吉思汗此年秋七月己丑日在蒙古撒里川哈老徒行宫去世，[2]故奥屯世英被荐于朝的时间当在此前。

而这里所提到的皇伯即指元太宗窝阔台。而在太宗（即文中之

---

[1]《寓庵集》，清宣统刻藕香零拾本，第75—79页。
[2]《元史》卷一《太祖纪》，中华书局标点本，第25页。

"皇伯合罕皇帝")时代的灭金之役中,奥屯世英所隶属的"皇考四大王",即指成吉思汗第四子拖雷。拖雷在元代汉籍中又称为也可那延/也可那演,即蒙古语 Yeke Noyan 的音译,意为"大官人",在波斯文史籍中则称为 Uluq Noyan,乃突厥语,意思也是"大那颜"。受篇幅限制,兹不赘。而唐妃即其妃唆鲁禾帖尼。[1] "今上皇帝",即指元世祖忽必烈。故而此处所引李庭的《户奥屯公神道碑铭》的叙事,乃以忽必烈为中心。因此该碑铭对即位之前的元宪宗,称为"皇兄蒙哥大王"。文中的"皇伯"或"皇伯合罕皇帝",即指元太宗窝阔台。

这段史料中,虽然将元太祖称为"列祖",把唆鲁禾帖尼称为"唐妃",把忽必烈称为"今上皇帝",带有明显的事后补记的色彩,但除了以尊号"成吉思皇帝"称呼元太祖以外,对其他皇室成员多以亲属称谓来表述,仍然表现了当时皇室中的气氛。

值得注意的是,作者李庭的描述中所出现的有关皇族成员的称谓,不仅与本文起首处所引《元史·祭祀志》中有关至元元年初定七室之祀时,对七室神主的世系计算起点完全一致,即从忽必烈起算;更为重要的是,该碑铭对忽必烈亲族的称谓,与《祭祀志》对七室神主的称谓,均以亲属术语表述。由于碑主奥屯世英长期服务于"四大王"即拖雷府邸,因此可以设想,这些称谓通常在拖雷家中使用。

除了拖雷家中以皇伯、皇兄等称谓称呼家族成员之外,据《元

---

[1] 关于唐妃的详细研究,参见洪金富:《唐妃娘娘阿吉剌考》,《历史语言研究所集刊》第 79 本第 1 分,2008 年版,第 324—351 页。

史·按竺迩传》记载："太宗即位，尊察合台为皇兄。"[1] 此外，至顺元年（1330年），木华黎五世孙乃蛮台，曾"奉命送太宗皇帝旧铸皇兄之宝于其后嗣燕只哥斛，乃蛮台威望素严，至其境，礼貌益尊"[2]。这一段记载说明，皇兄是元太宗窝阔台对其兄的正式称谓。可见成吉思汗家族内普遍以亲属术语来相互称谓。

二、上述称谓的历史考察

（一）札答阑氏与十三翼之战中的阿哈部

1189年铁木真首次被推举为汗后不久，孛儿只斤氏近亲札答阑氏偷窃其马匹。铁木真札剌亦儿奴仆术赤塔儿马剌射杀札木合之弟给察儿（Taičar）[3]，札答阑氏起兵三万复仇，成吉思汗分其部为十三翼，史称"十三翼之战"。这是蒙古部内部的一次血亲相残，站在成吉思汗一边的多为合不勒汗的后裔。[4]

按《圣武亲征录》记载，组成第五翼与第六翼的是札剌儿与"阿合部"。与《亲征录》出于同一史源的《史集·成吉思汗纪》，则称组成此二翼的是莎儿合秃·月儿乞（Sūrqūtū yūrgī）之子撒察别乞（Sačah bīgī）及其从兄弟泰出（Tāyčū），及札剌儿诸部。[5]

两相对照，可知《亲征录》中之"阿哈部"即相当于《史集》

---

[1]《元史》卷一二一，中华书局标点本，第2982页。
[2]《元史》卷一三九《乃蛮台传》，中华书局标点本，第3352页。
[3] 关于札木合之弟给察儿，详见下文。
[4] 按《史集》记载，合不勒汗后裔称为乞牙惕氏。（第一卷第二册，汉译本，第38页）
[5]《史集》第一卷第二册，汉译本，第113页，并见韩儒林：《成吉思汗十三翼考》，《穹庐集》，石家庄：河北教育出版社2000年版，第13—14页。

中之撒察别乞与泰出部众组成的古列延，即主儿乞部。"阿哈"的蒙古语源应为 aqa，即兄长。那么，撒察别乞与泰出的部众为何要被称为"阿哈部"，即"兄长部"呢？

据《秘史》，成吉思汗的近亲系谱可以整理为下页所载表式。为醒目起见，斡勤巴儿合黑与其弟把儿坛两家族以粗线框标示。

据此[1]，撒察别乞与泰出均为斡勤巴儿合黑之子忽秃黑秃禹儿乞（即莎儿合秃·月儿乞）之子，但与同书前引有关泰出为撒察别乞之从兄弟（波斯文'am zāda-yi ū Tāičū，直译"其叔之后裔"）的记载不一致。另据《史集·成吉思汗纪·合不勒汗事迹》所附世系表记载，泰出为合不勒汗第三子忽秃黑秃蒙古儿之子。[2] 但撒察别乞与泰出二人为禹儿斤部之首，而禹儿斤部均为斡勤巴儿合黑后裔所掌。如泰出为忽秃黑秃蒙古儿之子，则与此不合。且忽秃合黑秃蒙古儿为把儿坛之弟，其部民不可能被称为"阿哈部"，即"兄长之部"。故笔者以为，当以《秘史》所述为准。

斡勤巴儿合黑为合不勒汗长子，而成吉思汗之祖父把儿坛为次子。故"阿哈部"，即"兄长之部"当为从也速该之父把儿坛开始，起成吉思汗家族的对合不勒汗长子斡勤巴合黑后裔部众的称谓。合不勒汗的后裔称乞颜氏，故而除前述成吉思汗氏族以亲族术语互相称谓族内成员之外，这种习俗也行于整个乞颜氏。

又，《圣武亲征录》在记"十三翼之战"原由时记，成吉思汗在与王罕与札木合联兵击败蔑儿乞部之后，与札木合分手：

---

[1]《秘史》第 49—61、122、139 节。
[2]《史集》第一卷第二册，汉译本，第 40 页。

至元元年初设太庙神主称谓考

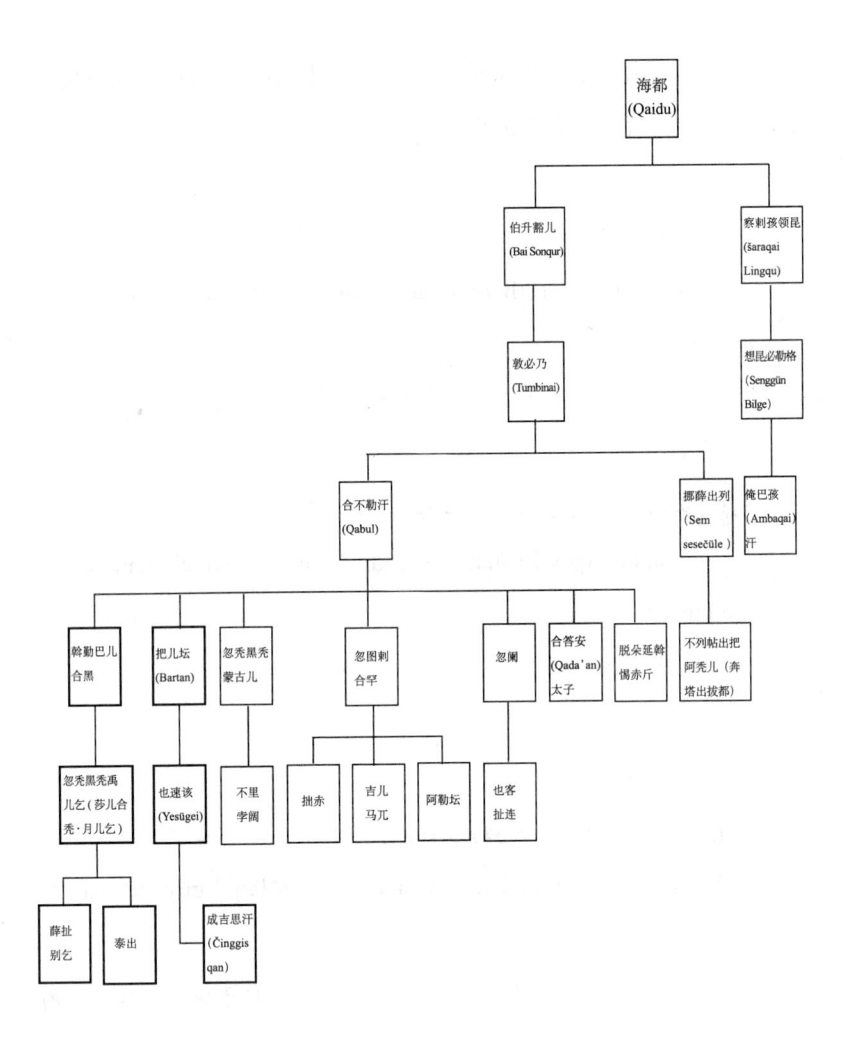

```
                          海都
                         (Qaidu)
                    ┌───────┴────────┐
              伯升豁儿              察剌孩领昆
             (Bai Sonqur)         (šaraqai Lingqu)
                  │                     │
              敦必乃                想昆必勒格
             (Tumbinai)           (Senggün Bilge)
           ┌──────┴──────┐              │
         合不勒汗        挪薛出列      俺巴孩
         (Qabul)       (Sem         (Ambaqai)汗
                       sesečüle)
  ┌────┬────┬──┴──┬────┬────┐    ┌───┴────┐
斡勤  把儿  忽秃  忽图  忽阑  合答安  脱朵延  不列帖出把
巴儿  坛    黑秃        剌        (Qada'an)  斡赤斤   阿禿儿(奔
合黑 (Bartan)蒙古儿    合罕       太子               塔出拔都)
  │    │    │    ┌──┬──┴┐       │
忽秃  也速  不里  拙赤 吉儿 阿勒坛  也客
黑秃  该   牙阑       马兀           扯连
禹儿  (Yesügei)
乞(莎儿
合秃·月儿乞)
 ┌─┴─┐    │
薛扯  泰出  成吉思汗
别乞         (Činggis qan)
```

时上麾下挷只塔儿马剌别居撒里河。札答阑氏札木合部人秃台察儿居玉律哥泉,举众来萨里河,掠挷只牧马。挷只麾左右,匿马群中射杀之。札木合以是为隙。[1]

---

[1] 王国维:《〈圣武亲征录〉校注》,《蒙古史料四种校注》,正中书局影印本,台北,1962年,页五;并见《元史》卷一《太祖纪》,中华书局标点本,第3—4页。

与《圣武亲征录》与《元史·太祖纪》同出于《金册》的波斯文史籍《史集》对此事亦有记载：

هم در آن تاریخ جاموقه ساچان را که از شعبه نیرون ومقدم و

ham dar ān tārīkh Jāmūqa Sāčān rā ka az šuʻba-yi nīrūn wa muqaddam wa

同样在那个时候，前述出自尼鲁温分枝的札木哈薛禅，即

و امیرقوم چاچیرات بود خویشی بوده تایچر نام و با چند نفر

wa amīr-i qaw-i Čāčīrāt būd khwīšī būda Tāyčar[1] nām wa bā čand nafar

札只剌惕部的首领异密，他有一位亲属名曰给察儿与好几个位

سوار به مو ضعی که آن را اولاگای بولاق گویند و در حدود ساری

sawār ba mawzaʻī ka ān rā Ūlāgāy būlāq[2] gūyand wa dar hūdūd-i Sārī

骑马人在一个人们称之为玉律哥泉，且位于撒里·客额儿的地方

کهر که یورت جینگگیز خان بود به دزدی رفته و خانه جوجی

---

[1] 汉译本为"迭兀－答察儿"，但德黑兰波斯文刊本仅有 تایچر（Tāyšar）"给察儿"，其前无"迭兀"。

[2] 玉律哥泉（اولاگای بولاق/Ūlāgāy būlāq），在《秘史》中作"斡列该不剌合"——第 128 节。其中之 بولاق（būlāq），乃突厥语 bulaq，意为泉水。

kihir[1] ka yūrt-i Čīnggīs Khān būd ba duzdī rafta wa khāna-yi Jūjī

此处曾是成吉思汗的禹儿惕，去行抢劫。而出自

ترمله از قوم جلایر ...... در آن حوالی بوده

Tarmala[2] az qawm-i Jalāyir…dar ān hawālī būda

札剌亦儿部的术赤·塔儿马剌就在那附近。[3]

این تایجر آنجا رفته تا چهارپایان او را ببرد جوچی ترمله

īn Tāyčar ānjā rafta tā čahārpāyān-i ū rā ba-barad Jūčī Tarmala

这位给察儿向那里去的目的是为了取其牲畜，术赤·塔儿马剌

آنگاه گشته و بنه را گریزانده و خویشتن در میان اسبان و گله ها

āngāh gašta wa bana rā garīzānda wa khwīštan dar mīyān-i asbān wa galla-hā

去了那里，并将辎重与族人赶走，他在马群与畜群中

خوفته و چون تایجر درآمده جوچی ترمله او را به تیر زده و کشته

khufta čūn Tāyčar dar-āmada Jūčī Tarmala ū rā ba tīr zada wa kušta

---

[1] کهر (kihir)，蒙古语 ke'er，元代常音译为客额儿、怯耶儿，此言野甸、草原。故撒里川指撒里甸，而非如《亲征录》与《太祖纪》所理解的"撒里河"。
[2] 即《亲征录》与《太祖纪》所提到的搠只。
[3] 以下略去有关札剌亦儿人因为袭杀蔑年吐屯之妻莫挐仑而沦为成吉思汗家族奴隶的内容。

躺着，当给察儿出现时，术赤·塔儿马剌以箭射他并杀死了他。

و بدان سبب جاموقه ساچان با چينگگيز خان خصومت بنياد نهاد

ba-dān sabab Jāmūqa Sāčān bā Čīnggīz Khān khusūmat buniyād nihād[1]

由于那个原因札木哈薛禅对成吉思汗有了根本的敌意。

这里所提到的被术赤·塔儿马剌所杀死的札木合的族人"给察儿"，即前述《亲征录》与《太祖纪》所记之"秃台察儿"。《秘史》记为：

札木ᵗ合因　迭兀　给察ᵗ儿
Jamuqa-yin de'ü Taičar
　人名　的　弟　人名。[2]

足见《亲征录》与《太祖纪》所记札木合部人"秃台察儿"中之首字"秃"，乃蒙古语"迭兀"（de'ü）之音译，即给察儿为札木合之弟。所以他的被杀才会引起札木合的血族复仇战争。故而本则史料说明，在札答阑氏内部，血亲之间也是以亲属术语互称的。札答阑氏为蒙古部内的一个分支，也是阿阑豁阿老祖母后裔形成的内

---

[1] 《史集》德黑兰波斯文刊本，第237页；余大钧、周建奇汉译本，第一卷第二册，1986年版，第110页。
[2] 《秘史》第128节。

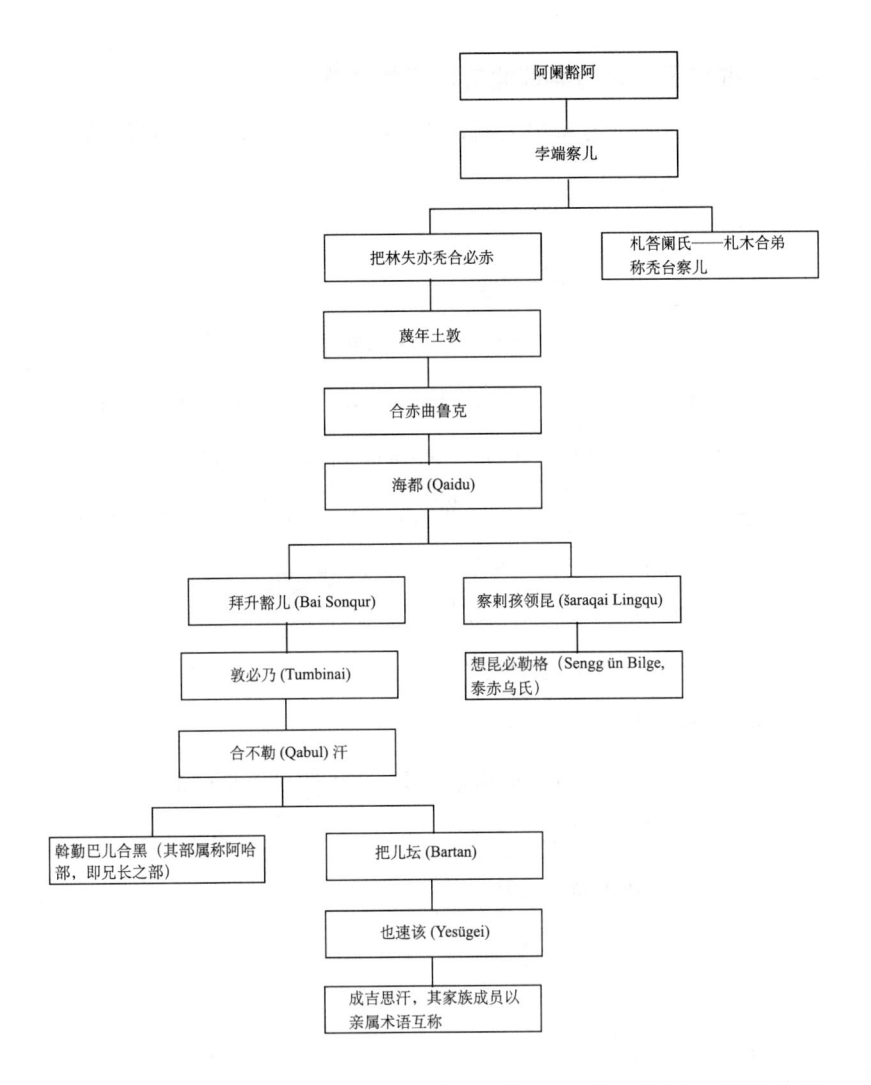

```
                    阿阑豁阿
                       │
                    孛端察儿
                       │
            ┌──────────┴──────────┐
     把林失亦秃合必赤          札答阑氏——札木合弟
            │                  称秃台察儿
        葭年土敦
            │
        合赤曲鲁克
            │
         海都 (Qaidu)
            │
    ┌───────┴────────┐
拜升豁儿 (Bai Sonqur)  察剌孩领昆 (Šaraqai Lingqu)
    │                  │
敦必乃 (Tumbinai)   想昆必勒格 (Sengg ün Bilge,
    │                 泰赤乌氏)
合不勒 (Qabul) 汗
    │
┌───┴────────┐
斡勤巴儿合黑      把儿坛 (Bartan)
(其部属称阿哈         │
部,即兄长之部)    也速该 (Yesügei)
                      │
                 成吉思汗,其家族成员以
                 亲属术语互称
```

尼鲁温蒙古的近亲。现在我们可以用表格表示现存史料中所透露的蒙古部内以亲属术语互称的各氏族系谱如上。

由此,笔者推测,以亲属术语互称是整个蒙古部的习俗。在此基础上,复视以上《元史·祭祀志》有关至元元年(1264年)初定太庙七室时,对各室神主称谓,我们会有一些新的想法。

（二）古代蒙古人与其他北方民族的烧饭仪式

蒙古人自古便有祭祖之制，并非始于忽必烈至元元年设太庙以后。《元朝秘史》第70节记：

帖˘列 中合不˘儿 俺巴中孩 中合中罕纳 中合秃惕 斡˘儿伯 莎中合台 只邻 也客薛 中合札˘鲁

tere qabur Ambaɣai qaɣan-(n)u qatud Orba Soɣatai žirin jekes-e ɣazar-u

那 春 （人）名 皇帝的 娘子每（妇人）名（妇人）名 两个大的每行 地里

亦捏˘鲁 中合˘鲁黑三突˘儿 诃额仑-兀真 斡惕抽 中豁只惕 古˘儿抽 中豁只答兀勒答周

ineru ɣaruɣsan-dur Höǵelün-Üžin odču qožid

烧饭祭祀 出去了 时 母 名 去着 落后

kurču qožidaɣuldažu

到着 被落后了着

节后总译为：

那年春间，俺巴孩皇帝的两个夫人斡儿伯（Orba）、莎合台（Soɣatai），祭祀祖宗时，诃额仑去得落了，祭祀的茶饭不曾与。[1]

---

[1] 蒙古语还原兹据上引 B. Sumyabaatar 书，Ulaanbatar，1990。

这里所述的是成吉思汗父亲死后，蒙古部的一次祭祖仪式，是由俺巴孩汗的两位大哈屯斡儿伯（Orba）、莎合台（Soyatai）主持的，而成吉思汗的母亲诃额仑夫人也去了，但迟到。《秘史》中的"亦捏鲁（舌）（ineru）"，旁译为"烧饭祭祀"，总译为"祭祀祖宗"。

至于成吉思汗建国以后，蒙古人的烧饭祭祖仪式，也有各种中外史料提及，如《元史》亦记："其祖宗祭享之礼，割牲、奠马湩，以蒙古巫祝致辞，盖国俗也。"[1]同书又记："每岁，九月内及十二月十六日以后，于烧饭院中，用马一，羊三，马湩，酒醴，红织金币及里绢各三匹，命蒙古达官一员，偕蒙古巫觋，掘地为坎以燎肉，仍以酒醴、马湩杂烧之。巫觋以国语呼累朝御名而祭焉。"[2]

这种祭祀不但施于汗室，从现存文献看，也行于贵族之家。1245年意大利人伽尔辟尼在蒙古见到："当病人死后，如果他官居上品，便把他秘密埋葬于田野中人们所乐见的地方。届时还要用他的幕帐之一陪葬，使死者端坐幕帐中央，在他面前摆一大盆肉和一杯马奶。同时还要用一匹母马及其马驹、一匹带缰绳和备鞍的牡马等陪葬。当把另一匹马的马肉吃完之后，便用稻草把其皮填塞起来，然后再竖于两块或四块木头之上。这样一来，死者在另一世界也可以有一幕帐作栖身之地，有一匹母马以挤奶喝和饲养牲畜，同时也有可供乘骑使用的公马。已被吃掉其肉的马匹的骨头为祭其灵魂而焚烧骨头，正如我们在那里亲眼目睹和亲耳所闻的那样。"[3]元末明初人叶子奇亦记"元朝人死致祭曰烧饭，其大祭则烧马"[4]。

---

[1]《元史》卷七四《祭祀志》，第1831页。
[2]《元史》卷七七《祭祀志》，第1924页。
[3]《柏朗嘉宾蒙古行纪》，耿昇、何高济译，中华书局1985年版，第32—35页。
[4]《草木子》卷三，杂制集，明正德刻本，页十。

成吉思汗建国前蒙古的烧饭之俗源自北方民族的古老传统。王国维最早注意到这一点。[1] 叶隆礼记契丹贵族"既崩，则设大穹庐，铸金为像，塑、望、节辰忌日，并致祭，筑台高逾丈，以盆焚酒食，谓之烧饭"[2]。 宇文懋昭也记女真人"其亲友死，则以刀厘额，血泪交下，谓之'送血泪'。死者埋之而无棺椁，贵者生焚所宠奴婢、所乘鞍马以殉之。其祭祀饮食之物尽焚之，谓之烧饭"[3]。有关烧饭之俗，学界已有不少研究[4]，兹不赘述。

以庙堂祭祀先祖为汉制，历代皇室均设有宗庙。成吉思汗攻金之后，原金统治区的北部被纳入蒙古国的疆域，蒙古国的领土中既包括草原也包括农耕区。可以想见，草原固有旧俗与汉制接触后，在祭祖上也会反映。[5]《元文类》中"祀，国之大事也。故有国者，必先立郊庙，而社稷继之。我朝既遵古制，而又有影堂焉，有烧饭之院焉，所以致其孝诚也"[6]，当即指此。

自忽必烈起，蒙古人开始以蒙古尊号称呼大汗，如称忽必烈为薛禅汗等，所谓"累朝御名"当指此。

---

[1]　《观堂集林》卷一六《蒙鞑备录跋》"烧饭"条，河北教育出版社 2003 年版，第 402—403 页。
[2]　《契丹国志》卷二三《建官制度》，上海古籍出版社 1985 年版，第 224 页。《续资治通鉴长编》卷一一〇，抄录此段（未具名），四库本。王国维已指出此点。
[3]　《大金国志》卷三九《初兴风土》，中华书局 1986 年版，第 551—552 页。
[4]　笔者所见主要有：陈述：《谈辽金元"烧饭"之俗》，《历史研究》1980 年第 5 期；贾敬颜：《"烧饭"之俗小议》，《中央民族学院学报》1982 年第 1 期；宋德金：《"烧饭"琐议》，《中国史研究》1983 年第 2 期；蔡志纯：《元代"烧饭"之礼研究》，《史学月刊》1984 年第 1 期，等等。
[5]　参见高荣盛：《元代祭礼三题》，《南京大学学报》2000 年第 6 期，第 73—82 页。
[6]　《元文类》卷四二《郊庙》，上海涵楼景印元至正杭州路西湖书院刊本，四部丛刊本，页十五。

三、太庙七室神主称谓的蒙古因素

而前述《元朝秘史》第 70 节记，成吉思汗父亲也速该去世后，一次蒙古部烧饭祭祖仪式由蒙古部过去的首领俺巴孩汗的两位夫人斡儿伯（Orba）与莎合台（Soɣatai）主持。蒙古部在海都逝后，其部内形成两大贵族家系，分别以海都二子拜升豁儿（Bai Sonqur）、察剌孩领昆（Čaraqai Lingqu）两兄弟为首。成吉思汗为拜升豁儿后裔，察剌孩领昆（Čaraqai Lingqu）的后裔称为泰赤兀氏（Tayiči'ut），意为"太子之部"、"太子后裔"。

拜升豁儿之孙合不勒（Qabul）曾为蒙古部之汗，成吉思汗之父也速该为其孙。但合不勒汗死后，汗位传至察剌孩领昆之孙俺巴孩（Ambaqai）手中，蒙古部便为泰赤兀氏所控制，所以才会有俺巴孩汗二妻主持蒙古部烧饭祭祖仪式之事，也速该家族所属的乞颜氏受到轻视。

对比本文起首处所引述的《元史·祭祀志》中有关至元元年（1264 年）初设太庙时，七室神祖的记载，我们可以推测蒙古部在贵族主持下祭祀已故的汗时，并不计较他是否是祭祀人的直系祖先与否，且是父、母系祖先并祀的。

再联系上述蒙古语中对亲属的称谓，我们可以设想，俺巴孩汗二妻斡儿伯（Orba）与莎合台（Soɣatai）在祭祀时，可能以父称想昆必勒格（Senggün Bilge），即称为"额赤格"（ečige）。而对于也速该的祖父合不勒（Qabul）汗，则可能以"阿合"（aqa），即兄称谓之，而对于敦必乃（Tumbinai），则可能以伯父称之，即称为额宾（ebin）。而对于俺巴孩的祖父察剌孩领昆（Čaraqai Lingqu），可能称为额不格（ebüge）。至于俺巴孩二妻对海都（Qaidu）的称谓，应是是前述《史集》中所提到的 الينچيک（ilīnčīk），即古蒙古语 elinčüg。惜史料中未提到他们的配偶。

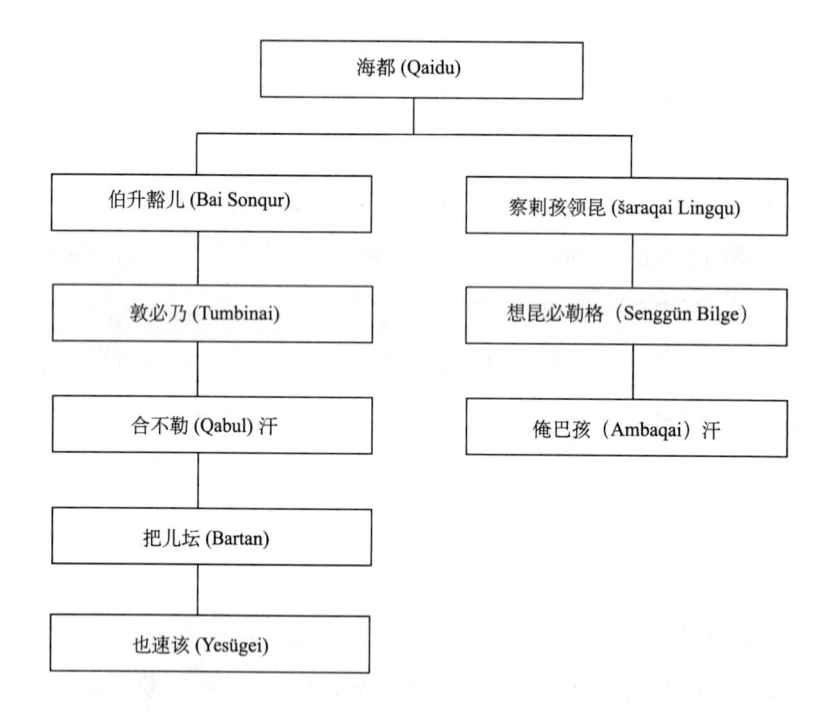

```
                    海都 (Qaidu)
                   ┌──────┴──────┐
          伯升豁儿 (Bai Sonqur)      察剌孩领昆 (šaraqai Lingqu)
                │                        │
          敦必乃 (Tumbinai)        想昆必勒格 (Senggün Bilge)
                │                        │
          合不勒 (Qabul) 汗          俺巴孩 (Ambaqai) 汗
                │
          把儿坛 (Bartan)
                │
          也速该 (Yesügei)
```

自成吉思汗建国起，蒙古人开始以尊号称呼自己的大汗，如称成吉思汗，不再称铁木真；称哈罕，不再称窝阔台。其实哈罕（Qa'an）不过是可汗之号的蒙古化读法而已，与汉文皇帝相当。所以除了成吉思汗以后，蒙古国诸帝均无蒙古语尊号。那么《祭祀志》所谓祭礼仪式上，蒙古巫祝呼以"累朝御名"是什么意见呢？难道是直呼其名吗？如果是直呼其名的话，又如何解释前述《祭祀志》中有关至元元年太庙七室神主的称谓呢？

我们注意到，自世祖忽必烈起，历代蒙古皇帝又有了蒙古语尊号，如世祖忽必烈曰薛禅（Sečen）[1]，成宗铁木耳国语曰完者笃（Öljeitü）[2]，武宗海山国语曰曲律（Külük）[3]，仁宗国语曰普颜笃（Buyantu），英宗国语曰革坚（Gegen）[4]，明宗国语曰忽都笃（Quduqtu）[5]，文宗国语曰札牙笃（Jayatu）[6]。但世祖初即位时，这些后世元帝尚未即位，蒙古巫祝也不可能称呼他们的蒙古尊号。

那么，至元元年太庙初定七室时，"巫觋以国语呼累朝御名"，只能是以蒙古语的亲属称谓来称呼元世祖忽必烈以前历代元帝与先祖。因此至元元年太庙：

第一室的元太祖成吉思汗（Činggis qan）"皇祖"的称谓，应译自蒙语 ebüge，即拉施特所记蒙古语中对祖父的称谓 abūga。而其正后孛儿帖（Börte）的"皇祖妣"称谓，应译自蒙古语"我麻吉克"。

第二室成吉思汗第三子元太宗窝阔台（Öködei）、第四室成吉思汗长子术赤（Joči）与第五室成吉思汗次子察合台（Čaqadai）的"皇伯考"称谓，应译自蒙古语额宾（ebin）"伯父"。而他们的配偶，即第二室元太宗皇后乃马真氏脱列哥纳（Töregene）、第四室术赤（Joči）长妃别土出迷失（Bek-Tutmïš）与第五室成吉思汗次子察合台（Čaqadai）的长妃也速仑哈屯（Yesülün）的"伯妣"称谓，应译自蒙古语"伯娘，阿参"。

第三室成吉思汗第四子、元世祖忽必烈之父拖雷（Tolui）的

---

[1] 陶宗仪：《辍耕录》，中华书局点校本，1980 年；以下同。薛禅（sečen），此言智慧、聪明。
[2] 完者笃（Öljeitü），此言有福的。
[3] 曲律（Külük），译言俊杰、豪杰。
[4] 革坚（Gegen），蒙古语，意为光明。
[5] 忽都笃（Quduqtu），华言有福的。
[6] 札牙笃（Jayatu），此言有天命的。

"皇考"称谓,应译自蒙古语额赤格(ečige),此言父;而其配偶唆鲁禾帖尼(Sorqaqtani)的"皇妣"称谓,应译自蒙古语"额客"(eke),此言母。

而第六室元世祖忽必烈堂兄、元定宗贵由(Güyük)与第七室忽必烈长兄元宪宗蒙哥(Möngke)的"皇兄"称谓,则应译自蒙古语阿合(aqa),译言兄;而定宗皇后斡兀立海迷失(Oqul Qaimïš)与宪宗皇后忽都台(Qutuqtai)的"皇后"称谓,应译自蒙古语"哈屯"(qatun),即妻,或译自蒙古语"别儿干"(bergen),此言嫂。

由以上讨论可知《祭祀志》所记至元元年初定太庙七室时,对七室神主的称谓,反映的是蒙古人传统的亲属称谓,很可能直接译自相应的蒙古语,这就是说,当日祭祀仪式所遵行的大致还是蒙古传统。

再论契丹人的父子连名制
——以近年出土的契丹大小字石刻为中心[1]

刘浦江（北京大学历史学系）

契丹人的名字习俗是一种久已湮灭无闻的民族文化，从汉文文献中几乎完全看不出它的丰富内涵。[2] 笔者近年通过对契丹文字石刻资料进行系统的梳理，并借助于文化人类学的知识和方法，揭开了从不为人所知的契丹父子连名制的奥秘。[3]

契丹文字碑刻中所见契丹人名字，通常包括乳名（直译为"孩子名"，辽代汉文文献多称为"小名"或"小字"）、第二名（辽代汉

---

[1] 本文系教育部人文社会科学重点研究基地北京大学中国古代史研究中心重大项目"契丹文字与辽史、契丹史：跨学科的民族史研究"（项目号：07JJD770090）成果之一。

[2] 以往辽史学者根据《辽史》等汉文文献对契丹人名字所作的种种诠释，均未能揭示它的真谛。参见都兴智：《契丹族的姓氏和名称》，《辽宁师范大学学报》1990 年第 5 期；张国庆：《略谈辽代契丹人的命名习俗》，《博物馆研究》1991 年第 2 期；冯继钦：《金元时期契丹人姓名研究》，《黑龙江民族丛刊》1992 年第 4 期。仅有个别民族语文学家注意到契丹人名字的某些规律，聂鸿音曾从汉语音韵学角度对《辽史》所见契丹人的字的词尾附加成分进行过分析，认为契丹人的字反映出契丹语有 -n 和 -in 两个名词附加成分，并指出契丹人的名和字之间一般没有汉人名、字之间那种词义上的联系，而大多仅表现为某种词尾的转换，见聂鸿音：《契丹语的名词附加成分 *-n 和 *-in》，《民族语文》2001 年第 2 期。

[3] 刘浦江、康鹏：《契丹名、字初释——文化人类学视野下的父子连名制》，《文史》2005 年第 3 辑，第 219—256 页。该文有日译本，饭山知保译，刊于日本《唐代史研究》第 10 号，2007 年 8 月，第 47—71 页；又有英译本，殷宏译，待刊。

文文献一般译称"字"），全称时则第二名在前，乳名在后。通过对契丹大小字石刻资料进行系统的梳理，笔者发现契丹小字的第二名词尾分别由 伏、出、与、内、否 五个原字构成，在契丹大字中发现的第二名词尾用字 齐 则与契丹小字 伏 的用法相同，这说明契丹人的第二名词尾是由某些特定音节构成的一种附加成分。分析这些词尾用字的音值，可以从中看出两个显而易见的规律：第一，所有契丹大小字第二名词尾附加成分均含有一个基本音值 -n；第二，目前发现的五种第二名词尾附加成分具有比较明显的互补关系，想必是为了契合元音和谐律的需要。这些现象暗示我们，契丹语中的各种第二名词尾附加成分应该具有同样的语法功能，它们很可能是属格后缀。

在成功辨析出第二名词尾的附加成分之后，接下来笔者从若干种契丹大小字墓志所记载的墓主世系里看出了一个有趣的规律：在契丹人的某些父子的第二名和小名之间，存在着词法意义上的相同形式的关联，即父亲的第二名与其长子的小名是同根词，前者的惯用词形均为后者添加属格附加成分的形式。这种情况提醒我们，在契丹族的历史上，一定存在某种从不为人知晓的父子连名制。但这究竟是一种什么类型、什么形式的父子连名制，则必须向文化人类学去寻求答案。

杨希枚认为亲子连名制理应具备以下两类四型：子连亲名之亲名前连型（某之子—某）、子连亲名之亲名后连型（某—某之子）、亲连子名之子名前连型（某之父—某）、亲连子名之子名后连型（某—某之父）。[1] 但他当时构想的亲连子名制，基本上还停留在理论假设的阶段，未能在人类学资料中找到相应的例证。关于亲连

---

[1] 杨希枚：《从名制与亲子联名制的演变关系》，《中央研究院历史语言研究所集刊》外编第 4 种《庆祝董作宾先生六十五岁论文集》下册，1961 年 6 月，第 758—776 页。

子名之子名前连型，目前能够看到的最典型的民族学资料当属佤族，佤族人的父子连名制可以表达为 BA—CB—DC 的公式，与杨希枚所设想的"某之父—某"型的亲连子名制基本吻合，只不过被省略为"某（之父）—某"的形式罢了。[1] 这一类型的连名制还见于瑶族和纳西族的少数地区[2]，以及婆罗洲的肯雅族（Kenyah）和达雅族（Dayak）部落。[3]

那么，上述契丹人第二名＋小名的名字全称究竟表达的是一种什么类型和形式的父子连名制呢？一种可能是子连亲名之亲名后连型，即从子名的角度来看，不妨理解为"本名后续属格后缀＋父名"的形式；另一种可能是亲连子名之子名前连型，即从父名的角度来看，可以理解为"长子小名后续属格后缀＋本名"的形式。笔者认为契丹人的连名制应属后一种类型，在"第二名＋小名"的连名形式中，实际上有一个省略成分，即"第二名"之后省略了"父亲"一词，因此可将契丹人的连名制形式准确地表达为"某之（父）—某"型。

以上便是笔者有关契丹父子连名制研究的基本结论。近几年来，从新出土的若干种契丹大小字石刻资料中，笔者又获得了某些重要发现和启示，可以进一步加深对此问题的认识，并完善前文的研究

---

[1] 参见魏德明：《佤族文化史》，云南民族出版社 2001 年版，第 155—156 页；李道勇：《佤族》，张联芳主编：《中国人的姓名》，中国社会科学出版社 1992 年版，第 334–342 页；罗之基等：《西盟佤族姓氏调查报告》，《佤族社会历史调查》（四），云南人民出版社 1987 年版。

[2] 胡起望：《瑶族》，《中国人的姓名》，第 198 页；和即仁：《纳西族》，《中国人的姓名》，第 361 页。

[3] C. Hose & W. McDougall, *The Pagan Tribes of Borneo*, London, 1912, Vol. 1, pp. 79-82.

结论,故本文名之曰《再论契丹人的父子连名制》。

一、新发现的契丹大字"第二名"词尾附加成分

在《契丹名、字初释——文化人类学视野下的父子连名制》(以下简称《初释》)一文中,笔者指出,目前所见契丹小字人名资料,所有第二名的词尾均由 伏、出、与、内、否 五个原字之一构成;照理说,在契丹大字石刻资料中也理应存在上述五种第二名词尾,但由于契丹大字的石刻材料相对较少,且目前的解读水平又远不及契丹小字,因此笔者当时在契丹大字石刻中仅发现了一个第二名的标志性词尾字 伏,此字与契丹小字的第二名词尾附加成分 伏 可以相通。

幸运的是,近年面世的几种契丹大字碑刻为进一步完善上述研究结论提供了新的线索,我从这些契丹大字石刻中又发现了两个第二名的标志性词尾字 朳、禾。下面分别举例说明,若字形或词义有疑问者则略加考释。

(一)以 朳 收尾者

以 朳 收尾的契丹大字第二名词尾,其实在契丹大字石刻中是比较常见的一类,可惜我过去一直未能看出来。根据近年刊布的契丹大字《多罗里不郎君墓志铭》、《耶律习涅墓志铭》来看,可以确定 朳 为契丹大字第二名词尾之一。

以《耶律习涅墓志铭》为例，墓主第二名见于第 1 行志题[1]：

序 各 扎
习 涅

据同时出土的汉文《耶律习涅墓志铭》介绍墓主名字说："讳习涅，小字杷八。"[2] 其小名杷八见于契丹小字墓志第 2 行，而这里说的"讳"实际上是指他的第二名——这是因为辽代汉文石刻对契丹人名字的表述不像《辽史》那么规范的缘故。不过"习涅"的译名不够准确。《辽史》有耶律习泥烈、萧习泥烈，"习泥烈"是作为小名使用的，而作为第二名使用时有一个词尾附加成分，按辽朝译例应作"习撚"。如《辽史》卷一〇八《方技传》谓耶律乙不哥字习撚，又卷九六《耶律良传》云："耶律良，字习撚，小字苏。"[3] "习撚（习涅）"这个第二名是以 扎 收尾的。

再举契丹大字《多罗里不郎君墓志铭》为例，墓主名字见于第 2 行：

充 州 浸 兀 舌 仵 扎 各　 尒 扎
多 罗 里 不　 郎 君　 第二的（名）　 特免

---

[1] 该墓志拓本和摹本最初发表于金永田：《契丹大字"耶律习涅墓志"考释》，《考古》1991 年第 4 期。本文所引录文及释文均据刘凤翥：《契丹大字〈耶律习涅墓志铭〉再考释》，《国学研究》第 22 卷，北京大学出版社 2008 年版，第 79—115 页。

[2] 盖之庸：《内蒙古辽代石刻文研究》，呼和浩特：内蒙古大学出版社 2002 年版，第 357 页。

[3] 按耶律良系其汉名，《辽史·道宗纪》则称之为耶律白，据沈汇《契丹小字石刻撰人考》（《考古与文物》1982 年第 6 期）解释说，"习撚"一词在今达斡尔语中义为"孝服"，其原义可能指白色，则耶律白当为"习撚"之意译。

这方墓志是 2006 年夏内蒙古阿鲁科尔沁旗博物馆从民间征集的，在此之前，刘凤翥根据所获得的拓本照片首先刊布了该墓志的第一面。[1]他把墓主的小名译为"多罗里本"，不够准确。契丹大字《耶律祺墓志铭》第 7 行有"充 州 介"者，才能译为"多罗里本"，这里的 充 州 浸 没有第二名词尾，故应译为"多罗里不"。墓主的第二名，刘凤翥译为"特每"，想必是参照《耶律宗教墓志铭》对 今写 一词的汉译。其实，《辽史》里还有一个更加中规中矩的译名，《辽史·萧兀纳传》称其"字特免"，即契丹小字《萧仲恭墓志铭》第 2 行之 坓写。因此名词首的 今、坓 两个原字可以通用，故知特免、特每乃 坓写（今写）一词的同名异译，译为"特免"才能将第二名的词尾音节准确地表达出来。这个第二名也是以 禾 收尾的。

关于契丹大字的第二名词尾 禾，还有一个问题需要讨论。乌拉熙春将契丹大字《故太师铭石记》第 3 行的 处 禾 孝 田 释为"敌辇·岩木（古）"，第 4 行的 处 禾 耳 住 释为"敌辇·□□"[2]，这个释读结果应该问题不大，但其录文的准确性值得怀疑。该墓志最早的录文见于《契丹大字资料汇辑》[3]，是由刘凤翥摹录的，他也同样把"敌辇"一名的词尾写作 禾。按照他们的录文，作为第二名使用的 处 禾（敌辇）一词，乃是以 禾 收尾的。上面谈到的习撚、特免，与"敌辇"一名理应是同样的词尾（说详下文），那么这个词尾究竟

---

[1] 丛艳双、刘凤翥、池建学：《契丹大字〈多罗里本郎君墓志铭〉考释》，《民族语文》2005 年第 4 期，上引录文见第 54 页附录。
[2] 爱新觉罗·乌拉熙春：《契丹文墓誌より見た遼史》，京都：松香堂，2006 年版，第 148—152 页。
[3] 中国社会科学院民族研究所、内蒙古大学蒙古语文研究室契丹文字研究小组编，油印本，无页码，北京，1978 年。

应该是 𘬅 还是 𘬆 呢？由于《故太师铭石记》原石和拓本均已下落不明，仅有李文信发表此碑时留下的一幅很不清晰的拓本照片，好在第 3 行有较大的局部拓片，该词词尾尚可勉强辨识，看上去确实近似 𘬆 字（见图 1）。[1] 但近年出土的契丹大字石刻为我们提供了更确切的证据，在契丹大字《耶律祺墓志铭》第 4、7、8 行三次出现 敌 𘬅（敌辇）一名，可以很清楚地看出其词尾是 𘬅 而不是 𘬆（见图 2），应该据此订正《故太师铭石记》的录文。

图 1 《故太师铭石记》第 3 行：敌辇·岩木　　图 2 《耶律祺墓志铭》第 8 行：敌辇太尉

（二）以 𘬇 收尾者

以 𘬇 收尾的契丹大字第二名词尾虽然不是很常见，但在目前所见契丹大字石刻中可以找到明确的例证。

---

[1] 见李文信：《契丹小字"故太师铭石记"之研究》，伪满《国立中央博物馆论丛》第 3 号，1942 年，第 67—74 页。第 3 行局部拓本照片见第 70 页第 3 图。由于当时学界还不知道这个墓志是契丹大字石刻，故李文信误认为这是一件契丹小字石刻的赝品。

以契丹大字《耶律祺墓志铭》为例，墓主名字见于第 3 行[1]：

  凡刘午　正求　伴扎谷　月禹
  孩子　名　阿撒里　第二的（名）　撒班

凡刘午 与契丹小字的 ⿰⿱⺁力犬 犬化 同义，指小名。墓主耶律祺，即《辽史》卷九六的耶律阿思，传云："耶律阿思，字撒班。"《辽史》将其小名译为阿思，省译了词尾音节，刘凤翥改译为阿思里。按辽道宗清宁年号，契丹大字写作 丞 正求，契丹小字写作 兴 冬本，可知 正求 与 冬本 同义[2]；而契丹小字《耶律智先墓志铭》第 13 行有名为 冬本 者，同时出土的汉文墓志译为"阿撒里"[3]，这就是耶律祺小名 正求 的辽代汉译。上面引文的最后两字是耶律祺的第二名撒班，《萧义墓志》有"北枢密使耶律撒巴宁"者[4]，即指耶律祺，"撒巴宁"系撒班的异译。此名也见于志盖及第 1 行志题，这个第二名是以 禹 收尾的。

另一个例子见于《耶律祺墓志铭》第 12 行：

  凡诶禹 米
  窝笃盌·□里

---

[1] 该墓志拓本最早发表于王永强等主编：《中国少数民族文化史图典》，北方卷上，第 2 分册，广西教育出版社 1999 年版，第 278 页；本文所引录文和释文参照刘凤翥：《契丹大字〈耶律祺墓志铭〉考释》，《内蒙古文物考古》2006 年第 1 期，第 52—78 页。

[2] 按契丹大字 丞 和契丹小字 兴 均为年号之前的惯用词，其义不详，与清宁年号对译的是 正求 和 冬本。

[3] 见赵志伟、包瑞军：《契丹小字〈耶律智先墓志铭〉考释》附录，《民族语文》2001 年第 3 期，第 39、41 页。

[4] 向南：《辽代石刻文编》，河北教育出版社 1995 年版，第 623 页。

此人是耶律祺的从兄。1996年在内蒙古阿鲁科尔沁旗朝克图山耶律祺家族墓群中出土的契丹小字《耶律副署墓志铭》，墓主正是此人。据该墓志第3行交代，墓主的小名为 尢夾，可知契丹大字 火 等同于契丹小字 尢夾。在契丹小字石刻中，此词常用于 尢夾 丰（元年）这个词组，过去契丹文字研究小组曾把它视为汉语借词，故将 尢夾 一词读作 ju-uan[1]，后来即实（巴图）根据《耶律宗教墓志铭》所见 凡水夾（控骨里）一名，才将 夾 改拟为 [ur]。[2] 但原字 尢 的音值仍不可知，故暂且将其小名 火 译为"□里"，下文再详细讨论这个问题。此人的第二名见于《耶律副署墓志铭》首行志题，写作 𠂇分井反肉，与契丹大字 凡 议 禹 系同一词。按该词在契丹小字石刻中常用于年号"大安"，清格尔泰读为 uduwon，并认为与《辽史·国语解》中的"窝笃盌"一词有关。[3] 笔者认为这个结论是可以采信的，故此人之第二名亦当译为窝笃盌或讹都椀。[4] 这个第二名也是以 禹 收尾的。

综上所述，以上两个契丹大字第二名词尾 井、禹，加上笔者在《初释》一文中揭出的词尾字 亣，目前在契丹大字石刻资料中已先后发现三个第二名词尾。既然契丹小字有五种第二名词尾附加成分，我相信在契丹大字中也应该有五个与之相对应的词尾，随着契丹大字出土文献的日益增多以及释读的不断深入，可望在不远的将

---

[1] 参见清格尔泰、刘凤翥等：《契丹小字研究》，中国社会科学出版社1985年版，第115—117页。尢夾 为汉语借词的说法，最初是由日本学者山路广明提出来的。

[2] 参见即实：《谜林问径——契丹小字解读新程》（以下简称《谜林问径》），辽宁民族出版社1996年版，后记，第657—658页。

[3] 清格尔泰：《契丹小字研究概况》，《内蒙古大学学报》（蒙文版）1999年第4期。按《辽史·国语解》："窝笃盌，孳息也。"据《营卫志》记载，兴宗斡鲁朵名曰窝笃盌，汉名延庆宫。

[4] 《辽史》卷一一一《萧余里也传》、卷一一四《萧特烈传》均谓传主字讹都椀。

来比较圆满地解决这一遗留问题。

在《初释》一文中，笔者指出契丹大字第二名词尾 齐 与契丹小字第二名词尾附加成分 伏 可以相通。那么，上述两个契丹大字第二名词尾 扎 和 禹，与契丹小字词尾附加成分又是怎样一种对应关系呢？这就需要结合契丹小字石刻资料对这两个词尾成分进行具体分析。

（三）契丹大字第二名词尾附加成分之 扎

诸多证据表明，此字与契丹小字的第二名词尾附加成分 与 可以相通。

上文谈到，契丹大字《耶律习涅墓志铭》第 1 行的 序 呑 扎，即墓主的第二名习涅（习撚），此名的契丹小字见于《耶律糺里墓志铭》第 2 行，写作 伞雨/冭与。[1] 这就是说，在"习撚"一名中，契丹大字词尾的 扎 等同于契丹小字词尾的 与。我们还可以为此提供一些旁证。《耶律习涅墓志铭》第 11 行的 坒 呑 扎，意为"已故"，而该词在契丹小字中写作 今冭/与（见《耶律智先墓志铭》第 20 行）；契丹大字《耶律祺墓志铭》第 30 行的 冬 呑 扎，意为"嫁"，而该词在契丹小字中写作 尺平/冭与。[2] 从以上诸例中可以得出一个结论，即契丹大字的 呑 与契丹小字的 冭 相通，契丹大字的 扎 与契丹小字的 与 相通。

契丹大字《多罗里不郎君墓志铭》第 2 行的 峃 扎，即墓主的第二名"特免"。此名的契丹小字见于《萧仲恭墓志铭》第 2 行，作

---

[1] 该墓志拓本照片最初刊布于唐彩兰：《辽上京文物撷英》，远方出版社 2005 年版，第 148 页，但被误称为《耶律贵也稀墓志》。关于该墓志的名称问题，留待下文再做解释。

[2] 契丹小字中的"嫁"有几种略微不同的写法，而 尺平/冭与 这种写法是最常见的，见《耶律仁先墓志铭》第 7、8、63 行，《耶律宗教墓志铭》第 21、22 行等。

[契丹字]。不妨再举一个旁证。契丹大字《耶律习涅墓志铭》第 12 行的 [契丹字]，意为"封（号）"，而契丹小字《许王墓志》第 2 行的"封"作 [契丹字]，试将两者作一比较，亦可得出"特免"一词的契丹大字词尾 [契丹字] 等同于契丹小字词尾 [契丹字] 的结论。

又如契丹大字《耶律祺墓志铭》第 4、7、8 行三次出现的 [契丹字] 一词，是契丹人常用的第二名，汉译迪辇或敌辇，它在契丹小字中写作 [契丹字] 或 [契丹字]，契丹大字的词尾 [契丹字] 与契丹小字的词尾 [契丹字] 相对应。再如契丹大字《多罗里不郎君墓志铭》第 2 行和《耶律祺墓志铭》第 3 行都有 [契丹字] 一词，与契丹小字的 [契丹字] 同义，指"第二的（名）"，可知 [契丹字] 等同于 [契丹字]，[契丹字] 等同于 [契丹字]。

以上例证都说明了这样一个事实，[契丹字] 在契丹大字中作为第二名词尾附加成分使用时，其读音及语法意义与契丹小字的 [契丹字] 是完全等同的。笔者在《初释》一文中指出，契丹小字第二名词尾附加成分 [契丹字] 的音值范围可拟测为 *in~ian，多出现在 ə 类元音之后[1]；而第二名词尾附加成分 [契丹字]（契丹小字）和 [契丹字]（契丹大字）的音值范围可拟测为 *in~ən，只黏附在辅音或元音 u 之后。

不妨试举一例，以验证契丹大字词尾附加成分 [契丹字] 和 [契丹字] 的区别。上文说过，契丹大字《耶律习涅墓志铭》将其第二名习涅（习撚）写作 [契丹字]，又该墓志第 2 行有名 [契丹字] 者，即习涅之六世祖习宁。据同时出土的汉文《耶律习涅墓志铭》记载："于越王兵马大元帅讳习宁，小字卢不姑，即公之六世祖也。"[2] 此人《辽史》卷七六

---

[1] 清格尔泰对笔者的这一拟音提出修正意见，他认为从元音和谐律的角度考虑，[契丹字] 的音值范围可调整为 ən~en。见氏著：《契丹小字几个常用原字读音研究》，《内蒙古大学学报》2007 年第 4 期，第 7—9 页。

[2] 盖之庸：《内蒙古辽代石刻文研究》，第 357 页。

有传，谓"耶律鲁不古，字信宁"。此"鲁不古"即"卢不姑"之异译，"信宁"即"习宁"之异译。再看契丹小字。"习涅（习撚）"一名的契丹小字，《耶律糺里墓志铭》第 2 行作 🗌；"习宁（信宁）"一名的契丹小字，《耶律奴墓志铭》6 行作 🗌。[1] 前面说到第二名词尾附加成分 伏 和 亓 只黏附在辅音或元音 u 之后，原字 火 拟音 un[2]，故 🗌 / 序亓 一词的词尾附加成分分别是 伏 和 亓；第二名词尾附加成分 屶 和 丸 大多出现在 ə 类元音之后，而 苳 正好带有一个 ə 类元音[3]，故 🗌 / 序苳丸 一词的词尾附加成分分别是 屶 和 丸。

（四）契丹大字第二名词尾附加成分之 禹

从目前掌握的资料来看，此字与契丹小字的第二名词尾附加成分 内 可以相通。

契丹大字《耶律祺墓志铭》第 3 行的 丹 禹，即墓主第二名撒班，此名在契丹小字《耶律仁先墓志铭》第 7 行中写作 🗌。[4] 又《耶律祺墓志铭》第 12 行的 凡 诊 禹，即墓主的第二名窝笃盌，此名在契丹小字《耶律副署墓志铭》第 1 行中被写作 🗌。这说明，在契丹大字中作为第二名词尾附加成分使用的 禹，其读音、接续特点及语法意义均可等同于契丹小字的 内。按《初释》一文的推论，契

---

[1] 《辽史》卷八三《耶律休哥传》称其字逊宁，亦即习宁之异译，此名在契丹小字《耶律奴墓志铭》第 6 行中写作 🗌，见石金民、于泽民：《契丹小字〈耶律奴墓志铭〉考释》附录，《民族语文》2001 年第 2 期，第 65 页。
[2] 清格尔泰：《契丹小字释读问题》，东京外国语大学亚非语言文化研究所刊行，2002 年，第 80—81 页。
[3] 清格尔泰：《契丹小字释读问题》，第 94 页。
[4] 即实将此名译作"撒不椀"，见《〈糺邻墓志〉释读》，《谜林问径》，第 210 页，与辽代译例不符。《辽史》中常见撒班、撒版、撒板、萨板、撒本等契丹语名，即此词之汉译。

丹小字第二名词尾附加成分 **内** 的音值范围可暂拟为 *n~in，多黏附在元音 o 之后。[1]

以上分析结果说明，目前已经发现的三个契丹大字第二名词尾附加成分，均与此前发现的契丹小字第二名词尾附加成分可以一一对应：契丹大字的 **尒** 与契丹小字的 **伏** 相通，契丹大字的 **才** 与契丹小字的 **与** 相通，契丹大字的 **禿** 与契丹小字的 **内** 相通。另外两个契

表 1　契丹大小字第二名词尾附加成分的分布情况

词尾类型	接续特征	用　例	出　处
契丹小字 **伏**	只黏附在辅音或元音 u 之后	伞火伏（习宁、信宁、逊宁）	《耶律奴墓志铭》
契丹大字 **尒**	同上	序尒（习宁、信宁、逊宁）	《耶律习涅墓志铭》
契丹小字 **与**	多出现在 a 类元音之后	伞雨与（习涅、习撚）	《耶律糺里墓志铭》
契丹大字 **才**	同上	序荅才（习涅、习撚）	《耶律习涅墓志铭》
契丹小字 **内**	多黏附在元音 o 之后	伞年反内（撒班、萨板、撒本等）	《耶律仁先墓志铭》
契丹大字 **禿**	同上	丹禿（撒班、撒巴宁）	《耶律祺墓志铭》
契丹小字 **出**	多出现在 B 类元音之后	伞木亚出（撒懒）	《耶律迪烈墓志铭》
契丹大字？	同上	待考	
契丹小字 **否**	可黏附在元音 u 之后	个火及否（勃鲁恩）	《萧图古辞墓志铭》
契丹大字？	同上	待考	

---

[1] 清格尔泰对这一推论提出异议，他认为 **内** 可读为 on，见《契丹小字几个常用原字读音研究》，第 9 页。

丹小字第二名词尾附加成分 ![字] 和 ![字]，目前在契丹大字资料中尚未找到相对应的词尾，有待日后做进一步的研究。现综合《初释》及本文的研究结果，将契丹大小字第二名词尾附加成分的分布情况列表条理如下（见表1）。

二、契丹大小字石刻所见父子连名现象

笔者此前在《初释》一文中总共揭示了十例契丹人父子连名的例证，其中四例出自契丹小字石刻，两例出自契丹大字石刻，四例出自汉文文献。近几年来，从新刊布的若干种契丹大小字石刻资料中，笔者又发现了几桩父子连名的例证，兹考述如下。

（一）耶律麻隗与耶律蒲鲁

内蒙古巴林左旗博物馆于2002年7月征集到一方契丹小字墓志，由于对墓主名字的拟音存在分歧，有关该墓志的名称还有很大争议。刘凤翥最初将该墓志命名为《耶律贵也稀墓志》[1]，后又改称为《耶律贵墓志铭》、《耶律迪里姑墓志铭》或《耶律贵·迪里姑墓志铭》[2]；乌拉熙春则称之为《耶律夷里衍太保墓志铭》或《耶律夷里衍太保位志》。[3] 根据对墓志的初步解读，知墓主名字全称为 ![字] ![字]，所

---

[1] 见唐彩兰：《辽上京文物撷英》，第148页。该书所刊布的墓志拓本照片，其题名系采纳刘凤翥的意见。
[2] 见刘凤翥等：《辽代〈耶律隆祐墓志铭〉和〈耶律贵墓志铭〉考释》，《文史》2006年第4辑，第116—142页。
[3] 爱新觉罗·乌拉熙春：《遼朝の皇族——金啓孮先生逝去二周年に寄せて》（以下简称《遼朝の皇族》），《立命館文学》第594号，2006年，第98—101页；《契丹文墓誌より見た遼史》，第264页。

谓"迪里姑"是对墓主小名 [契丹字] 的音译,"贵也稀"、"贵"及"夷里衍"则都是对墓主第二名 [契丹字] 的不同译法。在笔者看来,这些译名均不足凭信。其实,墓主小名 [契丹字] 一词的音读应该是比较明确的。按《耶律仁先墓志铭》通称墓主为 [契丹字] 杰,[契丹字] 即《辽史·耶律仁先传》所称仁先之字(第二名)"糺邻"[1],该墓志中作为小名使用的 [契丹字] 显然是 [契丹字] 一词的词根,故当译作"糺里"。这是一个辽代常见的契丹人名。据《辽史·公主表》,道宗次女名糺里;《道宗纪》大安十年四月庚戌,有积庆宫使萧糺里;据《天祚皇帝纪》所附《耶律雅里传》,辽末有西北路招讨使萧糺里;又《金史·太祖纪》天庆四年十一月下,也有辽都统萧糺里。基于上述理由,笔者主张将此墓志定名为《耶律糺里墓志铭》。[2]

该墓志详细追溯了墓主的七代先人,其中第 4 行有这样一位:

[契丹字]   [契丹字]   [契丹字]
蒲邻 ·   麻隗   令稳

此人是孟父房岩木之孙、墓主糺里之五世祖,仕至令稳。其小名 [契丹字],刘凤翥译为"穆维",与辽代译例不符,故改译为"麻隗"。[3] [契丹字] 是他的第二名,刘凤翥译作"普你",有辽代汉文石刻为据:《耶

---

[1] 参见刘浦江:《"糺邻王"与"阿保谨"——契丹小字〈耶律仁先墓志〉二题》,《文史》2006 年第 4 辑。
[2] 详见刘浦江:《关于契丹小字〈耶律糺里墓志铭〉的若干问题》,《北大史学》第 14 辑,北京大学出版社 2009 年版,第 134—145 页。
[3] 《辽史·圣宗纪》统和十九年十一月庚午有侦候名"谋洼"者,大概也是此名的汉译。

律宗福（韩涤鲁）墓志》称其祖父韩德威"讳普你"[1]，而韩德威的契丹语第二名见于契丹小字《韩高十墓志铭》第 6 行、《耶律（韩）迪烈墓志铭》第 5 行和《萧图古辞墓志铭》第 4 行，均作 兮平伏，[2] 恰与"普你"的译音相合。不过，辽代石刻采用的这一译名并不准确，因为它省译了第二名词尾的属格后缀 伏。在《辽史》中可以找到此名的多种异译：《太宗纪》天显五年九月己卯，有舍利普宁；《耶律阿没里传》称其字蒲邻，又《圣宗纪》统和元年正月乙丑之耶律普领、二年二月丙申之耶律蒲宁、同年四月丁亥之耶律普宁、四年四月戊申之耶律蒲领，都是指耶律阿没里。这些译名虽然很不统一，但都译出了第二名词尾的附加成分，比"普你"的译音更为准确，是以采用"蒲邻"一名。

该墓志第 5 行接下去记述耶律麻隗的三个儿子，其长子是：

叉及	丹为	兮平	无力夫
长	子	蒲鲁	郎君

此人的小名 兮平，刘凤翥译为"福乐"，显然不可取；乌拉熙春译为"蒲勒"[3]，也于辽代文献无征。按《辽史》卷八九《耶律庶成传》

---

[1] 见王青煜：《耶律宗福墓志浅探》，《首届辽上京契丹·辽文化学术研讨会论文集》，内蒙古文化出版社 2009 年版，第 218 页。

[2] 见刘凤翥、清格勒：《辽代〈韩德昌墓志铭〉和〈耶律（韩）高十墓志铭〉考释》，《国学研究》第 15 卷，北京大学出版社 2005 年版，第 124、136 页，唐彩兰、刘凤翥、康立君：《契丹小字〈韩敌烈墓志铭〉考释》附录，《民族语文》2002 年第 6 期，第 34 页；刘凤翥、梁振晶：《契丹小字〈萧奋勿腻·图古辞墓志铭〉考释》附录，《文史》2008 年第 1 辑，第 175 页。

[3] 见爱新觉罗·乌拉熙春：《契丹文墓誌より見た遼史》，第 156 页。

后有耶律蒲鲁的附传,谓"蒲鲁,字乃展";卷八七《萧蒲奴传》谓"蒲奴,字留隐"。蒲鲁和蒲奴都是作为小名使用的,这就是 丿平 一词的辽代汉译。[1]

试将耶律麻魁的第二名 丿平伏 (蒲邻)与其长子的小名 丿平 (蒲鲁)作一比较,可以明显看出两者系同根词,前者仅比后者多了一个属格后缀 伏 而已。

(二) 耶律兀没里与耶律窝笃斡——见于契丹小字石刻

契丹小字《耶律副署墓志铭》和契丹大字《耶律祺墓志铭》均出土于内蒙古阿鲁科尔沁旗罕苏木苏木朝克图山南麓的同一个家族墓地,两墓墓主为从兄弟,故这对父子的名字同时见于两方墓志之中。

上述两方墓志的墓主均为耶律古昱之孙。《辽史》卷九二《耶律古昱传》谓古昱有二子,长曰宜新,次曰兀没;但同卷《耶律独攧传》又谓独攧为"太师古昱之子"。乌拉熙春和刘凤翥根据以上两方墓志的解读结果,指出《辽史》记载有误,耶律古昱之二子,一为宜新,一为独攧,而兀没实为宜新之子。[2]

从《耶律副署墓志铭》所记墓主事迹来判断,此人就是《辽史·耶律古昱传》所说的兀没。墓主的第二名和小名,分别见于该墓志第 1 行和第 3 行,其全称如下:

---

[1] 由此看来,《辽史·圣宗纪》统和四年四月戊申之北大王耶律蒲奴宁、《兴宗纪》重熙六年五月癸亥之乌古迪烈得都详稳耶律蒲奴宁,以及《耶律勃古哲传》称其"字蒲奴隐",这里的蒲奴宁、蒲奴隐大概也都是 丿平伏 一名的异译。

[2] 参见爱新觉罗·乌拉熙春:《辽朝的皇族》,第 62—63 页;盖之庸、齐晓光、刘凤翥:《契丹小字〈耶律副部署墓志铭〉考释》,《内蒙古文物考古》2008 年第 1 期,第 87—90 页。

窝笃盌·兀没里

关于墓主小名的音读,目前还存在着较大分歧,需要在此做一点解释。上文已经指出,此墓主小名的后一个原字 应读 ur,前一个原字 音值不详。刘凤翥因 一词常用来表示元年之"元",故将它译为"脱伦",其依据是明朝四夷馆之《蒙古译语》谓"初"音"脱仑"。[1] 这个译名与 的音值不符,不足为据。乌拉熙春则把这个小名译为"尤里",并谓《耶律副署墓志铭》所记墓主小名和第二名均与"兀没"的读音不合,兀没当是墓主的别名云云。[2] 她之所以将原字 译为"尤",显然仍在沿袭 为汉语借词的错误说法,[3] 如此得来的这个译名当然也不可取。

笔者认为,《辽史·耶律古昱传》既称之为兀没,按惯例当是小名,或许省译了词尾辅音 r,其完整的译名当作"兀没里"。《辽史》中有名为"兀里"或"兀里轸"者(前者是小名,后者是第二名),[4] 可能也是"兀没里(轸)"的省译。另外,契丹大字《多罗里不郎君墓志铭》的一条材料也许有助于笔者的这一推断。该墓志的墓主可能是耶律羽之的后人,其中第 3 行提到这样一个人:

---

[1] 见《契丹小字〈耶律副部署墓志铭〉考释》,第 82—83、98 页;《契丹大字〈耶律祺墓志铭〉考释》,第 59 页。

[2] 爱新觉罗·乌拉熙春:《遼朝の皇族》,第 64—65 页。

[3] 《契丹小字研究》第 116 页有这样一个推断: 当读 [ju],或系来自形音均极相似的汉字'尤'。这就是乌拉熙春的依据所在。

[4] 如《辽史》卷八五《耶律题子传》有耶律兀里,卷七五谓耶律羽之小字兀里、耶律觌烈字兀里轸,卷七四谓萧痕笃字兀里轸等。

佮 扎 夰 奘　丙巫

寅底哂·兀里　宰相

据刘凤翥推测,这很可能就是耶律羽之的契丹语名字。[1] 上文说到,《耶律副署墓志铭》墓主的小名 尣夹,在契丹大字《耶律祺墓志铭》中写作 关。因此我怀疑《多罗里不郎君墓志铭》之 奘 与《耶律祺墓志铭》之 关 应该是同一个字,二者或有一误。[2] 若这一假设能够成立,则前者之小名"兀里"与后者之小名"兀没",均应是"兀没里"之省译。按照上述推论,《耶律副署墓志铭》墓主小名 尣夹 当读为 um-ur,汉译兀没里。至于他的第二名 伞分卄及丙,刘凤翥据《辽史·耶律古昱传》释为兀没[3], 乃是误将其第二名当成小名了。上文按照清格尔泰为大安年号的拟音,已将此名改译为窝笃盌或讹都椀。

据《耶律副署墓志铭》第 24 行介绍,墓主惟一的一个儿子,其契丹语名为 伞分卄及扎,从词尾即可看出这是他的小名,此名可译为窝笃斡或讹都斡。[4] 值得注意的是,耶律窝笃斡的小名 伞分卄及扎 与其父亲的第二名 伞分卄及丙 仅词尾原字不同。不过它们之间的区别似乎与一般父子连名

---

[1] 见丛艳双、刘凤翥等:《契丹大字〈多罗里本郎君墓志铭〉考释》,第 51 页。《辽史》卷七五《耶律羽之传》称其"小字兀里,字寅底哂"。

[2]《耶律祺墓志铭》和《多罗里不郎君墓志铭》拓本照片均见盖之庸:《内蒙古辽代石刻文研究》(增订本),呼和浩特:内蒙古大学出版社 2007 年版,第 787、791 页。前者保存相当完好,拓本确是作 关;后者拓本虽不甚清晰,但亦大致可以辨识,近似 奘 字。

[3] 见《契丹小字〈耶律副部署墓志铭〉考释》,第 81—82、98 页。乌拉熙春《辽朝的皇族》第 64—65 页将这个名字录作 米分卄及丙,对照拓片,可明显看出第一个原字 米 系 伞 之误。

[4] 参见爱新觉罗·乌拉熙春:《辽朝的皇族》,第 65—66 页。

的情况不太一样，父亲的第二名不只是简单地在儿子的小名后叠加一个原字构成的。尽管如此，仍可看出它们是同根词的关系，用作第二名的 ▣（窝笃盌）是用作小名的 ▣（窝笃斡）后续属格附加成分 ▣ 的形式。在契丹小字石刻中还可以看到其他一些与此形式类似的名、字，如用作小名的 ▣（挞不也）与用作第二名的 ▣（挞不衍）、用作小名的 ▣（特末）与用作第二名的 ▣（特免）、用作小名的 ▣（迪烈）与用作第二名的 ▣（迪辇），也都是这样的对应关系。清格尔泰对这种现象提供了一个合理的解释。他以 ▣（特末）与 ▣（特免）为例，认为 ▣ 读为 təmə'ən（特免），而 ▣ 一词应读为 təmər（特末里），从小名派生第二名时，需添加词尾附加成分 ən，为了发音上的方便，遂将词尾的 ər 换成 ən，在蒙古语族语言中可以见到类似现象。[1]

（三）耶律兀没里与耶律窝笃斡——见于契丹大字石刻

耶律祺是耶律古昱之孙，耶律独攧之子，故契丹大字《耶律祺墓志铭》在追述墓主世系时提到了其从兄耶律兀没里父子的名字，可与契丹小字《耶律副署墓志铭》的记载相互参证。

耶律兀没里的名字见于《耶律祺墓志铭》第 12 行：▣ ▣ ▣ ▣。最末一字 ▣ 是小名，在《耶律副署墓志铭》中写作 ▣，汉译兀没里。▣ ▣ ▣ 是第二名，即《耶律副署墓志铭》中的 ▣，刘凤翥将此名与《辽史·耶律古昱传》所说的"兀没"划等号[2]，显然是不对的，这个第二名的辽代汉译应是窝笃

---

[1] 参见清格尔泰：《契丹小字几个常用原字读音研究》，第 9 页。
[2] 见《契丹大字〈耶律祺墓志铭〉考释》，第 59、68 页。

盌或讹都椀，与兀没的读音相去甚远。参照契丹大小字中大安年号的写法，可以为这个名字的释读提供一个旁证。按辽道宗大安年号，在契丹小字中写作 [字]，契丹大字中写作 [字][1]，[字]和[字]分别相当于年号前面的特定冠词，可知契丹大字的[字]等同于契丹小字的[字]；既然耶律兀没里的第二名[字]在契丹小字中写作[字]，可知它与用作大安年号的[字]是同音词。契丹大字的正字法不如契丹小字严格，[字]与[字]大概只是一种写法上的差异。这说明把《耶律祺墓志铭》的[字]比定为[字]，应该是没有什么问题的。

耶律兀没里之子的契丹语小名见于《耶律祺墓志铭》第 38 行：[字]。这就是《耶律副署墓志铭》所见之[字]。将契丹大字的[字]比定为契丹小字的[字]，可以从乾统年号中得到佐证。辽天祚帝乾统年号，在契丹小字中写作[字]，契丹大字中写作[字]，[字]和[字]分别相当于年号前面的特定冠词，可见契丹大字的[字]等同于契丹小字的[字]。因词首的[字]和[字]可以相通[2]，故知[字]与[字]的读音相同；而根据上面对耶律兀没里第二名的分析，亦可得出[字]与[字]读音相同的结论。由此可见，《耶律祺墓志铭》的[字]与《耶律副署墓志铭》的[字]无疑是同一人，这正是耶律兀没里之子窝笃斡。

总而言之，耶律兀没里的契丹大字第二名[字]（窝笃盌）

---

[1] 契丹大字中的大安年号写法不太规范，这是其中的一种写法，见《永宁郡公主墓志铭》第 21、24 行和《耶律祺墓志铭》第 22 行。

[2] 按辽道宗清宁年号，契丹大字写作[字]，契丹小字写作[字]，知词尾的[字]和[字]可以相通。

与其子的小名 ⿰凡⿰议几 （窝笃斡）显然也是同根词的关系，前者是后者后续属格附加成分 吞 的形式。若与上文提到的耶律兀没里的契丹小字第二名 [字] （窝笃盌）及其子的小名 [字] （窝笃斡）进行比较，可以看出两者之间的对应关系是非常相似的。尤为难得的是，这一父子连名的例证居然得到了契丹小字和契丹大字石刻资料的相互印证。

（四）萧敌鲁与萧翰

在辽代汉文文献中，笔者又发现了一桩父子连名的例证。《辽史》卷七三《萧敌鲁传》曰："萧敌鲁，字敌辇。……（太祖）拜敌鲁北府宰相，世其官。"卷一一三《逆臣中·萧翰传》："萧翰，一名敌烈，字寒真，宰相敌鲁之子。"萧翰乃其汉语名字，契丹语小名敌烈，第二名寒真。这对父子名、字间的关联是看得很清楚的：萧敌鲁的第二名"敌辇"，在契丹小字石刻中写作 [字]，其子萧翰小名"敌烈"，契丹小字一般写作 [字]，两者系同根词，用作第二名的 [字] 是用作小名的 [字] 后续属格附加成分的形式。

以上新发现的四例契丹人父子连名的例证，其中两例出自契丹小字石刻，一例出自契丹大字石刻，一例出自汉文文献。现将本文及《初释》所考述的所有14例父子连名现象予以整理归纳，列为下表（见表2）。

表2 契丹人父子连名之例证

父子名氏	长子第二名	长子小名	父亲第二名	父亲小名	出处
耶律吼父子	(斜宁)	(何鲁不)	(曷鲁本)	(吼)	契丹小字《故耶律氏铭石》、《耶律迪烈墓志铭》
耶律奴父子		(国隐)	(国宁)	(奴)	契丹小字《耶律奴墓志铭》
耶律瑰引父子	(糺邻)	(查剌)	(查懒)	(瑰引)	契丹小字《耶律仁先墓志铭》、《耶律智先墓志铭》
萧挞不也父子	(兀古邻)	(特末)	(特免)	(挞不也)	契丹小字《萧仲恭墓志铭》
耶律麻隗父子		(蒲鲁)	(蒲邻)	(麻隗)	契丹小字《耶律糺里墓志铭》
耶律兀没里父子（契丹小字）		(窝笃斡)	(窝笃盌)	(兀没里)	契丹小字《耶律副署墓志铭》
耶律兀没里父子（契丹大字）		(窝笃斡)	(窝笃盌)	(兀没里)	契丹大字《耶律祺墓志铭》
耶律拔里得父子	(留隐)	(海里)	(孩邻)	(拔里得)	契丹大字《耶律昌允墓志铭》

(续表)

父子名氏	长子第二名	长子小名	父亲第二名	父亲小名	出处
耶律解里父子	𤴬已㕁夰(乙信隐)	卉(直鲁姑)	卉夰(直鲁衮)	㦹(解里)	契丹大字《耶律习涅墓志铭》
耶律牙里果父子		令用芬(敌烈)	令用㚔(敌辇)	牙里果	《辽史·皇子表》
耶律隆裕父子		才祭(胡都古)	才祭伏(胡都堇)	高七	《辽史·皇子表》
萧敌鲁父子	寒真	令用芬(敌烈)	令用㚔(敌辇)	令用夂(敌鲁)	《辽史·萧敌鲁传》、《萧翰传》
耶律铎臻父子		令用(低烈)	令用㚔(敌辇)	铎臻	《辽史·耶律铎臻传》
耶律李胡父子	完德	喜隐	奚隐(宁?)	李胡	《辽史·章肃皇帝传》

三、父子连名制的变例：兄弟连名

在实行父子连名制的契丹人社会中，按照常规，父亲理应与长子连名；但如果没有子女，或者尚未成婚而急于获得一个象征身份和地位的尊称（即第二名），亦可与其兄弟或从兄弟连名。这实际上是父子连名制的一种变例。在盛行亲从子名制的婆罗洲达雅族（Dayak）部落以及马来人社会中，都存在类似的情形。但有关契丹人兄弟连名的实例，笔者当初仅从《辽史》中找到耶律觏烈与耶律羽之一例孤证。据《辽史》卷七五《耶律觏烈传》说："耶律觏烈，字兀里轸。"后附其弟耶律羽之传云："羽之，小字兀里，字寅底哂。"笔者指出，耶律觌烈的第二名"兀里轸"应是以其弟耶律羽之的小名"兀里"为词根，后续属格附加成分构成的。但由于当时在契丹文字石刻资料中尚未发现此类现象，仅凭汉文文献里的一例孤证，毕竟说服力不强。幸运的是，在近年出土的契丹小字石刻中，我们终于有了新的发现。

目前所见辽代契丹小字石刻，至少有两个比较典型的兄弟连名的例子，现考述如次。

（一）耶律控骨里与耶律兀古匿

此例见于近年刊布的《耶律慈特墓志铭》，该墓志第5行有墓主父亲的名字[1]：

涅邻·兀古匿

关于这个名字，需要在此做一点说明。刘凤翥的摹本将此名写作 ，释为"睦里宁·乌理"；乌拉熙春则作 ，释为"涅邻·不勒"。[2] 两者的录文都有问题。先说前面的第二名，分歧在于第一个原字究竟是 还是 ？从拓片来看确实难以判断，但 一词不见于其他契丹小字石刻，而 一词在《许王墓志》第51行和《耶律仁先墓志》第61行中均用作人名，《辽史·道宗纪》谓道宗字涅邻，即此名之汉译。

---

[1] 见刘凤翥等《契丹小字〈耶律慈特·兀里本墓志铭〉考释》，《燕京学报》新20期，2006年，第270页。由于对墓主名字的拟音存在分歧，该墓志的名称目前尚无定论，刘凤翥称为《耶律慈特墓志铭》，乌拉熙春称为《郭君本生员墓志铭》，均可酌。本文暂取刘说。
[2] 见爱新觉罗·乌拉熙春：《遼朝の皇族》，第55页。

再看后面的小名，其分歧之处也是第一个原字不同，核以拓片，分明应作 [契丹字]，这是契丹人常用的小名，辽代汉译作兀古匿。[1]

《耶律慈特墓志铭》第 7 行提到了墓主第二个伯父的名字：

[契丹字]
兀古邻·控骨里

作为第二名使用的 [契丹字]，在辽代也很常见，如《辽史》卷七三谓耶律颇德字兀古邻、卷八〇谓耶律八哥字乌古邻，即此名；又卷四八《百官志四》有"于骨邻"者，亦系该名之异译。后一词 [契丹字] 是此人的小名，这个名字曾见于《耶律宗教墓志铭》第 22 行[2]，同时出土的汉文墓志译作"控骨里"。

据刘凤翥考释，耶律慈特的父亲兄弟四人，其父涅邻·兀古匿排行第三，其伯父兀古邻·控骨里则排行第二。[3] 可以很清楚地看出他们二人名字之间的关系：其伯父的第二名 [契丹字]（兀古邻）与其父亲的小名 [契丹字]（兀古匿）为同词根，前者不过是后续了一个属格后缀 [契丹字] 而已。兀古邻·控骨里为何不连子名而连弟名呢？答案就在该墓志第 7、8 两行之中：兀古邻·控骨里无嗣，而以耶律慈特承其帐。[4] 显然，正是因为没有子嗣的缘故，兀古邻·控骨里才姑且从其弟名。

---

[1] 如《辽史·道宗纪》清宁十年十二月有北院大王萧兀古匿者。
[2] 见刘凤翥等：《契丹小字解读五探》附录二，《汉学研究》13 卷 2 期，1995 年，第 339 页。
[3] 见《契丹小字〈耶律慈特·兀里本墓志铭〉考释》，第 261—262 页。
[4] 参见爱新觉罗·乌拉熙春：《遼朝の皇族》，第 55 页。

（二）耶律糺里与耶律夷列

此项兄弟连名的例子见于《耶律糺里墓志铭》，该墓志第 2 行记载墓主名字说：

孩子　名　　糺里　第二的（名）　夷懒

墓主小名 [契丹字]，上文已释为"糺里"。关于其第二名的音读，也是一个颇有争议的问题。刘凤翥将 [契丹字] 一词音译为"贵"，乌拉熙春则译为"夷里衍"。[1] 两者的分歧，关键在于第一个原字 [契丹字] 的读音。有关这个原字的音值构拟，目前存在两种截然不同的意见，清格尔泰读为 rə，[2] 刘凤翥读作 ku。[3] 由于前者具有较充分的依据，笔者倾向于这种意见。这样看来，乌拉熙春将 [契丹字] 一词译为"夷里衍"是有道理的，但若是按照《辽史》的译例加以规范，则应译作"夷懒"才对。[4]

据该墓志记述，墓主耶律糺里排行第二，墓志中没有谈到他的哥哥，但在第 15 行介绍了他三个弟弟的情况，其中年龄最大的一个弟弟是：

逊宁·夷列　郎君

---

[1] 见刘凤翥等：《辽代〈耶律隆祐墓志铭〉和〈耶律贵墓志铭〉考释》，第 127 页；爱新觉罗·乌拉熙春：《契丹文墓誌より見た遼史》，第 155—158 页。

[2] 清格尔泰：《契丹小字釋読問題》，第 53 页。

[3] 刘凤翥：《最近 20 年来的契丹文字研究概况》附录一《契丹原字音值构拟表》，《燕京学报》新 11 期，北京大学出版社 2001 年版，第 235 页。

[4] 《辽史·圣宗纪》统和二十四年五月有名"夷懒"者，而目前在辽代汉文文献中尚未见到"夷里衍"的译名。

此人之第二名󰀀（火伏），当译为逊宁或信宁，前面曾经谈到过。其小名󰀀（关太），参以辽代译例，可译作夷列。西辽仁宗名夷列，[1] 大概就是这个名字。从耶律糺里与耶律夷列兄弟二人的名字中，我们可以发现它们之间的关联：哥哥的第二名󰀀（关写）（夷懒）与弟弟的小名󰀀（关太）（夷列）为同根词。但需注意的是，两词的区别不是在小名后面叠加一个原字构成为第二名，而是在于词尾原字的不同，前面谈到的󰀀（挞不也）与󰀀（挞不衍）、󰀀（特末）与󰀀（特免）、󰀀（迪烈）与󰀀（迪辇）、󰀀（窝笃斡）与󰀀（窝笃盌），都是类似的同根词关系。

根据刘凤翥对墓志的解读结果可以知道，墓主耶律糺里生于清宁七年（1061年），自 18 岁开始步入仕途，卒于乾统二年（1102年），享年 42 岁。他的大弟夷列时年 41 岁，可见只比他小一岁；而其二弟和三弟都死得很早，只分别活了 19 岁和 18 岁。又据该墓志第 14 行记载，耶律糺里有三个儿子，在他死时长子年仅 14 岁。这就带来了一个疑问，既然耶律糺里有自己的子嗣，那他为何不连子名而连弟名呢？我猜想，这大概是因为他直到 28 岁才有了第一个儿子，而他的第二名很可能是在他 18 岁进入仕途时获得的。契丹人的小名主要是幼年用于族内的称呼，而第二名则是成年后广泛用于社会交际的称呼，当耶律糺里踏上仕途之后，他需要获得一个表明身份和地位的尊称，于是便以兄弟连名的方式取了一个第二名。

从上述兄弟连名例证中可以看出如下规律：兄长在无嗣或暂无子嗣的情形下，通常会与其长弟连名，耶律控骨里与耶律兀古匿、

---

[1] 见《辽史》卷三〇《天祚皇帝纪》附《耶律大石传》。

耶律糺里与耶律夷列都是这种情况；若长弟早夭，则与次弟连名，耶律觌烈和耶律羽之兄弟连名就属于这后一种情况。据《耶律羽之墓志铭》介绍，羽之兄弟六人，长兄曷鲁，次兄汗里整（即《辽史·耶律觌烈传》所称"字兀里轸"），羽之排行第四；三兄及两个弟弟均早夭。[1] 这么说来，在耶律觌烈的四个弟弟当中，唯有耶律羽之一人得以长大成人，故觌烈与羽之连名亦在情理之中。

除此之外，笔者在近年出土的契丹小字石刻中还发现两例疑似兄弟连名的情况，但因证据不够充分，暂且搁置不谈。现将上文所述契丹小字资料及汉文文献中发现的三例兄弟连名现象加以归纳，列为表3。

表3 契丹人兄弟连名之例证

兄弟名氏	弟第二名	弟小名	兄第二名	兄小名	出处
耶律控骨里与耶律兀古匿	（涅邻）	（兀古匿）	（兀古邻）	（控骨里）	契丹小字《耶律慈特墓志铭》
耶律糺里与耶律夷列	（逊宁）	（夷列）	（夷懒）	（糺里）	契丹小字《耶律糺里墓志铭》
耶律觌烈与耶律羽之	寅底哂	兀里	兀里轸	（觌烈）	《辽史·耶律觌烈传》、《耶律羽之传》

---

[1] 见内蒙古文物考古研究所等：《辽耶律羽之墓发掘简报》，《文物》1996年第1期。

四、契丹连名制的历史源流

由于过去学界对契丹族的连名制一无所知，所以人们往往对契丹人的"字"的来历发生误解。聂鸿音推测说，契丹人幼时取"名"，成年后取"字"，"这大约是直接或间接地受了中原汉文化的影响"。[1] 乌拉熙春也认为，契丹人的字"有可能仿自汉人习俗"。[2] 而笔者的研究结果表明，契丹人的"字"其实是一种纯正而地道的民族文化。

有史料表明，契丹族的连名制是一项具有悠久历史的民族传统。史称遥辇氏始祖阻午可汗，"契丹名迪辇俎里"[3]，迪辇（契丹小字写作 ◱ 或 ◲）是辽代契丹人常用的带有属格后缀的第二名，这是汉文文献中有关契丹父子连名制的最早消息。近年刊布的契丹小字石刻可以为此提供更为明确的证据。《耶律慈特墓志铭》第 3 行在追溯墓主先人时，提到其始祖的名字：

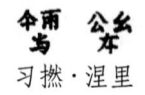

习撚·涅里

刘凤翥将此名译作"秦安·泥礼"，乌拉熙春释为"习撚·涅里"。[4]

---

[1] 聂鸿音：《契丹语的名词附加成分 *-n 和 *-in》，第 56 页。
[2] 爱新觉罗·乌拉熙春：《〈耶律迪烈墓志铭〉与〈故耶律氏铭石〉所载墓主人世系考——兼论契丹人的"名"与"字"》，《立命馆文学》第 580 号，2003 年版，第 11 页。
[3] 《辽史》卷六三《世表》。
[4] 见刘凤翥等：《契丹小字〈耶律慈特·兀里本墓志铭〉考释》，第 269 页；爱新觉罗·乌拉熙春：《遼朝の皇族》，第 54 页。

此人名字亦见于《耶律糺里墓志铭》第 2 行，写作 [契丹字] [契丹字]。研究者一致认为，此人就是辽朝皇室之始祖涅里。[1] 虽然以上两种墓志对其名字的拼法有所出入，但读音可以勘同。其小名既可拼作 [契丹字]，亦可拼作 [契丹字]，此名辽金元时代有不同的译法，"耶律俨《辽史》书为涅里，陈大任书为雅里"，元修《辽史》亦作"泥礼"[2]，宜以辽朝人的译名为准。涅里的第二名，两方墓志一作 [契丹字]，一作 [契丹字]。按第二名词尾附加成分 [契丹字] 多出现在 ə 类元音之后，前一种拼法接 [契丹字]，原字 [契丹字] 拟音 in；后一种拼法接 [契丹字]，而 [契丹字] 正好带有一个 ə 类元音，可知 [契丹字] 的写法是比较规范的。此名按辽朝译例应作习撚，即契丹大字《耶律习涅墓志铭》第 1 行之 [契丹字]。习撚·涅里与阻午可汗是同时代人，《辽史》卷三二《营卫志》曰："当唐开元、天宝间，大贺氏既微，辽始祖涅里立迪辇祖里为阻午可汗。"卷六三《世表》序亦云："迭剌部长涅里立迪辇组里为阻午可汗，更号遥辇氏。"

以上证据说明，早在大贺氏与遥辇氏时代之交，契丹人已在使用带有属格后缀的第二名，而这种形式的第二名正是父子连名的产物。由此可以得出一个结论，至迟在大贺氏时代后期，子名前连型亲连子名制已在契丹人社会中出现。从理论上说，自契丹族进入父系氏族社会以后，就有可能产生父子连名制。

笔者曾试图从古代阿尔泰诸民族中追寻契丹连名制的源流，但由于种种原因没有找到令人满意的答案。鲜卑人和突厥人是否存在连名制，因文献不足征，目前尚无法做出确切判断；回鹘人虽有亲

---

[1] 参见刘凤翥等：《辽代〈耶律隆祐墓志铭〉和〈耶律贵墓志铭〉考释》，第 130—131 页；爱新觉罗·乌拉熙春：《契丹文墓誌より見た遼史》，第 109—110 页。
[2] 《辽史》卷六三《世表》。

名后连型亲子连名制，但那是伊斯兰化以后的产物，与契丹人的连名制没有逻辑上的联系；至于蒙古、女真和满族，可以肯定其历史上都不存在有系统的连名制度。但不能排除这样一种情况，即辽代契丹人的父子连名习俗有可能影响到同时代的其他民族，如女真人。从金代女真人名资料来看，似乎看不出有连名制的痕迹，但有一个个案引起了我的注意。

《金史》卷七二《完颜娄室传》曰："完颜娄室，字斡里衍，完颜部人。……子活女、谋衍、石古乃。"而据《完颜娄室神道碑》说，娄室有子七人，并举出其中四人的名字："长曰活女……曰斡鲁……曰谋衍……曰什古乃。"[1]《金史·完颜娄室传》后有石古乃的附传，称"其兄斡鲁为统军"云云，亦可佐证神道碑的记载。让我感兴趣的是，完颜娄室的字"斡里衍"与其子"斡鲁"之名颇似同根词，符合契丹人父子连名制的基本特征。不过从契丹父子联名的惯例来看，父亲的第二名（字）都是与其长子连名，而斡鲁则很可能是完颜娄室的次子——这或许是女真人有意效仿契丹人的父子连名习俗而又没有学到家的缘故？完颜娄室是辽末金初的生女真人，辽代的生女真是一个文明程度较低的部族，被宋人称为"夷狄中至贱者"[2]，对于生女真来说，契丹文化无疑是一种"先进文化"，若完颜娄室受到这种先进文化的熏陶濡染而有所效仿，也不是没有可能的。

---

[1] 罗福颐编：《满洲金石志外编》，石印本，1937 年。
[2] 《三朝北盟会编》卷二四四，引张棣《金虏图经》。

与《西游记》相关的汉藏民族文化交流问题研究

才让（西北民族大学历史文化学院）

《西游记》为中国古代四大文学名著之一。自问世以来，其传播范围不断扩大，孙悟空、猪八戒等文学形象在中国家喻户晓。《西游记》故事何时传入藏地，尚无考证。惟藏族地区对《西游记》之喜爱，相比于其他民族有过之而无不及。电视连续剧《西游记》在藏地的演播经久不衰。《西游记》之所以在藏地受到如此欢迎，除其故事情节的离奇、人物个性的鲜明之外，还与其中包含浓厚的佛教文化内容不无关系。大多数藏族人信仰佛教。《西游记》中的佛、菩萨等形象，以及佛教用语等，即便对普通藏族民众也耳熟能详。《西游记》中每一故事以神佛之胜利而告终，这是佛教信徒乐于闻见的，亦与藏族的民族心理相符合。唐僧师徒四人为取真经而百折不挠之精神，则更容易引起藏族民众的共鸣。

一

《西游记》的内容繁多，又杂糅佛道。其中也有与藏族文化有关联的内容，如将藏地地名及"喇嘛"等称呼也写进了小说之中。唐僧的二弟子猪八戒，《西游记》（第十八回）谓之"乌斯藏"国人，猪八戒入赘之高老庄亦在此处。高太公家人高才给悟空介绍说："此处乃是乌斯藏国界之地，唤作高老庄。"[1] 其他章节中也提到"八戒"是乌斯藏国人。"乌斯藏"乃藏语"dbus-gtsang"之译音，这种译法始于元代，沿用于明。清代又译为"卫藏"。卫（即元明时所译"乌斯"）指拉萨、山南等地；藏指日喀则地区，在藏语中"卫藏"又作为今西藏之通称。藏文《唐僧上师传》中将此处的"乌斯藏"直接译为"bod"（西藏）。元明时期，乌斯藏僧人多有往京城朝贡，并有居于内地者。元明史书对"乌斯藏"亦有记载，明代还将藏传佛教风格的佛像称为"乌斯藏像"。小说作者知乌斯藏之名，实不足怪。此地名颇有异域特色，遂被用之于小说，成为猪八戒之籍贯。但作者对乌斯藏之方位似乎不甚明了。第十八回叙过高老庄之事以后，至第四十七回又讲到唐僧师徒过通天河。按通天河在乌斯藏之东；既已至乌斯藏矣，又何从再尔东渡通天河？自然，作为神幻小说，本不必如此求真。

第十四回"心猿归正，六贼无踪"，叙述唐僧从五行山下救悟空的故事曰："有块四方大石，石上贴着一封皮，却是'唵嘛呢叭咪吽'六个金字。"[2] 此六字即观世音菩萨六字真言，为藏传佛教徒日常诵念之咒语之一，简称"嘛呢"，常刻在石上，或印于经幡上，随处可见。藏文"六字真言"先传入西夏，进而在元代传入中原。布达拉宫藏缂丝《不动明王像》唐卡上有藏文转写的梵文"六字真言"，该唐卡题记说，此系康巴·尊追扎（khams-pa-brtson-vgrus-grags）献与其师扎巴坚赞（grags-pa-rgyal-mtshan，为萨迦五祖之一，

---

[1] （明）吴承恩著、曹松校点：《西游记》，上海古籍出版社 1995 年版，第 199 页。
[2] 《西游记》，第 147 页。

1147—1216年）。有研究认为该唐卡是在西夏定制的。[1]上海博物馆藏—西夏铜镜的背面，有西夏文的六字真言。[2]天庆七年（1200年）西夏僧人智广、慧真辑录的《密咒圆因往生集》（汉文）内有"观自在菩萨六字大明心咒"，引自《佛说大乘庄严宝王经》，但译法与《佛说大乘庄严宝王经》汉译本中的译法有异。西夏的密宗真言，既有来自于汉文佛典的，也有来自于藏文佛典的，但西夏对六字真言的重视与藏传佛教密宗在西夏的传播有关。

经由藏传佛教，"六字真言"在元代广泛地传入内地，并流行用数种字体一起刻写。如北京密云县番字牌村有梵文、藏文转写梵文和回鹘体蒙文刻写的六字真言，为元代遗物。[3]元代西宁王速来蛮在敦煌所立六体六字真言碣石，为元至正八年（1348年）所立，其上横写两行，分别是兰扎体梵文和藏文转写梵文的六字真言，右边竖写有西夏文和汉文的六字真言，左边竖写八思巴蒙古文和回鹘文六字真言，中间刻四臂观音像。所刻汉文的六字真言为："唵嘛呢叭咪吽"，与《西游记》所录完全相同。河南浚县大伾山存留有汉、梵、八思巴文、回鹘文六字真言石刻，亦是元代所刻。[4]杭州西来峰亦有元代石刻兰扎体梵文六字真言。

明代赴内地的藏传佛教大师仍弘传"六字真言"。如噶玛巴·得银协巴受明成祖之邀而赴内地，他曾教人念诵六字真言，《国朝典

---

[1] 谢继胜：《西夏藏传绘画：黑水城出土西夏唐卡研究》，河北教育出版社2001年版，第106—109页。
[2] 史金波：《西夏佛教史》，宁夏人民出版社1988年版，第189页。
[3] 黄颢：《在北京的藏族文物》，民族出版社1993年版，第88—91页。
[4] 杨富学：《浚县大伾山六字真言题刻研究》，李四龙、周学农主编：《哲学、宗教与人文》，商务印书馆2004年版，第627—637页。其中回鹘文六字真言题作"oom ma ni bad mi qung"，显然也来自藏传佛教。

汇》载:"遣使往天竺(此为误载——引者),迎真僧来京,号大宝法王,居灵谷寺,颇著灵异,谓之神通,教人念唵嘛呢叭弥吽。于是信者,昼夜念之。时,翰林侍读李继鼎笑之曰:'彼既有神通,当通中国语,何为待译者而后知乎,且其所谓唵嘛呢吽,云'俺把你哄也,人不知悟耳。'"[1]明成祖所作《诸佛世尊如来菩萨尊者名称歌曲》中引用有六字真言,作"唵嘛呢叭哞吽"[2],亦是受噶玛巴传教之影响。明内府金藏经《三大士真言》中亦作"唵嘛呢叭哞吽"[3]。明代,六字真言在内地流行的范围甚广,甚至出现在衣饰上,如考古发现的"银渡金莲托汉字六字真言帽饰"[4]。

　　观世音菩萨六字真言原见之于《佛说大乘庄严宝王经》(藏文名称为"za-ma-tog-bkod-pa",直译为《宝箧庄严经》),该经汉译本由宋代天息灾译出,其中六字真言译为"唵(引)么抳钵讷铭(二合)吽(引)"[5],这不仅与上述元明时的译法不同,而且自翻译以来,并未得到汉传佛教界的重视和传承。上引元明时期的译法,应是藏传六字真言的音译。笔者以为《西游记》所记六字真言源自于藏传佛教,是元明时期藏传佛教在内地传播而发生影响的例证之一。

　　第八十回"姹女育阳求配偶,心猿护主识妖邪"中述及"镇海禅林寺"的喇嘛僧,书中又称为"喇嘛和尚",又将镇海禅林寺的小僧人称为"小喇嘛"。有诗论喇嘛模样云:

---

[1] (明)徐学聚编纂:《国朝典汇》第八册,北京大学出版社1993年版,第6348页。
[2] 参见才让:《信仰与扶持——明成祖与藏传佛教》,《西藏研究》2005年第4期;《明宣宗与藏传佛教关系考述》,《中国藏学》2007年第1期。
[3] 罗文华:《明人书内府金藏经考》,四川大学中国藏学研究所主编:《藏学学刊》第1辑,四川大学出版社2004年版,第200页。
[4] 吴明娣:《汉藏工艺美术交流史》,中国藏学出版社2007年版,第41页。
[5] (宋)天息灾译:《大乘庄严宝王经》,《大正藏》第20册,第61页b栏。

头戴左笄绒锦帽，
一对铜圈坠耳根。
身着颇罗毛线服，
一双白眼亮如银。
手中摇着播郎鼓，
口念番经听不真。
三藏原来不认得，
这是西方路上喇嘛僧。[1]

诗中"颇罗"疑是"氆氇"[2]，西藏产的一种毛纺织品，用作衣料，僧服亦常用。"播郎鼓"当指藏传佛教僧人使用的法器"达玛如"(da-ma-ru)，形状类似于拨浪鼓。汉语中将"喇嘛"作为藏传佛教僧人的通称，起自于元代，至明代亦得广泛运用，并见之于小说。除《西游记》外，明代小说《金瓶梅》中亦有喇嘛做法事的记述。由于文化观念及民族风俗习惯不同，元明时期的中原士大夫阶层，对西藏佛教多所排斥，其笔下（见之于诗作、笔记之类）对"喇嘛"们的记述亦多有个人之臆想及揶揄、嘲讽和不实之词。《西游记》中的记述，其笔调还算平实。

上举三例，可证《西游记》本身之内容对藏地和其宗教文化亦有所牵涉，亦可谓《西游记》与藏地之因缘。

---

[1] 《西游记》，第943页。
[2] 明代"氆氇"常为乌斯藏僧人之朝贡品，见之于《明实录》等。另，（明）文震亨《长物志》有以五彩氆氇做被子的记载。

二

唐玄奘法师西天取经，乃实有其事。他在翻译佛经方面取得了巨大之成就，功绩非凡，为一代翻译大师。取经故事传说以唐僧的事迹为基础展开，实由于玄奘法师声名远播。玄奘固为藏传佛教界所熟知，有关他的传说故事自然能受到藏传佛教信徒之欢迎。藏地或藏地学者对法师的了解，早于对取经故事的了解，更早于《西游记》故事的传入。

唐玄奘名震五天竺之时，正是吐蕃引进佛教之际，吐蕃人对玄奘法师必有所闻。公元八世纪末至九世纪初，在河西敦煌一带译经的吐蕃法成大师，兼通梵藏汉文，他翻译过玄奘法师之高足圆测的著作《解深密经广释》，则法成必对圆测之师必定也是有所闻知的。

随着西藏与中国内地之间的联系不断紧密，两地的文化交流亦不断扩大，中原的历史和佛教受到了藏传佛教界的重视，藏文史书中开始出现这方面的内容。藏文历史著作中对玄奘的记述，大致始于元代，只是早期史书所记较为简略。如《红史》（成书于1363年）云："唐太宗在位之时，有一名叫唐三藏的译师将许多佛经从印度文译成汉文，协助他翻译的有一二百译师。唐三藏是印度的世友大师的门徒。"[1]《红史》并载有一位律师（应即道宣）与天神之间的问答，内有唐玄奘之传说，云："又问：'唐三藏何许人也？'答曰：'他是

---

[1] 蔡巴·贡噶多吉著，东嘎·洛桑赤列校注，陈庆英、周润年译：《红史》，西藏人民出版社 2002 年版，第 13 页。汉译本中的"世友"，原文作"dbyig-gnyen"，通常译为"世亲"，是印度"世间六庄严"之一。疑此处"友"字系"亲"字之误。唐僧非世亲之亲传弟子，《红史》所记有误。

加行道弟子，此刻在兜率天宫院外听弥勒佛说法，未见其身。'"[1]《红史》的作者蔡巴·贡噶多杰（tshal-pa-kun-dgav-rdo-rje）曾赴大都（1324年）觐见元泰定帝也孙铁木儿，有机会了解中原的佛教历史。《雅隆尊者教法史》中照录了《红史》的这段记述，并说这些说法是瞻巴拉国师见之于汉文典籍，"由精通汉藏语文之司徒·格瓦洛追书于拉萨大昭寺"。[2] 按此司徒·格瓦洛追（dge-bavi-blo-gros）即《红史》作者蔡巴·贡噶多杰，格瓦洛追是其出家后之法名。瞻巴拉国师事迹无考，但定是位居于大都的藏传佛教僧人，贡噶多杰从其得闻玄奘、道宣等人之事迹。贡噶多杰是否通汉文，尚无别的旁证。不过《红史》的记述，使我们可以确知有关唐玄奘的一些传说故事，元代时已传入西藏腹地。

明代著名的藏文史籍《贤者喜宴》对中原历史和佛教史的记述内容有所增加，但有关唐玄奘的介绍全引自于《红史》。入清以后，中央政府十分注重藏传佛教在治理蒙藏地区所发挥的作用。清廷实施"因俗以治"，尊崇藏传佛教领袖人物，并在京城、承德等地大建藏传佛教寺院。藏传佛教中的章嘉活佛等常驻锡北京，汉藏佛教文化之间的交流，亦得以延续。清代蒙古族著名学者、翻译家、唐古特官学总督、一等台吉额附衮布扎布（又译为"贡布嘉"、"贡布迦"等）学识渊博，精通汉藏佛学，及佛教文献目录学，在汉藏佛教文化的沟通方面贡献尤为巨大。他用藏文写了《汉区佛教源流记》（rgya-nag-yul-du-dam-pavi- chos-dar-tshul-gtso-bor-bshad-pa-blo-

---

[1] 蔡巴·贡噶多吉著、东嘎·洛桑赤列校注，陈庆英、周润年译：《红史》，，第14页。
[2] 释迦仁钦德著、汤池安译：《雅隆尊者教法史》，西藏人民出版社2002年版，第16页。汤池安认为宣律师，即道宣，此说应是。

gsal-kun-dgav-bavi-rna-rgyan）一书，这是第一部用藏文写的汉传佛教史。其内容之翔实而系统，远远超过以往藏文史书中的记述。衮布扎布依据《大唐西域记》等资料，准确详尽地介绍了唐僧的事迹。[1] 他从唐僧取经求法起，一直写到返回唐朝翻译佛经，功行圆满为止。而更为重要的是，衮布扎布还将唐玄奘的《大唐西域记》译成了藏文[2]，为藏传佛教界更为全面地了解唐僧的事迹，了解当日印度的佛教文化，提供了详尽的资料。《大唐西域记》的藏译文通俗流畅，译者对原著有透彻的理解，其藏文的表述能力也非同一般。该书并将许多地名、人名还原成为梵文，颇显译者的学养和功力。

衮布扎布的这两部著作的完成，使藏族学者在了解汉传佛教史和玄奘事迹方面有资料可凭，随后在相关著作中纷纷予以引用或者直接摘录。尤其是《汉区佛教源流记》的影响较大，直至今日仍然是藏传佛教界了解汉传佛教史和汉文佛教文献的重要参考书。成书于1748年的《印藏汉蒙佛教史·如意宝树》（简称《如意宝树史》）中专设一章讲述汉地佛教源流及教派。在介绍慈恩宗时，作者重点

---

[1] 见衮布扎布：《汉区佛教源流记》（藏文），四川民族出版社1983年版，第90—108页。该书还翻译了《至元法宝勘同总录》，衮布扎布也是第一位将汉文《大藏经》目录译为藏文者。

[2] 1987年，日本大谷大学将藏文本《大唐西域记》正式印行，书名为《西藏语译大唐西域记》，该书原藏文译名为"chen-pa-thang-gar-dus-kyi-rgya-gar-zhing-gi-bkod- pavi-dkar-chag-bzhugs-so"，直译为《大唐朝时期印度地理志》。国内有关研究论文有马久、阿才：《〈大唐西域记〉藏译本校勘》，《世界宗教研究》1984年第3期；王尧：《〈大唐西域记〉藏译本及译者工布查布》，《法音》2000年第12期，藏译本《大唐西域记》的翻译、译者和大乘上座部等几个问题述记》，《贤者新宴》，上海古籍出版社2007年版；郑堆：《〈大唐西域记〉藏文版之研究》，《第三届玄奘国际学术研讨论文集》，四川辞书出版社2008年版。

记述了玄奘法师在印度的游学经历。[1] 经比对发现，这部分内容全部引自于《汉区佛教源流记》。《如意宝树史》中介绍释迦牟尼生卒年时，也引述了《大唐西域记》的材料。《如意宝树史》的作者松巴堪布·益西班觉（青海蒙古族）是驻京胡图克图之一，曾数次去过北京、内蒙、五台山等地，并由此熟悉衮布扎布有关汉地佛教的著作，遂加参考引用。与松巴堪布几乎是同一时代、又属同一寺院（佑宁寺）的土观·罗桑却吉尼玛，被乾隆封为"禅师"，也曾在北京等地长期居住，对内地的佛教历史及文化有所了解。土观大师在其名作《善说一切宗教源流及教义·晶镜》（又简称《土观宗派》，汉译本译为《土观宗派源流》）里，亦对玄奘法师的事迹有较为完整的介绍。但这部分内容同样也是摘引自衮布扎布《汉区佛教源流记》中的相关记述。[2]

松巴堪布和土观活佛的著作均为藏文佛教史名著，在蒙藏地区得到广泛的流传。玄奘法师的事迹也由此得以传播，使藏传佛教界能全面了解玄奘法师的成就。而藏文佛教史著作对玄奘法师的介绍，为《西游记》在藏区的传播起了辅垫作用。可以说藏地由先知玄奘法师，而后知《西游记》。

三

《西游记》第四十回"婴儿吸化禅心乱，猿马刀归木母空"，谓乌鸡国国王为感谢唐僧师徒，画下唐僧师徒四人的肖像，供奉在金

---

[1] 松巴堪布著，蒲文成、才让译：《如意宝树史》，甘肃民族出版社1994年版，第757—761页。
[2] 见土观·罗桑却吉尼玛著、刘立千译注：《土观宗派源流》，民族出版社2000年版，第218—219页。

銮殿上。此情节不是作者凭空想象的，而是将当时流行的绘制《唐僧取经游记》故事画的现象写进了小说。

河西走廊的部分汉藏佛教寺院中多有唐僧取经或《西游记》壁画，乃至唐僧师徒的塑像。如安西榆林窟2号、3号等洞窟和安西东千佛洞中有唐僧取经的壁画，是目前已知保存较早期的唐僧取经画，受到了学界的关注。[1] 这些洞窟大部分开凿于西夏统治时期，内有藏传佛教密宗之壁画，其风格是显密并存、藏汉互融。[2] 张掖大佛寺（始建于西夏时期，1098年由西夏嵬咩国师兴建）大殿后壁正中有唐僧师徒四人西天取经彩色壁画（共有十个故事），其中有一幅画上，猪八戒在前面探路，唐僧紧随其后，接着是挑担子的孙悟空，沙僧牵马走在最后。有的介绍上说，张掖大佛寺这幅壁画比《西游记》成书还早三百年。[3] 但现存张掖大佛寺壁画大都绘于明清时期，这幅画可能也是属于同一时期。[4] 大佛寺在西夏、元及明前期属于藏传佛教寺院，到明中后期（明英宗时期起）渐成汉传佛教寺院。基于河西地区汉藏佛教并存的历史，使这里的藏传佛教界很早就接触到了唐僧西天取经的故事传说，并有可

---

[1] 参见胡开儒编：《安西榆林窟》，新疆大学出版社1997年版，第12页；段文杰：《新发现玄奘取经图》，《1990年敦煌学国际学术研讨会论文集》，辽宁美术出版社1991年版；杨国学：《河西走廊三处取经图画与〈西游记〉故事演变的关系》，《西北师范大学学报》2000年第4期；《安西东千佛洞取经壁画新探》，《南亚研究》2002年第2期。

[2] 参见宿白：《榆林、莫高窟的藏传佛教遗迹》，《藏传佛教寺院考古》，文物出版社1996年版。

[3] 《行游张掖》，2005年印，内部印行，第19页。

[4] 关于张掖大佛寺《西游记》壁画的绘制年代，学术界尚未达成一致的看法，基本上有两种意见：第一种意见认为绘于元末明初，早于《西游记》小说的问世；第二种意见认为清代重修大殿时所绘。相关研究参见蔡铁鹰：《张掖大佛寺取经壁画应是〈西游记〉的衍生物》，《西北师大学报》2006年第2期；王锐：《张掖大佛寺取经壁画之创作时间推证》，《河西学院学报》2007年第1期。

能由此传入其他藏区。

戴密微在《吐蕃僧诤记》中曾提到，拉萨大昭寺游廊的壁画上绘有唐玄奘及三位弟子的肖像。[1] 笔者曾数次去过大昭寺，但未注意到《西游记》壁画。若果如戴氏所言，则在西藏腹地即藏传佛教的中心区域，《西游记》的故事亦受欢迎。但其详情未知，也有可能是误传。

清代河西藏传佛教寺院中，以东大寺的《西游记》壁画最为著名。该寺处于甘肃、青海两省交界处的大通河流域，按藏族传统地理划分，东大寺所在的连城（在兰州市永登县境内）属于安多藏区（a-mdo）的边缘华热（dpav-ris）地区。连城自明代起，属鲁土司（其先世传为元朝贵族后裔）管辖。明清时期，这里汉藏文化共存，藏传佛教尤为兴盛，直至民国时期才渐趋衰落。鲁土司实行区域的政教合一制，明代时就建有妙因寺等藏传佛教寺院。后实行活佛转世制，以鲁迦堪布为该地宗教领袖，东大寺正是鲁迦堪布的驻锡地，亦为连城境内规模最大的寺院。

但东大寺之历史、地位等并不为人所知，这里有必要对东大寺的历史做一介绍。关于东大寺的创建年代，松巴堪布的《如意宝树史》中云：

> 大通河左岸的太东（thevi-dung）大寺妥萨达杰林，由鲁迦喇嘛谢热尼玛创建于土羊年。[2]

---

[1] 戴密微著、耿昇译：《吐蕃僧诤记》，甘肃人民出版社1984年版，第21页，作者引用了柯本《西藏的佛教》、巴沙尔的有关文章，但也指出沃德尔于1904年在西藏游历时，未找到唐僧师徒的壁画。

[2] 《如意宝树史》，第543页。

此处"太东"(thevi-dung)即"大通"之藏文音译，又作"de-dung"。

《安多政教史》对该寺亦有记载：

> 大通大寺（de-dung-dgon-che），也叫推桑木达杰林（thos-bsam-dar-rgyas-gling），据说是鲁迦喇嘛喜饶尼玛（shes-rab-nyi-ma）于土羊年（己未）修建。过去有许多萨迦派和噶玛派的圣哲到过这儿，他们赠送了许多佛像、佛经和佛塔。达隆·罗桑尼玛（sdag-lunl-blo-bzhang-nyi-ma）也曾任过堪布。鲁迦夏仲（lu-kyav-zhabs-drung）和他的兄弟土司（dpon-po-tho-si）等全体鲁西番（lovu-shi-ban）邀请前世衮卓（kun-grol）任堪布，该师为寺院制定了寺规。第二世嘉木样赴雅隆寺（yar-lung-dgon，即"石门寺"——引者）时，据说在这里授独雄大威德灌顶，并讲经说法。当时授予比丘戒者有一百三十一人，授予出离及沙弥戒者更多云。僧侣似乎很多。现在有密宗院两处，讲修显密风气很盛。[1]

东大寺的正式名称是"妥萨达杰林"（又译为"推桑木达杰林"），意译为"闻思广弘寺"，又称"大通大寺"（de-dung-dgon-chen），当地汉语中称为"东大寺"。其创建年代是藏历土羊年，但没有说明具体属于哪个"饶迥"（即"rab-byung"，意译"胜生"，即甲子）。上引《安多政教史》所言任过东大寺主持的罗桑尼玛是清康

---

[1] 智贡巴·贡却乎丹巴绕吉著、吴均等译：《安多政教史》，甘肃民族出版社1989年版，第127页。

熙年间人，说明此时东大寺已建立。《安多政教史》又言："色拉沟的大通小寺噶丹旦曲林（dgan-ldan-dam-chos-gling）据说比大寺晚十二年，似于铁马年（庚午）或铁羊年（辛未）建成。"[1]《如意宝树史》中则言该寺的建立比东大寺晚十年。结合大通小寺的创建年代，查藏历年表，知土羊年属第十饶迥，其后第十一年为铁马年，第十二年为铁羊年。则东大寺建立于公元1619年，明万历四十七年。[2] 鲁迦喇嘛喜热尼玛事迹无考，赵德才《古镇连城》（永登地方内部印刷）言其生于明万历年间，母亲是连城鲁姓，故称鲁迦（即鲁家）佛。他进藏学法，由五世班禅封为堪布。这可能采自于民间传言，有与史实不符之处，因五世班禅是清代人，与喜饶尼玛非同一时代之人。据《鲁迦堪布历代世系祈愿辞》[3]，喜饶尼玛为鲁迦堪布第一世，喜饶多杰（shes-rab-rdo-rje）为第二世，现已转至第九世。妙因寺塔尔殿东墙题记中[4]，亦有鲁迦堪布之署名，为："[前缺]十旗各寺院默尔根额尔德尼勘布"。按清代蒙藏地区惯例，此类封号往往得自于西藏格鲁派上层，但不知鲁迦堪布中的哪一世求得了此封号。《甘青藏传佛教寺院》中言东大寺在鲁土司的支持下，至乾隆时期成为格鲁派寺院。但据上引《安多政教史》从达隆·罗桑尼玛任住持一事看，东大寺至少在康熙年间已属格鲁派寺院。这里还牵涉到有关格鲁派领袖六世达赖喇嘛的一些传闻。"前世衮卓"全名

---

[1]《安多政教史》，第128页。
[2] 蒲文成主编《甘青藏传佛教寺院》中东大寺的建寺年代与本文推论相同，青海人民出版社1990年版。
[3]《鲁迦堪布历代世系祈愿辞》，藏东大寺，该寺僧人丹增嘉措著，由东大寺刻印，现印本已失，由寺僧根据记忆重写，但拼写多有错误。
[4] 妙因寺与鲁土司衙门毗邻，是土司家庙。

为达波·罗桑仁钦曲智嘉措（dwargs-po-blo-bzang-rin-chen-chos-grags-rgya-mtsho）[1]，又名阿旺（ngag-dbang）曲智嘉措，尊称"达波仁波切"（达波是地名，在西藏境内）、"衮卓诺门汗"（衮卓为藏语，译为"一切解脱"，"诺门汗"乃蒙古语，译为"法主"、"法王"，常为僧人之封号）等，著有《妙因寺志》[2]，他曾担任过东大寺、石门寺等寺院之住持。清康熙、雍正年间，他在河西（包括阿拉善）、河湟等地讲经传法，享有盛誉，其后形成达波活佛转世体系。[3] 衮卓诺门汗于1727年在妙因寺建立了祈愿大法会之制。据阿旺伦珠的《仓央嘉措秘传》，阿旺曲智嘉措即为第六世达赖喇嘛罗桑仁钦仓央嘉措[4]，《安多政教史》中有关东大寺、妙因寺的记述也参照了《仓央嘉措秘传》中的资料。东大寺、妙因寺等寺院中至今流传着六世达赖喇嘛的传说，笔者在东大寺调查时，该寺的钱喇嘛曾指着一处废墟，说是六世达赖的囊欠（nang-chen，指活佛的住宅）所在地。[5]

东大寺到乾隆年间日趋兴盛。《如意宝树史》（成书于1748年）载当时寺僧达八百多人。《安多政教史》（成书于1865年，清同治四年）言，该寺内当时有两个密宗学院。笔者调查得知，东大寺原有三个扎

---

[1] 《安多政教史》，第128页。
[2] 见多识校订《凉州四寺等之寺院志汇编》（lang-jus-sde-bzhi-sogs-kyi-dkar-chag-phyogs-bsgrigs），甘肃民族出版社1988年版。
[3] 第二世名衮卓诺门汗罗桑土丹嘉措，第三世名罗桑曲由达嘉措。
[4] 据《清实录》（圣祖卷二三六，康熙四十八年正月乙亥条）载，第六世达赖喇嘛仓央嘉措在送往北京途中，"行至西宁口外病故"。但阿旺伦珠达杰所著《仓央嘉措秘传》（tshangs-dbyang-rgya-mtshovi-gsang-bavi-rnam-thar，民族出版社1981年版）却说他从青海湖旁逃脱后，云游各地，主要在河西、阿拉善一带活动。河西、河湟地区民间亦多有六世达赖的传说。
[5] 2005年8月，笔者等一行数人到东大寺调查，与该寺钱喇嘛（时年84岁）进行过座谈，本文对《西游记》壁画的介绍等材料得自于这次调查。

仓（学院），即密宗（rgyud-pa）学院、医学院和法相学院，医学院总体上属于密宗学院，即为《安多政教史》所说密宗学院之一。法相学院即讲授五部大论的显宗学院，其设立时间不详。格鲁派寺院在师资、人数等方面除非具备一定的规模，不然难以设立法相学院。而东大寺法相学院的成立，说明它已发展成为当地的藏传佛教文化中心。寺内形成鲁迦堪布、苏家活佛、蒲家活佛等活佛转世系统，建有囊欠。东大寺还有印经院，刻印经文，供当地僧俗使用。但是好景不长，东大寺在同治年间因战乱而受重创，寺僧一度迁至古城寺，之后又有所恢复，但总体上已趋衰落。从上文的介绍可知，东大寺历史悠久，是一座典型的藏传佛教寺院，而且在河西地区一度享有较高的地位。

目前，东大寺属天祝县管，寺中现存的建筑惟有鲁迦堪布的囊欠，其余经堂、佛殿大部分已毁。"文化大革命"时寺僧就地安置，还俗务农，形成一个村落。鲁迦堪布的囊欠，由山门、厢房、佛堂、活佛居室等建筑构成，布局对称而紧凑。囊欠的建筑风格，为清代西北地区流行的汉式建筑，保存基本完好。囊欠主要有两重院落，佛堂位于后院正面，佛堂的左右侧又有小院。佛堂的脊檩上题有"大清道光二十年修"字样，可知现存这座囊欠建于道光二十年（1840年）。囊欠的佛堂五间，二层楼，原供奉之佛像等现在均已不存，惟东西两壁的《西游记》壁画除个别处有剥落外，大体完整。据寺僧介绍，"文革"中为了保护《西游记》壁画，他们偷偷抹了一层草泥，使壁画得以保存。现在原囊欠的佛堂（mchod-khang，供奉佛菩萨的殿堂）变为寺院的经堂（vdu-khang，僧人集会活动的地方，建筑规模往往大于佛堂）。在原佛堂的右侧有"赞康"（btsan-khang，即"护法神殿"），供奉有护法神"孜玛热"，现为寺僧举行奉祀、祈愿等佛事活动的场所。

据《古城连城》介绍，东大寺《西游记》壁画面积共24平方米。壁画采用了连环画的形式，表现《西游记》的故事。每一个故事在一个个小幅画面上展示，一幅接一幅，将《西游记》的内容连贯起来，画满了整个墙面。从石猴出世起，一直绘到唐僧师徒四人西天取经到达雷音寺，终成正果为止。壁画布局巧妙，画与画之间绘以山岭、树木、或房舍作为间隔，纷繁而不乱。画法采用线描重彩，色彩鲜艳，画风细腻。所绘唐僧师徒、帝王将相、天神龙王、鬼怪妖精、僧俗人物、各类动物等形象鲜明，形态各异。如孙悟空人身猴脸，眼大嘴阔，发须橘黄色；猪八戒猪头人身，全身黝黑，双耳如扇；沙僧则大腹便便，袒胸露腹，头部阔大，如古画中的罗汉；唐僧着宽大僧服，面部端庄秀气，手持念珠，一派文静之相。画师的这种描绘，完全遵从了《西游记》的故事情节和人物特征的描写，画师对《西游记》的内容是相当熟悉的。图画对房屋之类的局部描绘十分细腻，颇见功力。壁画中的人物衣饰、房舍等均是中国传统工笔画风格。有的画面上还题有标题，如"钉耙嘉会"等。从画风看，东大寺的《西游记》壁画属于中原风格，可能是汉族画师绘制的，而且技艺高超[1]。如此完整的《西游记》壁画，在全国也是罕见的，堪称文化瑰宝，是研究清代河西地区的民族文化交流及美术史的重要历史遗物。

何以在藏传佛教寺院的佛堂中出现了《西游记》壁画呢？如上文所言，河西走廊不仅是丝绸商道，而且也是文化通道，更是佛教

---

[1] 于硕在《东大寺西游记壁画的初步分析》一文中认为东大寺《西游记》壁画源自于《李卓吾先生批评西游记》（明代苏州刊本）的版刻插图。参见张园园《2009年全国博士学术论坛〈传承与发展——百年敦煌学〉会议综述》，《敦煌学辑刊》2009年第3期，第167页。

文化的走廊，汉藏佛教文化在这里相融并存。自汉武帝设河西四郡起，河西之地为中原文化辐射之区域和向西输出的重要通道。而自"安史之乱"后，吐蕃占领河西起，吐蕃佛教文化在这里历宋元明清而不衰，至今犹存。元代藏传佛教以河西为中心，首传蒙古王室。明中叶后，藏传佛教跨越河西走廊而东传蒙古高原，河西之地亦为藏传佛教文化之通道。在河西之地，汉藏佛教及相关之文化既有此消彼长之时[1]，又有交融共存之际，如西夏佛教往往汉藏结合，互为吸收。相对于汉藏两大文化之中心区域，河西均为边缘之地。而边缘之地最易于发生文化之间的碰撞乃至交流，并成交错之格局，这是文化发展史上的普遍现象。

尤可言者，东大寺原属连城鲁土司辖区。鲁土司为当地政治首领，受明清两朝之册封重用，而鲁迦堪布为宗教首领，土司与堪布之间关系十分紧密，形成政教相辅的统治模式。其统治形式类似于青海隆务河流域（ron-po）的政教合一制，如隆务昂锁家族为世袭地方首领，夏日仓活佛为宗教首领，而第一世夏日仓又出自于昂锁家族。同样，鲁迦堪布转世系统中亦有出自于鲁土司家族者。鲁土司家族原属地方豪强，崇尚武功，好战善斗，但随朝廷的奖赏、优待及家族势力的发展，乃至与豪门之间的联姻，土司家族开始文武并重，遵奉儒释道，土司自身的汉文化造诣日渐提高。如第六世土司鲁经时，于正德十四年收到朝廷赏赐的图书《大明会典》、《明伦大典》、《五伦》等，第八世土司鲁光祖（明万历年间人），据说身为

---

[1] 河西地区有的寺院原为汉传佛教，后改为藏传佛教，如马蹄寺；有的原为藏传佛教，后改为汉传佛教，如连城显教寺，该寺经堂之藻井绘藏式坛城图案，而塑像为汉式，现住寺者为和尚。

"将门贵胄，且博览经史，胸藏百万甲兵"[1]。至清代时，第十二世土司鲁华龄，"雅重儒士，培养人材。凡列青矜，加以优礼，勉使勤功；其有材质而力不能读书者，尝助薪水之资。开设义塾，以倡训课，而民皆化为秀良"[2]。第十三世土司鲁凤翥，"闲则培松植桂，煮茗抚琴，雅赏性趣，且习书法，善书斗字。凡吾家园亭池馆之联额，多亲自缮书，墨迹至今犹生动如新"[3]。鲁土司家族在笃信藏传佛教之同时，深受中原文化之影响。至道光年间，其子孙中甚至有"欲以科名进身"者。此亦足见土司家族门风之变迁，武装豪门成诗书礼乐之家。

鲁土司辖区中，汉、藏、土等民族杂居一地，文化多元。而鲁土司实施汉藏文化并举之措[4]，促进了民族文化之间的交流。如毗邻土司衙门的妙因寺中的壁画，既有汉式的，又有藏式的，并有八卦等图案，土司还建造过道观。现今妙因寺的乔喇嘛本属汉族，但自幼在藏传佛教寺院出家为僧，而东大寺的僧人均有汉姓，平时的语言以汉语为主，只是念佛经时用藏语。东大寺出现《西游记》壁画亦是当地汉藏文化共存现象之反映。

连城民间传言鲁迦堪布转生于鲁土司家中，因排行第三，当地

---

[1] 《鲁氏家谱》，王继光：《安多藏区土司家族谱辑录研究》，民族出版社 2000 年版，第 113 页。
[2] 同上，第 118 页。
[3] 同上，第 119 页。另，红城感恩寺山门匾额上存有十七世土司鲁如皋所书"慈被无疆"四字。
[4] 妙因寺塔尔殿东墙藏文题记中提到当时的土司夫妇的名称为"官员索南嘉措和仁钦措"（mi-dpon-bsod-nams-rgya-mtsho-dang-rin-chen-mtsho），可见土司尚有藏族名字，而这在汉文《鲁氏家谱》没有反映。

人称为"三太爷",其父为第十五世土司鲁纪勋。[1] 传说他曾为其子在东大寺建囊欠供其居住。查《鲁氏世谱》(咸丰年间编),鲁纪勋于乾隆五十七年(1792年)四月十三日承袭土司位,时年15岁,道光三十年(1850年)卒。而东大寺鲁迦堪布囊欠建于道光二十年,正是鲁纪勋任土司之时期。是知他为鲁迦堪布建囊欠的口头传说,与囊欠建造的实际年代似可互证。这位出身土司家族的活佛,受其家风之影响,自然受过汉文化熏习而与之无隔膜之感,并且十分喜爱《西游记》,故请画师与佛堂绘制《西游记》壁画。东大寺《西游记》壁画,必出自这位活佛之愿,殆无可疑。东大寺《西游记》壁画的绘制年代,也应在道光二十年或稍后一些。今该壁画已得保护,寺(即原囊欠)被列为甘肃省重点文物保护单位。

原鲁土司辖区内,除上述东大寺有《西游记》壁画外,另一寺院即位于红城镇的感恩寺大经堂内也有唐僧取经的塑像。[2] 该寺护法殿供有藏传佛教密宗神像,寺院的建筑和佛像等同样显示了汉藏佛教文化之间的交流和融合。这也是河西、河湟一带普遍存在的现象。

《西游记》故事绘于藏传佛教寺院之传统,因《西游记》电视剧之传播,至今更甚。比如甘南玛曲草原上的外香寺大经堂的楼上,即绘有《西游记》故事画。内蒙阿拉善南寺的经堂也有《西游记》故事画。[3] 而这些寺院是20世纪80年代后重建的,正逢《西游记》

---

[1] 见赵德才《古镇连城》,第57页。但该书言此鲁迦堪布乃其第三世,显然有误。第一世鲁迦堪布万历年间人,其第三世何迟至清嘉庆、道光年间。
[2] 根据《敕赐感恩寺碑记》记载,感恩寺创建于明弘治五年(1492年),竣工于明弘治八年,寺内现存山门、碑亭、力士殿、天王殿、菩萨殿、护法殿和大殿等建筑。
[3] 南寺据传是六世达赖喇嘛圆寂处,寺建有其灵塔,后来被毁,现又重建。

电视剧传遍藏区之时。艺人遂仿电视剧中的《西游记》人物形象，将《西游记》故事画绘于寺中，也可见信仰藏传佛教地区对《西游记》之喜爱。

四

清代《西游记》小说也传入了藏地，并出现了藏文编译本，名为《唐僧上师传》（thang-sin-bla-ma-rnam-thar）。民族出版社排印本译为《唐僧喇嘛传》，《藏族文学史》则译为《唐僧喇嘛的故事》，按："喇嘛"一词意为"上师"或"上人"，梵语为"古鲁"，是对佛教大师的尊称。汉语中又以"喇嘛"作为藏传佛教僧人的代称。故"thang-sin-bla-ma"应译为"唐僧上师"或"唐僧法师"较为妥当，而译为"唐僧喇嘛"则略有不伦不类之感。译者是甲那朱古·董度（rgya-na-spril-sku-bdul-vdul），"甲那朱古"（朱古意为化身，泛指活佛）应是其活佛转世系统的称号，直译为"汉活佛"，其来源不详。董度是该活佛的名字，意译"伏魔"。一般藏传佛教活佛的名字有四个字或四个字以上，而甲那朱古的名字只有两个字，笔者怀疑此非其正式法名，而是属于别称一类。《唐僧上师传》的"出版前言"中对董度活佛略有介绍，言他是四川巴塘县宁玛派珠巴寺（grub-ba-dgon）寺主，大致生活在清末光绪年间，生于打箭炉华森加（wa-seng-skyabs，并注：此人原似为苯教之施主）家中，后被认定为珠巴寺之活佛，迎入寺中坐床。他曾赴西藏著名的宁玛派寺院桑耶、多杰扎等处拜师求学，遂精通宁玛派教法，并通医学、绘画、汉文等，译著有《唐僧上师传》。前言的编者未说明有关董度生平材料的来源，所叙述的内容也十分简略，可能得自于传闻。董度既然生活在清光绪时期，由此我们便大致可以推断，《唐僧上师传》的成书在清代末年。

《唐僧上师传》原为手抄本[1]，由藏文草体写成。民族出版社的排印本上附有两页原手抄本的图版，其页面的中间是文字部分，页面的左右两端分别绘有表现唐僧西天取经等故事的图画。其画法显然是中原风格，但不知何人所绘，亦不知《唐僧上师传》的每页是否均绘有类似的图画。总之，该手抄本本身极具研究价值。《唐僧上师传》是《西游记》故事的缩写，其结构与原著相比也发生了变化，变成一部唐僧传，以玄奘的事迹为主线，类似于藏文的高僧传。其后记云："普遍传称的唐僧上师，此菩萨实为圣者持白莲（指观世音菩萨。——引者注）之化身，其有共通和非共通的传记两种，此为非共通之传记。若问其中缘由，则（唐僧）拜见等觉佛时有明示。按共通传记，则其于圣地印度在班智达戒贤座前（学法），译《解深密经》、《楞伽经》、'慈氏五论'等，在摩诃支那境以广行派（指唯识宗。——引者注）之见修行将合意诸人置于解脱道，广做如此殊胜事业，有不同于（非共通传记）的其他说法。"（lar-don-la-thang-sin-bla-ma-zhes-yongs-su- grags-pavi-byang-chub-sems-dpav-vdi-nyid-ni-vphags-mchog-pad-dkar-vchang-bavi-rnam-vphrul-yin-pas-so. thun-mong-gi-rnam-thar-dang-thun-mong-min-pavi-rnam-thar-gnyis-su-yod-pa-las-vdi-ni-thun-mong-min-pavi-rnam-thar-yin. de-yin-pavi-

---

[1] 中央民族学院编《藏族文学史》（四川民族出版社 1985 年版）第四编之第十章"藏汉文学交流"中，首次介绍了《唐僧上师传》及其在修辞等方面的特点，并选译了某些片段。

rgyu-mtshan-gang-yin-zhe-na. rdzogs-pavi-sang-rgyas-dngos-dang-mjal-bavi-skabs-sogs-kyi-bstan-to. thun-mong-du-ni-vphags-yul-gyi-pan-di-ta-vdul-bzang-gi-drung-du. mdo-sde-dgongs-pa-nges-vgrel. mdo-sde-lang-kar-gshegs-pa. byams-chos-sde-lnga-sogs-bsgyur-nas. ma-hv-tsi-navi-yul-du-rgya-chen-spyod-rgyud-kyi-lta-sgom-spyod-gsum-gi-sgo-nas-yid-can-kun-thar-lam-la-bkod-pa-sogs-mdzad-vphin-rmad-du-byung-bavi-bshad-pa-gzhan-yang-yo-do.)[1] 董度将唐僧的历史传记视为是"共通"（thun-mong）的，即普通的、一般性的传记。而将带有神怪色彩的取经故事视为是"非共通"（thun-mong-min-pa）的，即殊胜的传记。这是他对历史人物传和神怪小说故事的一种分别和认识，但皆视为是"真实的"，视为是一个人物事迹的不同层面。这显然是藏传佛教文化视阈下的一种理解，如《莲花遗教》（主要讲述莲花生大师的事迹）等藏传佛教的高僧传中，夹杂有诸多鬼神的故事，其对历史的叙述往往与神话纠结在一起，而信徒并不怀疑这些故事的真实性。

  董度依据哪些资料编译了这部《唐僧上师传》呢？就《唐僧上师传》本身提供的信息很难完全回答这一问题。《唐僧上师传》的第一章、第二章单叙唐僧的来历，包括其前世、佛的预言和出生以后所遭遇的磨难。这种以唐僧的出生故事为开篇的写法，与明代的《西游记》杂剧相类似，而《西游记》小说中只寥寥几句便交代了唐僧的来历，全书是以孙悟空的故事为开篇的。显然，《唐僧上师传》的开篇部分不是来自于《西游记》，而是别有所本。

---

[1] 《唐僧上师传》（藏文），民族出版社1981年版，第164页。

《唐僧上师传》第十四章的内容最为蹊跷。其标题为"降伏鸟妖",但内容不似其他章节,而较为庞杂,有药师佛以长生丸救唐僧、弥勒佛降伏长寿仙翁之白鹤,及观世音菩萨降伏孔雀怪、象怪、狮怪、鱼精等故事情节。这些均不见于《西游记》小说。而且董度在该章的结尾处云:"之后逐次有平顶山遇护法、莲花洞、救助乌鸡国国王、'汗山'遇魔、'熊桌献紫'遭遇风难、'献元赞哈'猴王遭罪、'辛仙山'震动迎请佛祖降妖、'夏雪山投'唐僧上师遭水难、上师乘车前行、'达多善'上师辩法而获名声、'弥旺辛'上师心中获佛祖加持等故事,因未得详述之书,遂未能记述(这些故事)。若将来能得详述之书,则将于此处增补。"(de-nas-rim-bzhin. phing-ding-hran-ri-bovi-thog-la-chos-skyong-dang-thug-pa. padmavi-brag-phug-gi-skor-dang. rgyal-khams-o-ci-rgyal-khab-kyi-rgyal-po-la-phan-thob-byed-pavi-skor. hab-gshan-la-btsan-dang-thug-pavi-skor. shum-krog-gshan-dzi-la-rlung-gi-vjigas-pa-vong-bavi-skor-dang. gshan-yan-tsab-hal-sprevu-rgyal-por-sdug-phog-pavi-skor. phyim-zhan-gsham-gyo-sang-rgyas-gdan-drangs-nas-srin-po-vdul-bavi-skor. zhal-zhog-shan-thug-thang-sin-bla-mar-chuvi-vjigs-pa-vong-bavi-skor. bla-ma-shing-rtvi-thog-phebs-pavi-skor. rta-rtog-hrom-bla-ma-chos-rtsod-nas-snyan-grags-thob-pavi-skor. mi-dbang-gshin-bla-ma-thugs-la-sangs-rgyas-kyi-byin-rlabs-phog-pavi-skor-sogs-rgyas-dpe-ma-rnyed-pavi-stabs-zhib-rgyas-bris-ma-rngo. vbyur-vgyur-rgyas-dpe-lon-na-vdivi-bar-vjug-vdod-yod.)[1]

---

[1] 《唐僧上师传》(藏文),第76页。

上面这段文字中所提到的"平顶山遇护法、莲花洞"故事，在《西游记》中为第三十二回"平顶山遇功曹传信，莲花洞木母逢灾"，实则是一个故事。"救助乌鸡国国王"相当于《西游记》中的第三十七回、第三十八回、第三十九回。董度所提到的其他那些故事，笔者在《西游记》中未找到相应的情节。因而其中的若干人名或称号等，只能据藏文音译而难以还原，俟后待考。《藏族文学史》认为，"看来译者并非完全依照原文，可能是记录了在藏族民间流传的《西游记》故事，整理而成的"[1]。但从上引资料看，董度手上似乎有一本残缺不全的《西游记》故事书，《唐僧上师传》中其他章节的故事，均能与《西游记》相对应，人名、地名的翻译也较为吻合，绝非单是由民间流传的《西游记》故事整理而成。现将《唐僧上师传》和《西游记》相应章节对照如下：

《唐僧上师传》	《西游记》
第一章：罗汉金蝉从印度转生汉地的预言（rgya-gar-nas-gnas-brtan-cin-shan-rgya-nag-tu-tshe-vphos-zhes-lung-bstan-pavi-skor）; 第二章：诞生于汉地海州（rgya-nag-hung-cang-yul-du-sku-vkhrungs-pavi-skor）	第十一回：还受生唐王遵善果，度孤魂萧瑀正空门
第三章：法王唐王驾前发誓赴印度取经（chos-rgyal-thang-dbang-mdun-rgya-gar-du-chos-len-phebs-pavi-dam-bcav-bavi-skor）	第十二回：玄奘秉诚建大会，观音显象化金蝉

---

[1] 《藏族文学史》，第 641 页。也有传言，说《唐僧上师传》的作者到说书场听了《西游记》故事后，编译成藏文的。

(续表)

《唐僧上师传》	《西游记》
第四章：与猴王相遇并除虎妖（sprevu-rgyal-po-dang-vphrad-nas-stag-srin-vdul-bavi-skor）	第十三回：陷虎穴金星解厄，双叉岭伯钦留僧；第十四回：心猿归正，六贼无踪
第五章：降伏马妖（rta-srin- vdul-bavi-skor）	第十五回：蛇盘山诸神暗佑，鹰愁涧意马收缰
第六章：降伏黑风洞妖（rlung-nag-brag-phug-gi-srin-po-vdul-bavi-skor）	第十六回：观音院僧谋宝贝，黑风山怪窃袈裟；第十七回：孙行者大闹黑风山，观世音收付熊罴怪
第七章：降伏猪精并遇仙人大鸟成就师（phag-srin-btul-nas-drang-srong-bya-chen-grub-thob-dang-vphrad-bavi-skor）	第十八回：观音院唐僧脱难，高老庄大圣除魔；第十九回：云栈洞悟空收八戒，浮屠山玄奘受心经
第八章：降伏邪魔风怪（rlung-srin-vgong-po- vdul-bavi-skor）	第二十回：黄风岭唐僧有难，半山中八戒争先；第二十一回：护法设庄留大圣，须弥灵吉定风魔
第九章：降伏水怪（chu-btsan- vdul-bavi-skor）	第二十二回：八戒大战流沙河，木叉奉法收悟净
第十章：西牛贺洲诸圣者佛父佛母等试探戒行有无过失（nub-ba-glang-spyod-gling-du-vphags-mchog-yab-yum-rnams-kyi-bslab-pa-la-skyon yod-med-kyi-nyams-sad-pavi-skor）	第二十三回：三藏不忘本，四圣试禅心
第十一章：五庄观与镇元子相会（u-rgyan-dgon-du-gru-thob-krin-yon-tsi-d ang-vphrad-bavi-skor）	第二十四回：万寿山大仙留故友，五庄观行者窃人参；第二十五回：镇元仙赶捉取经僧，孙行者大闹五庄观；第二十六回：孙悟空三岛求方，观世音甘泉活树

(续表)

《唐僧上师传》	《西游记》
第十二章：安置宝象国国王（spos-glang-rgyal-khab-kyi-rgyal-po-bde-la-bkod-pavi-skor）	第二十七回：尸魔三戏唐三藏，圣僧恨逐美猴王；第二十八回：花果山群妖聚义，黑松林三藏逢魔；第二十九回：脱难江流来国土，承恩八戒转山林；第三十回：邪魔侵正法，意马忆心猿；第三十一回：猪八戒义激猴王，孙行者智降妖怪
第十三章：降伏罗刹女（srin-mo-vdul-bavi-skor）	第四十回：婴儿戏化禅心乱，猿马刀归木母空；第四十一回：心猿遭火败，木母被魔擒；第四十二回：大圣殷勤拜南海，观音慈善缚红孩
第十四章：降伏鸟妖等（bya-srin-sogs-vdul-bavi-skor）	？
第十五章：白螃蟹送往河彼岸（sdig-srin-dkar-pos-chuvi-chuvi-pha-rol-du-skyel-bavi-skor）	第四十七回：圣僧夜阻通天水，金木垂慈救小童；第四十八回：魔弄寒风飘大雪，僧思拜佛履层冰；第四十九回：三藏有灾沉水宅，观音救难现鱼篮
第十六章：降伏牛魔（glang-srin-vdul-bavi-skor）	第五十回：情乱性从因爱欲，神昏心动遇魔头；第五十一回：心猿空用千般计，水火无功难炼魔；第五十二回：悟空大闹金兜洞，如来暗示主人公
第十七章：人与非人破坏戒行但未得逞（mi-dang-mi-ma-yin-gyis-tshul-krims-la-bar-gcod-byas-kyang-gnod-ma-thub-pavi-skor）	第五十三回：禅主吞餐怀鬼孕，黄婆运水解邪胎；第五十四回：法性西来逢女国，心猿定计脱烟花；第五十五回：色邪淫戏唐三藏，性正修持不坏身

(续表)

《唐僧上师传》	《西游记》
第十八章：佛对唐僧上师和猴王未来之预言（thang-sin-bla-ma-dang-sprevu-rgyal-por-ma-vong-sangs-rgyas-kyis-lung-bstan-pavi-skor）	第五十六回：神狂诛草寇，道昧放心猿；第五十七回：真行者落伽山诉苦，假猴王水帘洞誊文；第五十八回：二心搅乱大乾坤，一体难修真寂灭
第十九章：消除火焰路上的恐怖（thal-tshan-lam-gyi-vjigs-pa-sel-bavi-skor）	第五十九回：唐三藏路阻火焰山，孙行者一调芭蕉扇；第六十回：牛魔王罢战赴华筵，孙行者二调芭蕉扇；第六十一回：猪八戒助力败魔王，孙行者三调芭蕉扇
第二十章：祭赛国修缮佛塔（ci-sad-govi-rgyal-kams-su-mchod-rten-zhal-gso-mdzad-pavi-skor）	第六十二回：涤垢洗心惟扫塔，缚魔归正乃修身；第六十三回：二僧荡怪闹龙宫，群圣除邪获宝贝
第二十一章 木妖岩妖等作试探（shing-srin-dang-brag-srin-rnams-kyis-nyams-sad-pavi-skor）	第六十四回：荆棘林悟能努力，木仙庵三藏谈诗
第二十二章：妖魔化佛示邪法，弥勒协助猴王伏妖魔（srin-pos-sangs-rgyas-sprul-nas-chos-log-bstan. byams-pas-sprevu-rgyal-rogs-te-srin-po-vdul-bavi-skor）	第六十五回：妖邪假设小雷音，四众皆遭大厄难；第六十六回：诸神遭毒手，弥勒缚妖魔
第二十三章：以神通过柿子道，解救朱紫国国王夫妇（shing-tog-a-mravi-la-sku-vphrul-gyis-bgrod-cing·kruvu-tsi-govi-rgyal-po-kyo-shug-gnyis-kyi-sdug-bsngal-sel-bavi-skor）	第六十七回：拯救驼罗禅性稳，脱离秽污道心清；第六十八回：朱紫国唐僧论前世，孙行者施为三折肱；第六十九回：心主夜间修药物，君主筵上论妖邪；第七十回：妖魔宝放烟沙火，悟空计盗紫金铃；第七十一回：行者假名降怪犼，观音现象伏妖王

(续表)

《唐僧上师传》	《西游记》
第二十四章：唐僧求法近印度，诸妖女心中难忍施加害（srin-mo-rnams-kyis-thang-sin-bla-ma-rgya-gar-du-dam-pavi-chos-len-par-nye-ba-na-sems-mi-bzod-nas-sku-srog-la-nges-skyon-gtong-bavi-skor）	第七十二回：盘丝洞七情迷本，濯垢泉八戒忘形；第七十三回：情因旧恨生灾毒，心主遭魔幸破光
第二十五章：脱离三毒自性三妖怪的损害（dug-gsum-gyi-rang-bzhin-ldan-pavi-srin-po-gsum-gyi-gnod-pa-las-grol-bavi-skor）	第七十四回：长庚传报魔头狠，行者施为变化能；第七十五回：心猿钻透阴阳窍，魔王还归大道真；第七十六回：心神居舍魔归性，木母同降怪体真；第七十七回：群魔欺本性，一体拜真如
第二十六章：极乐寺赎千儿命（bde-mchog-gling-du-khyevu-stong-gi-srog-bslu-bavi-skor）	第七十八回：比丘怜子遣阴神，金殿识魔谈道德；第七十九回：寻洞擒妖逢老寿，当朝正主救婴儿
第二十七章：降伏无底岩洞妖女（mthil-med-brag-phu-gi-srin-mo-vdul-bavi-skor）	第八十回：姹女育阳求配偶，心猿护主识妖邪；第八十一回：镇海寺心猿知怪，黑松林三众寻师；第八十二回：姹女求阳，元神护道；第八十三回：心猿识得丹头，姹女还归本性
第二十八章：灭法国国王入佛道（chos-snub-rgyal-khab-kyi-rgyal-po-chos-la-tshud-pavi-skor）	第八十四回：难灭伽持圆大觉，法王成真体天然；第八十五回：心猿妒木母，魔王计吞禅
第二十九章：降伏豹妖（gzig-srin-vdul-bavi-skor）	第八十五回：心猿妒木母，魔王计吞禅；第八十六回：木母助威征怪物，金公施法灭妖邪
第三十章：消除凤仙郡的饥荒（hum-shan-cun-yul-du-mu-gevi-vjigs-pa-sel-bavi-skor）	第八十七回：凤仙郡冒天止雨，孙大圣劝善施霖

（续表）

《唐僧上师传》	《西游记》
第三十一章：降伏狮妖（seng-srin-vdul-bavi-skor）	第八十八回：禅到玉华施法会，心猿木母授门人；第八十九回：黄狮精虚设钉钯宴，金木土计闹豹头山；第九十回：师狮授受同归一，盗道缠禅静九灵
第三十二章：救公主降伏兔妖女（rgyal-povi-bu-mo-srog-skyabs-nas-ri-bong-gi-srin-ma-vdul-bavi-skor）	第九十一回：金平府元夜观灯，玄英洞唐僧供状；第九十二回：三僧大战青龙山，四星挟捉犀牛怪；第九十三回：给孤园问古谈因，天竺国朝王遇偶；第九十四回：四僧宴乐御花园，一怪空怀情欲喜；第九十五回：假合真形擒玉兔，真阳归正会灵元
第三十三章：施主宽大宴请（yon-bdag-khug-ta-khon-gyis-gdan-drangs-pavi-skor）	第九十六回：寇员外喜待高僧，唐长老不贪富贵；第九十七回：金酬外护遭魔蛰，圣显幽魂救本原
第三十四章：请得无垢佛经至摩诃支那（rgyal-gsung-dri-med-ma-hav-tsi-navi-yul-du-spyan-drangs-pavi-skor）	第九十八回：猿熟马训方脱壳，功成行满见真如；第九十九回：九九数完魔灭尽，三三行满道归根
第三十五章：成就自他二事，无余法界成佛（rang-gzhan-don-gnyis-grub-nas-lhag-med-dbyings-su-sangs-rgyas-pavi-skor）	第一百回：径回东土，五圣成真

通过与《西游记》的比对，我们发现《唐僧上师传》有如下特点。

第一，尽管我们对董度所依据的汉文本《西游记》所知无多，但若与今日可见的《西游记》流通本作比较，则可知译者没有对照原文一一翻译，而是对《西游记》中的故事情节进行高度概括和浓缩，然后用简洁通俗的笔调重加叙述，还对有些情节做了改动。从上面的表格中也能反映出，《唐僧上师传》有的章节仅几百字；而它的一章往往要包括《西游记》三、四回的故事，从而将《西游记》一百回的内容压缩成了 35 个章节。因此，《唐僧上师传》基本上只保留每个故事的框架和大致梗概，而《西游记》里反复、曲折的故事情节则被大量删节，诸多幽默诙谐的语言在译本中全无反映，并缺少了大闹天宫、车迟国等精彩章节。全书写得平淡无奇，许多篇章读来令人索然无味。甚至有些章节由于内容过于简略，只有寥寥数语，使人不知其所云。董度如此珍惜笔墨，可能也有其苦衷。很可能他的汉文阅读水平不太高，因而使他的叙事能力受到严重限制。

第二，《唐僧上师传》的有些叙事，体现出一种本土化的解读倾向。如其开篇按藏文著作的惯例写有"礼赞辞"（mchod-brjod），分别赞颂文殊菩萨、三宝、莲花生大师和唐玄奘。第四章中提到至尊度母（sgrol-ma）变化为一妇人，向唐僧授黑帽、衣服及紧箍咒。按《西游记》小说和其他取经故事中，均无度母，有的只是观音菩萨。藏传佛教认为度母是观音的化身，其为女性形象，而观世音在藏传佛教中是男性形象，故而藏译本将观音化现的妇女说成是度母。第六章中将原著中的六丁六甲、五方揭谛、四值功曹和十二位护教伽蓝等保护神，用藏族特别熟悉的四大天王来替代。在修辞方面，它所体现的藏族传统文学的特点就更明显。《藏族文学史》对此已有论述，兹不赘。

第三，《唐僧上师传》中部分人物对白采用了诗歌体，《藏族文学史》据此认为，全书行文已被改为说唱体[1]，即认为诗歌体部分的文字是可以吟唱的。但通读全书就很容易发现，并不是所有的对话都用诗歌体，而《西游记》小说本身即有少量的对白采用了诗歌体，此外《西游记》原文中还含有大量的诗作。《唐僧上师传》诗歌体的对白，部分地反映了藏文故事传记的写作特点，另一方面可能也部分地反映出译者力图追随原著风格的用心。

《唐僧上师传》所包含的诗词并不多，总共还不到30首。要想把汉文本中那么多诗词按原意翻译成藏文，其难度之大，恐怕是董度无法胜任的。他从原著中摘选了少量诗词，对它们进行再创作。有些诗词尚能看到原作的某些影子，有的与原作相比差别较大，甚至风马牛不相及。例如，《西游记》第六十四回"荆棘林悟能努力，木仙庵三藏谈诗"里，有唐僧与"十八公"等所作诗歌多篇。在《唐僧上师传》第二十一章"木怪岩怪等作试探"里也有三首诗，分别是唐僧、"三道士"以及一女子（即杏怪）的诗。《西游记》中唐僧的诗云：

杖锡西来拜法王，愿求妙典远传扬。
金芝三秀诗坛瑞，宝树千花莲蕊香。
百尺竿头须进步，十方世界立行藏，
修成玉象庄严体，极乐门前是道场。[2]

《唐僧上师传》中唐僧的诗云：

---

[1] 《藏族文学史》，第641页。
[2] 《西游记》，第750页。

vkhar-gsil-khur-nas-sangs-rgyas-mjal. chos-zhu-yid-can-bde-la-bkod.

dpag-bsam-shing-la-dgos-vdod-vbyung. chos-kyi-me-tog-dri-bzang-khyab.

chos-ni-vdi-phyi-bde-bavi-gzhi. de-la-vjug-na-vgro-vdug-gang.

thar-bavi-lam-du-vgyur-ba-yin. rdzogs-pavi-sangs-rgyas-drung-du-vgro

chos-zhu-vgro-la-chos-vkhor-bskor.

译文为：

背负锡杖去拜佛，求法使令众生安。
如意宝树所愿成，法之鲜花香气遍。
佛法现未安乐基，入此佛法行住者。
定能成为解脱道，行往等觉佛座前，
前去求法转法轮。[1]

两诗相较，大致宗旨相同，董度所作更为通俗易懂，但尚能看到原作的一些痕迹。再如三道士之诗云：

vjigs-tho[2]-nged-kyi-rgyal-po-yin. khyed-kyi-shing-la-ya-mtshan-med.

---

[1] 《唐僧上师传》（藏文），第90页。
[2] vjigs-tho，其义不明。

nged-kyi-la-la-yon-tan-mang. shing-vbras-spos-shel-dri-mas-khyab

bde-skyid-vjig-rten-vdi-la-vdzoms. sa-steng-me-tog-vjav-mtshon-bkra.

rgas-dus-sangs-rgyas-rang-dbang-thob. ril-bu-za-bas-sangs-rgyas-thob.

译文为：

险高乃是吾之王，尔树亦无稀奇处。
吾树亦具众功德，果实琥珀香气遍。
于此世间乐齐全，大地鲜花彩虹艳。
老时佛位自然得，食用金丹能成佛。[1]

按《西游记》与唐僧对诗的有"十八公"等"四老"，且分别有诗（共有八首诗），而《唐僧上师传》则合"四老"为"三道士"，合八首诗为一首诗。故后者难以与原著中任何一首诗具体对应。值得称道的是，董度的这首诗"道味"十足，把握了原诗的某些精神，表达出道法自然的意旨。

再如《西游记》中杏怪所作的诗，云：

上盖留名汉武王，周时孔子立坛场。
董仙爱我成林积，孙楚曾怜寒食香。

---

[1]《唐僧喇嘛传》（藏文），第90页。

雨润红姿娇且嫩，烟蒸翠色显还藏。
自知过熟微酸意，落处年年伴麦场。[1]

《唐僧上师传》中杏怪的诗云：

me-tog-rgyal-po-u-dum-mdzes. vthung-rgyu-mang-ste-chang-nyid-bsngags.
vdug-sa-shing-grib-vog-tu-skyid. rang-rgyal-shes-na-dri-bzang-khyab.
me-tog-zil-pa-phog-nas-mdzes. thal-ba-phog-na-skad-ngan-vgyur.
mdzes-pavi-chos-rnams-dbyar-brgal-vdra. ston-gyi-me-tog-sman-na-mdzes.

译文为：

花王优昙钵罗美，汁多能饮赞如酒。
住于树荫下安乐，自知尊胜香味遍。
鲜花含露更美丽，如洒灰尘成恶音。
美艳诸物能度夏，秋季花朵入药美。[2]

《西游记》原著中杏怪的诗，运用"典故"较多。而它在《唐僧上师传》里，却变成了一首赞美优昙钵罗花（简称昙花）的诗，与杏怪的原诗在内容上已无任何关联，完全是董度自己的创作。通过

---

[1]《西游记》，第752页。
[2]《唐僧喇嘛传》（藏文），第90页。

上面三首诗的比较，大致可见董度的写作风格。

从今天的眼光看《唐僧上师传》，似有诸多不如意处，但就民族文化交流而言，这部藏文译作的意义甚为重大。藏族地区从此有了较为完整的《西游记》故事书。董度活佛为此所花费的心血和所做出的贡献值得肯定。民族出版社将《唐僧上师传》排印出版，不但使这一重要的文献得到保存流传，而且受到读者广泛欢迎，扩大了它的影响面。直至今日，《西游记》小说全文尚未见有完整的藏译本问世，《唐僧上师传》仍然是藏族僧俗读者了解唐僧西天取经故事的唯一藏文读本。

评论

分子人类学与欧亚北部人群的起源

韦兰海　覃振东（复旦大学现代人类学教育部重点实验室）

一、分子人类学的工作原理

（一）分子人类学的定义

分子人类学是分子生物学和人类学交叉产生的新兴学科，属于人类学中的一个分支。分子人类学利用现代分子生物学的方法来研究人类学中感兴趣的问题，主要包括了人类的起源、进化，人群的历史、结构以及人群之间的相互关系等。

（二）分子人类学中的基本概念

1. 人类学

从19世纪中叶开始，人类学（Anthropology）作为专门研究"人的科学"从哲学和生物学体系中分离出来，成为一门独立的科学。到目前为止，国际上还没有一个统一的关于人类学的定义，其分类也没有完全相同的模式和一致的认识。它在一段时期内甚至还发展成为殖民主义者统治世界的理论依据——"人种学"。我们认为，人类学是研究人类"异同"的科学。"异"就是指人之间的差异，包括个体之间的差异、群体之间的差异，或按研究对象分别为生物学意义上的体质差异、语言差异、文化上的差异等。"同"是指人之间相似的地方，包括人类群体的起源和进化、人群的起源和迁徙、语言文化的起源和进化等。人类学按其研究对象又可分为文化人类学和体质人类学。文化人类学研究人的社会属性，又被称为社会人类学，与民族学、语言学、社会学等学科相交叉。体质人类学研究人类的自然属性，也被称为自然人类学，分子人类学就是其中的一个分支。[1]分子人类学强调利用分子生物学手段研究不同人群中的遗传和变异，从而揭示人类起源、进化以及各人群间的分化与融合等群体历史过程。[2]

2. 遗传变异和遗传物质 DNA

遗传是指在生物体连续系统中子代重复亲代的特征和性状的现象。变异是指子代与亲代之间特征和性状发生改变的现象。遗传使物种保持相对稳定；变异则使物种的进化成为可能。DNA 是生物体内的遗传物质，是遗传的分子基础。真核生物中的 DNA 是由四种脱氧核糖核酸（A\T\G\C）按一定顺序排列而成的长链。脱氧核糖核酸的排列顺序就是 DNA 中储存的遗传信息。这些遗传信息通过转录、翻译等生物过程来决定生物的性状。有性生殖过程中，亲代的 DNA 会有一半传递给子代，是为遗传现象的机制。DNA 也不是完全不变的。很多原因都会造成 DNA 的变化（突变、重组等），这种变化可以遗传到子代，被称为可遗传变异。它是生物进化的基础。人类的

---

[1] 陈国强：《建设中国人类学》，三联书店 1992 年版。
[2] Я.Я.罗金斯基、М.Г.列文著，王培英、汪连兴、史庆礼等译：《人类学》，警官教育出版社 1993 年版。

DNA大部分存在于细胞核中的染色体（常染色体DNA和性染色体DNA）中，少部分以环状的形式存在于细胞质中的线粒体中（线粒体DNA）。

3. 遗传标记

遗传标记是指那些能表达生物的变异性，且能稳定遗传，可被检测的性状或物质。19世纪中期孟德尔（Mendel）发现遗传法则后，人体上一些简单的遗传特征（比如味盲、色盲、舌运动、耵聍等），成为最早被认识的遗传标记。[1] 由于这些标记都是对形态的描述，被称为形态学标记。形态学标记无法直接反映遗传物质的特征，仅是遗传物质的间接反映，且易受环境的干扰，因此具有很大的局限性。随着细胞和分子生物学的不断发展，直接研究生物体内的遗传物质DNA成为可能。于是一系列DNA遗传标记相继被发现。可以将它们按照标记的类型分为长度多态标记和序列多态标记。长度多态包括卫星DNA标记、小卫星DNA标记、微卫星DNA标记、大片段重复标记等。序列多态是指单核苷酸多态标记。分子人类学中主要涉及的是微卫星标记和单核苷酸多态标记。

微卫星标记（STR）

微卫星DNA又称为短串联重复序列（Short Tandem Repeat, STR），是基因组中存在的高度重复序列，重复片段只有2到6个碱基。由于STR在基因组中分布广泛，人群中具有较高的多态，成为目前最通用的遗传标记之一。

---

[1] 黄淑娉：《黄淑娉人类学民族学文集》（中山大学人类学民族学文丛），民族出版社2003年版，第31页。

单核苷酸多态（SNP）

单核苷酸多态性（Single Nucleotide Polymorphism，SNP）是指在基因组水平上由单个核苷酸的变异所引起的 DNA 序列多态性。SNP 在人类基因组中分布广泛，是人类可遗传的变异中最常见的一种，占所有已知多态性的 90% 以上。

4. 遗传标记系统

遗传标记系统是指具有特定遗传方式的遗传标记。人类 DNA 遗传标记主要有三个不同种类：常染色体遗传标记系统、Y 染色体遗传标记系统和线粒体 DNA 遗传标记系统。三者各有优点和缺点，在分子人类学研究中的适用范围各不相同。

常染色体遗传标记系统

人类的 23 对染色体中有 22 对是常染色体，大部分的遗传信息储存在常染色体中。因此常染色体遗传标记是在研究人类起源进化中信息最丰富的工具。然而在分子人类学研究中常染色体标记的使用却比较少，这主要是因为常染色体的遗传存在重组（recombination）现象。每种常染色体在每个人体内都有一对，分别来自父亲和母亲。在传递给后代时，父母双方的染色体会打断而后重新拼接，就是重组（图 1-1）。重组导致两个不同遗传标记之间一般不存在很强的进化关系，使遗传标记的组合不能完全忠实地反映进化过程。由于重组和突变同样能引起子代中遗传物质的改变，在进化研究中会产生非常多的回环结构，无法准确地分析人群结构。[1] 因此在精确描述人

---

[1] 黄淑娉：《黄淑娉人类学民族学文集》（中山大学人类学民族学文丛），民族出版社 2003 年版，第 31 页。

群进化和迁徙历史时，无法利用常染色体遗传标记。

但是在混合人群分析中，常染色体遗传标记却有其他两种遗传标记（Y染色体和线粒体DNA）无法相比的优势。重组的存在使个体水平上的混合能够在常染色体遗传标记上检测出来。而Y染色体和线粒体DNA由于忠实地遗传自亲代，只能在群体水平上去考察混合人群的遗传结构。于是只需要很少样本的常染色体遗传标记，就可以用于估计混合人群的混合比例，并推测混合发生的时间。

近年来随着分型和测序技术的发展，常染色体遗传标记的数量迅速增加（密度高达约1kb/SNP），相应的数据分析方法的出现（如祖先信息位点AIM的筛选、人群STRUCTURE分析、主成分分析PCA等），也使常染色体遗传标记越来越多地被应用到揭示人群遗传结构及其相互关系上。

线粒体DNA遗传标记系统

线粒体DNA是不同于染色体DNA的特殊遗传物质。人类线粒体DNA存在于细胞核外的线粒体中，遵循严格的母系遗传方式，即只由母亲传给子女。同时线粒体DNA呈单链环状，不发生重组，突变成为造成序列变化的唯一动力。以上这些特点使线粒体DNA成为反映人群母系进化的理想标记。利用线粒体DNA上的突变，研究者们构建了人类线粒体序列的系统进化树，并定义线粒体单倍型和单倍群（Haplotype，Haplogroup）。通过世界范围内线粒体单倍群的分布，就可以描绘出现代人群母系迁徙的路线。

线粒体DNA遗传标记也并不完美，它存在自身的缺陷。首先，它的长度只有约 1.6kbp，包含的遗传信息非常有限。其次，线粒体 DNA 的突变速率偏高，造成在同一个位点上容易发生回复突变（recurrent mutation），在进化树中形成回环状结构，不利于进化谱系的构建。最后，线粒体 DNA 中还存在异质性（heteroplasmy）的现象，即一个个体中存在的线粒体 DNA 碱基序列埠完全相同；这也是因为线粒体突变速率过高而造成的。为了获得最全的遗传信息，减少上述缺陷的影响，对线粒体 DNA 全序列的测定分析逐渐成为分子人类学母系遗传研究中的发展方向。

Y 染色体遗传标记系统

Y 染色体是另外一种特殊的遗传物质。Y 染色体遵循严格的父系遗传，只由父亲传给儿子。除了两端的拟成染色体区，Y 染色体其他区域不发生重组，被称为 Y 染色体非重组区域（non-recombination region，NYR）。NYR 中所有的突变都是紧密相关的，每一个突变都代表了整个区段的特性。先后发生的突变会有上下游的关系。带有下游突变的个体必然会有相应的上游突变，这使得 Y 染色体谱系异常清晰。[1]

与线粒体 DNA 遗传标记系统相比，NYR 也具有自身的优势。首先，NYR 区域长度较大（约为 57Mb，而线粒体 DNA 仅为 1.6Kb），使发生回复突变的可能性极低，因此 NYR 系统发育树中几乎不存在回环结构。其次，NYR 有效群体大小（effective population size）仅为常染色体的四分之一，很容易形成群体特异

---

[1] 吕荣芳：《略谈人类学的分科及其效用》，中国人类学学会：《人类学研究》，中国社会科学出版社 1987 年版，第 59—64 页。

性的单倍型，使人群历史更加清晰。这都使得 NYR 成为研究人类进化和迁徙最强有力的工具之一。[1] 高通量测序技术的发展使 NYR 区域遗传标记的大规模发现成为可能。不久之后，更多 NYR 标记的出现，将会大大扩展 Y 染色体在人群、家系甚至姓氏研究中的应用。

（三）分子人类学的产生和发展

1. 分子人类学的诞生：人猿分歧时间的争论

生物进化论告诉我们，地球上所有的生物都是同一起源的，人类也只是物种进化大树中的一支。人类属于动物界—脊索动物门（脊椎动物亚门）—哺乳纲—灵长目（类人猿亚目）—人科。但是关于人究竟与什么物种亲缘关系最近、它们之间又何时发生分歧的问题，却在古生物学界和分子生物学界引起了巨大的争论，并促成了一门新的学科——分子人类学的诞生。

20 世纪 60 年代早期，就有科学家利用亚洲猿（亚洲褐猿和长臂猿）、非洲猿（大猩猩和黑猩猩）与人类血液中的蛋白质分子来研究它们之间的相互关系，结果发现人类与非洲猿关系最近。[2] 但由于这次实验只是给出了定性结果，并没有引起广泛的关注。随后，美国加州大学伯克利分校的两位分子生物学家 Sarich 和 Wilson 类似的

---

[1] 潘其风等:《体质人类学》,《中国大百科全书（考古学）》, 中国大百科全书出版社 1986 年版, 第 524—526 页。

[2] Goodman M. Serological analyses of the systematics of recent hominoids. Hum Biol, 1963, 35: 377-437.

研究[1]成为分子人类学诞生的标志事件。他们采用定量的方法比较现代人类和非洲猿类的血清蛋白的差异，得出结论说，人猿分离时间为距今约 500 万年前。此前的科学界普遍认为，人猿分离发生在距今 1500 万—3000 万年前。其主要证据是当时被认为是人类祖先的腊玛古猿（Ramapithecus）生活在距今约 1300 万年前（图 1-2·a）。Wilson 和 Sarich 的实验结果与之相距甚远，因而一经提出便立即受到大部分古人类学家的质疑和非议。虽然 Sarich 对这些批评也作出了强烈的回应，留下了如"分子生物学家确信他们研究的分子都有祖先，而古生物学家只能希望他们研究的化石留下了后代"等经典辩词[2]，真正给他们平反的还是考古学的发现。随着大量新的古猿化石出土，特别是 20 世纪 80 年代由 Pilbeam 和 Andrews 分别发现的古猿化石，否定了腊玛古猿是人类祖先的推断，彻底颠覆了古生物学家原来的观点。新的观点认为人和最近的亲属黑猩猩在 500 万到 700 万年前发生分歧。而原来认为是人类祖先的腊玛古猿，其实只是西瓦古猿（Sivapithecus）的一种，是现在分布在亚洲褐猿的祖先（图 1-2·b）。这个观点和 Wilson 和 Sarich 的结论非常一致。1983 年 Sarich 正式提出了分子人类学（Molecular Anthropology）的概念。[3]

2. 分子人类学的发展（1）：现代人起源的争论

人猿分歧的争论促成了分子人类学的诞生。然而真正推动着分

---

[1] Shriver MD, et al. Ethnic-affiliation estimation by use of population-specific DNA markers. Am J Hum Genet, 1997, 60 (4): 957-64.

[2] Sarich VM. Just how old is the hominid line? Yearbook of Physical Anthropology 1973, 17: 98-122.

[3] Sarich VM. Appendix : Retrospective on hominoid macromolecular systematics, in Ciochon RL, Corruccini RS. New Interpretations of Ape and Human Ancestry. New York: Plenum Press. 1983.

子人类学飞速发展的，却是人类学家对另一个重大问题——现代人起源问题的探索。

人猿分歧后的几百万年之中，人类经历了一个相当漫长的进化演变过程。至少有4个属、16种人类物种先后出现人类进化的谱系中（图1-3）。现代人（Homo sapiens sapiens）属于晚期智人（Late Homo sapiens），或称"新人"，就是指我们自己。现代人是人科现存的唯一代表，足迹几乎遍布整个地球，可以说是最成功的物种。现代人的起源问题一直引起学术界的广泛兴趣，并且持续争论不断。就目前来说主要存在四种观点（图1-4）。

早期人类学家广泛接受的是"多地区进化学说"（Theory of Multiregional Evolution），又称"独立起源模型"（Independent Origin Model），或"摇篮模型"（Candelabra model）。这种模型认为，旧大陆（非洲、欧洲、亚洲和澳洲）上现代人的祖先可以追述到各个地区晚更新世时期的古老人种（图1-4·I）。"多地区进化说"的雏形在20世纪30年代由德国人类学家魏敦瑞（Franz Weidenreich）提出。他在研究过北京猿人和爪哇猿人后认为，两者分别与现代人中的蒙古人种和澳洲人种在体制特征上存在相似性，因而提出蒙古人种和澳洲人种分别由各自地区的古人类进化而来。随后，美国人类学家库恩（Carleton Coon）继承魏敦瑞的思想，提出"摇篮模型"。他主张直立人起源于非洲，然后逐步扩散到旧大陆的其他地区。这些分布在不同区域的直立人相互长期隔离，并在各自区域独立进化为现代人类。[1]30世纪60到80年代考古研究迅速发展，在亚洲、欧洲

---

[1] Coon CS. The Origin of Races. New York: Alfred A. Knopf. 1962.

和非洲都出土了大批珍贵的古人类化石，极大地增强了多地区起源说支持者的信心。然而多地区起源论者无法解决进化论方面的悖论。在生物进化理论中，两个物种分开以后，必然是随着时间的久远，差距越来越大。如果接受多地区起源学说，那么人类的祖先又如何会在分离几十万年甚至几百万年之后，竟然没有产生生殖隔离，人种之间的差距非但没有变大，反而变小了？[1]

为了解决上述矛盾，以密西根大学沃波夫（Milford Wolpoff）为代表的古人类学家对多地区起源说进行修正[2]，提出"现代多地区进化论"（Modern Multiregional Evolution）。他们认为，现代人主要是由生活在欧洲、亚洲、非洲和大洋洲的当地直立人直接演化发展而来的，但同时各地区人群之间存在着广泛的交流（图 1-4·III）。各个地区的人类亚种之间既存在一定的隔离，也存在一定程度的基因交流。正是这种隔离和交流的平衡，最终形成了现代各大洲人种的分布。我国古人类学家吴新智院士提出的东亚地区现代人所具有的"连续进化附带杂交"的进化特征，也属于这种理论。他认为，东西方人类之间的基因交流在后期比早期更为频繁。但这种东西方人类之间的基因交流与在中国的连续进化的主流相比终究是次要的、辅助性、或附带性的。[3]

与上述两种理论完全不同的，是 20 世纪 80 年代末提出的"非洲起源学说"（Out-of-Africa Theory），也被称"替代模型"（Replacement Model）（图 1-4·II）。该理论认为现代人起源于 10

---

[1] 李辉、宋秀峰、金力：《人类谱系的基因解读》，《二十一世纪》（香港）2002 年。

[2] Wolpoff MH, Hawks J, and Caspari R. Multiregional, not Multiple Origins. Am J Phys Anthropol, 2000, 112(1): 129-136.

[3] 吴新智：《古人类学研究进展》，《世界科技研究与发展》，2000，5（22）。

万年前的非洲大陆，走出非洲后向世界各地扩散并完全取代了其他地区的古人种。由于从早期智人向现代人转变的过渡类型只存在于非洲，因此非洲以外的现代人与当地的直立人或早期智人之间不存在遗传上的继承关系。目前很多学者将"非洲起源说"直接表达为"单一地区起源说"。必须注意的是，两者其实并不等价。"非洲起源说"只是各种不同的"单一地区起源说"之一。"单一地区起源说"出现得非常早，上世纪四十年代，美国著名人类学家豪厄尔斯（Howells）就认为，现代人各人种应有一个近期的共同祖先。但是由于早期考古学研究的局限性，他将现代人起源地定位在西亚的累凡特（Levant）。随后30多年中，支持单一起源说的学者对起源地点的推测多种多样。直到80年代，大量具有现代人类解剖特征的人类化石在非洲大陆出土，单一起源说的学者才达成共识，认为非洲才是现代人的起源地。

在"非洲起源说"的基础上，也有某些新的变通观点衍生出来。例如有人认为，非洲起源假说并不完全排除当地独立起源人类的贡献，这称为"同化模型"（Assimilation Model）（图1-4·IV）。据此，则现代人主要起源于非洲，但原来生活在欧洲、亚洲和大洋洲的直立人与新的移民发生了基因上的融合。[1]

分子人类学的出现，为解决现代人起源问题提供了又一新思路。1987年，美国加州大学伯克利分校的三位分子生物学家，Cann、Wilson和Stoneking，在《自然》上发表了对世界范围的147名妇女

---

[1] 谭婧泽等：《现代人起源于非洲的分子人类学证据》，《科学》（上海），2006，58 (06): 21-25。

的线粒体 DNA 的研究，提出了著名的"非洲夏娃"理论。[1]他们认为，具有现代人特征的人类最早出现在非洲，生活在距今 29 万—14 万年前（平均时间为 20 万年前）。这批现代人在 18 万—9 万年前开始向世界各地扩散，并取代了当地的土著直立人及其后裔早期智人。来自非洲的现代人祖先并没有和当地土著发生融合或基因交流，当地的土著居民最终绝灭了。"夏娃理论"有力地支持了现代人的单一起源说。但是，由于线粒体 DNA 自身的一些特点（如突变率过高，序列长度太短导致信息量可能不够等），这个研究的结论在当时和此后受到不少来自多地区起源论支持者的质疑和争议。

在随后的 20 多年中，线粒体 DNA 的研究手段逐渐成熟，遂使研究者们能够更精确地构建世界范围内线粒体 DNA 谱系树（图 1-5）。特别是对于线粒体全序列的测定和分析，其结果一次又一次地验证了"非洲夏娃"理论。

Y 染色体单核苷酸多态（SNP）遗传标记的应用，标志着分子人类学进入了一个新的阶段。1997 年，Underhill 等人[2]利用高效液相色谱技术（DHPLC），在人类 Y 染色体上发现了 19 个新的单核苷酸多态（SNP）。三年后，他们利用 218 个 Y 染色体非重组区段（NYR）SNP 位点构成的 131 个单倍型，对世界范围内 1062 个 Y 染色体进行了系谱分析（图 1-6）。他们的研究发现，在 Y 染色体系统树中，最早出现的分支都发生在非洲人群之中，而后再分出欧洲和亚洲人群，在亚洲之下再分化出美洲和澳洲人群的分支。据此，他们提出

---

[1] Cann RL, Stoneking M, and Wilson AC, Mitochondrial DNA and human evolution. Nature, 1987, 325 (6099): 31-36.

[2] Underhill PA, et al. Detection of numerous Y chromosome biallelic polymorphisms by denaturing high-performance liquid chromatography. Genome Res, 1997,7(10): 996-1005.

了与"非洲夏娃"相对应的 Y 染色体"亚当学说",认为现代人类的父系祖先生活在 10 万年前的非洲。分子人类学再一次证实了"非洲起源说"。

3. 分子人类学的发展（2）：东亚地区现代人的非洲起源

东亚、特别是中国大陆,一直是现代人起源最具争议的地区。其主要原因是这个地区出土了大量的古人类化石,并且在时间和形态上呈现出良好的连续性和继承性。[1] 然而几乎所有的遗传学证据都支持现代人的非洲单一起源,东亚地区也不例外。1998 年褚嘉佑等人[2] 利用常染色体微卫星标记研究中国人群的遗传结构时,就认为多态性和进化聚类树分析都支持中国人来源于非洲。但由于常染色体重组的缺陷,他们不能给出非常肯定的证据。1999 年,宿兵等人[3] 采用了进化上更为稳定的 Y 染色体非重组区段的单核苷酸多态性标记来研究东亚人群。他们再次证实,东亚地区现代人起源于非洲,由南方进入东亚,而后向北方迁移。在仔细研究东亚地区化石证据时,研究者们发现,包括中国在内的东亚地区存在一个化石断层（图 1-7）,而且它正好出现在现代人起源的关键时期,即 10 万年前到 4 万年前之间。非洲起源说认为,这种断层并非偶然。它可能表明,10 万年前到 5 万年前第四纪冰川的存在,导致了东亚地区绝大多数生物物种的灭绝。冰川期结束后,非洲起源的现代人才进

---

[1] Etler DA. The Fossil Evidence for Human Evolution in Asia. Annu Rev Anthropol, 2003, 25(1):275-301.

[2] Chu JY, et al. Genetic relationship of populations in China. Proc Natl Acad Sci USA, 1998. 95(20): 11763-11768.

[3] Su B, et al. Y-Chromosome evidence for a northward migration of modern humans into Eastern Asia during the last Ice Age. Am J Hum Genet, 1999, 65(6): 1718-1724.

入东亚，成为这片地区的主人。

一些古人类学家曾坚持认为，中国南方在冰川时期仍有大型哺乳动物生存繁衍。[1] 他们并猜想，可能有少数中国独立起源的"原住民"，与此后来自非洲的"新人类"融合而形成现代中国人的祖先。2000 年，柯越海等人对东亚地区将近 1.2 万份男性随机样本的 Y 染色体 SNP 分型研究彻底粉碎了这个猜想。Y 染色体突变 M168 被认为是现代人走出非洲时所产生的突变，其原始型仅出现在东非人群中，除非洲以外的人群都是突变型。[2] 柯越海等人的研究虽然没有直接检测 M168 这个突变，但他们检测了 M89、M130 和 YAP 这三个 M168 下游的突变（图 1–8）。该研究结果显示，这一万多份样品无一例外都带有 M89、M130 或 YAP 三种突变之一，也就是说都是 M168 突变型。这就证明，被检测的全部 DNA 都来自非洲起源的现代人。对 Y 染色的研究否定了多地区起源说及其他变种说法。这个结果极大地影响了东亚地区现代人起源的争论。甚至一些原本坚持多地区起源的古人类学家，在这一证据面前也改变了自己的见解。[3]

4. 分子人类学的发展（3）：尼安德特人与现代欧洲人的关系

尼安德特人（Homo sapiens neanderthalensis）简称尼人，属于早期智人，在 20 万到 3 万年前分布在欧洲、中东和西亚等地区。"尼安德特"一名来源于 1856 年人类学家在德国尼安德特河谷一个山洞

---

[1] Wolpoff MH, Xinzhi W, and Thorne A G. in Smith F H, Spencer F. The Origins of Modern Humans: A World Survey of the Fossil Evidence 1984: 411-83.

[2] Ke Y, et al. African origin of modern humans in East Asia: a tale of 12,000 Y chromosomes. Science, 2001, 292(5519): 1151-1153.

[3] Schermer, Michael. I Was Wrong. Sci Am, October, 2001.

里发现的一个成年男性的颅顶骨和一些肢骨化石。他们具有肌肉厚实、眉骨突出、前额和下巴后缩的特点，脑量也与现代人接近，甚至有些超过现代人，达 1500 毫升左右。

早期现代人多地区起源连续进化学说的支持者认为尼人就是现代欧洲人的祖先。然而 20 世纪 80 年代后期非洲单一起源说兴起后，大多数的人类学家开始将尼人作为人类进化中一个消失了的旁支。分子人类学对尼人的研究始于 1997 年 Krings 等人。[1] 他们从第一个被发现的尼人骨骼的臂骨上成功提取出线粒体的 DNA，并获得了 1/40 的尼人线粒体序列。将尼人序列和现代人序列以及黑猩猩序列进行比较后可以发现：尼人的 DNA 靠近人类，但有显著的区别（尼人与现代人的差异，相当于现代人内部差异的 3 倍，大体是现代人和黑猩猩差异的一半）。Krings 等人的发现，从分子人类学的角度支持了尼人是灭绝的人类旁支的假说。又过了 11 年之后，Green 等人[2] 利用高通量测序技术获得一个尼人的线粒体基因组完整序列，从而进一步确认了之前对于尼安德特人的推测，并估算出尼安德特人线粒体 DNA 大约在 66 万年之前与现代人发生进化上的分歧（图 1–9）。

由于尼人直到 3.5 万年前还广泛地生活在欧洲与西亚地区，而解剖学意义上的欧洲现代人则被认为于 5 万年至 4 万年前就走出了

---

[1] Krings M, et al. Neandertal DNA sequences and the origin of modern humans. Cell, 1997, 90(1): 19-30.

[2] Green RE, et al. A complete Neandertal mitochondrial genome sequence determined by high-throughput sequencing. Cell, 2008, 134(3): 416-26.

非洲[1]，两者很可能在相同地区共同存在过。这引起了科学界另外一个猜想，尼人是否曾经与现代人发生过基因交流，或者说现代人基因组中是否存在尼人留下的痕迹？线粒体 DNA 因为不发生重组而且只占基因组中很少的部分，故而无法解决这个疑问。高通量测序技术的发展使我们有可能测序尼人的常染色体基因组，由此了解尼人对现代人的基因贡献。2006 年，Green 等人[2] 和 Noonan 等人[3] 分别采用不同的测序方法获得了大量的尼人基因组序列。虽然 Green 认为尼人对现代人有部分的基因贡献，而 Noonan 则认为完全没有，两个不同的研究小组都认识到，解决这个疑问的数据量还太少。2009 年，德国马普进化研究小组公布了尼人的基因组草图。更精细的测序工作还在进行中，可能不久之后就能解决这个"尼人基因悬案"。

5. 分子人类学的发展（4）：人群迁徙路线的描画

分子人类学研究中一个非常重要的任务，是构建人群迁徙的历史图谱。由于 Y 染色体和线粒体 DNA 遗传标记具有进化上的单向性特点，分别利用这两种标记就可以探明特定群体的父系母系源流。2008 年，有学者对来自世界各地的 Y 染色体遗传标记进行综合分析，绘制出一张现代人父系祖先走出非洲的路线[4]（图 1-10）。每一个 Y 染色体标记，都能够标识出一条特定的男性谱系。

---

[1] 刘世伟：《尼安德特人对现代欧洲人是否有遗传贡献》，《现代人类学通讯》2009 年第 3 期，第 114—120 页。

[2] Green RE, et al. Analysis of one million base pairs of Neanderthal DNA. Nature, 2006, 444 (7117): 330-336.

[3] Noonan JP, et al. Sequencing and analysis of Neanderthal genomic DNA. Science, 2006, 314 (5802): 1113-1118.

[4] Stix G. Traces of a distant past. Sci Am, 2008, 299 (1): 56-63.

而遗传标记在进化谱系中出现的时间，能使我们更精确地描述男系祖先的迁徙历史。同样，在线粒体 DNA 谱系树下，也存在着一张世界人群的母系祖先的迁徙路线（图 1-11）。它与 Y 染色体路线总体模式类似，但也存在一定差别，特别是在迁徙时间表的推算方面具有非常大的分歧。这正是分子人类学家在当前力图解决的问题之一。

迁徙图谱中每一个线条的描画都来源于科学家对特定人群的分子人类学研究。但是我们必须认识到，上列迁徙图是建立在目前分子人类学对世界人群的研究成果基础上的，而这些研究还远远不够。随着分子人类学的发展，科学家会描绘出更加清晰和细致的路线，甚至可能会完全改变线条的走向。对东亚人群的迁徙路线，就曾经历过这样一次认识的转变。早期分子人类学一度认为，现代人走出非洲后，曾遵循两条主要路线向东行进：其一由中东进入中亚和东亚北部（北线），另一条沿着亚洲大陆海岸线进入南亚和东亚南部（南线）。那时关于东亚人来源的主流观点认为，东亚地区人群从东亚北部进入，随后南下扩散到整个东亚大陆（图 1-12·a）。此即所谓"北线说"。但是对东亚人群（特别是中国人群）的分子人类学调查显示出不同的结果。1998 年，褚嘉佑等人[1]在 28 个中国群体常染色体标记中发现了明显的南北差异，且南方多样性更高。他们最早提出，东亚人群可能主要来源于东南亚地区。此即所谓"南线说"。其后，宿兵等人[2]对东亚人群 Y 染色体单倍型的分

---

[1] Chu JY, et al. Genetic relationship of populations in China. Proc Natl AcadSci U S A, 1998. 95(20): 11763-11768.

[2] Su B, et al. Y-Chromosome evidence for a northward migration of modern humans into Eastern Asia during the last Ice Age. Am J Hum Genet, 1999, 65(6): 1718-1724.

析，也发现东亚南方群体多样性高于北方，北方存在的Y染色体单倍型只是南方群体中的一部分。这就用十分有力的证据支持了东亚人群的南方起源（图1-12·B）。为了更深入探讨"南线"和"北线"对东亚人群基因库的相对贡献，文波[1]在2004年分析了属于120个东亚群体的5131例个体的Y染色体DNA多态性，以及属于101个东亚群体的4238例个体的线粒体DNA多态性。其结果充分表明，来自南线的成分是构成东亚人群基因库的绝对主体，于是证实了东亚人群来自南方。2005年，Shi等人[2]对东亚特异的Y染色体单倍型O3-M122的研究又一次证明了"南线说"。这些来自中国学者的大量工作，彻底改变了分子人类学界的老观点。我们发现，此后的世界人群迁徙图谱都采纳了东亚人群的"南方起源路线"（图1-12·C）。值得一提的是，最近关于亚洲人群基因组的最新研究——"泛亚计划"，也从常染色体遗传系统角度得出了相同的结论[3]（图1-12·D）。

6. 分子人类学的发展（5）：国际合作项目

经过了十几年的快速发展，分子人类学已经成为一门非常成熟的学科，能够解决非常多的人类学难题。但它也一直面临着很多困难。首先，分子人类学主要以现代人类样本作为研究材料。然而由于历史、地理、政治、经济、文化和宗教信仰等原因，很难在一次研究中对感兴趣的所有群体进行全面的采样。其次，不同的研究采

---

[1] 文波：《Y染色体、mtDNA多态性与东亚人群的遗传结构》，复旦大学2004年。

[2] Shi H, et al. Y-chromosome evidence of southern origin of the East Asian-specific haplogroup O3-M122. Am J Hum Genet, 2005, 77(3): 408-419.

[3] Abdulla MA, et al. Mapping human genetic diversity in Asia. Science, 2009. 326(5959): p. 1541-1545.

用的手段和研究范围通常不同，导致产生的数据无法进行比较。最后也是最紧要的问题在于，全球化的影响使人们在当代比在过去的任何时期都倾向于更大程度的迁移和杂居，从而导致 DNA 中所表征的祖先人群迁徙历史面临消失的危险。[1] 在这种背景下，多地区合作已经成为分子人类学发展的趋势。目前，不少大范围的分子人类学合作计划已经着手进行，并已获得很多重要的成果。其中尤以基因地理计划和泛亚 SNP 计划最引人注目。

基因地理计划（Genographic Project）

基因地理计划由美国国家地理杂志和 IBM 公司于 2005 年合作发起，预期通过收集全球 10 万份 DNA 样品以及对它们进行的相关研究，更好地了解人类祖先的迁徙历史，了解人类通过哪些迁移路线最终定居在各自目前居住的地方。[2] 全世界共有 10 个不同地区的实验室加入基因地理计划，由项目负责人 Spencer Wells 进行全球研究的协调。基因地理计划中，来自世界各地的样本由不同的实验室分别采集和保存，不进行样本的交流。基因地理通过对实验方法和数据格式的统一来实现全球范围内的数据比对，建立包含全球人群信息的分子人类学数据库。公众也可以通过基因地理的网站（https://genographic.nationalgeographic.com/genographic），了解现代人类祖先的迁徙路线和最新的分子人类学研究成果（图 1—13）。同时，他们还可以通过购买工具包参与

---

[1] Tianyuan L, and Etler DA. New Middle Pleistocene hominid crania from Yunxian in China, *Nature*, 1992, 357（6377）:404-407.

[2] Ibid.

到该项目中去，提供自己的口腔黏膜样本来追踪自己祖先的迁移历史。

泛亚 SNP 计划（Pan Asian SNP Consortium）

泛亚 SNP 计划（简称泛亚计划）指人类基因组组织（Human Genome Organisation，HUGO）所属泛亚 SNP 计划协作组自 2005 年起推动的有关"亚洲人群遗传多样性的研究"。共有来自亚洲 11 个国家和地区的 90 多名科学家参与这一项目。它试图利用基因组水平上高密度的遗传标记，全面而细致地研究亚洲人群的遗传多样性，精细地解析人群遗传结构，系统阐明亚洲人群遗传结构与地理分布，及其与相应地区内语言结构之间的关系。2009 年底，泛亚计划公布了第一期成果。通过对整个亚洲范围内 10 个不同语系、73 个群体的将近 6 万个 SNP 位点的分析，它发现东亚人群的典型南北分布以及遗传多样性从南到北的梯度递减模式，揭示出东亚人群的南方起源和北迁的历史。该研究同时发现，亚洲人群的遗传结构与人群的语言结构有很好的对应关系，它甚至要强于遗传结构和地理分布之间的对应关系。这一事实说明，语言文化在亚洲人群的分布格局形成中起着非常重要的作用（图 1–14）。泛亚 SNP 计划成功地显示出大规模常染色体遗传标记对于分子人类学研究的重大作用，标志着分子人类学研究进入常染色体遗传标记阶段。

二、线粒体 DNA 研究与现代人类的起源与分化

（一）线粒体 DNA 及其特性

线粒体是存在于真核生物细胞质中的一种细胞器，是细胞内氧化磷酸化和形成 ATP 的主要场所，有细胞中的"动力工厂"（power plant）之称。相对其他的细胞器，线粒体具有其特殊性：它包含一套自身的遗传体系和 DNA，即线粒体 DNA（mtDNA）。它是真核生物线粒体（mitochondrion）中的遗传物质，存在于线粒体胞浆中，相对于核基因组 DNA 而言具有相当程度的独立性。人类 mtDNA 是包含约 16569 个碱基对的双链环状的 DNA 分子，负责编码细胞中氧化磷酸化系统的 13 个蛋白质亚基，22 种转运 RNA（tRNA）和 2 种核糖体 RNA（rRNA）。除开编码区（Coding region）之外，线粒体基因组上还存在约 1100bp 的非编码区域。该区域主要起调控作用和作为复制起始点，因而又被称为控制区（control region）或 D 环（d-loop）。它包含两个高变片段：第一高变区（HVS-I）和第二高变区（HVS-II）。[1] 图 2-1 显示了人类线粒体 DNA 的结构。

线粒体 DNA 具有高拷贝数、母系遗传、无重组和高突变率四种独特的性质。这就使它在进化研究中拥有得天独厚的优势，成为研究人群历史和进化极为重要的分子生物学工具。

---

[1] Pakendorf B and Stoneking M. Mitochondrial DNA and human evolution. Annu Rev Genomics Hum Genet, 2005, 6: 165-83.

1. 高拷贝数（High Copy Number）

一个线粒体细胞器中包含 2 至 10 个 mtDNA 分子[1]，一个细胞中平均含有 100 到 1000 个拷贝[2]，卵细胞中 mtDNA 拷贝数甚至能达到 10 万以上。高拷贝数，再加上 mtDNA 存在于细胞核外的线粒体中，对之进行提取和检测相对于核基因组 DNA 要容易许多。这使得线粒体 DNA 成为早期遗传研究的重要材料，同时还被广泛应用于古 DNA 和法医学研究之中。[3]

2. 母系遗传（Maternal Inheritance）

在有性生殖中，线粒体 DNA 遵循严格的母系遗传方式，只由母亲传递给子女。哺乳动物中造成这种遗传方式的机制可能是：精子和卵子中线粒体 DNA 拷贝数差异极大（卵子中有超过 10 万个 mtDNA 拷贝，而精子中只有 100 到 1000 个）；精子中的线粒体主要存在于尾部，用于提供精子游动所需要的能量，而精子尾部在受精过程中不进入卵细胞；还有研究表明，父源的线粒体在卵细胞中会被破坏（可能是通过泛素化标记后被选择性地销毁[4]）。

---

[1] Wiesner RJ, Ruegg JC, and Morano I. Counting target molecules by exponential polymerase chain reaction: copy number of mitochondrial DNA in rat tissues. Biochem Biophys Res Commun, 1992, 183(2): 553-559.
[2] Robin ED and Wong R. Mitochondrial DNA molecules and virtual number of mitochondria per cell in mammalian cells. J Cell Physiol, 1988, 136(3): 507-513.
[3] Pakendorf B and Stoneking M. Mitochondrial DNA and human evolution. Annu Rev Genomics Hum Genet, 2005, 6: 165-183.
[4] Sutovsky P, et al. Ubiquitin tag for sperm mitochondria. Nature, 1999, 402(6760): 371-372.

线粒体 DNA 的父系遗传也是存在的，在贻贝类[1]、果蝇[2]、蜜蜂[3]和周期蝉[4]中都有报道。2002 年甚至发现了一例遗传父源 mtDNA 的人类病例。[5] 这个病例的出现，曾使研究者们怀疑人类线粒体 DNA 是否是严格地由母系遗传，并因此对利用线粒体 DNA 数据得出的人类学结论提出了质疑。然而父源 mtDNA 在人类中的出现极为罕见（仅见 1 例），并且这一病例存在严重的线粒体相关疾病和不育症。[6] 随后对类似疾病病例的筛查也没能发现更多的父系遗传情况。[7] 因此我们仍然可以很肯定地认为，人类线粒体 DNA 遵循母系遗传方式，基于线粒体数据的母系遗传学研究是可靠和有效的。

3. 无重组（Lack of Recombination）

是否发生重组是单倍体遗传和二倍体（多倍体）遗传系统最大的区别。在二倍体（多倍体）遗传中，通过减数分裂中非姐妹染色单体的交换，可以产生不同于祖先型的 DNA 片段。这使得人群进

---

[1] Hoeh WR, Blakley KH, and Brown WM. Heteroplasmy suggests limited biparental inheritance of Mytilus mitochondrial DNA. Science, 1991,.251(5000): 1488-1490.

[2] Kondo R, Matsuura ET, and Chigusa SI. Further observation of paternal transmission of Drosophila mitochondrial DNA by PCR selective amplification method. Genet Res, 1992, 59 (2): 81-84.

[3] Meusel MS, Moritz RF. Transfer of paternal mitochondrial DNA during fertilization of honeybee (Apis mellifera L.) eggs. Curr Genet,1993, 24 (6): 539-543.

[4] Fontaine KM, Cooley JR, and Simon C. Evidence for paternal leakage in hybridperiodical cicadas (Hemiptera: Magicicada spp.) PLoS One, 2007, 9: e892.

[5] Schwartz M and Vissing J. Paternal inheritance of mitochondrial DNA. N Engl J Med, 2002, 347 (8): 576-580.

[6] Schwartz M and Vissing J. Paternal inheritance of mitochondrial DNA. N Engl J Med, 2002, 347 (8): 576-580.

[7] Filosto M, et al. Lack of paternal inheritance of muscle mitochondrial DNA in sporadic mitochondrial myopathies. Ann Neurol, 2003, 54 (4):524-526.

化研究很难据此重构系统发育过程。而单倍体遗传系统不存在重组现象，子女的遗传物质与父母基本相同，突变成为造成差异的唯一动力。因此它非常适合被用于构建系统发育树，研究进化过程。在人类基因组中只有两类 DNA 片段不发生重组：Y 染色体非重组区段（NYR）和线粒体 DNA。由于线粒体 DNA 分子独立地存在于细胞质的线粒体中，而且遵循严格的母系遗传方式，缺乏发生重组的条件。大量的家系研究也证明线粒体 DNA 具有不重组的特性。在 1999 年与 2000 年之间曾有学者提出，线粒体系统发育树中存在过多的同质性位点（homoplasmic sites），另外，线粒体基因组中的连锁不平衡（linkage disequilibrium）与距离存在相关性（correlation），这些或许可以用线粒体 DNA 的重组来解释。不过随后的研究却表明[1]，上述同质性和相关性分别表明了线粒体基因组上突变热点发生回复突变（recurrent mutation），以及线粒体基因组上不同区段的突变率不同（regional variation of mutation rate）。2004 年也曾经报道过一例线粒体 DNA 发生重组的病例[2]。但由于这种情况非常罕见，研究者们认为它不会对线粒体研究产生巨大的影响。[3]

---

[1] Kivisild T, et al. Questioning Evidence for Recombination in Human Mitochondrial DNA. Science, 2000, 288(5473): 1931.Parsons TJ, and Irwin JA. Questioning evidence for recombination in human mitochondrial DNA. Science, 2000, 288(5473): 1931.

[2] Pakendorf B and Stoneking M. Mitochondrial DNA and human evolution. Annu Rev Genomics Hum Genet, 2005, 6: 165-183.

[3] Hagelberg E. Recombination or mutation rate heterogeneity? Implications for Mitochondrial Eve. Trends Genet, 2003, 19(2): 84-90.

4. 高突变率（High Mutation Rate）

与核基因组相比，线粒体基因组具有很高的突变率。核基因组的突变在 2.3×10^{-8} 突变/核苷酸/代至 6.3×10^{-8} 突变/核苷酸/代之间。如果按每 20 年为一代计，核基因组的突变率在 0.12×10^{-8} 突变/核苷酸/年至 0.32×10^{-8} 突变/核苷酸/年之间。而线粒体基因组（除开控制区）的突变率估计为 1.7×10^{-8} 突变/核苷酸/年[1]，即 10 倍于核基因组的突变率。线粒体基因组控制区中的两个高变片段（HVS-I 和 HVS-II），由于是不编码蛋白质且处于复制起始端，具有更高的突变率。虽然利用家系数据估计出的控制区突变率（47×10^{-8} 突变/核苷酸/年）[2] 和利用系统发育树得出的结果（$7.5—16.5\times10^{-8}$ 突变/核苷酸/年）[3] 有明显的差异，但二者仍都远高于核基因组突变率。最近研究还发现，线粒体基因组上存在一定的纯化选择和突变热点饱和现象。[4] 这会造成对突变率的低估。利用新的基于贝叶斯的方法估

---

[1] Ingman M, et al. Mitochondrial genome variation and the origin of modern humans. Nature, 2000, 408(6813): 708-713.

[2] Howell N, et al. The pedigree rate of sequence divergence in the human mitochondrial genome: there is a difference between phylogenetic and pedigree rates. Am J Hum Genet, 2003, 72(3): 659-670.

[3] Hasegawa M, et al. Toward a more accurate time scale for the human mitochondrial DNA tree. J Mol Evol, 1993, 37 (4): 347-354. Stoneking M, et al. New approaches to dating suggest a recent age for the humanmtDNA ancestor. Philos Trans R Soc Lond B Biol Sci, 1992, 337(1280):167-175. amura K, and Nei M. Estimation of the number of nucleotide substitutions in the control region of mitochondrial DNA in humans and chimpanzees. Mol Biol Evol, 1993, 10 (3): 512-526.Ward RH, et al. Extensive mitochondrial diversity within a single Amerindian tribe. Proc Natl Acad Sci USA, 1991,88:8720-8724.

[4] Endicott P and Ho SY. A Bayesian evaluation of human mitochondrial substitution rates. Am J Hum Genet, 2008, 82 (4): 895-902.

计出的突变率也更高[1]，具体方法和比较见本文第三部分。之所以会造成这种高突变率，可能是由于线粒体基因组缺乏组蛋白的保护，在线粒体细胞器中缺乏有效的 DNA 损伤修复系统，以及 DNA 长期处于氧化及磷酸化过程所产生的氧自由基的环境中。

（二）线粒体 DNA 研究历史

早在 1981 年，剑桥大学的 Anderson 等人便对人类线粒体 DNA 进行过全序列测定，结果表明其全长为 16569 个碱基对[2]，该序列被称为剑桥序列（CRS, GenBank NC_001807）。1999 年，Andrews 等人的重新测序分析发现，CRS 中存在 11 个错误和 7 个罕见突变。他们更正了这 11 个错误并公布了新的修正后的剑桥序列（rCRS, GenBank NC_012920）。值得注意的是，这些错误中包括在位点 3107 处多插入一个碱基，因此 rCRS 序列中 3107 处的空隙用"N"填充表示，以便与之前研究的位点命名保持一致。对世界群体中 mtDNA 的分析，大致经历了限制性酶切多态性（RFLP）、高变区（HVS）和全序列三个阶段。

需要顺便指出的是，目前 NC_001807 所代表的序列并不是 CRS，这是因为在 rCRS 提交之后，该参考序列号已被移除。因此目前的 NC_001807 所代表的，实际上是一个非洲现代人（Yoruban）的线粒体序列。它与 rCRS 有 40 个以上的差异，分析数据时必须避免使用。

---

[1] Kondo R, Matsuura ET, and Chigusa SI . Further observation of paternal transmission of Drosophila mitochondrial DNA by PCR selective amplification method. Genet Res, 1992, 59(2): 81-84.

[2] Anderson S, et al. Sequence and organization of the human mitochondrial genome. Nature, 1981, 290(5806): 457-465.

1. 限制性酶切多态性分析

在分子生物学早期，由于实验技术的限制，对线粒体 DNA 的研究都局限在 RFLP 标记上。虽然 RFLP 仅仅包含 mtDNA 的一小部分信息，但由此仍然产生出一些非常重要的结果。1987 年，加州大学伯克利分校的 Wilson 遗传小组提出"线粒体夏娃"理论。Cann、Wilson 和 Stoneking 使用 12 种不同的限制性内切酶，对来自世界范围的 147 个现代人个体（包括非洲、亚洲、欧洲、澳大利亚土著和新几内亚土著）进行 RFLP 分析。他们发现：全人类的线粒体 DNA 差异很小，平均差异度仅为 0.32%；同时，所有这些个体可以分成两支，最古老的一支全部为非洲人，其他大洲和一部分非洲人的 mtDNA 则分布在衍生的另外一大支里（图 2-2）。他们据此认为，所有现代人的 mtDNA 都起源于非洲的某一位女性。她是人类各个种族的祖先，被称为"非洲夏娃"。利用人类线粒体序列突变率，他们估计出："夏娃"生活在距今 14 万到 19 万年前的非洲；大概在 9 万至 18 万年之前，她的一些后代离开非洲迁徙到世界各地，最终发展成为现代世界各种族居民。

"非洲夏娃"理论一经提出，就受到了支持多地区起源论的古人类学家的质疑和反对。另外，Cann 等人使用的数据分析方法也受到部分分子生物学家的质疑。尽管如此，这篇具有里程碑意义的论文，却极大地推动了 mtDNA 在人类进化研究中的应用。它也使科学家们逐渐认识到分子生物学在人类学研究中的重要作用，开启了分子人类学研究的新的阶段。

随着 80 年代末期 PCR 技术的逐渐成熟和广泛应用，RFLP 方法也得到了改进。以 Wallace 小组为代表的研究者利用高分辨率

RFLP 方法（high-resolution RFLP，即用九对引物重叠扩增线粒体基因组全序列，然后采用多种限制性内切酶进行酶切分析），对美洲、亚洲和非洲人群做了大量的工作，发现了很多具有大洲特异性的单倍群（haplogroup），为揭示世界各地人群的起源和迁徙提供了重要的信息。

他们发现，非洲大陆特异的单倍群 L 比欧亚人群中发现的类型都要古老。定义 L 单倍群的特征突变（+3592HpaI）只在非洲人群或已知与非洲人群有交流的群体中出现。L 单倍群被分成三个大的分支（L1，L2 和 L3），其中 L3 与欧亚人群中的 mtDNA 类似，可能是他们的祖先型。对欧洲人群的分析发现，他们主要属于 9 个不同的单倍群：H、I、J、K、T、U、V、W 和 X。而对亚洲人群的分析结果显示，几乎所有的 mtDNA 都可以根据是否带有 10394 DdeI 和 10397 AluI 变异分为两个类。同时带有 10394 +DdeI/10397+AluI 突变的 mtDNA 属于 M 聚类，包含 C、D、E、G 单倍群；而同时缺乏这两个酶切位点的 mtDNA 为另一聚类，单倍群 A、B、F 归在其中。对美洲土著人群的分析则表明，他们大都只属于 4 种单倍群（A、B、C、D），很少的个体属于 X 单倍群。这就证明他们与西伯利亚人群的关系最近。可见现代人是从亚洲北部进入新大陆的。

2. 高变区序列和 RFLP 分析

虽然高分辨率 RFLP 很好地解析了世界范围人群的线粒体谱系，这种方法也存在很明显的弊端：如成本和工作量极大，有些重要变异位点由于不被限制性内切酶识别而无法检测，非特异性条带影响结果判读等。[1] 实际上最重要的问题还是 RFLP 方法的分辨率不足，导致无法揭示关系较近的人群之间的亲缘关系。而位于 mtDNA 控制区的高变区片段（HVS-I 和 HVS-II）不负责编码蛋白质，进化过程中受到的选择压力较小，因而具有较高的突变率，包含更多的遗传信息，成为一种较理想的遗传标记。[2] 从 1990 年代初开始，已有非常多的研究利用 mtDNA 高变区的序列信息来分析人群之间的遗传关系。[3] 非常多的高变区序列被提交到 GenBank 数据库中。但 HVS 序列极高的突变率使该区域内存在大量回复突变（recurrent mutation），这使得系统发育时显现出很多平行进化（parallel evolution）的分支，严重影响了这种方法在 mtDNA 分析中的应用。例如东亚人群中分别属于单倍群 D、E 和 G 的个体可能拥有同样的高变 I 区序列，如果简单按照 HVS 结果划分人群中的遗传结构，就会造成错误的结果。

　　随后的研究发现，一种单倍群类型具有的特征位点同时在 RFLP 和 HVS 序列中都有体现，而且两者间具有一定的相关性。如果利用两种方法同时分析，就能够非常精确地描述单倍群之间及单倍群内

---

[1] 姚永刚、孔庆鹏、张亚平：《人类线粒体 DNA 变异的检测方法和思路》，《动物学研究》2001, 22 (4): 321-331。

[2] Vigilant L, et al. Mitochondrial DNA sequences in single hairs from a southern African population. Proc Natl Acad Sci USA, 1989, 86(23): 9350-9354.

[3] Kolman CJ, Sambuughin N and Bermingham E. Mitochondrial DNA analysis of Mongolian populations and implications for the origin of New World founders. Genetics, 1996, 142 (4): 1321-1334. Starikovskaya YB, et al. mtDNA diversity in Chukchi and Siberian Eskimos: implications for the genetic history of Ancient Beringia and the peopling of the New World. Am J Hum Genet, 1998, 63 (5): 1473-1491. Torroni A, et al. Asian affinities and continental radiation of the four founding Native American mtDNAs. Am J Hum Genet, 1993, 53 (3): 563-590. Torroni A, et al. mtDNA variation of aboriginal Siberians reveals distinct genetic affinities with Native Americans. Am J Hum Genet, 1993, 53 (3): 591-608.

部的系统关系。[1] 在具体分析过程中，一般先进行 HVS 序列的测定，然后初步判断所属的单倍群类型。对于某些具有特殊高变区突变模式（motif）的单倍群，可以直接利用 RFLP 检测其对应的编码区突变位点。如果该位点确实发生突变，则可以确定这个样本所属的单倍群；如果没有发生突变，则说明其可能属于其他的单倍群类型。对于无法通过高变区 motif 推测的样本，则可以使用高分辨率 RFLP 的方法分析。对于这种联合分析的方法在姚永刚等人的总结中有详细的介绍。[2]

对于我们所关心的东亚群体，Kivisild 等人[3]2002 年整合分析了东亚地区特征的单倍群，构建了一棵东亚地区的 mtDNA 系统树（图 2-3）。

3．全序列分析

利用 mtDNA 全序列数据分析人群母系遗传结构，是近年刚刚发展起来的研究方法。在 2000 年之前，由于技术和成本的原因，现代人 mtDNA 全序列的测定没有大规模地展开。直到 2001 年，经测定的全序列总共不过 100 多条，而且其中半数以上的个体是线粒体疾病的患者。[4]2000 年，Ingman 等人[5] 在《自然》杂志上发表了第一个利用 mtDNA 全序列分析世界范围群体遗传关系的研究。他们的结果再一次证实了"非洲夏娃"理论。非洲地区的线粒体序列多样性

---

[1] Kivisild T., et al. The emerging limbs and twigs of the East Asian mtDNA tree. Mol Biol Evol, 2002, 19 (10): 1737-1751.
[2] 姚永刚、孔庆鹏、张亚平：《人类线粒体 DNA 变异的检测方法和思路》，《动物学研究》2001, 22 (4): 321-331.
[3] Kivisild T, et al. The emerging limbs and twigs of the East Asian mtDNA tree. Mol Biol Evol, 2002, 19 (10): 1737-1751.
[4] 罗静、张亚平：《分子钟及其存在的问题》，《人类学学报》，2000。
[5] Ingman M, et al. Mitochondrial genome variation and the origin of modern humans. Nature, 2000, 408(6813): 708-713.

高出其他地区两倍以上，并且在系统树上呈现出很长的分支，反映出非洲人群的古老性。与之相反，非洲以外的线粒体序列表现出一种类似于星状的拓扑结构（图2-4），很可能与现代人走出非洲后发生的瓶颈效应有关。

随后的近十年中，伴随着测序技术的不断成熟和发展，对现代人mtDNA的全序列测定有了跳跃性的增长。根据Phylotree网站的统计，截至2009年底已经公布了6747条mtDNA全长序列数据（GeneBank中的序列可能要更多，因为缺少文章标注的序列都没有被Phylotree统计收集）。mtDNA全序列包含线粒体所有的遗传信息，可以在此基础上建立高解析度的世界人群mtDNA系统关系。2009年van Oven和Kayser建立的Phylotree数据库网站（www.phylotree.org）[1]，宗旨就在于搜集并整理所有发表的mtDNA全序列，同时构建最新最全的mtDNA系统树，为研究人员提供线粒体系统发育的基础框架。

全序列超高的信息量和分辨度，使研究者能够了解此前仅凭RFLP和HVS信息无法解决的问题。其中最有代表性的是2005年Macaulay等人提出的现代人进入东亚的"南方路线"[2]。通过分析东南亚和南亚地区古老群体内部的线粒体全序列，他们发现这些群体中都存在直接由M和N支系衍生出来的古老类型。由于这些古老序列的共祖时间似乎在6万年之前，这就说明现代人进入南亚和东南亚地区的时间最为古老。用全序列信息，南亚地区发

---

[1] van Oven M, and Kayser M. Updated comprehensive phylogenetic tree of global human mitochondrial DNA variation. Hum Mutat, 2009, 30 (2): E386-394.

[2] Macaulay V, et al. Single, rapid coastal settlement of Asia revealed by analysis of complete mitochondrial genomes. Science, 2005, 308 (5724): 1034-1036.

现了最多的 M 和 N 支系多样性，进一步证实了现代人走出非洲后的南方路线说。[1]

2008 年，Behar 等人发表了 624 个非洲现代人线粒体全序列数据。这是迄今为止对非洲人群 mtDNA 最为全面的研究。[2] 其结果观察到南非布须曼人（Bushman）中存在极为古老的遗传成分，它们与其他线粒体类型的分歧时间竟然达到 9 万至 15 万年前。这就为现代人的非洲起源提供了有力的支持。

在探察现代人进入美洲的问题上，mtDNA 全序列也发挥了极重要的作用。近两年来发表的关于美洲土著人群 mtDNA 全序列研究的诸多文献[3]，提出了很多不同的见解。虽然目前还没有对有关问题达成一致的认识，但 mtDNA 全序列作为分子人类学研究的新材料的趋势已毋庸置疑。预期今后将会有越来越多有关 mtDNA 全序列的研究发表。

---

[1] Palanichamy, MG, et al. Phylogeny of mitochondrial DNA macrohaplogroup N in India, based on complete sequencing: implications for the peopling of South Asia. Am J Hum Genet, 2004. 75(6): p. 966-978. Sun C, et al. The dazzling array of basal branches in the mtDNA macrohaplogroup M from India as inferred from complete genomes. Mol Biol Evol, 2006, 23(3): p. 683-690.

[2] Behar DM, et al. The dawn of human matrilineal diversity. Am J Hum Genet, 2008, 82(5): 1130-1140.

[3] Fagundes NJ, et al. Mitochondrial population genomics supports a single pre-Clovis origin with a coastal route for the peopling of the Americas [J]. Am J Hum Genet, 2008, 82(3): 583-592. Ho SY, and Endicott P. The crucial role of calibration in molecular date estimates for the peopling of the Americas. Am J Hum Genet, 2008, 83(1): 142-6; author reply 146-7. Perego UA, et al. Distinctive Paleo-Indian migration routes from Beringia marked by two rare mtDNA haplogroups. Curr Biol, 2009, 19 (1): 1-8. Tamm E, et al. Beringian standstill and spread of Native American founders. PLoS One, 2007, 2(9): p. e829.

（三）mtDNA 研究的常用网上资源

GenBank 数据库：由美国国立生物技术信息中心（NCBI）维护的一级序列数据库，汇集和注释了所有公开的核苷酸和蛋白质序列。通过这个数据库，我们可以下载所有的线粒体 DNA 序列（包括所有全序列和高变区序列）。

该数据库网址为：www.ncbi.nlm.nih.gov。

Mitomap 数据库：由美国加州大学欧文分校（University of California, Irvine）管理的人类线粒体数据库，用于整理报道所有人类线粒体基因组变异。

该数据库网址为 www.mitomap.org。

mtDB 数据库：由瑞典乌普萨拉大学（Uppsala University）管理的人类线粒体数据库。库中包含 1865 条人类 mtDNA 全序列和 839 条人类 mtDNA 编码区序列。由于长时间没有更新，该数据库略显过时，但它仍提供了较详细的信息。

该数据库网址为：www.genpat.uu.se/mtDB。

Phylotree 数据库：由荷兰鹿特丹伊拉斯姆斯大学（Erasmus University）van Oven 和 Kayser 管理的人类线粒体数据库，包含最全的线粒体全序列信息，并提供最新的系统发育树和单倍群命名。每半年更新一次，最近一次更新在 2011 年 7 月。

该数据库网址为：www.phylotree.org。

HvrBase++ 数据库：线粒体高变区序列数据库，包含了人类线粒体高变区序列数据，提供多种序列查找方式（如按突变、地区、国家、文献等）。

该数据库网址为：www.hvrbase.org。

EMPOP 数据库：奥地利因斯布鲁克医科大学（Innsbruck Medical University）管理的线粒体高变区序列数据库。

该数据库网址为：www.empop.org。

三、欧亚北部人群的父系遗传 Y 染色体的多样性

本节主要描述近年分子人类学文献中与欧亚北部相关的数据，给出主要的父系遗传的 Y 染色体单倍群在欧亚北部的分布。

乌拉尔语—阿尔泰语人群中的主要 Y 染色体单倍群是 C3、C3c、N、Q、R1a1。我们收集了几乎所有欧亚北部人群的相关文献中的数据（因引文数量过多，兹从略）。然后根据各个单倍群在人群中的比例，用 Surfer 软件画出各个单倍群的地理分布。

（一）基本概念

欧亚北部：本文所指的欧亚北部，在地理上包括俄罗斯的西伯利亚和远东地区、中国东北、朝鲜半岛、蒙古高原（含蒙古国全部及中国内蒙古）、中国新疆以及中亚等地。

欧亚北部人群：所有与乌拉尔语，突厥—蒙古—通古斯语（我们暂简称为"阿尔泰语"）的形成有关的人群都将被涉及。

在开始面对数据之前,我们再来简单回顾一些术语。

1.Y 染色体单倍群

在 Y 染色体非重组区发生的突变(假设为 Mutation A,A 只是一个代码),会被它的子代一直继承下去。在子代身上不断出现新突变的同时,在所有子代的 Y 染色体 DNA 序列上都会仍然保留着突变 A 的痕迹。于是,所有这些保留着突变 A 痕迹的子代,都可以被看作属于"单倍群 A"。也就是说,我们可以将"单倍群"简单理解为"源于同一个父系祖先的一个大类"。下文以"Y-SNP 单倍群"简称之。

目前所有非洲以外的人群中的男性都含有一个突变,就是 M168。M168 之下,分化出很多支系,图 3—1 列出了与欧亚北部人群相关的主要单倍群。在父系社会中,不同的人群倾向于有自己的特异单倍群。

某个单倍群的分布,代表着自从这个单倍群诞生开始以后的扩散。在父系社会中,大规模的人口迁徙往往是男性主导的,因此父系遗传的 Y 染色体单倍群的分布有助于理解历史上的人口迁徙事件。从各个单倍群的起源地、起源年代、扩散状态以及它在当代/古代人群中的分布,可以推测历史事件发生的过程。

2.Y 染色体短串联序列重复(简称 Y-STR)

基因序列上的碱基片段重复序列,是突变导致的一种多态形式。不同的人可以同属于一个 Y 染色体单倍群,但 STR 往往是不同的。一般情况下,父子的 Y-STR 是相同的。这种 STR 类型的遗传标记,我们简称为 Y-STR 单倍型。

Y 染色体上有数百个 Y-STR,是很好的一种遗传标记。

当不同的人属于同一个 Y 染色体单倍群时,我们只能通过

Y-STR 来区分他们。由于 Y-STR 相对 Y-SNP 的突变速率很高，因此往往能找到较多的差异，因此有助于理解比较晚近的人口迁徙。

3.Y 染色体单倍群的分布图

首先计算出某个 Y 染色体单倍群在不同人群中的比例，然后通过 Sufer 软件在地图上画出比例的等值图。颜色深的地方表示这个 Y-SNP 单倍群在当地的人群占有比较高的比例，颜色浅的地方表示这个 Y-SNP 单倍群在当地人群中的比例比较低。

通过地理分布图，我们大致可以直观地看出某个 Y-SNP 单倍群是如何起源、分化和迁徙的。

4.Y-STR 网络图

如果两个人同属于一个 Y-SNP 单倍群，我们就只有通过 STR 的数值才能区别他们。Network 软件将所有个体的 STR 数据，根据中值邻接的方法，画出不同个体之间的 STR 数值的支源关系。比如，在 DYS390 这个位点上，一部分人都是 24 而另一部分人是 25，Network 软件会将 24 和 25 的个体用一根线连接起来，表示 DYS390 这个位点上 24 到 25 的突变（或者相反）。画图者可以根据原始数据，确定突变的起始点（也就是根节点）在哪里。

即便是有亲缘关系的两个人群，他们的 STR 差异通常也会很大，这有助于研究历史时期的人群迁徙。详见下文的描述。

5. 母系遗传的 mtDNA

mtDNA 就是线粒体 DNA，这是一种单纯母系遗传的遗传物质。它的遗传方式是：子女都继承了母亲的 mtDNA，但只有女儿能将这个 mtDNA 遗传给她的子女。从这种遗传物质上，我们可以追溯一个人的母系来源。根据一些突变类型（包括 SNP 突变和高变区突变）

的划分，mtDNA 单倍群和 Y-SNP 单倍群一样，在不同的人群中差异很大。各个地理区域或者不同语系的人群，倾向于拥有自己独特的 mtDNA 类型，我们称之为人群特异的 mtDNA 单倍群。

高变区是线粒体上的一个小片段，因为突变速率高，因此积累了更多的突变。不同人群的个体可以归属于一种 mtDNA 单倍群，但是他们的高变区（HVS）的基因序列可能会有很大差异。人群的母系如果有继承关系的话，他们会共享某种特有的突变类型。

使用高变区（HVS）的众多的突变数据，我们可以用 Network 画出它的网络图。根据网络图的分支情况，我们可以推断出这种母系类型在人群中的漫长的分化过程。

6. 人群特征单倍群

人群特征单倍群，通常有两种情况：（1）该单倍群是一个人群（或多个群体）中的主要类型。尽管这个类型在其他人群中也存在，但频率较低，或者可以明确地断定它是通过较晚近的融合而进入其他那些人群的。（2）这个单倍群在一个人群中的存在虽然低频，但是在别的群体完全没有发现。

（二）Y-SNP 单倍群 C3 的起源与扩散

C3 在阿尔泰语诸族中，是一个主要的 Y 染色体单倍群。主要出现在东部哈萨克人（中玉兹）、卡尔梅克人、蒙古人和通古斯人中。它在通古斯人中尤为高频。

C 的年代非常古老，是现代人走出非洲（约 6 万年前）后诞生的最初的几个父系单倍群之一。在沿海岸线的长途迁徙过程中，由 C 分别诞生了印度南部的 C5，印尼/南岛的 C2，日本的 C1，澳大利亚的 C4 和东亚的 C3。C3 在东南亚、华南的部分现代人群也有较高的比例。由于年代极其古老，我们相信末次盛冰期对于 C3 的分布有过强烈的影响，并从而模糊了它的史前迁徙。因此这里主要讨论末次盛冰期以后的迁徙，如图 3-2 内箭头所示。

从图 3-2 可以看出：

（1）内蒙古兴安盟附近的人群中 C3 高频存在。这里居住着蒙古族、鄂温克族和鄂伦春族。C3 的比例接近或超过 80%。这是一个很高的比例，因此可以说 C3 是蒙古—通古斯语人群的一个典型单倍群。

（2）黑龙江下游和外兴安岭以南的人群中 C3 高频存在。这里居住者埃文克人、涅吉达尔人（Negidal）、那乃人（Nanai）等通古斯语诸民族。他们自有历史记载以来，一直是当地的土著。[1]

（3）C3 在库页岛的尼夫赫人（Nivkh，8%）和北海岛的阿伊努人（Ainu，25%）也有存在。这提示 C3 沿黑龙江下游来到库页岛，最后到达北海道的迁徙路径。尼夫赫人的语言不属于阿尔泰语。

（4）沿鄂霍次克海的高频存在，提示史前的迁徙在现代堪察加半岛上的科里亚克人（Koryak）和伊铁门人（Itelman）中的遗存，以及埃文人 14 世纪以后翻过上扬斯克山脉—切尔斯基山脉的迁徙。[2] 值得关注的是，北美特有的 C3 的下游分支 C3b 的频率[3]，沿阿拉斯

---

[1] 杨衍春：《俄罗斯境内满—通古斯民族及其语言现状》，《满语研究》2008，46（1），第 95–100 页。

[2] 杨茂盛：《尤卡吉尔人和通古斯人的起源》，《黑龙江民族丛刊》（1990）22，第 100–112 页。

[3] Ripan Singh Malhi,Angelica Gonzalez-Oliver,Kari Britt Schroeder, Brian M.Kemp,Jonathan A.Greenberg, Solomon Z.Dobrowski,David Glenn Smith, Andres Resendez,Tatiana Karafet, Michael Hammer,Stephen Zegura, and Tatiana Brovko. Distribution of Y chromosomes among native North Americans Americans. A Study of Athapaskan population history, Am J Phys Anthropol, (2008) 137 (4) :412-424.

加南逐渐递减，并且主要存在于纳—德内语系诸人群中。这是 C3 向东迁徙得最远的状态。

（5）C3 也高频存在于贝加尔湖附近的布里亚特人中。这个人群中也有一定比例的另外一个单倍群 N，代表着迁徙过程中与当地人群的混合。

（6）叶尼塞河中游的埃文克人中 C3 的比例也很高。这是通古斯人向各方迁徙的一部分。

（7）哈萨克东部人群和卡尔梅克人中都有高频的 C3，这与晚近的历史迁徙是吻合的。下文将会详述。

（8）在华北以及中国东北，蒙古人的扩张带来一定的 C3。但这些 C3 可能与当地原有的 C3 叠加在一起。朝鲜族的多次采样中，都可以观察到 10%—15% 的 C3。基于 Y-STR，我们认为那是 C3 早期扩散的遗存，而与蒙古—通古斯人的扩散无关，虽然也不能排除少许的晚近的遗传影响。

总的说来，在末次盛冰期以后，C3 在黑龙江中下游得到扩散，迁徙的末端包括纳—德内语人群和北海道阿伊努人。在新石器时代以后，C3 伴随蒙古—通古斯人的扩张得到强烈的扩散，基本奠定了现有的分布格局。

（三）Y-SNP 单倍群 C3c 的起源与扩散

如图 3-1 所示，C3c 是 C3 的一个下游支系。C3c 是在北亚经历过强烈扩张的一个单倍群。图 3-3 是 C3c 的分布图。

从分布图可以看出：

（1）相对于 C3 来说，C3c 的扩散虽然强烈，但仍然是很局限的。并且在黑龙江以西的人群中，高频存在的人群往往是点状的状态。这暗示出长途迁徙过后人群遗传漂变的影响。

（2）C3c 高频存在于黑龙江下游的通古斯语诸人群、鄂霍次克海周围人群中，但在北海道阿伊努人中暂未发现。虽然 C3c 在库页岛的尼夫赫人中也存在，但他们的语言不属于阿尔泰语。

（3）埃文人/拉穆特人：在 17 世纪前半期，当俄罗斯新土地发现者来到鄂霍次克海沿岸和现在的鄂霍次克地区时，他们看到十分众多的由"通古斯人"和"拉穆特人"组成的通古斯居民。在当地的氏族中，他们枚举的氏族名称有多尔甘、索尔甘（肖尔干）和埃坚。此时，由于经济生活方式的改变，埃文人和他们的亲族埃文克人已经有较大的差异。

（4）叶尼塞埃文克人：与埃文人的迁徙同时或稍早，北部通古斯人越过勒拿河左岸，来到维柳伊河与下通古斯卡河之间的谷地。13、14 世纪之间，雅库特人北上来到勒拿河中游，雅库特人的扩张使得他们西迁或东迁，西迁的这部分人就居住到了叶尼塞河中上游。俄罗斯人来到西伯利亚的时候，遇到的就是这一批人，于是他们就从雅库特人那里，借用"通古斯"这个词来称呼与通古斯卡河附近的人群相似的所有人群。[1]

（5）蒙古人中的 C3c 的比例也较高。蒙古人的起源，实际上与大兴安岭密切相关。据史料记载，蒙古部源自蒙兀室韦。一直到近

---

[1] 季永海：《满—通古斯语族通论》（上），《满语研究》2003, 36 (1)，第 15—22 页。

代，贝加尔湖至大兴安岭之间的广阔草原都是蒙古各部与通古斯各部广泛接触的地方。[1]

（6）哈萨克人的样本，取自哈萨克斯坦国阿拉木图市卡通卡拉盖之拉赫马诺夫斯基—克柳奇镇（Almaty, Katon-Karagay, Karatutuk, Rachmanovsky Kluchi）。这里距离俄国边界不足5公里，距中蒙俄交界处的阿尔泰山不足60公里。样本取自乃蛮部科克加尔勒部（Nayman，Kokzharly）。它属于哈萨克三帐的中玉兹的范围。中玉兹是由阿尔根、乃曼、克烈、瓦克、弘吉剌惕、克普恰克等组成的部落联盟。乃蛮部的历史很久远，是与克烈部一样闻名的古代突厥诸部之一。辽金时，乃蛮部与其他突厥诸部一样，游牧迁徙。他们的主要居住地是大阿勒台、哈喇和林、可可雷昔剌思山和阔阔也儿的石山等。乃蛮与乞儿吉思、克烈、畏兀儿为邻。1206年，成吉思汗打败乃蛮部后部众四散，有不少逃至额尔齐斯河流域和别失八里等地，这些乃蛮部后来都融合到哈萨克族中。[2] 需要说明的是，这一组样本，完全不能代表全部的哈萨克人。哈萨克的各个部落起源复杂。有小玉兹背景的人群的父系遗传结构和有中玉兹背景的乃蛮部差别非常大。[3]

（7）卡尔梅克人源自著名的四部卫拉特。四部卫拉特源远流长，其起源可以追溯到元代的斡亦剌惕，明代以瓦剌部著称。清代，它由准噶尔、杜尔伯特、和硕特和土尔扈特四大部组成，亦称四卫拉特。17世纪30年代准噶尔部取代和硕特成为联盟盟主，又

---

[1] 宝敦古德·阿毕德：《布里亚特蒙古简史》，内蒙古：呼伦贝尔盟历史研究会，1985年。
[2] 续西发：《哈萨克族的族称、族源和系谱》，《伊犁师范学院学报》2005（1），第13—17页。
[3] A.Z.Bıro, A.Zalan, A.Volgyi, and H.Pamjav (2009). A Y-Chromosomal Comparison of the Madjars（Kazakhstan） and the Magyars（Hungary）.Am J Phys Anthropol.139:305-310.

称准噶尔、厄鲁特、额鲁特等，国外称之为卡尔梅克。17世纪初，土尔扈特部自额尔齐斯河游牧到伏尔加河地区。在渥巴锡带领大部分土尔扈特部返回天山的时候，滞留在伏尔加西岸的土尔扈特人，就成了后来的俄罗斯卡尔梅克共和国的居民。[1] 卡尔梅克人把自己分为厄鲁特（Oelot）、辉特（Choit）、土默特（Tummut）和巴儿忽不里雅特（Barga Buryat）四部。其实这就是早期四卫拉特联盟。卡尔梅克人自己承认，他们"没有哪位王公的白骨头起源于成吉思汗的白骨头"。卡尔梅克人和蒙古人用白骨头表示某人在父系方面具有王族血缘。[2] 卡尔梅克人中高频的 C3c 一方面说明了他们与蒙古人相关的起源，另一方面也说明了，他们的 C3c 并非来自蒙元时代的影响，而是更早的 C3c 迁徙的遗存。简单地说，就是 C3 和 C3c 在早期四部卫拉特联盟中已经存在，而不是因为成吉思汗的征服才带来的。

仅仅参考文献而这样区分相同的 C3c 的不同起源，可能有一点难以理解。下文将描述 Y-STR 在区分相同的 C3c 上的巨大作用。

（四）从 C3c 的 Y-STR 网络图看蒙古—通古斯人群的起源与扩散

上文提到，如果两个个体属于同一个 Y 染色体单倍群（比如 C3c），我们只有通过 Y-STR 才能区别他们。这是因为 STR 的突变速率高，因此可能在同一个 Y-SNP 单倍群的背景下产生重大差异。

---

[1] 姜崇伦：《哈萨克族历史与文化》，新疆人民出版社1998年版。
[2] 帕拉斯著，邵建东、刘迎胜译：《内陆亚洲厄鲁特历史资料》，云南人民出版社2002年版。

这里收集了欧亚北部的大部分 C3c 的 Y-STR[1]，使用 Network 软件画出了它的 STR 分化图，见图 3-4。我们缺黑龙江下游、堪察加半岛等人群的重要数据。

1.C3c 的 STR 分化图代表的意义

图例的说明：

（1）本图中最右方的圆圈，表示 C3 的典型 Y-STR 值，而它的下游单倍群支系 C3c 的 STR 值，就是在这个基础上发生了一系列的突变。用粗斜线表示 C3 与 C3c 的分化。

（2）图中的所有个体都属于 C3c 这个父系祖先的后裔，但是在 Y-STR 上发生了差异。每个人群都会有和其他人群相同的 STR 类型，也会有不同的 Y-STR 类型。从这里我们可以分析出人群的分化历史。

（3）不同的人群用不同的颜色表示出来。每一个类型有一个名称，出现在颜色圆圈的周围，比如 KLMK01，表示卡尔梅克人的一个

---

[1] Yali Xue, Tatiana Zerjal, Weidong Bao, Suling Zhu, Si-Keun Lim, Qunfang Shu,Jiujin Xu, Ruofu Du, Songbin Fu, Pu Li, Huanming Yang and Chris Tyler-Smith. Recent Spread of a Y-Chromosomal Lineage in Northern China and Mongolia, *Am.J.Hum Genet*, (2005)77:1112-1116. Brigitte Pakendorf, Innokentij N.Novgorodov, Vladimir L.Osakovskij, and Mark Stoneking. Mating Patterns Amongst Siberian Reindeer Herders Inferences From mtDNA and Y-Chromosomal Analyses, *Am J Phys Anthropol*, （2007）133:1013-1027.Tatiana Zerjal, R.Spencer Wells, Nadira Yuldasheva, Ruslan Ruzibakiev, and Chris Tyler-Smith. A Genetic Landscape Reshaped by Recent Events:Y-Chromosomal Insights into Central Asia, *Am.J.Hum.Genet*,（2002）71:466-482.Ivan Nasidze, Dominique Quinque, Isabelle Dupanloup, Richard Cordaux,Lyudmila Kokshunova, and Mark Stoneking. Genetic evidence for the Mongolian ancestry of Kalmyks.Am J Phys Anthropol,（2005）128（4）:846-854. Brigitte Pakendorf, Innokentij N.Novgorodov, Vladimir L.Osakovskij, Al'bina P.Danilova, Artur P.Protod'jakonov, Mark Stoneking. Investigating the effects of prehistoric migrations in Siberia:genetic variation and the origins of Yakutsi, *Hum Genet*,（2006）120:334-353.

个体。

（4）最小的圆圈表示只有一个人属于这种类型。如果某个类型的圆圈很大，比如 KLMK01，表示有很多人属于这个类型。这些人如果有不同的来源，圆圈就会分割成不同的颜色。

（5）在本图中，每一根黑线表示一种突变，线越长表示突变的数量越多。右下部表示 C3 和 C3c 分化的圆圈是根系，而左上角的类型是突变的末端，也就是人群分化最晚的部分。

（6）Network 网络图的分支关系，说明了个体的源流关系。如网络图的左边，KLMK04 从 KLMK01 分出，表示 KLMK04 这个人继承共同祖先的父系 Y 染色体的时候发生了突变，而 KLMK01 这个人继承共同祖先的父系 Y 染色体的时候没有发生突变。

按照人群的分化顺序，从 Y-STR 的网络图可以看出：

（1）EVNC（绿色）即鄂霍次克海埃文人，拥有最接近右下角原始 STR 的 4 个类型（以下简称 STR 单倍型）。并且这个人群中只有这 4 个类型（单倍型）。这说明埃文人中的 C3c 在被研究的个体中，是最原始最古老的。

（2）EVNC01 所代表的 STR 单倍型，距离右下角的原始值仅一步突变。这个类型同时也存在于 1 例 Western 埃文人、1 例兴安盟蒙古人和 3 例兴安盟鄂伦春人中。它一方面说明了往西迁徙的人群中仍保留有少量 STR 的原始类型，另一方面也说明黑龙江中游的通古斯人也含有这种原始 STR 单倍型。这种状态是合理的，因为埃文人是很晚才从通古斯人的聚居地迁徙出去的。我们缺黑龙江下游、堪察加半岛等人群的重要数据。按照推理，黑龙江下游的人群，比如涅吉达尔人、那乃人和乌尔奇人之中都应有极高频的 C3c。并且他们的 C3c 肯定处于 C3c 分化状态上的重要的地位。

（3）兴安盟鄂温克族（灰色）只有两种 STR 单倍型，说明他们的 C3c 虽然高频，但多态性并不高。这意味着其父系来源并不复杂。

（4）浅蓝色所代表的鄂伦春族、赫哲族和满族的个体，拥有与埃文人共享的单倍型（EVNC1）。但是他们更多地属于 EVKL60 所代表的鄂温克人中的主要单倍型。

（5）KAZAK6 所代表的单倍型，主要出现在哈萨克人中，就是我们前面提到的乃蛮部的科克加尔勒部人。但是，鄂伦春族、赫哲族中也有这个类型。它说明这个下游支系的单倍型，并不是人群迁徙到了哈萨克以后诞生的，而是在黑龙江中游的通古斯人中就存在了。我们也可以看到，从 KAZAK6 分出一个 KAZAK5。这表明哈萨克的 C3c 中，由于突变产生了自己的独特的类型。

（6）KLMK01 所代表的类型，是所有卡尔梅克人中 C3c 的 STR 类型的分化中心。这种类型也存在于蒙古人、乃蛮部的科克加尔勒部人（哈萨克人）和维吾尔族中。这是很自然的情况，晚期四卫拉特联盟的主要牧地就是阿尔泰山区周围。哈萨克人和土尔扈特人在这里发生分化，而后一部分土尔扈特又返回了这里。

（7）锡伯族、达斡尔族的个体以及 EVKL55 的 STR 与其他人群的差异很大。这一情况表明，这些 C3c 很早就已从 C3c 的聚居地迁徙出去，并且在漫长的岁月里积累了很多的突变。因而它与其他蒙古—通古斯人群的 C3c 的差异很大。需要注意的是，由于这些个体的差异过大，因此网络图中并不能准确地反映他们的分化关系。

（8）我们可以很清楚地注意到一个明显的差别：卡尔梅克人和哈萨克人的类型几乎全部聚类在左上部，而通古斯中的埃文人和鄂温克人的类型全部出现在右下角。由于最原始的 C3 的 STR 位于最右下角，这个图可以说明：埃文人和鄂温克人拥有 C3c 的最原始的数个 STR 类型（EVKL60、EVNC01），而卡尔梅克人和哈萨克人的类型全部都是长途迁徙后分化的下游支系类型。

（9）由于缺乏黑龙江下游以及俄罗斯滨海边疆区的通古斯人群、尤卡吉尔人，以及黑龙江满族的 C3c 的 STR 数据，因此我们无从验证，最原始的 C3c 的 STR 类型是否出现在那些人群而不是现在的埃文人中。埃文人从黑龙江下游的北岸，翻越外兴安岭往楚科奇半岛迁徙的历史是很晚近的。

（10）我们可以看到，蒙古人中含有两种主要的类型。其中之一同时也是鄂温克人的主要类型，即 EVKL60。而前图左上部的另一个蒙古人类型同时也是卡尔梅克人的主要类型 KLMK01。值得注意的是，蒙古人中没有观察到这两个类型的突变中间类型。这表明，蒙古人中的 C3c 实际上是由两种差别较大的类型组成的。其一（EVKL60）与通古斯人的起源密切相关，而另外一种（KLMK01）与卡尔梅克人（土尔扈特，克烈部裔）的起源密切相关。蒙古人所没有的类型 KAZAK6，同时存在于乃蛮部的科克加尔勒部人和土尔扈特（卡尔梅克人）中。

对 C3c 的内部结构的分析可以说明：蒙古人中 C3c 的起源，一方面与通古斯人的起源密切相关，或者说蒙古人中的一部分，源自额尔古纳河以东的那个 C3c 高频的人群向西迁徙的部落。而蒙古人中 C3c 的另一起源，则来自与其西部的克烈部和乃蛮部之融合。

2. 克烈部的蒙古—通古斯起源背景

乃蛮部科克加尔勒部人和土尔扈特人中高频的 C3c，证实了自伯希和到冯承钧、亦邻真等人由来已久的猜测：克烈部是突厥化的原蒙古语部落。乃蛮部也存在同样的情况，"乃蛮"一词出自蒙古语，是"八"的意思，在突厥语中这个语音没有含义。克烈部被认为是最早移居漠北的九姓鞑靼人的后裔。在突厥汗国、后突厥汗国以及回鹘汗国期间，他们在文化上已相当程度地突厥化，后来又吸纳了一部分汗国灭亡后留居在漠北的突厥人以及回鹘人。[1] 在成吉思汗的尼伦蒙古部兴起的时候，克烈部和乃蛮部早已是草原上的两个强大的部落。

尼伦蒙古可以追溯到大兴安岭的蒙兀室韦。而九姓鞑靼人，实际上也可以追溯到大兴安岭的室韦。在后突厥汗国的时代，他们已经是突厥人的劲敌，因此他们迁出的年代可能要比尼伦蒙古早得多。这个现状，事实上与图 3-4 所体现的蒙古——通古斯人中高频的 C3c 的分化情况是非常一致的。克烈部和乃蛮部的后裔，卡尔梅克人和科克加尔勒部人（哈萨克人）的 C3c 的 STR 类型都属于下游的分支，并且与典型的埃文人和鄂温克族人的类型完全不同。因此他们虽然同源，但差异已经很大。

在 C3c 的 STR 的分化上，我们可以看到很清晰的途径：埃文人和鄂温克人拥有最接近原始根节点的 STR 类型，而卡尔梅克人和科克加尔勒部人的 STR 类型都是经过了多次突变之后的下游类型。这与有关他们自东向西迁徙的历史记录若符合节。

---

[1] 蔡凤林：《蒙古克烈部族源考述》，《内蒙古社会科学》（汉文版）2006，127（1），第46—51 页；王伟、李文博：《乌孜别克族乃蛮部落的起源》，《贵州工业大学学报》（社会科学版）2008，10（4），第 282—285 页；王伟：《蒙古兴起前的克烈部落》，《科教文汇》（中旬刊）2008（07），第 229—230 页。

（五）R1a1 在欧亚北部人群中的分布

R1a1 被认为与印欧语的起源密切相关，是印欧语人群的特征单倍群。[1] 根据图 3-5 我们可以看到，这种父系类型高频出现在斯拉夫人、印度—雅利安人、德拉维德人，以及突厥语人群和芬—乌戈尔语人群中。

在阿尔泰山区，R1a1 也出现在阿勒泰人、Altai-Kizhi 人、绍尔人（Shors）、黠戛斯人（Khakassian）、Todjin 人、索约特人（Sojot）和帖良古特人（Teleut）等突厥语人群中。[2] 表 1 是前引文献提供的不同父系 Y 染色体单倍群在阿尔泰山区周围人群的分布。比例较少的单倍群被省略了，因此百分比的总数没有达到 100%。

在表 1 中，P* 或 R1a1 表示一种父系类型——Y 染色体单倍群（Y-SNP 单倍群）的名称。"样本数"这一列表示的是在人群中采样的数目，某个 Y-SNP 单倍群（比如 P*）下的数字表示这种 Y-SNP 单倍群被测出的个数（比如 26 个），而这个数字后括号中的数字表示百分比（比如 28.3）。

我们可以看到，在不同人群中，父系遗传的 Y-SNP 单倍群的差别是很大的。

---

[1] Wells RS, Yuldasheva N, Ruzibakiev R et al. The Eurasian heartland: a continental perspective on Y-chromosome diversity, *Proc Natl Acad Sci USA*, (2001) 98: 10244-10249.Gimbutas M. Proto-Indo-European culture:The Kurgan culture during the fifth, fourth,and third millenia B.C., in Cardona G, Hoenigswald HM, Senn A （eds）, *Indo-European and Indo-Europeans*, Philadelphia: University of Pennsylvania Press, 1970, pp.155–195.Peter A Underhill et al. Separating the post-Glacial coancestry of European and Asian Y chromosomes within haplogroup, R1a.*European Journal of Human Genetics*, (2009) 18:479-484.

[2] Derenko M, Malyarchuk B, Denisova GA, Wozniak M, Dambueva I, Dorzhu C, Luzina F, Micicka-Sliwka D, Zakharov I. Contrasting patterns of Y-chromosome variation in South Siberian populations from Baikal and Altai-Sayan regions, *Hum Genet*, (2006) 118 (5): 591-604.

表1 不同的父系Y染色体单倍群的分布

人群	样本数	P*	R1*	R1a1	N*	N3	C	K*
Altaians-Kizhi	92	26 (28.3)	1 (1.1)	38 (41.3)	2 (2.2)	5 (5.4)	12 (13.0)	0
Teleuts	47	0	6 (12.8)	26 (55.3)	0	5 (10.6)	4 (8.5)	0
Khakassians	53	4 (7.6)	4 (7.6)	15 (28.3)	15 (28.3)	7 (13.2)	3 (5.7)	3 (5.7)
Shors	51	1 (2.0)	10 (19.6)	30 (58.8)	7 (13.7)	1 (2.0)	1 (2.0)	0
Todjins	36	8 (22.2)	1 (2.8)	11 (30.6)	1 (2.8)	4 (11.1)	3 (8.3)	5 (13.9)
Sojots	34	3 (8.8)	0	8 (23.5)	3 (8.8)	4 (11.8)	6 (17.6)	9 (26.5)
Buryats	238	4 (1.7)	2 (0.8)	5 (2.1)	3 (1.3)	45 (18.9)	152 (63.9)	21 (8.8)
Kalmyks	68	8 (11.8)	2 (2.9)	4 (5.9)	2 (2.9)	0	48 (70.6)	3 (4.4)
Evenks	50	0	3 (6.0)	7 (14.0)	9 (18.0)	8 (16.0)	20 (40.0)	0
Tofalars	32	1 (3.1)	4 (12.5)	4 (12.5)	11 (34.4)	8 (25.0)	2 (6.3)	1 (3.1)
Tuvinians	113	40 (35.4)	1 (0.9)	20 (17.7)	16 (14.2)	11 (9.7)	8 (7.1)	10 (8.9)
Mongolians	47	2 (4.3)	2 (4.3)	1 (2.1)	3 (6.4)	1 (2.1)	27 (57.4)	10 (21.3)
Koreans	83	0	0	0	0	0	10 (12.0)	72 (86.7)
Russians	414	9 (2.2)	28 (6.8)	200 (48.3)	1 (0.2)	58 (14.0)	1 (0.2)	7 (1.7)

Y-SNP单倍群C，包括了它的下游支系C3和C3c。我们此前已经提到过C3，它是蒙古—通古斯人群特征父系类型（Y-SNP单倍群）。在这组数据中，C在布里亚特人（63.9%）、卡尔梅克人（70.6%）、蒙古人（57.4%）和埃文克人（40%）中的比例最高。这个埃文克人群取自通古斯卡河中游的人群，埃文克人由黑龙江中游向叶尼塞河下游迁徙的过程中，融合了当地的土著（父系以N类型为代表），因此C的比例下降了。

而Y-SNP单倍群C在绍尔人（Shors）、黠戛斯人（Khakassian）、Todjin人、图瓦人和帖良古特人（Teleut）中的比例非常低，甚至下降到2%左右，几近于不存在。在这些突厥语人群中，R1（包括下游支系R1a1）和N*（包括下游支系N3）才是他们的主要父系类型。

由此似可说明，从父系上来说，这些突厥语人群与蒙古—通古斯语诸人群有着不同的起源，虽然现有的数据也说明他们之间存在一定的遗传交流。

（六）阿尔泰山周围突厥语人群的 R1a1 的起源

体质人类学是一门精确的学科。对于阿尔泰山区以及新疆地区自古代以来的人群结构，体质人类学给出了详细的描述。[1] 阿凡纳羡沃文化和安德罗诺沃文化的遗骸的颅骨，均属于欧罗巴大人种的原始欧洲人种类型，而后出现了东部地中海人种类型和中亚两河类型。（见表2）

表2 阿尔泰山区古代人群的颅骨类型和父系染色体类型

文化遗存	时代	距今年代	样本数	Y-SNP 归属	备注
Afanassievo 阿凡纳谢沃	铜石并用	5000–4000	1	no	居民属原始欧罗巴人种
Okunev 奥库涅夫	青铜时代	4000–3500	0	no	居民混有较多蒙古人种特征
Andronovo 安德罗诺沃	青铜时代	3500–3000	3	2 R1a1,1 CxcC3	居民属欧罗巴人种—安德罗诺沃类型
Karasuk 卡拉苏克	青铜时代	3300–2800	2	no	no
Tagar 塔加尔	青铜时代	2800–2200	6	5 R1a1	疑为斯基泰人文化遗存
Tachtyk 塔施提克	铁器时代	2200–1800	1	1 R1a1	其第四期向黠戛斯文化过渡

---

[1] 韩康信：《丝绸之路古代居民种族人类学研究》，新疆人民出版社1993年版。

分子人类学也给出了确定的答案。C. Bouakaze 在他的两篇研究报告里，报道了阿尔泰山附近 Krasnoyarsk 地区的 9 例古代 DNA 的 Y-SNP 测试结果。[1] 在这中间，有 8 例包含 R1a1。R1a1 被认为是印欧人的特征父系 Y 染色体单倍群。这个单倍群在东欧、中欧、中亚的巴基斯坦和北印度高频存在。源自黠戛斯的吉尔吉斯人也拥有极高频的 R1a1。

同一组研究人员研究了同一组遗骸样本的 mtDNA。结果表明包含有典型的西部欧亚线粒体单倍群 T、UK 和 HV 等。

可见，在自从 5000 年前开始的迁徙浪潮中来到阿尔泰山区的印欧人，虽然经历了漫长的时日，其 R1a1 这种父系类型仍然高频地存在于当地的突厥语人群中。

不过我们也可以看到，N 这种父系类型，在这里的突厥语人群中，也有相当大的比例。并且相对于与古代 DNA 的单倍群的分布来说，当地的古代人群与现代人群之间的最大差异，就是 N 的比例从未见存在而上升到一个很高的比例。这无疑代表着历史上规模庞大的人口迁徙和融合事件。这个人口事件，并没有带来蒙古—通古斯的特征单倍群 C3。它带来的是在典型的蒙古—通古斯人（黑龙江下游通古斯人—埃文人）中很少或几乎没有的 N。可见这是一次独立于蒙古—通古斯人大规模迁徙之外的系列性事件。稍后我们将会说明，这个规模庞大的人口迁徙和融合事件，与乌拉尔人的父系 N 融合进入中亚人群有关。

---

[1] C.Bouakaze ,C.Keyser ,S.Amory ,E.Crubézy ,B.Ludes. First successful assay of Y-SNP typing by SNaPshot minisequencing on ancient DNA, *Int J Legal Med*, (2007) 121:493-499. Christine Keyser, Caroline Bouakaze, Eric Crubézy, Valery G.Nikolaev, Daniel Montagnon, Tatiana Reis, Bertrand Ludes. Ancient DNA provides new insights into the history of south Siberian Kurgan people, *Hum Genet*, (2009) 126 (3): 395-410.

（七）乌拉尔人群特征的父系类型 N 在阿尔泰语人群中的存在

图 3-6 的上幅，是乌拉尔人群特征的父系类型 N 在欧亚北部人群中的比例，下幅则是东亚特异的父系单倍群 O 的分布。[1] 在 Y 染色体谱系上，N 和 O 是两个平行的支系，相当于两个兄弟单倍群。但是他们的地理分布的差异却极大。O 作为欧亚大陆东南部人群的一个主要父系单倍群，在中国境内，广泛高频存在于汉语、藏缅语、苗瑶语和侗台语的所有人群中，是整个东亚和东南亚地区内的所有人群的主要父系类型。可见这是一个在热带和温带扩散得很强烈的 Y 染色体单倍群。但是 N 则主要分布在欧亚北部人群，比如爱斯基摩人、雅库特人、黠戛斯人、Tofalar 人、恩加纳桑人（Ngnasan）、汉特—曼西人以及东北欧所有的乌戈尔语人群。可见，N 完全适应了寒带的气候，并且在欧亚北部甚至北极地区得到强烈的扩散。其主要支系是 N1b 和 N1c。

但是，N 在中国境内也有相当比例的分布，并且绝大部分都是未经分化的、与乌拉尔人群完全不同的更原始类型。[2] 这说明 NO-

---

[1] Rootsi S et al. A counter-clockwise northern route of the Y-chromosome haplogroup N from Southeast Asia towards Europe, *Eur J Hum Genet*, （2007）15:204-211.

[2] Rootsi S. et al. A counter-clockwise northern route of the Y-chromosome haplogroup N from Southeast Asia towards Europe, *Eur J Hum Genet*, （2007）15:204-211.Derenko M, Malyarchuk B, Denisova G, Wozniak M,Grzybowski T, Dambueva I, Zakharov I. Y-chromosome haplogroup N dispersals from south Siberia to Europe, *J Hum Genet*, （2007）52:763-770. Chuncheng Lu,Feng Zhang,Yankai Xia,Bin Wu,Aihua Gu,Ningxia Lu,Shoulin Wang,Hongbing Shen,Li Jin ,Xinru Wang, The association of Y chromosome haplogroups with spermatogenic failure in the Han Chinese, J Hum Genet , （2007）52:659-663.Y Yang, M Ma, L Li, W Zhang, C Xiao, S Li, Y Ma, D Tao, Y Liu, L Lin and S Zhang, Evidence for the association of Y-chromosome haplogroups with susceptibility to spermatogenic failure in a Chinese Han population,J. Med.Genet, （2008）45: 210-215.Chuncheng Lu, Jie Zhang1 Yingchun Li, Yankai Xia, Feng Zhang, Bin Wu, Wei Wu, Guixiang Ji, Aihua Gu, Shoulin Wang, Li Jin,and Xinru Wang,The b2b3 subdeletion shows higher risk of spermatogenic failure and higher frequency of complete AZFc deletion than the grgr subdeletion in a Chinese population, *Human Molecular*

M2H 是在中国境内分化的，在迁徙到北亚后，N 在那里诞生了独特的下游支系。

综合前页引述的诸多论文，单倍群 N 的迁徙大致是这样的：它沿藏缅走廊北上河套地区，从那里又进至贝加尔湖以东地区。至少在 1.2 万年前的时候，它已经达到贝加尔湖与大兴安岭之间。在这里，N1c 发展壮大，迅速向东北、西北扩散，成为自楚科奇半岛到斯堪的纳维亚半岛之间的广大人群（主要是乌拉尔语人群）的重要单倍群。此后，大约于 5000 年前，从 N1c 又诞生了 N1c-2 （N3a2），这种类型后来主要存在于贝加尔湖以东地区，但也有少量迁徙进入东欧（见图 3-7）。

另一方面，大约 7000 年之前，部分 N1b-A 向西迁徙到达乌拉尔地区，并在途中经历强烈的瓶颈效应，约于 7000 年前后诞生了 N1b-E，然后随着乌拉尔语而扩散到科米（Komi）、玛里（Mari）、维普（Vepsa）、鞑靼（Tatar）等人群中。另一部分 N1b-A 向西南进入萨彦岭以南的草原地带，成为现代突厥人的一部分。约于 2000 年前，又诞生了存在于今突厥后裔的图瓦人（Tuva）和图法拉人（Tofalars）中的 N1b-A2。这两种类型，后来被奥斯曼突厥人带入小亚细亚，成为当代土耳其人的一部分（见图 3-8）。

由于乌拉尔人的 N 的大规模扩散，乌拉尔人群与南西伯利亚

（接上页注）Genetics (2008) 18 (6): 1122-1130.Yuan Yang, Mingyi Ma, Lei Li, Wei Zhang, Pu Chen, Yongxin Ma, Yunqiang Liu,Dachang Tao, Li Linand Sizhong Zha.Y chromosome haplogroups may confer susceptibility to partial AZFc deletions and deletion effect on spermatogenesis impairment, Human Reproduction, (2008) 23 (9): 2167-2172. 马明义等：《四川汉族人群 Y 染色体单倍组及其特点的研究》, Chin J Med Genet. (2007) 24 (3), 第 261—265 页。Xue YL, Zerjal T, Bao WD, Zhu SL, Shu QF, Xu JJ, Du RF, Fu SB, Li P, Hurles ME, Yang HM, Tyler-Smith C. Male Demography in East Asia: A North-South Contrast in Human Population Expansion Times, Genetics, (2006) 172: 2431-2439.

突厥语人群的 N 之间产生了明显的分化，比如南西伯利亚特有的 N1c-2（N3a2）、乌拉尔人的 N1b-E，以及南西伯利亚的 N1b-A。由此可知，除 R1a1 之外，现代突厥人中的主要父系 N，来源于南下的、其父系主要为 N 的人群。突厥人中的 N 与乌拉尔人群的 N 虽已分化，但仍有密切的共同起源关系。

俄罗斯的考古发掘证实[1]，5 世纪中叶至 6 世纪初，贝加尔湖地区出现了一支灿烂的古代文化——骨利干（Kurykan，火儿罕）文化。它的居民是操突厥语的游牧民，被 10 世纪的文献所记录。基于多种文化因素，比如岩画、陶器、骑马的服饰、马缰的装饰以及民俗等等的相似性，人类学家认为，在 11 至 13 世纪蒙古人扩张之时，有一支骨利干人沿着勒拿河向北迁徙，融合了当地的土著居民，从而形成雅库特人。[2] 研究表明，雅库特人有极高比例的 N1c（94%）[3]，并且与诞生在贝加尔湖的 N1c-2 属于不同的分支。STR 的精细研究表明，雅库特人中的 STR 的多样性很低，几乎全都属于一个独特的小分支的后裔[4]，即图 3-9 中左上角箭头以上的部分。这很符合于

---

[1] Okladnikov AP. *The history of the Yakut ASSR*, Volume1:Yakutia before its incorporation into the Russian state[in Russian], Moscow: Izdatel' stvo Akademii Nauk SSSR, 1955.

[2] Alekseev AN. *Ancient Yakutia: the Iron Age and the Medieval epoch* [in Russian], Novosibirsk: Izdatel' stvo Instituta Arkheologii i Etnografii SO RAN, 1996. Konstantinov IV. The origins of the Yakut people and their culture [in Russian]: Yakutia and her neighbors in antiquity, Publications of the Prilenskaya Archaeological Expedition.Yakutsk:Yakutskiy, 1975, pp.106-173.

[3] Pakendorf B, Novgorodov IN, Osakovskij VL, Danilova AP, Protod'jakonov AP, Stoneking M. Investigating the effects of prehistoric migrations in Siberia- genetic variation and the origins of Yakuts, *Hum Genet*, (2006) 120: 334-353.

[4] Brigitte Pakendorf ,Bharti Morar,Larissa A.Tarskaia,Manfred Kayser, Himla Soodyall,Alexander Rodewald,Mark Stoneking. Y-chromosomal evidence for a strong reduction in male population size of Yakuts, *Hum Gene*, (2002)110:198-200.

雅库特人是北上的一个小群体的后裔的说法。

四、从母系遗传的线粒体 DNA 单倍群 F1b 的角度看突厥—蒙古—通古斯语人群的形成

F 是东亚人群的一个重要分支。它在南亚语人群、侗台语人群和华南大部分人群中都是重要的母系单倍群，主要分为 F1a1、F1b'd'e、F2、F3 等支系。其中只有 F1b'd'e 的下游分支 F1b 在欧亚北部人群中得到小规模的扩散。F1b 的姊妹单倍群 F1a1、F2 等都是典型的华南、东南亚人群的母系单倍群。F1b 的这种分布可以说是非常特殊的，甚至是东亚母系单倍群里唯一的一个。

（一）F1b'd'e 和 F1b 的分布以及扩散图

从近 40 种文献的收集的绝大部分的 F1b'd'e 的数据，用它在人群中的频率画出的分布图如图 4-1 所示[1]。需要注意的是，在欧亚北部人群中，F1b'd'e 实际上绝大多数是下游支系 F1b。

从图 4-1 我们可以看到，F1b'd'e 最初诞生在华南和东南亚交界的地方。在当地的现代人群中，它只在南部壮族（Zhuang-South，

---

[1] KP Mooder, TG Schurr, FJ Bamforth, V I Bazaliiski, and N A Savelev, Population Affinities of Neolithic Siberians: A Snapshot From Prehistoric Lake Baikal, Am J Phys Anthropol, (2006) 129:349-361.
Christine Keyser, Caroline Bouakaze, Eric Crubézy, Valery G Nikolaev, Daniel Montagnon, Tatiana Reis, Bertrand Ludes. Ancient DNA provides new insights into the history of south Siberian Kurgan people. Hum Genet, (2009) 126 (3): 395-410.
Christine Keyser-Tracqui,1. Eric Crube´zy, and Bertrand Ludes. Nuclear and Mitochondrial DNA Analysis of a 2,000-Year-Old Necropolis in the Egyin Gol Valley of Mongolia, Am.J.Hum.Genet, (2003) 73:247-260 .

8.3%)、北部泰国人（Thai-North，6.2%）和五色人（E，9.1%）等小群体中呈高频。尽管它在此外绝大部分的华南群体中也存在，但是频率都很低，小于4%。

F1b 的线粒体高变 I 区突变序列是 189-304，而它的主要下游支系 F1b 在此基础上突变为 189-249-232A-304-311。在欧亚北部人群，绝大多数的 F1b'd'e 都是 F1b。而在藏缅语人群中则同时存在 F1b'd'e、F1b，以及在别的人群中没有出现过的它们的所有中间类型。

在汉族人群中，武汉汉族、青岛汉族、辽宁汉族以及2200余年前的秦陵劳工中，F1b 都有出现，但是在华南的汉族中（云南汉族除外）均没有发现 F1b。苗瑶的一些群体中也低频出现 F1b。不过苗瑶最初出现在两湖—峡江交接一带，并且在更早的起源上，与远古的西南人群有密切的联系。考虑这些因素，我们可以谨慎地推测，F1b 的诞生地大致在青藏高原东南一带。然后，它可能经过鄂尔多斯一带，向西伯利亚的贝加尔湖畔迁徙。

在欧亚北部人群，绝大多数的 F1b'd'e 都是 F1b。因而在以下描述欧亚北部人群时，我们将直接用 F1b 表示 F1b'd'e。由图 4—1 可以看出，F1b 在欧亚北部人群的分布，也是非常离散的。它在北亚的扩散，一般而言是小规模的。它仅仅大比例地出现在以下人群中：俄罗斯黠戛斯共和国的黠戛斯人（Khakassians，17%）和绍尔人（Shors，40.2%），叶尼塞河中下游的凯特人（Kets，38%）。其次，它也较高频地出现在阿勒泰人（Altaians，7.3%）、巴什基尔人（Bashkirs，5.8%）、图瓦人（Tuvinians，7.6%）、图法拉尔人（Tofalar，8.7%）、塔吉克人（Tajikistan，9.4%）、蒙古人（5%—8%）以及克罗地亚 Hvar 岛上的 Hvar 人（8.3%）中。在其他人群中，F1b 的比

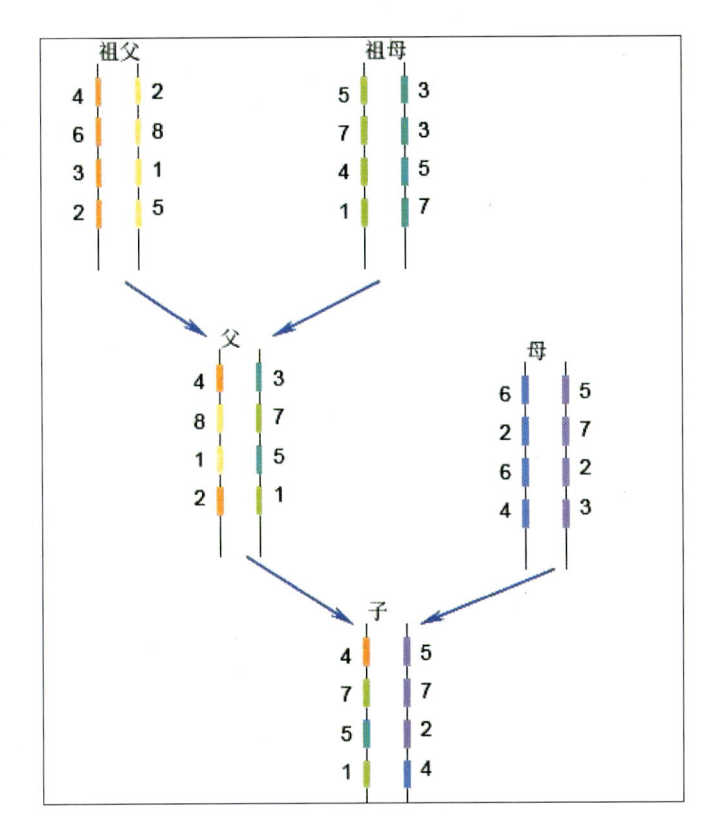

图1-1 常染色体遗传方式（重组导致子代完全打乱了亲代的结构）

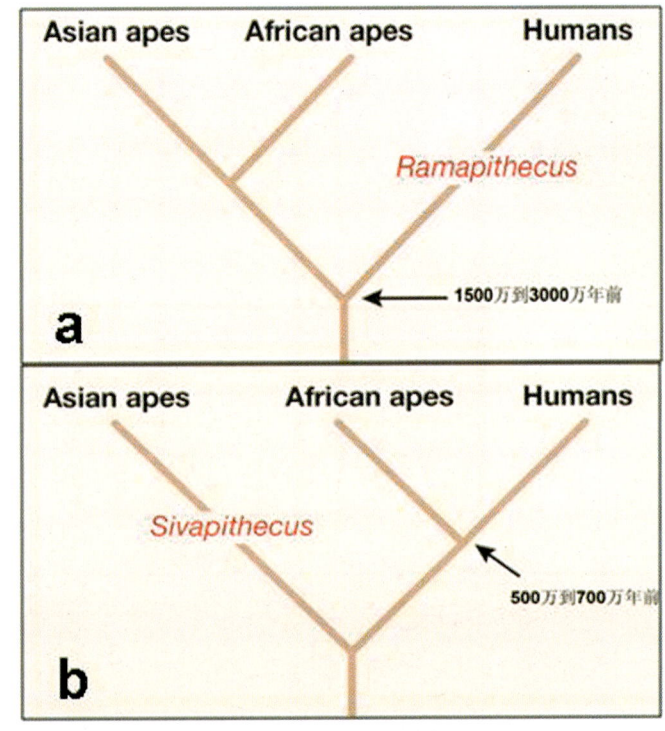

图1-2 人类起源的两种观点

a：早期人类学家的观点，认为腊玛古猿是人类的祖先，人和猩猩在1500万到3000万年前分歧
b：分子人类学提出的观点，人和猩猩的分歧时间只有500万到700万年。

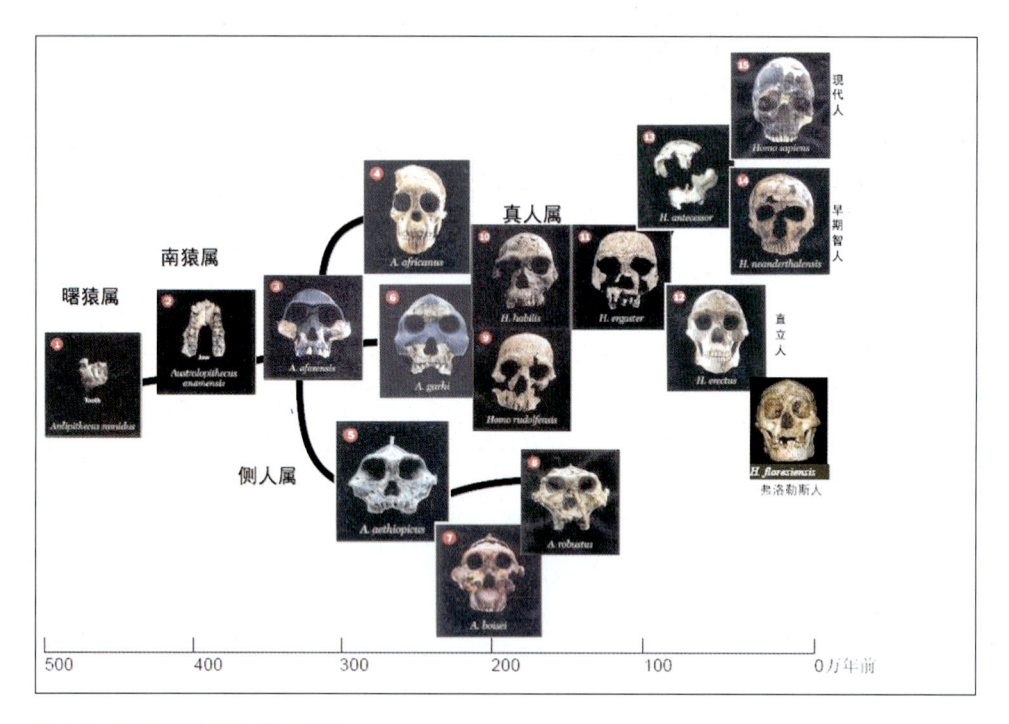

图1-3 根据人类化石推测的系统树

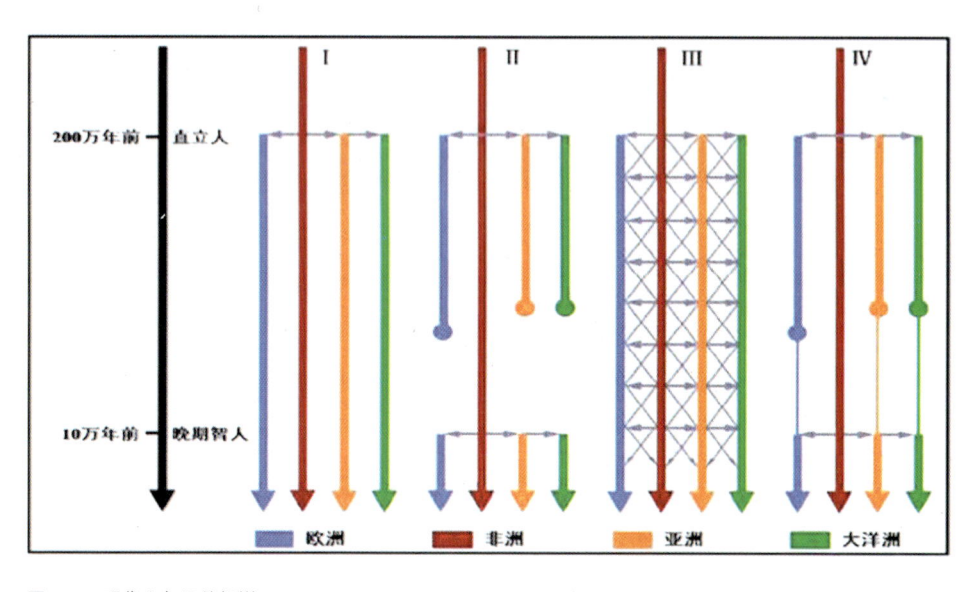

图1-4 现代人起源的假说

Ⅰ：多地区起源说；Ⅱ：非洲起源说；Ⅲ：现代多地区起源说；Ⅳ：非洲起源不排除多地区起源贡献说

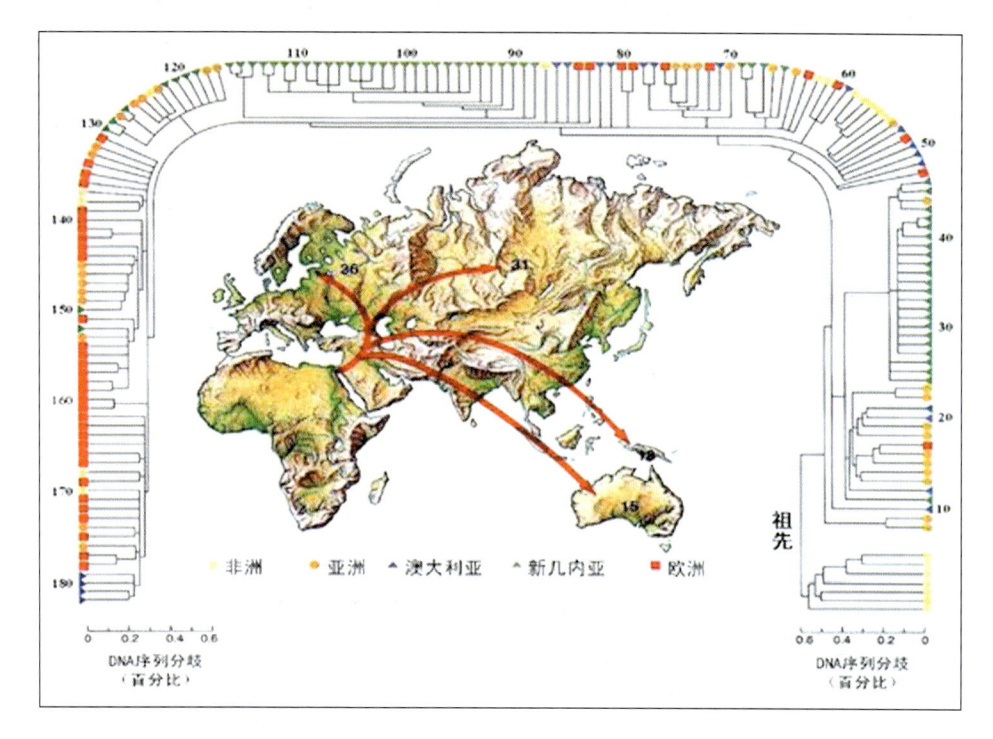

图 1-5 世界 mtDNA 系统树

每一个末梢上的点代表一个序列类型，并且用不同颜色形状的点表示不同地区的类型。差异越大的两个类型之间连线越长（不包括点间横向连线），分叉越深

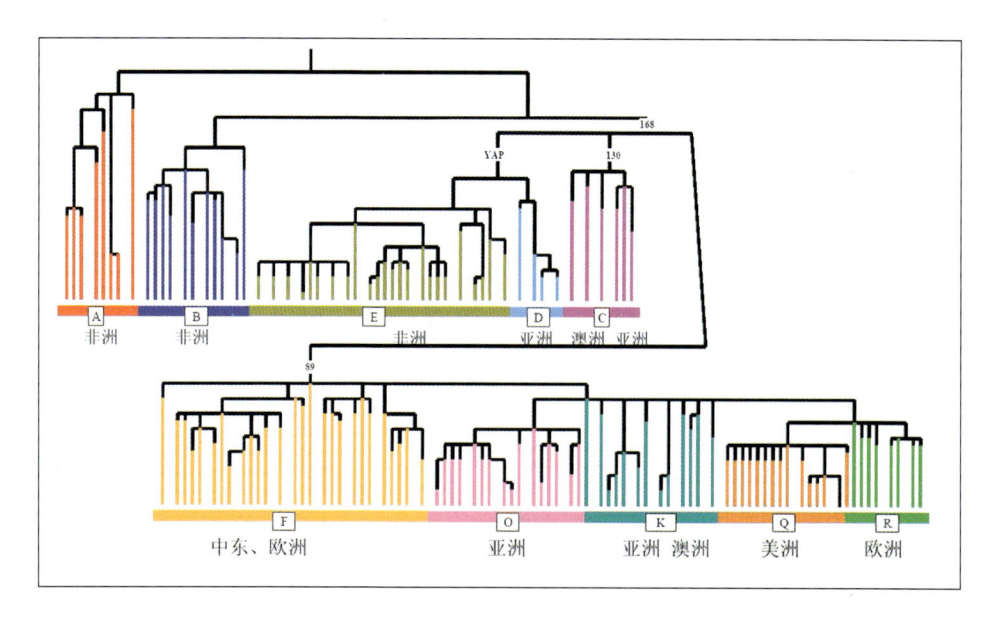

图 1-6 Y 染色体非重组区段（NYR）单倍型系统树

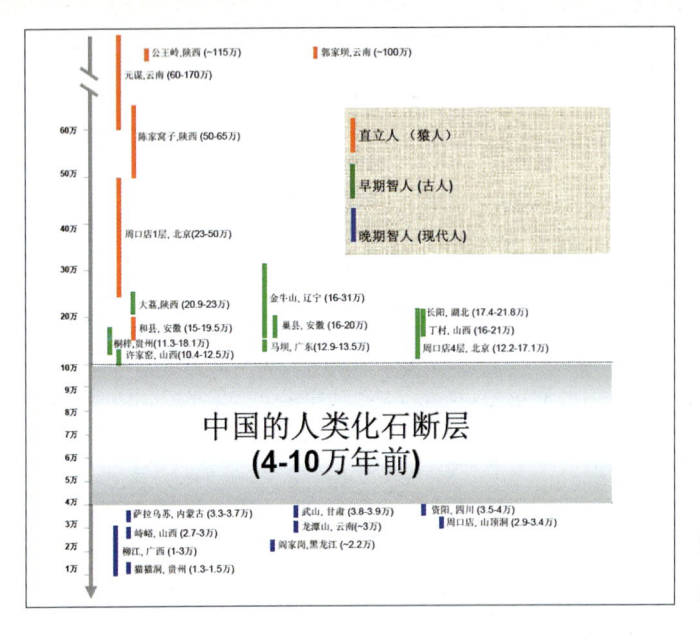

图 1-7 中国发现的人类化石

在 4 万到 10 万年前出现了化石的断层

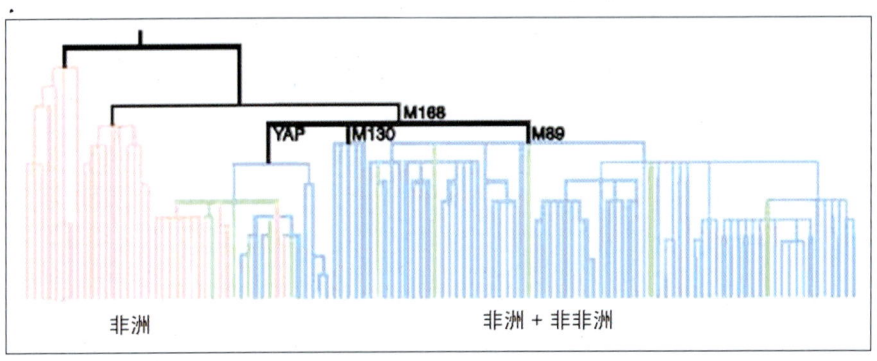

图 1-8 东亚现代人起源于非洲的 Y 染色体（Y-DNA）证据

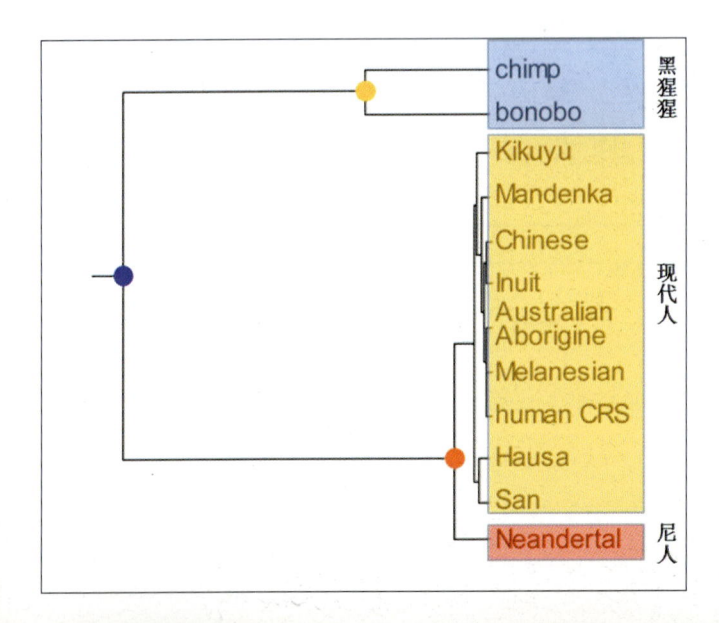

图 1-9 黑猩猩、尼人和现代人的线粒体全序列进化关系

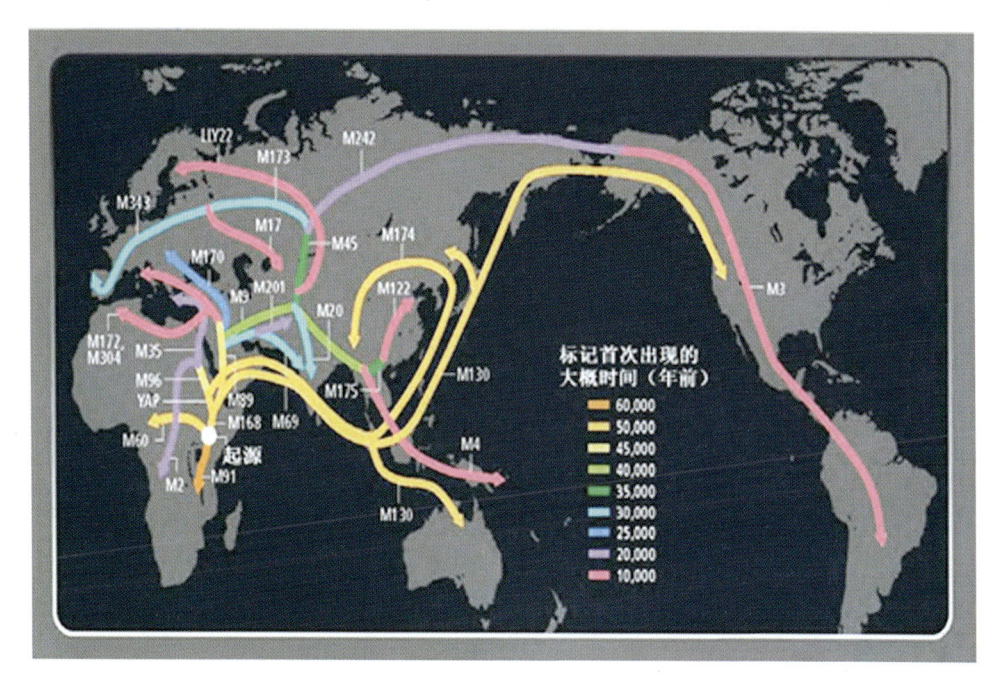

图 1-10 现代人祖先 Y 染色体迁徙路线

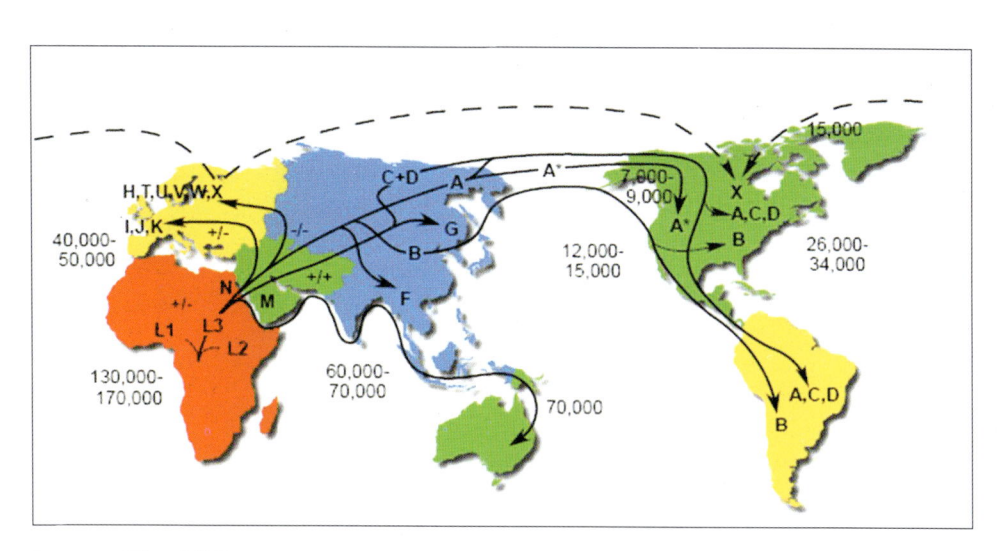

图 1-11 现代人线粒体 DNA 可能的迁徙路线

图中数字表示母系人群到达各大洲的时间（单位为年）

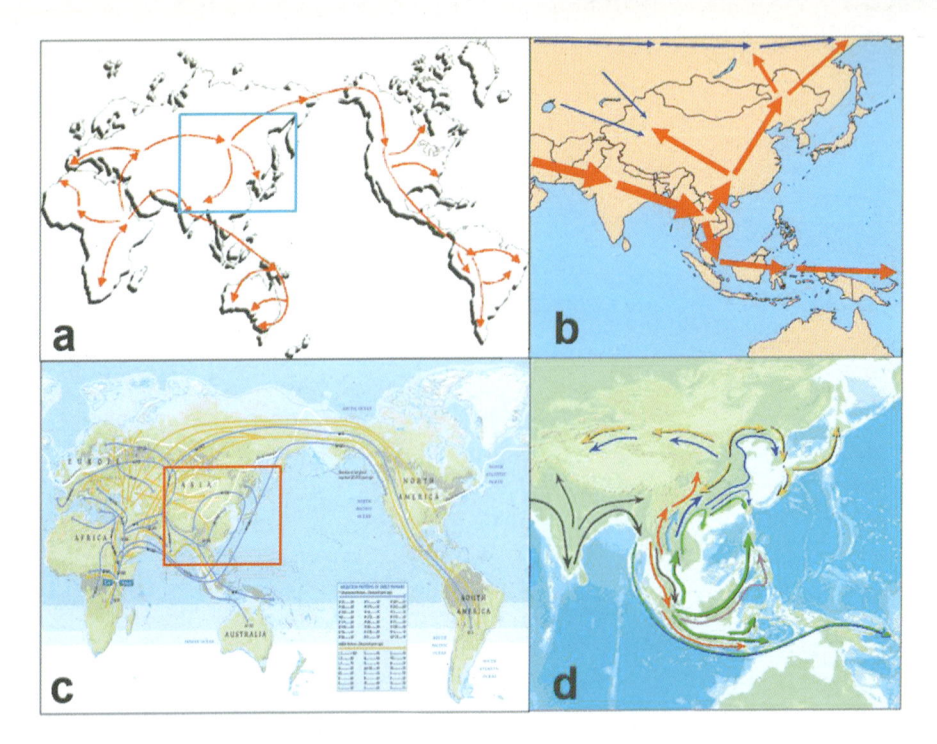

图 1-12 东亚人群迁徙路线的改变

A: 早期主流的"北线说"; B: 东亚人群分子人类学研究结果; C: 目前较普遍采纳的世界人群迁徙图谱,该图对东亚地区的处理已经接受了"南方起源路线"; D: "泛亚计划"利用常染色体勾画的东亚地区人群迁徙图

图 1-13 基因地理项目主页

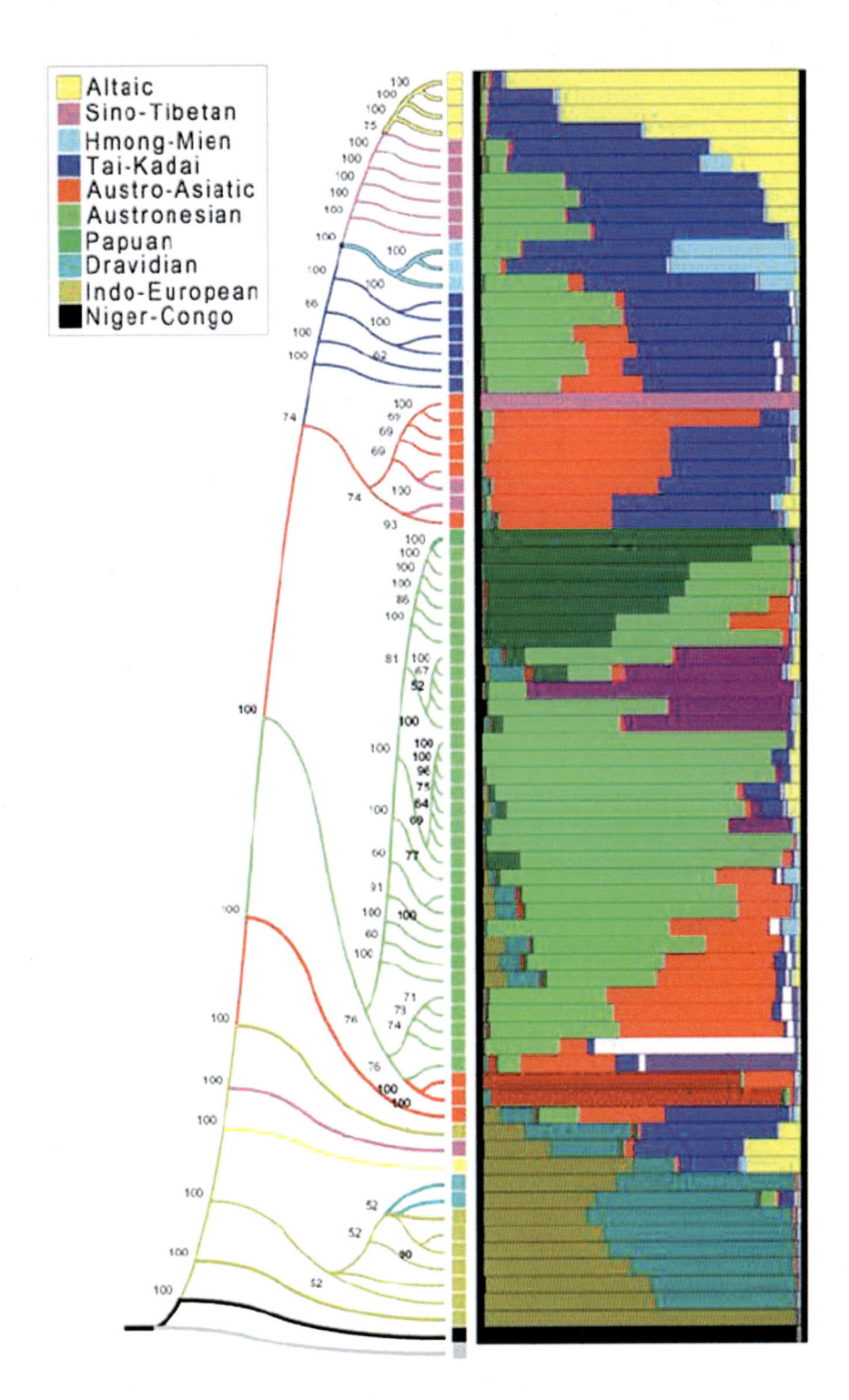

图 1-14　泛亚计划中不同语系人群的进化树和多样性分布

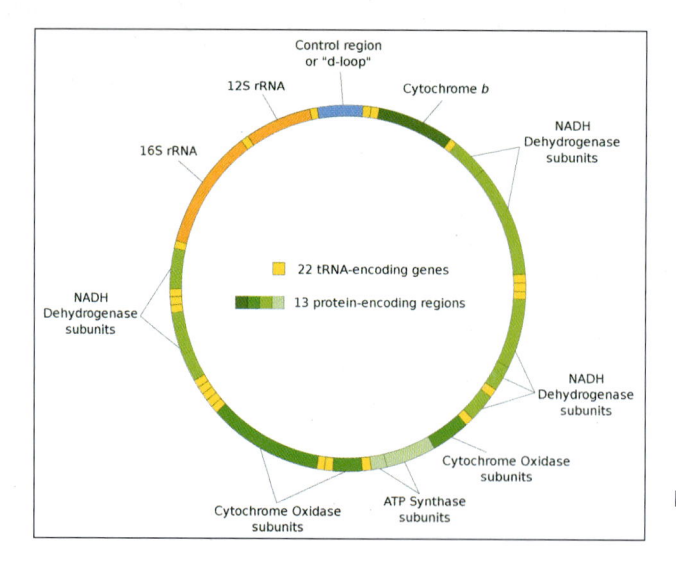

图 2—1 人类线粒体 DNA 结构示意图
（修改自 www.wikipedia.org）

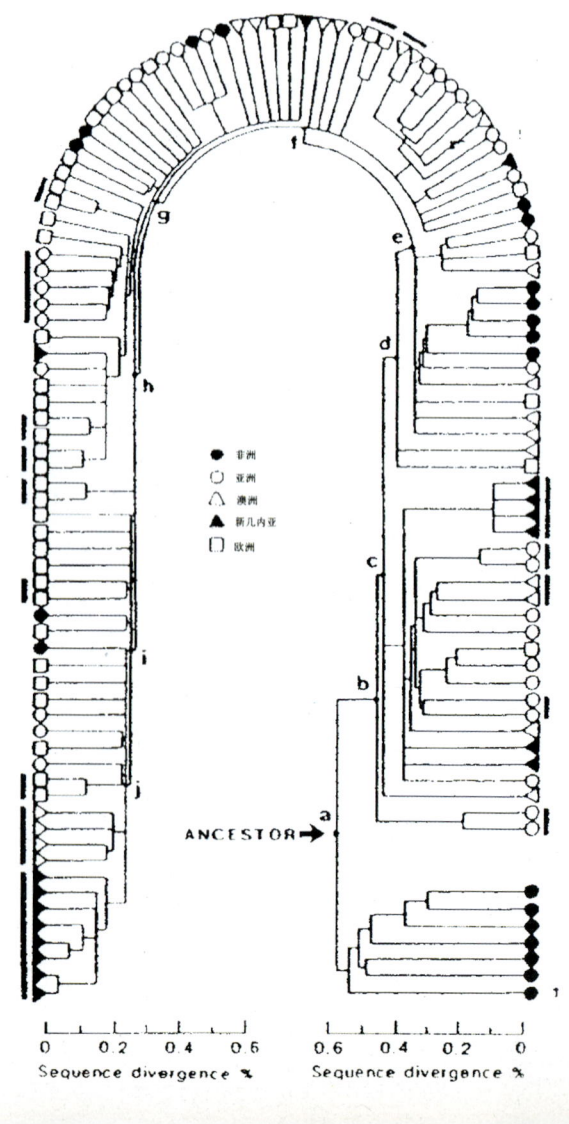

图 2-2 Cann 等人构建的世界范围 mtDNA 发育树

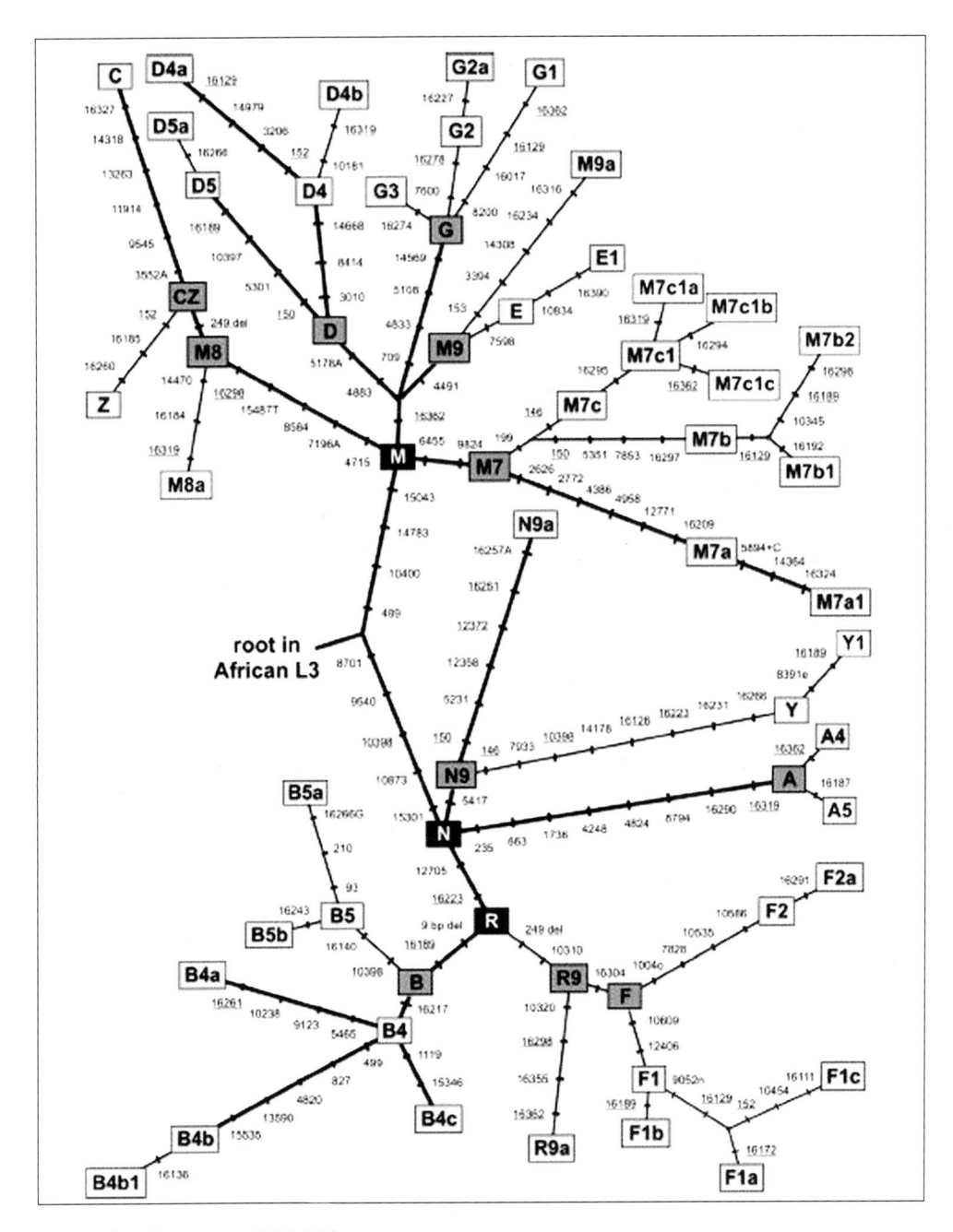

图 2-3 东亚地区 mtDNA 系统发育树

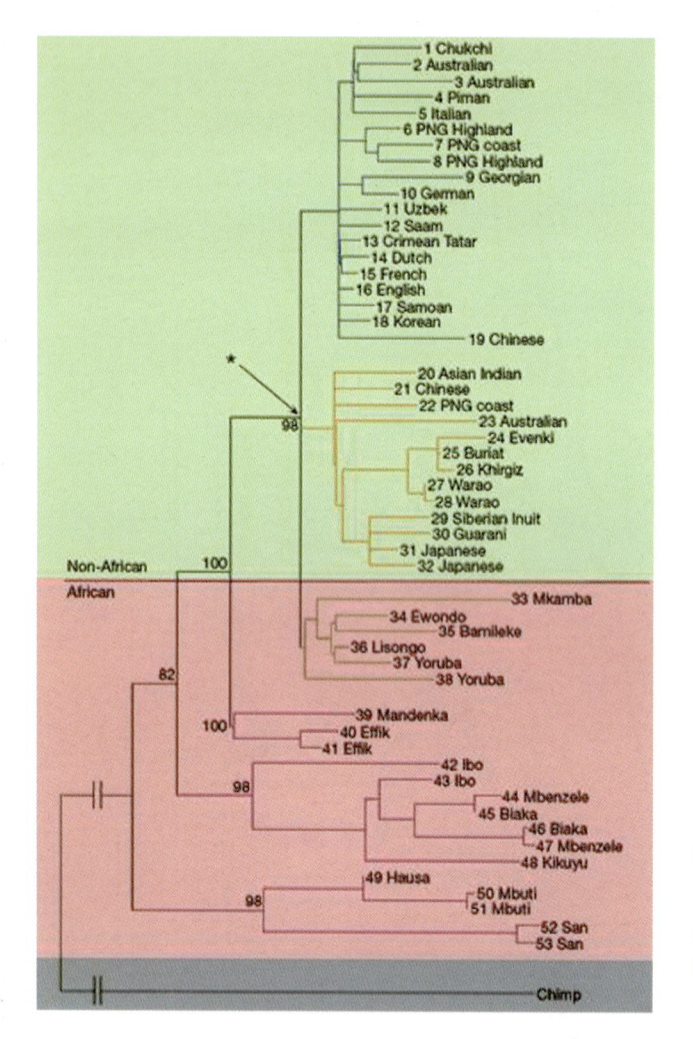

图 2-4 基于 53 条世界范围 mtDNA 全序列的系统树

采用 Neighbour-joining 法构建，黑底为黑猩猩分支，红底为非洲地区现代人，绿底为非洲以外地区的现代人。

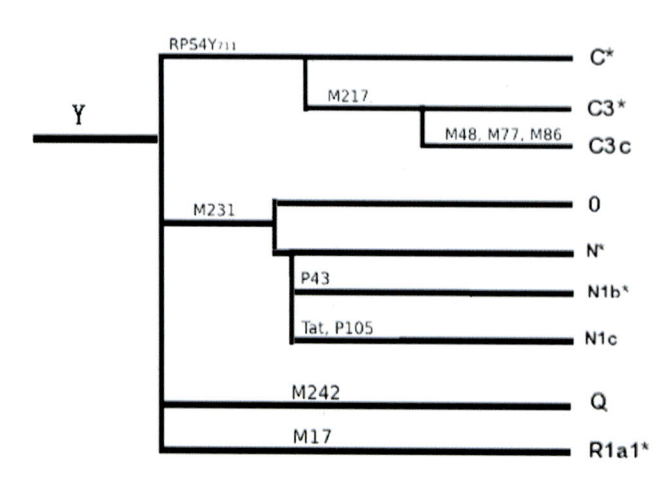

图 3-1 欧亚北部人群相关的主要单倍群（Tatiana M.Karafet, Fernando L.Mendez, Monica B.Meilerman, Peter A.Underhill, Stephen L.Zegura and Michael F.Hammer, New binary polymorphisms reshape and increase resolution of the human Y chromosomal haplogroup tree, *Genome Research*, 2008, 12: 339-348.）

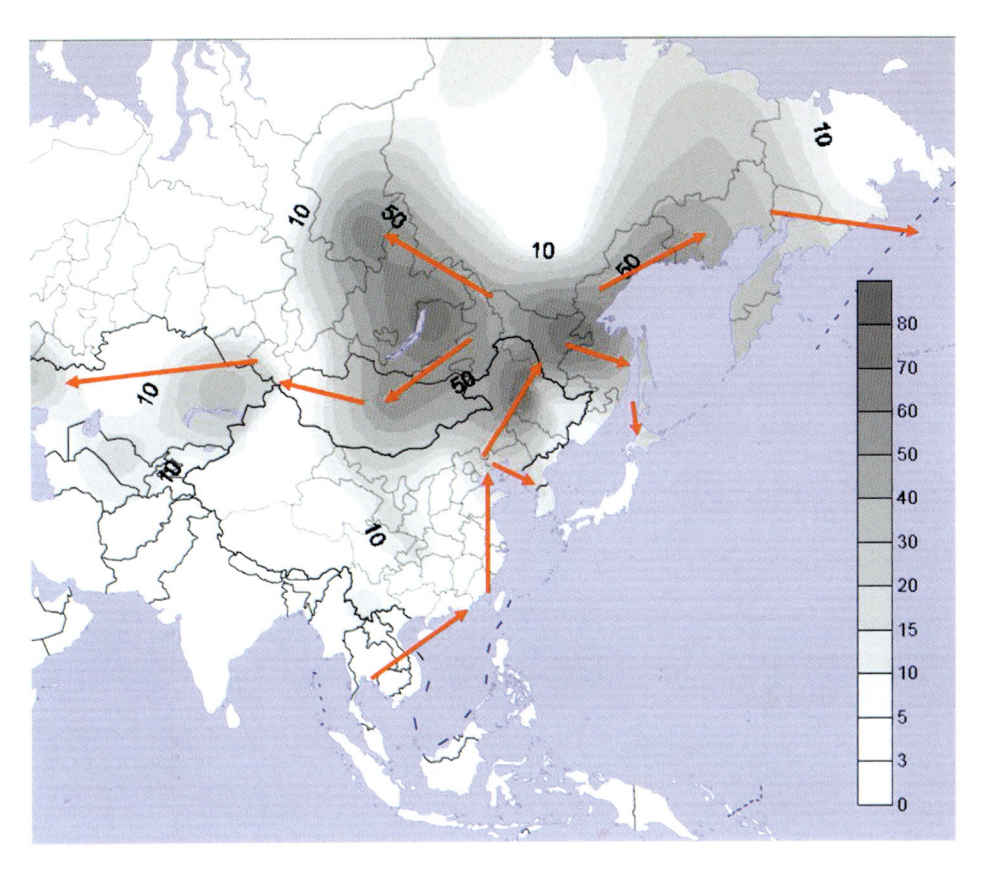

图 3-2　Y-SNP 单倍群 C3-M217 在北亚的扩散

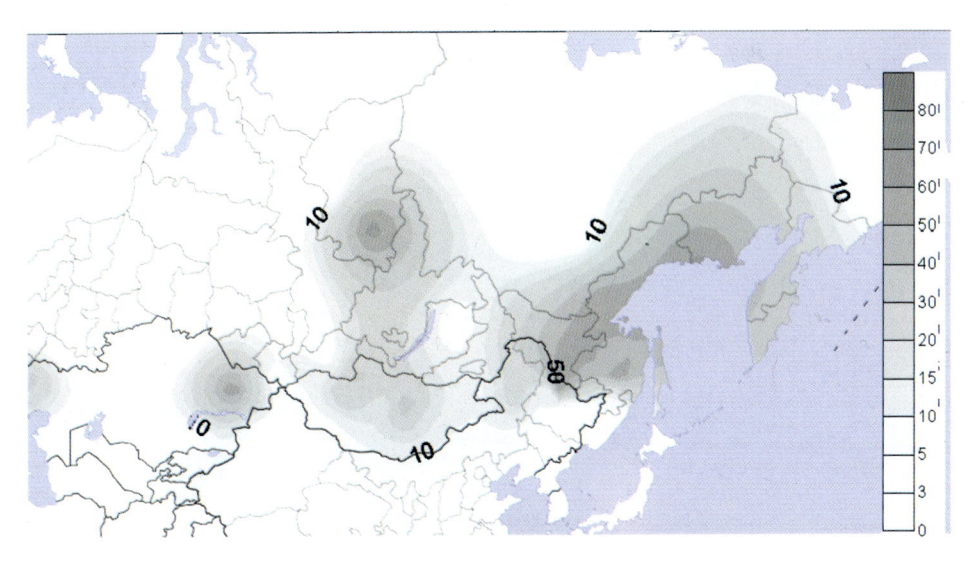

图 3-3　C3c 的地理分布图

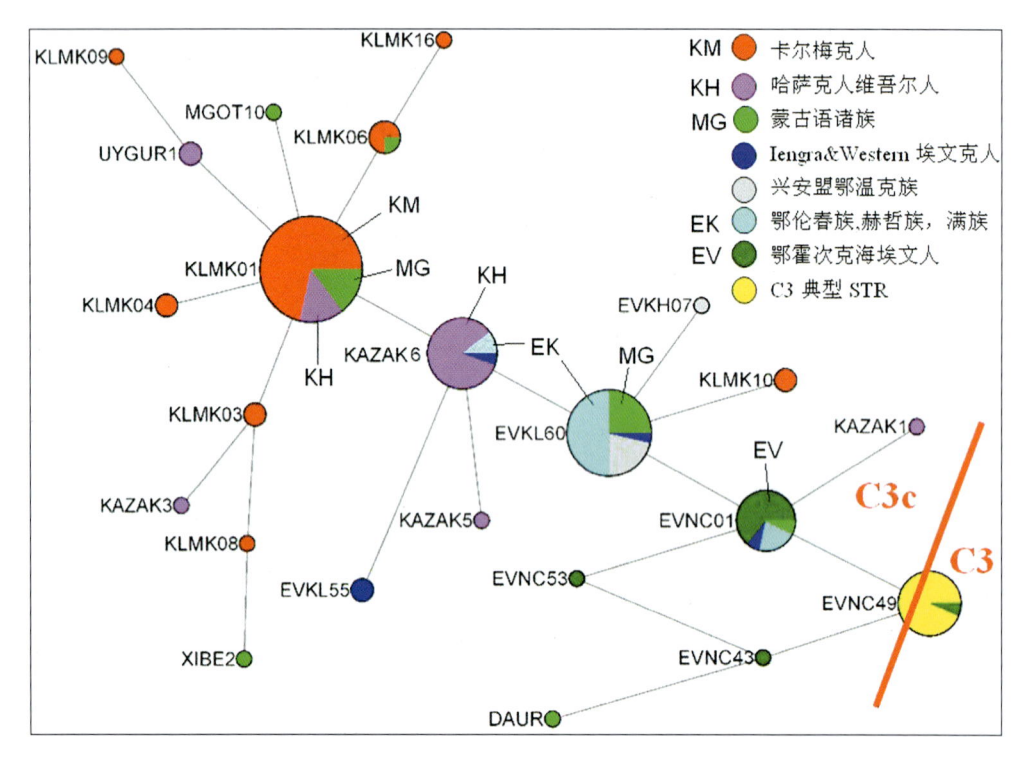

图 3-4 蒙古—通古斯人群主要父系类型 C3c 的 Y-STR 网络图

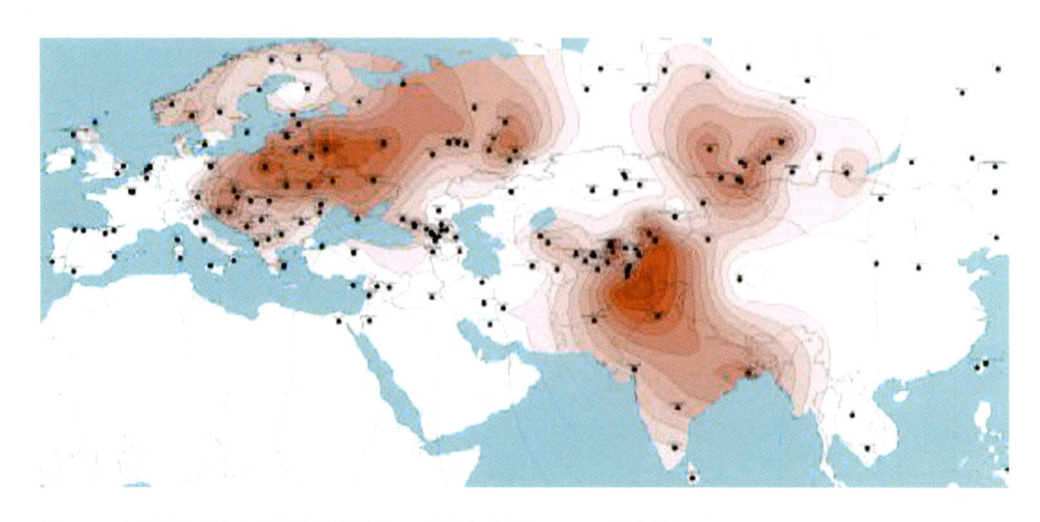

图 3-5 印欧语人群中高频的父系类型 R1a1 的分布（源自 Kivisild 的资料）

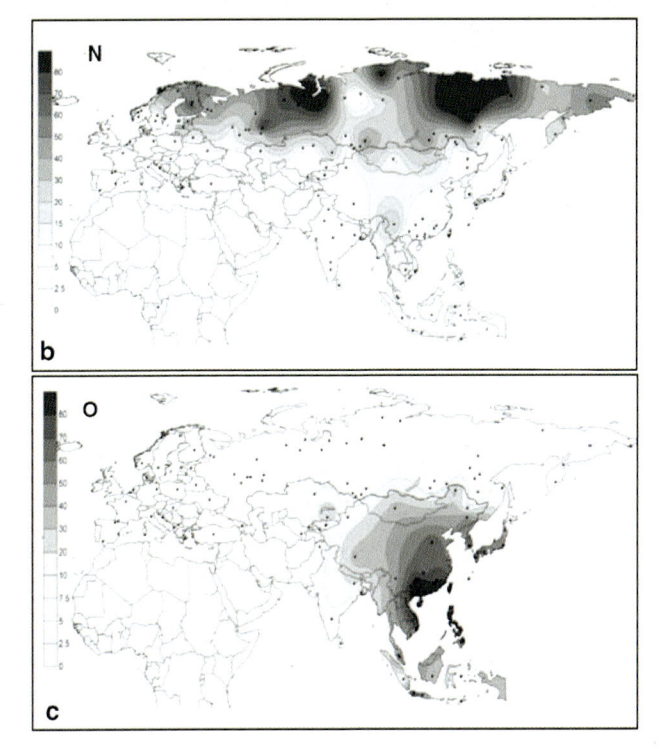

图 3-6 乌拉尔人主要父系 N 以及东亚主要父系 O 的分布（Howells WW., *Back of history: the story of our own origins*, New York: Doubleday, 1954.）

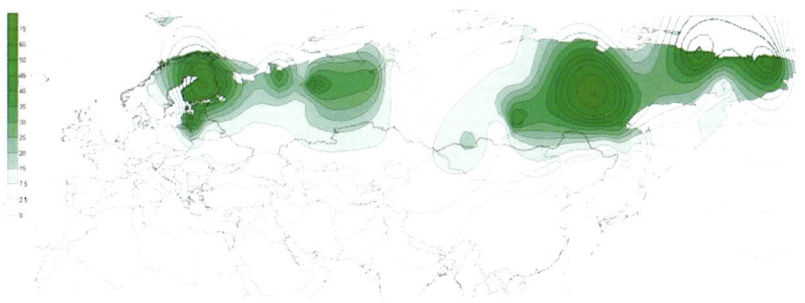

图 3-7 N1c 在欧亚北部的分布（由 Kivisild 提供）

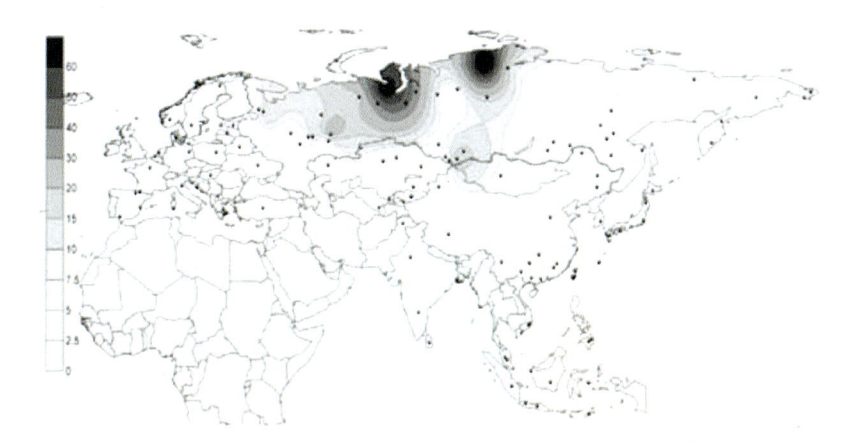

图 3-8 N1b 在欧亚北部的分布（Howells WW., *Back of history: the story of our own origins*, New York: Doubleday, 1954.）

Fig.1 Median-joining network of Y-chromosomal microsatellite loci (DYS19, DYS389 I/II, DYS390, DYS392, DYS393) in "Tat" C chromosomes. Additional data is from Zerjal et al. (1997) and Lahermo et al. (1999). Since DYS391 was lacking in the study by Lahermo et al. (1999), it was omitted in the comparison. The network is based on the single-step mutation model. The *arrow* points to the Yakut-specific branch; *dashes* indicate connections, which in the three-dimensional network would otherwise be hidden behind an intervening haplotype. *Yellow* Yakuts (*n*=60); *green* Buryats (*n*=22); *dark blue* Russians (*n*=4); *light blue* Saami (*n*=39); *orange* Khanty and Mansy (Ob-Ugrians; *n*=25); *red* Karelians (*n*=22); *pink* Finns (*n*=33); *purple* Mari (*n*=10); *brown* Latvians (*n*=10). Haplotypes are drawn approximately proportional to number of individuals carrying them

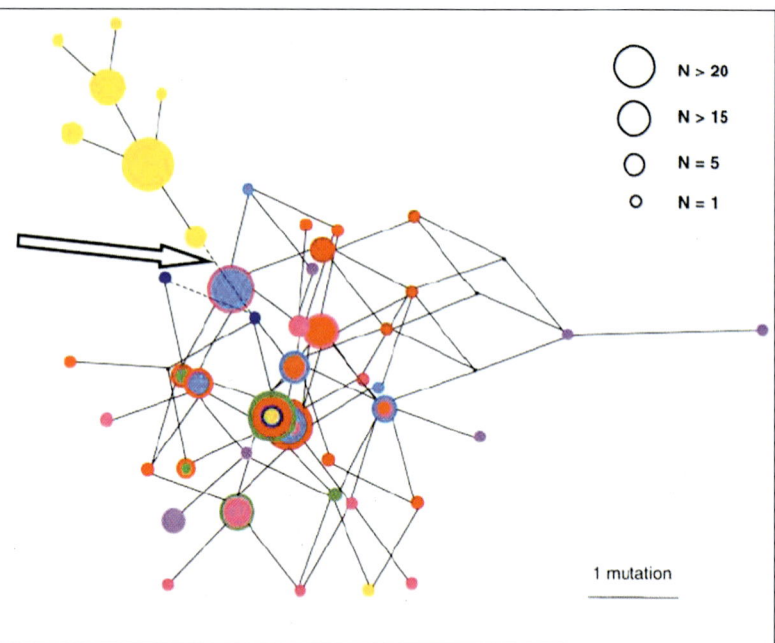

图 3-9 雅库特人的父系属于一个独特的分支

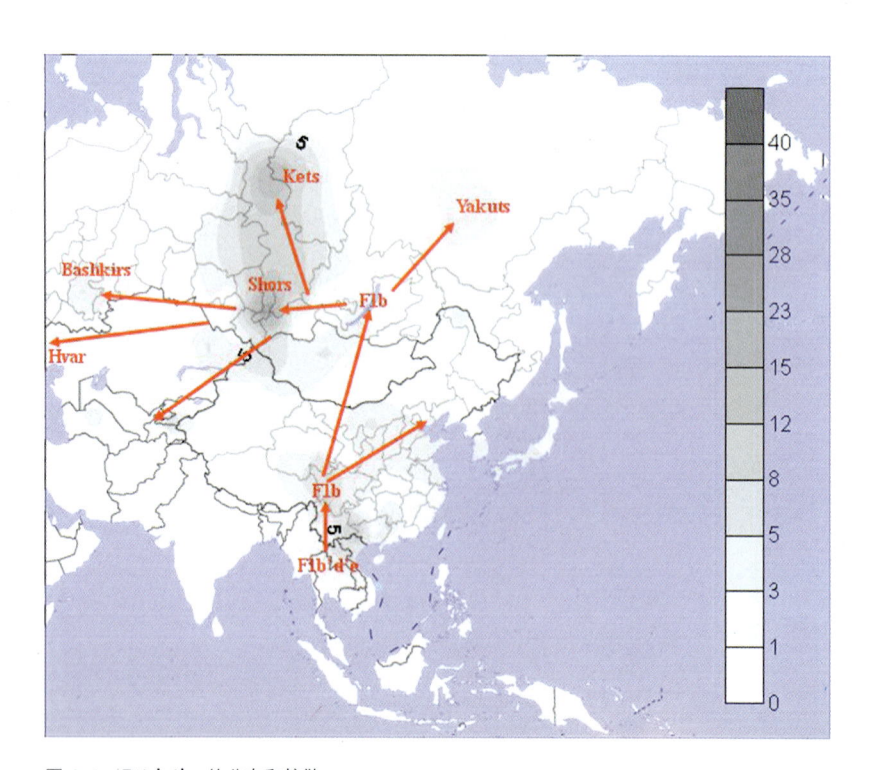

图 4-1 F1b'd'e 的分布和扩散

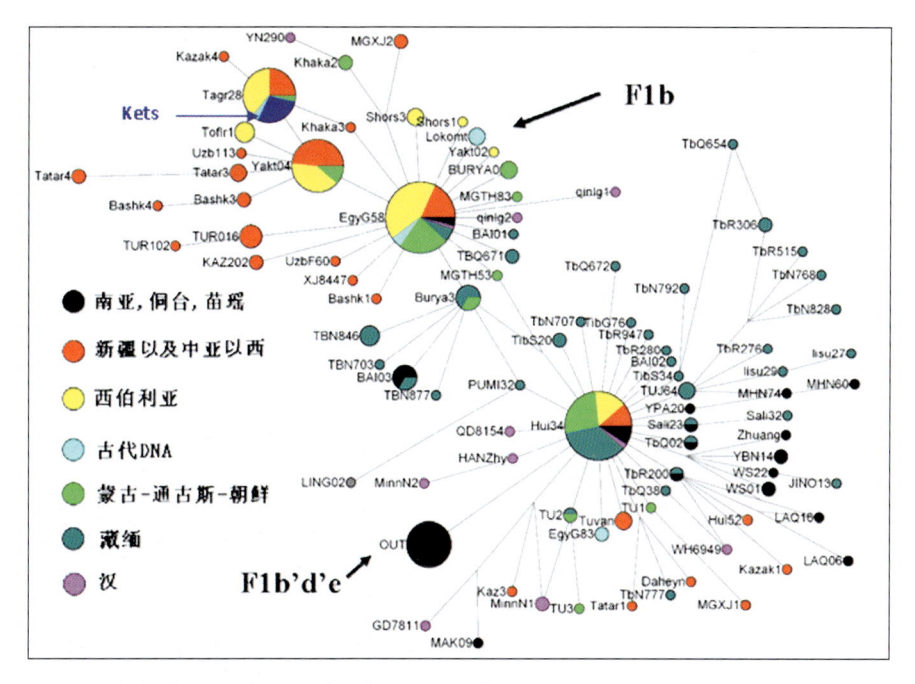

图 4-2　F1b'd'e 的高变 I 区突变网络图所见的分化

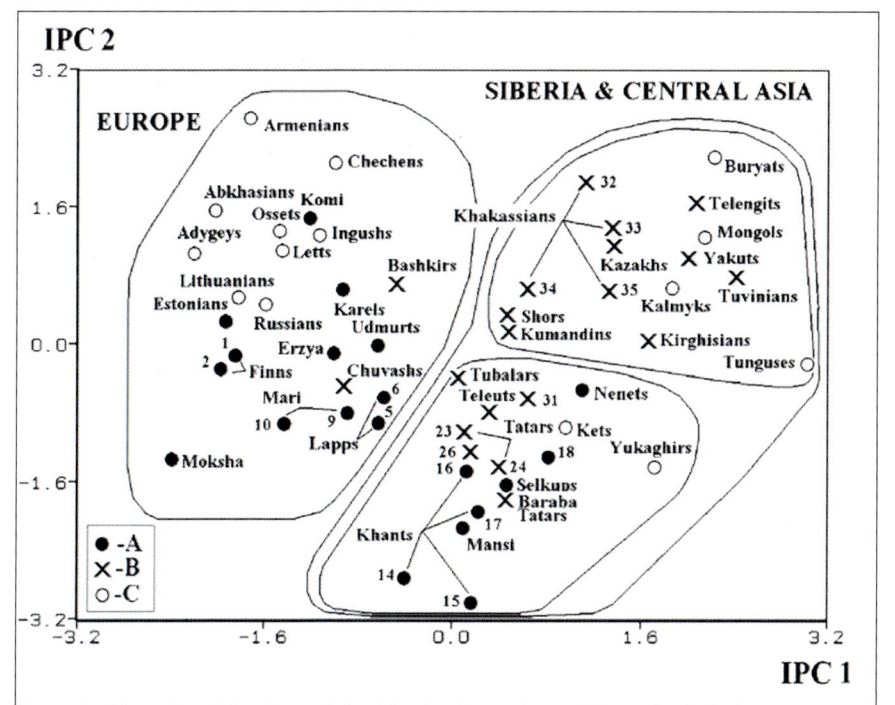

图 5-1　欧亚北部人群颅骨性状的主成分分析图

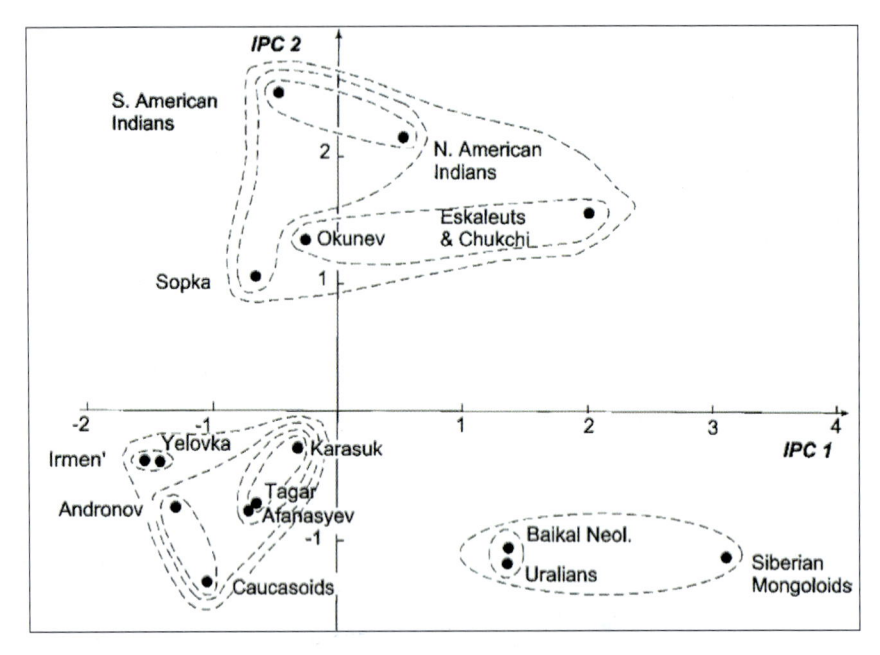

图 5-2　西伯利亚古代人群的颅骨参数的主成分分析

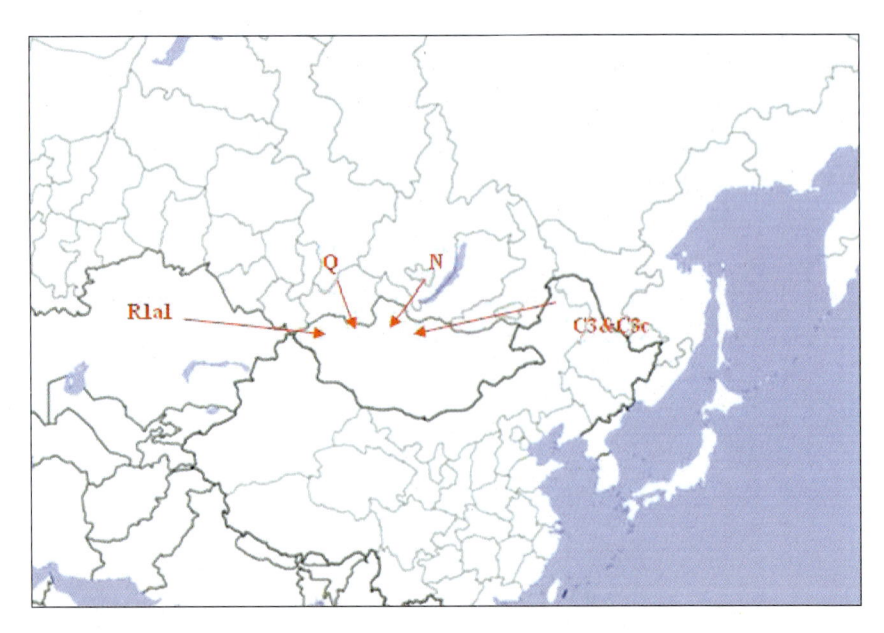

图 6-1　突厥—蒙古—通古斯语诸人群父系的大致起源

例很低。在通古斯人中 F1b 的比例极少，或者不存在。

（二）F1b'd'e 和 F1b 的高变 I 区突变显示的详细结构

为分析 F1b'd'e 下更详细的分化过程，我们将文献中的高变 I 区突变数据用 Network 画成网络图。前文已经提到，对于属于同一个母系单倍群 F1b'd'e 的个体来说，其高变区突变状态，除了含有定义这个单倍群的基本突变外，还会因为人群分化的历史时间而产生其他的突变。这种突变在不同人群中的差异往往很大。据此我们可以讨论人群的分化历史。

由图 4-2 可以获得以下种种观察结果。

首先，F1b'd'e 的上游状态，我们定义为黑色的 OUT 点，即图中左下部的箭头所指的 OUT 点。与 F1b'd'e 有最亲密的亲缘关系的母系单倍群，即 F1a1，就是从这个点分化出去的。F1a1 广泛分布在南亚语、侗台语和苗瑶语人群中，是一个典型的华南以及东南亚的母系单倍群。

其次，由上游位点 OUT 分化出了区别于 F1a1 的 F1b'd'e，也就是 Hui34 所代表的根系位点。这是 F1b'd'e 的最原始的状态。原始的 F1b'd'e 所代表的母系类型，出现在南方人群、藏缅语人群、蒙古—通古斯语人群、西伯利亚人群、新疆以及中亚以西人群和汉族人群中。基本上，在其诞生地及其迁徙所经过、迁徙最后到达的地方，都发现了它的踪迹。F1b'd'e 在漫长的历史过程中，又发生了很大的分化：

（1）汉族中有少量独特的分化类型。以粉红色作标志，出现在图中根系节点 Hui34 的左下角，比如 QD8154、MinnN2 等。

(2) 红色标识的新疆以及中亚以东的人群，也有少量自己的独特类型。比如 Tuvan, Tartar1 和 Daheyan（大河沿）等所代表的类型。

(3) 黑色标志的南亚/侗台/苗瑶语人群的类型（单倍型），也有自己独特的支系，即根系节点 Hui34 右边 Zhuang 和 YBN14 所代表的支系。

(4) 铁灰色标志的藏缅人群，出现在根系节点 Hui34 的右上方，以 TB（藏族）、BAI（白族）、Lisu（傈僳族）、Tujia（土家族）以及 Sali（彝族一支）为单倍型的标记。我们可以看到，藏缅语人群的分支，占到全部分支的大部分，并且大多数都是不与其他人群分享的独特类型。这说明 F1b'd'e 在藏缅语人群发生了重大的分化。

此外，Sali23 和 TbR200 所代表的母系单倍型，与南亚、侗台、苗瑶语人群共享。考虑到居住地的临近，这种基因交流是可以理解的。

再次，从 Hui34 所代表的 F1b'd'e 的根系（189-304），通过三步突变后，诞生了以 EgyG58 为代表的 F1b（189-249-232A-304-311）。

我们可以看到，第一步突变的中间类型出现在普米族中（PUMI32），第二步突变的中间类型出现在藏族和布里亚特人（Burya3）中，但它在藏族中发现的数目要多于布里亚特人，并且在 Burya3 所代表的中间型之下，在藏缅语人群中出现了很多的分化的类型（TBN864、TBN703、BAI03、TBN877）。这些中间类型，在其他人群中没有出现。同时，藏族中也出现了一定数目的 F1b，甚至包括 F1b 的下游分支（BAI01、TBN671）。考虑到这些情形，结合分布图和 F1b 在苗瑶语人群的出现，我们推测，F1b 大致出现在青藏高原东南一带。

最后，还需要对 F1b'd'e 和 F1b 之间的网状结构作一点说明。由于 MGTH53 这个样本（来自呼和浩特）的出现，F1b'd'e 和 F1b 之间出现了网状结构，而不尽如我们之前描述的线状的分化结构。这是因为 MGTH53 含有 249—311 突变，却没有 232A 突变。但无论是 232A 的回复突变，或者 249—311 的平行突变，其概率都是极小的，因此我们考虑这很可能属于测序错误。或许全序列的测试将有助于解决这个问题。由于藏缅语人群中出现了大量的中间类型，MGTH53 引起的问题暂不予考虑。

（三）F1b 在北亚的分化及其意义

F1b 主要出现在欧亚北部人群中，在藏缅语人群和北方汉族中低频存在，而在南方人群中极少见或不存在。不仅如此，在欧亚北部人群中，F1b'd'e 之下，除 F1b 之外的其他类型的比例也很低。这往往就是遗传漂变效应的结果。其大致定义是：在长途迁徙后或孤立的人群中，人群的遗传多态性下降。以 F1b 为例，仅考虑 F1b'd'e 之下的分支的时候，我们可以看到，F1b 只是诸多 F1b'd'e 的分支中的一个。在长途的迁徙过程后（比如欧亚北部人群中），某一个类型（比如在华南属于小分支的 F1b）的比例急剧增加，从而成为人群中的主要类型（绍尔人 Shors 中，40%），而其他的类型则消失或者保持低频状态。极端情况是，在一个人群中，某个母系单倍群（如 F1b）的单倍型（某一高变 I 区突变类型）只有一个，即遗传多样性极低。在属于叶尼塞语的凯特人（Kets）中就存在这样的情况。F1b 的原始类型，就是 EgyG58 所代表的类型。F1b 的原始类型及其下游分支出现在以下人群中的意义是：

(1) F1b 的原始类型在藏缅语人群和北方汉族中的出现，特别是秦陵劳工的两个 F1b 个体（qinlg1、qinlg2），都属于不同于其他人群的独特类型，可能正是代表了迁徙过程中的遗存。

(2) F1b 在历次蒙古族的采样中，有的比例较高（6%—8%），但在海拉尔的蒙古族和蒙古国蒙古人中比例为零。这显示了各地的蒙古族之间的遗传差异。总的说来是东部的比例较少而西部的比例较多，在部分布里亚特的样本中甚至没有这种类型。除了 BURYA0 所代表的布里亚特人中 F1b 的一个特有类型（单倍型）外，其他的蒙古语人群的样本，均与别的人群有共享单倍型。说明这是来自晚近的基因交流。

(3) 考虑到黑龙江下游人群，中国东北和内蒙古东北人群，以及东部的埃文人等典型的通古斯人群中均未发现 F1b，并且中部鄂温克人、西部鄂温克人、Yakut-speaking Evenks 以及喀木尼干人（Khamnigans）中的 F1b，都可以在临近的雅库特人和突厥人中找到共享（即相同的）的类型，说明这是来自晚近的基因交流。

(4) 雅库特人中的 F1b 虽然比例很低，但在数次采样中均有发现，说明这是雅库特人固有的一个母系类型。除了出现回复突变的 Yakt02 外，其他的雅库特人的 F1b 的单倍型都与西部的突厥语人群共享。考虑到雅库特人的突厥起源，这种母系上的关联也是一种证据。

(5) 绍尔人（Shors）人中的 F1b 中，F1b 的原始类型的比例是 90%，可见这是他们的一个主要的母系类型。其他两个单倍型都是绍尔人独有的下游分支（Shors1、Shors3，见图 4-2）。

(6) 在 EgyG58 所代表的 F1b 的原始类型的左下角（见图 4-2），我们可以看到用红色标识的新疆以及中亚以西的人群的个体，包括土库曼人（TUR102、TUR016）、哈萨克人（KAZ202）、乌兹别克人（UzbF60）、巴什基尔人（Bashk1）和一个新疆个体（XJ8447）。这些个体所代表的母系类型，并不与其他人群共享，而仅出现在这个区域。根据原始数据，F1b 的原始类型（EgyG58 所代表的饼图中有一大部分是红色的）在这些人群也有大量发现。这一方面说明了由阿尔泰山区向中亚的移民中，包含有起源地的母系类型，但同时也已经发生了分化，产生了自己独有的类型。

（7）在对塔吉克人的调查中，有些文献样本中没有出现 F1b，而在有些文献的样本中，F1b 的比例为 9.4%（23/244），但是其中的塔吉克个体样本取自乌兹别克斯坦境内，这 23 个塔吉克人的母系全部属于同一个类型，正好是 F1b 的原始类型[1]。而这种类型在邻近的乌兹别克人和哈萨克人中都有存在。因此我们可以推测，它代表了毗邻的人群间较晚近的基因交流。F1b 在乌兹别克斯坦境内塔吉克人中的高频，似乎只是一个偶然的人口历史。

在伊朗人、阿富汗人和印度人的样本中，我们没有发现 F1b 的存在。而在土耳其人的样本中，我们又观察到 1 例 F1b 的存在[2]。考虑到长途迁徙、特别是军事征服的过程中，往往携带有较少的母系。或许可以认为，F1b 在中亚的扩散有明显的人群界限，即几乎只出现

---

[1] Derenko M, Malyarchuk B, Grzybowski T, Denisova G, Dambueva I, Perkova M, Dorzhu C, Luzina F, Lee HK, Vanecek T, Villems R, Zakharov I. Phylogeographic Analysis of Mitochondrial DNA in Northern Asian Populations, Am J Hum Genet, (2007) 81 (5) :1025-1041. Irwin JA, Ikramov A, Saunier J, Bodner M, Amory S, Röck A, O'Callaghan J, Nuritdinov A, Atakhodjaev S, Mukhamedov R, Parson W, Parsons TJ. The mtDNA composition of Uzbekistan:a microcosm of Central Asian patterns, Int J Legal Med,(2010) 124(3):195-204.

[2] Ricaut FX, Keyser-Tracqui C, Cammaert L, Crubézy E, Ludes B. Genetic analysis and ethnic affinities from two Scytho-Siberian skeletons, Am J Phys Anthropol,(2004)123(4):351-360.

在突厥语人群中（前揭文献中提到的塔吉克人是例外）。根据F1b的起源和扩散图景，我们可以推测：F1b在中亚的扩散，伴随着突厥语的扩散，而且这种扩散源自阿尔泰山与贝加尔湖之间的人群。稍后我们会提到，贝加尔湖西北岸Lokomotiv墓葬的7000年前的采集—狩猎人群中，也存在高频的F（48.4%）。[1] 根据文献给出的2例高变区测试结果，我们可以判断都是F1b。我们由此还可以将这种扩散追溯到更久远的时代。

（8）Yakt04代表的是一个重要的分支。它在F1b原始类型的基础上，增加了17位点上的突变，我们将这个分支定义为F1b-172。在这个分支下，又诞生了新的分支，我们定义为F1b-172-179。

F1b-172出现在以下人群中：乌兹别克人、哈萨克人、雅库特人、说雅库特语的鄂温克人（Yakut-speaking Evenks，YSE）、巴什基尔人、托博尔—额尔齐斯河的塔塔尔人（Tatars Tobol-Irtysh）、吉尔吉斯人，以及图法拉尔人（Tofalar）。

F1b-172最早出现在2800—2200年前的塔加尔文化遗存中。[2] 而在现代人群中，除了与雅库特人有密切联系的YSE人群外，仅仅出现在突厥语人群中。这个支系主要在哈萨克以北得到扩散，而在中亚以南比较少见。在巴什基尔人和Tartar人的母系中，F1b-172占F1b的绝大部分，这说明了这些突厥语人群的母系上的联系。在这两

---

[1] K.P.Mooder, T.G.Schurr, F.J.Bamforth, V.I.Bazaliiski, and N.A.Savelev. Population Affinities of Neolithic Siberians:A Snapshot From Prehistoric Lake Baikal, *Am J Phys Anthropol*,（2006）129:349-361.

[2] Christine Keyser,Caroline Bouakaze,Eric Crubézy,Valery G.Nikolaev,Daniel Montagnon,Tatiana Reis ,Bertrand Ludes. Ancient DNA provides new insights into the history of south Siberian Kurgan people, Hum Genet,（2009）126（3）:395-410.

个人群中，也没有发现蒙古—通古斯典型父系 C3 或 C3c，而主要是 R1a1 和 N，表明他们在父系上也没有来自蒙古—通古斯的影响。

F1b-172-179 这个小分支在图 4-2 中由 Tagr28 标识。它出现在以下人群中：塔加尔文化遗存、蒙古人、维吾尔族、阿勒泰人、Todjins、图瓦人、Kets、阿勒泰山区的哈萨克人，以及诺盖人（Nogays）。我们可以看到，这个支系的分布，比 F1b-172 的分布要小得多，几乎局限于阿尔泰山区附近的人群。对于上游支系 F1b-172 分布的范围宽而下游支系 F1b-172-179 大致局限在阿尔泰山周围的人群，我们可以看到以下的情形：人群携带了部分母系迁徙出去之后，留在当地的人群又在原有的母系的基础上，诞生出更多的分支。

凯特人（Kets）的语言属于叶尼塞语系，但却有 38% 的 F1b。[1] 这一点是比较特殊的。但是根据原始数据我们可以看到，凯特人中所有 F1b 个体都属于同一个单倍型，也就是 F1b-172-179。凯特人在很晚近的时期，还生活在萨彦岭，后来才迁徙到叶尼塞河下游。而萨彦岭正是 Todjins、绍尔人、黠戛斯人以及图瓦人等突厥语人群聚居的地方。可见，凯特人的母系 F1b 是来自与萨彦岭居民的遗传交流。在图 4-2 中，用深蓝色特别标识了凯特人的类型。

（四）对 F1b 在北部欧亚分化的再讨论

以上描述了 F1b 这个母系单倍群在欧亚北部的扩散。总体来说，F1b 只是欧亚北部人群中的一个很小的母系单倍群，扩散范围仅限于

---

[1] O.A.Derbeneva, E.B.Starikovskaya, N.V.Volodko, D.C.Wallace and R.I. Sukernik. Mitochondrial DNA variation in the Kets and Nganasans and the early peopling of Northern Eurasia, (2002) 38 (11):1022-7954.

少部分人群。

在阿尔泰山以西，除了以极小的多样性出现在塔吉克人和凯特人中（所有个体都只属于一个单倍型）外，F1b 仅出现在突厥语人群中。因此我们可以认为 F1b 向西的迁徙伴随着突厥语人群的扩散。

在阿尔泰山以东，西部蒙古人中也有一定比例的 F1b（6%—8%），但在内蒙古蒙古族以及黑龙江下游的通古斯人群中，没有观察到 F1b 的出现。在文献中观察到 2 例 F1b，与 F1b 的原始类型一致而不属于突变的下游类型[1]。在布里亚特人中，F1b 也有一定的比例（历次采样的比例分别是 0，1.6%，1.1%，4.8%），其单倍型大部分与其他人群共享。但仍有 BURYA0 所代表的一个特有类型。值得注意的是，布里亚特人和喀木尼干人中分别有 1 例由 F1b'd'e 向 F1b 突变的中间类型。这个母系类型在图 4-2 中用 Burya3 标识，并与藏缅语人群的个体共享。这是早期向北迁到贝加尔湖一带的早期人群的遗存。西部蒙古人中有丰富的 F1F1b'd'e 的各个分支，包括 F1b'd'e 原始类型、F1b、F1b-172 和 F1b-172-179 等。但总的说来，F1b 向东的扩散没有到达内蒙古蒙古族以及黑龙江下游的通古斯人群中。

（五）古代 DNA 所显示的 F1b 的扩散

在贝加尔湖西北岸 Lokomotiv 墓葬反映的约 7000 年前的采集—

---

[1] Konstantinov IV. The origins of the Yakut people and their culture [in Russian]: Yakutia and her neighbors in antiquity, Publications of the Prilenskaya Archaeological Expedition.Yakutsk:Yakutskiy filial SO AN SSSR.,1975, pp.106-173.

狩猎人群中[1]，也存在高频的 F（48.4%）。根据文献给出的 2 例高变区测试结果，我们可以判断 2 例都是 F1b。

塔加尔文化遗存（2800—2200 年前）中的一个个体（Tagar.S28），也属于 F1b-172-179 这个分支的下游类型。[2] 它在人群中的比例是 8.3%。Z1a 高频存在于古亚细亚人的科里亚克人和尤卡吉尔人中，在蒙古高原附近区域的人群也有出现，并同时存在于东北欧的乌拉尔语人群中。可见这是一个在乌拉尔人由西伯利亚向北欧迁徙过程中伴随的一个母系类型。在塔加尔文化中，出现了更多的蒙古人种成分 G2a、C，以及 F1b。G2a 的分布很分散，在西伯利亚地区低频存在。C 的样本可进一步判定为 C5b1，在现代的图瓦人中有接近的类型，在一定程度上可视为现代当地居民所继承的远古移民的遗传结构。F1b 是一个很重要的单倍群。塔加尔文化中的这个个体，继承自新时期时代贝加尔湖的采集渔猎居民[3]。在现代的人群中，F1b 在绍尔人、點戛斯人和凯特人中有较高的比例。对比数据可知，塔加尔文化中的 3 例东部欧亚 mtDNA，在新石器时代的贝加尔湖沿岸居民中都能找到完全一致的单倍型，这说明了人群在母系上的直接继承关系。

乌拉尔人群中的 mtDNA 单倍群同时含有 D5 和 D4，而 D5 出

---

[1] K.P.Mooder, T.G.Schurr, F.J.Bamforth, V.I.Bazaliiski, and N.A.Savelev. Population Affinities of Neolithic Siberians:A Snapshot From Prehistoric Lake Baikal, *Am J Phys Anthropol*,(2006) 129:349-361.

[2] Christine Keyser,Caroline Bouakaze,Eric Crubézy,Valery G.Nikolaev,Daniel Montagnon,Tatiana Reis ,Bertrand Ludes. Ancient DNA provides new insights into the history of south Siberian Kurgan people, Hum Genet,（2009）126（3）:395-410.

[3] Brigitte Pakendorf, Innokentij N.Novgorodov, Vladimir L.Osakovskij, Al' bina P.Danilova, Artur P.Protod' jakonov, Mark Stoneking. Investigating the effects of prehistoric migrations in Siberia:genetic variation and the origins of Yakutsi, *Hum Genet*,（2006）120:334-353.

现的年代比 D4 早，但相对而言，D5 要分布在更内陆地区，其最深的分支出现在古亚细亚人 Tubalar 人中。这表明 Y-SNP N 系人群北上直到贝加尔湖期间，融合了原有的居民的 mtDNA D5，并且在迁往北欧以后，D5 和 Z1 成为遗传漂变之后仅存的 mtDNA 单倍群。随后，黑龙江下游兴起的父系主要为 C3 系人群也开始西进，导致现代人群中 F 的比例急剧下降，但仍低频存在于北亚各个人群。

2000 年前匈奴时代额金河墓地（蒙古北部，色楞格河中游）的古代 DNA 显示[1]，F1b 在整个墓葬中的比例是 8.7%。

文献显示，在 7000 年前（Lokomotiv 墓地）与 5000 年前（Ust'-Ida 墓地）之间，贝加尔湖西北岸的居民发生了剧烈的人口变迁事件[2]。这种变迁在历史时期持续，最终呈现为布里亚特蒙古族人的母系线粒体 DNA 与 Lokomotiv 墓地人群 mtDNA 二者的强烈差异。其具体表现是母系组成比例的极大变化：单倍群 A 接近消失（自 13% 到 2%），单倍群 B/G 的增加，单倍群 C 的急剧上升（自 3% 到 48%），西部欧亚的母系单倍群 U5 的出现（额金河墓地和蒙古族中），单倍群 F 几乎消失（自 48% 到 1%）。在颅骨形态上，贝加尔湖周围的各个历史时期的人群发生了巨大的变化，接近人种体质类型的替换。

---

[1] Christine Keyser-Tracqui, Eric Crube´zy, and Bertrand Ludes. Nuclear and Mitochondrial DNA Analysis of a 2000-Year-Old Necropolis in the Egyin Gol Valley of Mongolia, *Am.J.Hum.Genet*, (2003) 73:247-260.

[2] KP Mooder, TG Schurr, FJ Bamforth, VI Bazaliiski, and N A Savelev. Population Affinities of Neolithic Siberians:A Snapshot From Prehistoric Lake Baikal, Am J Phys Anthropol,(2006) 129:349-361.

表3 贝加尔湖周围古代和现代人群的母系遗传结构

mtDNA haplogroup frequencies of prehistoric and modern East Eurasian populations

	n	A	B	C	D	G2a/E	F	Other
Prehistoric groups								
Lokomotiv[1]	31	0.13	0.00	0.03	0.23	0.03	0.48	0.10
Ust'-Ida[1]	39	0.26	0.00	0.28	0.05	0.10	0.08	0.23
Eygin-Gol[5]	46	0.17	0.02	0.13	0.41	0.02	0.09	0.15
Modern groups								
Shorians[2]	42	0.00	0.02	0.07	0.10	0.00	0.43	0.38
Sojots[2]	34	0.09	0.03	0.18	0.50	0.09	0.00	0.12
Kets[4]	38	0.08	0.00	0.16	0.03	0.00	0.24	0.50
Tofalars[4]	58	0.05	0.03	0.62	0.00	0.02	0.00	0.28
Todjins[4]	48	0.04	0.08	0.48	0.04	0.00	0.02	0.33
Evenks[4]	79	0.04	0.05	0.48	0.27	0.03	0.01	0.13
Yakuts[4]	62	0.00	0.05	0.42	0.27	0.02	0.02	0.23
Buryat[4]	91	0.02	0.07	0.29	0.33	0.14	0.01	0.14
Tuvnians[4]	90	0.01	0.08	0.48	0.18	0.02	0.02	0.21

From K. P. Mooder, T. G. Schurr, F. J. Bamforth, V. I. Bazaliiski, and N. A. Savelev. Population Affinities of Neolithic Siberians: A Snapshot From Prehistoric Lake Baikal, Am J Phys Anthropol, (2006) 129: 349-361.

从5000年前的Ust'-Ida墓地，到2000年前匈奴时代的额金河墓地，再到现代的西部蒙古族，F1b在贝加尔湖沿岸的人群中基本维持在6%—8%，而再也没有恢复到7000年前接近50%的状态。根据F1b现有的分布，我们可以看到，携带这个母系的人群，主要迁徙到了米诺辛斯克盆地。在历史时期，它伴随着突厥语人群向中亚及欧亚大陆西部扩散。在东部，它也出现在雅库特人中，但是比例并不高（≈4%）。

（六）克罗地亚Hvar岛上居民的特殊的父系单倍群和母系单倍群

有学者在研究克罗地亚人的遗传结构时，发现在克罗地亚Hvar

岛上的居民的父系和母系遗传结构都非常特殊。随后进行的更深入的研究，在该地居民父系遗传结构中首先测得14%的P*-92R7[1]，后来的测试则都显示Q-M242。[2]Q是一个仅在西伯利亚的一些小人群中高频出现的父系单倍群；在整个东南欧，也只有塞黑人中曾发现过一个个体属于这个父系单倍群[3]。就母系而言，Hvar岛居民有8%的F1b[4]，这在整个东南欧都是罕见的。[5]父系单倍群Q和母系F都是典型的东部欧亚的单倍群。因此Hvar岛居民的起源，必定要往东方寻找。

在图4-2中，Hvar岛居民的线粒体DNA数据被合并在黄色的西伯利亚人群中，而没有单独列用另一种颜色表示出来。

上引Well RS等人的研究认为其来源有下列几种可能：四世纪Huns人的扩散；6世纪阿瓦尔人（Avars）的扩张；公元1241年到达东欧的蒙古人。不过作者又认为，第三种可能性比较小。因为在这种

---

[1] Barać L, Pericić M, Klarić IM, Rootsi S, Janićijević B, Kivisild T, Parik J, Rudan I, Villems R, Rudan P Y chromosomal heritage of Croatian population and its island isolates, *Eur J Hum Genet*, (2003) 11 (7) :535-542.

[2] Pericić M, Barać Lauc L, Martinović Klarić I, Janićijević B, Rudan P. Review of Croatian Genetic Heritage as Revealed by Mitochondrial DNA and Y Chromosomal Lineages, *Croat Med J.*, (2005) 46 (4) :502-513.

[3] Wells RS, Yuldasheva N, Ruzibakiev R et al. The Eurasian heartland: a continental perspective on Y-chromosome diversity, *Proc Natl Acad Sci USA,* 2001; 98: 10244-10249.

[4] Tolk HV, Pericić M, Barać L, Klarić IM, Janićijević B, Rudan I, Parik J, Villems R, Rudan P. MtDNA haplogroups in the populations of Croatian Adriatic Islands, Coll Antropol, (2000) 24 (2) :267-280.Tolk H-V, Barac̀ L, Peric̆ic̀ M et al. The evidence of mtDNA haplogroup F in a European population and its ethnohistoric implications, *Eur J Hum Genet*, (2001) 9: 717-723.

[5] Cvjetan S, Tolk HV, Lauc LB, Colak I, Dordević D, Efremovska L, Janićijević B, Kvesić A, Klarić IM, Metspalu E, Pericić M, Parik J, Popović D, Sijacki A, Terzić R, Villems R, Rudan P. Frequencies of mtDNA haplogroups in southeastern Europe--Croatians, Bosnians and Herzegovinians, Serbians, Macedonians and Macedonian Romani.Coll Antropol, (2004) 28 (1):193-198.

情况下，我们应该能发现典型的蒙古人的父系和母系。但是 Hvar 岛居民中没有找到这样的存在。我们注意到，Hvar 岛的名称，实际上与阿瓦尔人（Avars）名称非常接近。此外还有明确的历史记载，提到阿瓦尔人在匈牙利和克罗地亚北部的 Pannonian 平原建立过一个国家，他们与那里的斯拉夫人建立起一个强大的部落联盟，后来融入了斯拉夫人。[1]

拜占庭人曾经指明，出现在欧洲的这些阿瓦尔人，并非真正的阿瓦尔人。由于当地居民以为他们就是令人畏惧的阿瓦尔人而向他们进贡，因此他们自己也乐于冒用强大的阿瓦尔人的名称，史称伪阿瓦尔人。真正的阿瓦尔人就是中国史料中的柔然。学者论证伪阿瓦尔人可能就是中国史料中的悦盘。[2]

根据遗传学的数据，Q 在凯特人（93.8%）和 Selkups 人（66.4%）中比例较高[3]，但在部分突厥语人群中也有一定的比例。[4] 凯特人和 Selkups 人被认为是来自其目前居住地的南方——萨彦岭斜坡地区。[5] Kets 所说的语言是一种孤立语，又有分类法称之为叶尼塞语系。在

---

[1] Moravcsik G, Jenkins RJH (eds). Constantine Porphyrogenitus: De Administrando Imperio, Baltimore, Dumbarton Oaks Publishing Service, 1993, p.143.

[2] 余太山：《柔然与阿瓦尔同族论质疑——兼说阿瓦尔即悦般》，《文史》1985 年第 24 辑，第 97—113 页。

[3] Karafet TM, Osipova LP, Gubina MA, Posukh OL, Zegura SL, Hammer MF. High levels of Y-chromosome differentiation among native Siberian populations and the genetic signature of a boreal hunter-gatherer way of life, *Hum Biol*, 2002；74:761-789.

[4] Seielstad M, Yuldasheva N, Singh N, Underhill PA, Oefner PJ, Shen P, Wells RS. A Novel Y-Chromosome Variant Puts an Upper Limit on the Timing of First Entry into the Americas, *Am J Hum Genet*,（2003）73: 700-705.

[5] Popov AA, Dolgikh BO., The Kets. vin: Levin MG, Po-tapov LP (ed.). *The peoples of Siberia*, Chicago: University of Chicago, 1964, pp. 587-606. Prokof'yeva ED The Selkups, in Levin MG, Potapov LP (ed.). The peoples of Siberia, Chicago: University of Chicago Press, 1964, pp. 607-619.

凯特人中，也有 38% 的 F1b。但是通过对比线粒体 DNA 的高变 I 区数据，Havar 人的 F1b，主要是 F1b 的原始类型，以及一个与绍尔人（Shaors）共享的单倍型，而凯特人的 F1b 则全部属于一个下游支系 F1b-172-179。因此这两个人群中的 F1b 的来源并不相同，应该是在不同的历史时期融合进入这两个人群的。因此我们可以认为，可以将 Hvar 岛居民中的东部欧亚成分，追溯到阿尔泰山区那些同时存在父系 Q 和母系 F1b 的人群中。

五、7000 年前贝加尔湖西北 Lokomotiv 墓葬人群以及乌拉尔人起源的颅形学证据

根据一般体质人类学的数据，通常认为，乌拉尔人种是一种介于蒙古大人种和欧罗巴大人种之间过渡类型位置上的混合人种，虽然有一些性状与典型的蒙古人种北亚类型有差异，但是尚不确知其来源。[1]

最近，基于颅骨测量性状和非测量性状的针对几乎所有欧亚北部人群的深入研究显示，乌拉尔人种有其独特的颅形学特征，并且这种特征不能在蒙古人种北亚类型和欧罗巴人种中找到。[2] 前引研究成果最重要的结论是：乌拉尔人群有自己独特的颅骨性状特征，而不像之前所认为的那样仅仅是东西方混血的结果。

前引文献提供了一幅散点图，是对欧亚北部人群颅骨性状主成

---

[1] 朱泓：《体质人类学》，高等教育出版社 2004 年版，第 344 页。
[2] V MOISEYEV. Origins of Uralic-speaking populations- craniological evidence, *HOMO*, (2002) 52 (3): 240-253.

分分析结果的一次新整合。它也是这篇文献的最重要的成果（图5-1）。"乌拉尔性状组合"包含高频的副眶下孔，低频的蝶上颌缝（与PC2强烈相关），长而狭的颅型，低面，小的鼻颧角（与CV2强烈相关）。

图5-1中，PC2代表综合的"乌拉尔特征"向量。鄂毕河中游的乌戈尔群体（汉特人，曼西人）的特征最为显著。绝大部分乌拉尔人群位于PC2的零值以下，说明了他们的一致性。科米人、卡累利阿人和爱沙尼亚人位于零值以上，显示他们已经与欧洲人群深度混合，以致无法再与后者区分开来。几乎有一半的突厥语人群是散布在乌拉尔人群中，说明两个群体无论在起源和分化上都密切相关。凯特人也处在乌拉尔人的范围内，由于他们的居地非常临近乌拉尔人，并在母系上与之非常接近，这一点其实并不意外。尤卡吉尔语已经被确认是属于乌拉尔语的一种语言。而通古斯语—突厥语人群越过外兴安岭—贝加尔湖—阿尔泰山而扩散到现在分布地的历史较为晚近，我们完全有理由相信，在此之前，"乌拉尔人"遍布在鄂毕河下游至鄂霍次克海间的广大区域。

根据Pimenoff VN、迪考马斯等人，汉特和曼西人的父系单倍群中，N是绝对的多数[1]。

上文已经提到，根据现有的父系遗传的Y染色体单倍群的数据，突厥语人群中有相当比例的N，并且在部分突厥语人群中（比如雅库特人），N的比例接近100%。这一点，与部分突厥人在颅骨参数

---

[1] Pimenoff VN, Comas D, Palo JU, Vershubsky G, Kozlov A, Sajantila A. Northwest Siberian Khanty and Mansi in the junction of West and East Eurasian gene pools as revealed, Eur J Hum Genet,（2008）16（10）:1254-1264.

上与乌拉尔人群聚类在一起是吻合的。

在常染色体方面，有文献研究分析得出了以下结论，乌拉尔人在常染色体上，也有自己独特的、异于西部的欧罗巴人和东部的蒙古人的成分。[1]

就"乌拉尔性状组合"而言，高频的副眶下孔（30%），不见于西部的欧罗巴人和东部的蒙古人中[2]，因此不可能从这些人群中找到来源。在姜家梁新石器时代遗址（仰韶时代向龙山时代过渡遗存的代表）的人群中，我们也观察到非常接近的数值（28.4%）。考虑到乌拉尔人的父系 Y 染色体单倍群 N 与东亚/东南亚的 O 有密切的亲缘关系，这可能暗示着这种非常量性状的相似性的来源。

图 5-2 是西伯利亚古代人群的颅骨参数的主成分分析。[3] 体质（颅骨参数）上接近的人群在图中趋向于聚类在一起。我们可以看到，Andronovo、Tagar 和 Karasuk 遗存的人群在体质上强烈聚类在一起，分子人类学测得父系 Y 染色体的结果也是支持这一见解［见三·（六）节］。贝加尔湖新石器时代人群与乌拉尔人强烈聚类，而与西伯利亚蒙古语人距离甚远，母系线粒体 DNA 的测试结果支持这种分离［见四·（五）节］。

由于 Lokomotiv 墓葬人群没有测试父系的 Y 染色体单倍群，我们尚不能确切地在父系上讨论人群的关系。但是我们可以就现有数据作出一些推测。我们知道，现代人群中拥有 F1b 的比例最高

---

[1] Li Hui, Cho Kelly, Kidd Judith R, Kidd Kenneth K. Genetic Landscape of Eurasia and "Admixture" in Uigurs, *Am J Hum Genet*, (2009) 84 (12) :934-937.

[2] 张桦:《中国北方古代居民颅骨非测量性状研究》,吉林大学硕士学位论文, 2006 年。

[3] Kozintsev AG, Gromov AV, Moiseyev VG. Collateral Relatives of American Indians Among the Bronze Age Populations of Siberia, *Am J Phys Anthropol*, (1999) 108 (2) :193-204.

的人群是绍尔人和黠戛斯人。而在绍尔人和黠戛斯人的父系中，蒙古—通古斯特征的父系 C3/C3c 的比例极低，N3 和印欧人的 R1 才是主要的父系单倍群。我们知道，N 正是乌拉尔人中绝大多数的父系单倍群。F1b 同样高频的凯特人中只有一种最下游分支的单倍型（F1b-172-179），其多样性远远低于突厥语人群中的多样性，因此不能作为 F1b 的来源。

以上的描述，并非想要说明体质人类学的分类与 Y 染色体有关，而是为了说明，虽然与各个方向上的人群的混合是乌拉尔人形成中的一个重要因素，但是无论是在体质上还是父系遗传结构上，乌拉尔人都有区别于东部蒙古人和西部欧罗巴人的类型，而不是通常认为的仅仅是后两者的混合。并且，在乌拉尔人中高频的父系 N，在部分突厥人中也是主要的父系单倍群。因此一部分突厥人与乌拉尔人有着共同的父系祖先。在母系上，在突厥人中得到扩散的 F1b，其最早的来源，亦可追溯到颅骨形态与乌拉尔人强烈聚类的 Lokomotiv 墓葬人群上。因此，南西伯利亚的那些与乌拉尔人有亲缘关系的古代人群，在突厥语人群的形成过程中也起到重要的作用。

六、结论：突厥—蒙古—通古斯语诸人群的起源

综合前述诸多数据和论述，我们可以推测，"阿尔泰语"诸人群，即突厥—蒙古—通古斯语诸人群的父系起源大致如图 6-1 所示。A 红色字体表示了不同的父系来源在漫长的历史时期融合成为现代人群的大致方向。现代说"阿尔泰语"的各个人群，并没有如同说印欧语的人群那样，有一个共同的父系起源（尽管后者在晚期也曾

经历过跨人群的扩散）。[1]

  研究人员测试了 2000 年前匈奴时代的额金河墓地人群的 Y 染色体单倍群。[2] 共测试 6 例，有 3 例得到结果，分别是 N3、Q、C。根据前引 Christine Keyser-Tracqui 等人论文所提供的 2002 年前蒙古额金河墓地遗骨的 Y-STR，加上各个 Y 染色体单倍群下 Y-STR 的特异性，我根据经验值推测墓葬第三部分的父系是 C3，而且文献所提到 70 号遗骸属于 R1a1。可见图 6-1 所揭示的这样一种混合，最迟在匈奴时代全然已经存在了。

  通过父系单倍群的分布和 STR 网络图，我们说明了 "阿尔泰语" 诸人群的主要父系（C3、C3c、N、Q、R1a1）有着各自独立的起源，并且与该语系之外的古亚细亚语人群、乌拉尔语人群和印欧语人群有关。

  可追溯到 7000 年前颅骨形态与乌拉尔人强烈聚类的 Lokomotiv 墓葬人群的母系单倍群 F1b，在历史时期的扩散中基本上局限于突厥语人群，而在通古斯人中几乎没有出现。西部蒙古族含有一定的 F1b，而东南部蒙古族中则没有 F1b，说明了蒙古族中 F1b 的融合起源。

  基于颅型学的证据，乌拉尔人群有自己独特的、区别于蒙古人

---

[1] Wells RS, Yuldasheva N, Ruzibakiev R et al. The Eurasian heartland: a continental perspective on Y-chromosome diversity, *Proc Natl Acad Sci USA*, (2001) 98: 10244-10249.Gimbutas M. Proto-Indo-European culture:The Kurgan culture during the fifth, fourth,and third millenia B.C., in Cardona G, Hoenigswald HM, Senn A (eds). *Indo-European and Indo-Europeans*, Philadelphia: University of Pennsylvania Press, 1970, pp. 155–195.Peter A Underhill et al. Separating the post-Glacial coancestry of European and Asian Y chromosomes within haplogroup R1a, European Journal of Human Genetics, (2009) 18:479-484.

[2] Elizabet Petkovski. Polymorphismes ponctuels de sequence et identification génétique,Thèse présentée pour obtenir le grade de Docteur,de l'Université Louis Pasteur Strasbourg I., 2006, p.114.

种北亚类型和高加索人种的颅骨性状特征，而不像之前所认为仅仅是东西方混血的结果。而部分形状（高频的副眶下孔）可以追溯到中国境内的古代人群。这与乌拉尔人主要的父系 N 起源自中国境内是一致的。

最后，对于 2000 年前匈奴时代的额金河墓地人群的 Y 染色体单倍群测试结果表明，现有的"阿尔泰语"诸人群的混合，最迟在匈奴时代已经完全存在了。

未来对于现代人群遗传结构的更深入调查，和更多的古代 DNA 测试结果，将有助于我们更清楚地了解远古的历史。

二十世纪初凉山地区的法国探险者与传教士

魏明德（Benoit Vermander，复旦大学哲学学院）

直到 1953 年，凉山地区主要由当地语言自称为"诺苏"的人居住，他们大部分尚未被完全纳入中国官方的统治。云南的彝族部落长久以来被汉化，而且分隔大小凉山的交通要道大部分由政府把关，西昌正位于这条要道上。但是不管两边的聚居区如何被高山阻隔，诺苏人都认为自身的领导权高于汉族农人以及其他族群。在这些区域，土司制度往往隐于无形或是有名无实，和其他少数民族的情况完全不同。关于这个地区，外国旅客或是传教士的稀有见证，在众多文献中显得格外重要，因为它们见证了诺苏之作为今日被当作同一个少数民族而归类为彝族的诸多人群之一，其历史实际上有多么复杂。[1]

20 世纪初，巴黎外方传教会的神父们对凉山一带有许多引人入胜的见证。从 19 世纪中叶开始，他们便走访云南附近及四川一带。他们渴望探明：为什么"这稀奇的土生土长一小群人，在中国

---

[1] 关于彝族历史的不同说法，以及理解彝族人的不同构成，请参见 HARRELL Stevan, The History of the History of the Yi, Stevan Harrell, ed., *Cultural Encounters on China's Ethnic Frontiers*, Seattle, University of Washington Press, 1995, pp. 63-91。

这样一个大国中，居然还能成功维持近乎独立的生活"？[1] 从很早开始，凉山此一禁区的传教领地就被隔为两半。[2] 但那时候他们早已认识凉山地区以外的罗罗人（即今彝族）。这必须感谢其中一位邓明德神父（Paul Vial），他完成了首部法语与彝语（撒尼语）的字典。他们当时有人住在四川，即凉山东北边界一带——诺苏人的核心地区，也曾多次进出诺苏人与汉人边界的马边区。1907 年，戈布尔安（Guebriant）神父在凉山西南边界一带的云南省境停留，与两位法国军人欧隆（D'Ollone）、德·布佛（De Boyve）一起穿越凉山——从1907 年的 5 月 12 日至 30 日；毋庸置疑，这对外国人来说应是首创之举。旅程中有几位诺苏向导协助。在穿越凉山的途中，戈布尔安神父对汉族移民势力在此间的日渐衰退感到惊讶。在靠近一个汉人村落时，他写道："我估计还有一百到两百户汉人家庭住在这儿。他们已放弃说汉语，生活在罗罗的支配底下。但凡遇到无法避免与外界接触，如购买布、盐、锅子等一些无法自给自足的物品，或当他们需要出售产白蜡的蜡虫（这种蜡虫在他们所居住的山谷中的女贞树上繁殖得很多），即由这些汉人充当生意往来的中介者。不久前我还以为，这算是汉族在土著地区有所推展的先驱指标。但我错了，很显然地，汉族移民在这里能繁荣发展的只属少数。中国人只在凉山最大且最富裕的地方握有实际的控制权；在这里的汉人约在一世纪前就开始撤退了。由朝廷派来的驻军渐渐由市区移到市郊；某个时期产量极多的铜矿停止开采了；农业人口也逐渐往外迁移。只有

---

[1] Jean-Baptiste de Guebriant, Voyage chez les Lolos indépendants, *Annales de la Société des Missions Etrangères*, 1908, p. 86.
[2] 凉山长久以来被视为野蛮地带，而且是不受汉人掌控的禁区；传教士最早在乐山的凉山东北地带以及云南活动，但未及于四川西南一带的凉山地区。

少数一些家族被罗罗要求留下，不管对方愿不愿意。类似这样的事还有很多。本来我没联想到什么，后来才发现这些罗罗也正慢慢地从东边移到西边；也许他们在这边让中国人得利，却正从另一边弥补回来。"[1] 他的见解也许还需要某些修正，但它可以帮助我们发现，移民们确实正逐渐往小凉山迁移，诺苏社会在此时期正展现其强韧的生命力。近来的民族志研究也显示，凉山西部的诺苏人以相同的方式从汉人与其他少数民族的手中取回优势。[2]

很明显地，戈布尔安神父没有太过注重诺苏社会基本的等级制度及其复杂的家支结构，但他仍然把握住了当时政治结构的几个重要轮廓。"领主，也就是黑彝，是土地的拥有者、奴仆的主人，拥有所有的权力，从一般案件处理乃至生杀大权，而且不依靠任何人。少数民族的部族首领——汉语称为土司，罗罗语称为兹莫，是世袭授予的职位。他们对于黑彝经常不握有实际控制力，尽管在中国政权体制下他们被视为地方负责人。事实上，有不少凉山一带强大的黑彝总是与土司不和，也不履行任何从属义务。在我们所经过的几个部落，情况都是如此。在这些争议性最少和有绝对权威的黑彝领主旁边，可怜的土司就只能当个平庸的人物。"[3] 这个看法是正确的。不过，他可能没注意到在同一时期，至少在凉山中他所经过的这片地区，类似于黑彝摆脱兹莫控制的行为（此一事实于神父造访当时

---

[1] Jean-Baptiste de GUEBRIANT, Chez les Lolos Noirs du Setchoan, la traversée du Leang-chan, *Bulletin des Missions Etrangères*, Hong Kong, 1927, pp. 355-356. 文章写于1907年，但直至1927年才出版。

[2] 参见魏明德：《从羊圈小村到地球村——凉山彝族的生活与传说》，四川民族出版社2007年版。

[3] Jean-Baptiste de Guebriant, *art. cit.*, p. 357.

已存在良久），同样也发生在黑彝与白彝之间。整体来说，那个时期凉山地区的社会结构比我们想象中还要不稳定：1911 年，在冕宁就发生了由白彝、也就是奴隶所发动的一起大规模抗争。

对于自己造访过的屋舍，戈布尔安神父有着生动的描述，许多细节至今仍栩栩如生：

> 屋顶用分开的薄木片铺成，地上则是泥土地。屋内唯一的房间中央，挖了一个坑洞；周围的石头上有雕刻，这是屋里唯一的装饰。这就是火塘[1]，在其四周竖起三个石块以便放置来自汉族地区的锅子，用来烹煮洋芋、玉米或黑麦。家中无任何家具，只有几个放种子的粗糙箱子；也没有床，没有桌子、椅子。坚固且硬的竹子编织成几张席子铺在地上，白天时用来蹲坐，晚上用来躺。屋里没有任何宗教的标记。有人告诉我说，有个东西放在主梁和屋顶板条之间，我倒什么也没看见。这个唯一的房间是属于每个人的，男人、女人、小孩、牲畜。……罗罗可说是不躺下来睡的，他们随意靠着，蜷缩在自己日夜都穿着的羊毛或马毛大衣中，就好似睡在床上一般。吃饭也很简单：大家同在一个大锅中，用长柄勺子舀来吃。[2]

外方传教会神父们尽管努力，却没有达到能在那儿长期宣传福音的目的。这其中最有勇气的尝试，算是 1932 年，毕隆（Biron）神

---

[1] 可供生火取暖的小坑。
[2] 参见 Jean-Baptiste de GUEBRIANT, Chez les Lolos Noirs du Setchoan, la traversée du Leangchan, *Bulletin des Missions Etrangères*, Hong Kong, 1927, p. 351。

父在一位诺苏领导人的保护下定居在美姑县边缘，凉山的西北边，而后 1935 年神父被杀害，一切骤然停止。[1] 另一位神父则曾在德昌附近诺苏人与汉人共居的区域住过一段时间。

与戈布尔安神父一起穿越凉山并发号施令的法国军人亨利·欧隆（Henri d'Ollons，1868—1945 年），在 1910 年出版他的自述，书名为《最后的蛮族》。[2] 毕业于文学与理科的专业之后，他担任步兵军官，1895 年加入对马达加斯加的征战。后来，在殖民部的要求之下，1897 年，他研究流经利比里亚和科特迪瓦的卡瓦利河（Cavally），并为两国划定日后的边界。1903 年，他成为地理学会的成员，被借调到教育部。1919 年，他升任为准将；1933 年，他获颁法国荣誉军团勋章军官勋位。

经过几次亚洲的旅程之后，他身负一项科学研究重任，负责研究中国地域里不属于汉族文化的民族、种族与文化，以及在中国帝制下生存的少数民族。1906 年至 1909 年期间，他和一群研究专家出发。探险的队伍骑着马，走过至少 8000 公里的路途。其所经历都是几近于脱离或是很少受到中央政权掌控的地区，或处于政治不稳定的地理区。他带回的有地理、考古、民族志以及语言的研究成果，同时发表了为数众多的地图、照片、研究报告与专书。

欧隆提交的资料，全可以证实戈布尔安神父在自述文章中所作的描写。欧隆从南部出发，与随行人员来到分隔大小凉山的谷地：
"在罗罗居住的山间，这个谷地的特色在于，它是汉人唯一能够掌控

---

[1] René Boisguerin, Un essai d'évangélisation du pays Lolos indépendant, *Bulletin de Documentation des Missions Etrangères*, 1990, pp. 27-32, 59-64.

[2] *Les derniers Barbares*, Paris Pierre Lafitte, 1910.

的地方。如果再往北走，罗罗人数更多而且更为好斗，汉人就真正被围困在他们居住的山谷中。我们只听到大家谈论强盗的偷袭事件，他们从高处向下偷袭，抢劫谷地的旅客和当地居民。通道沿途所有的村落都武装着防御工事，农家必插木桩，同时必备三齿叉、刀剑以及次等的枪支。当农人推着犁或耙时，农田上同样插有闪着亮光的长矛，这真是令人震撼的场景。"[1]

就像戈布尔安神父一般，欧隆对于笔下的诺苏人持有一份好感。他欣赏他们的高大体格、坦率个性以及勇武本性。对于他们艰辛的生存条件，他同样有所描绘："一般来说，罗罗没有床铺，随处而睡，他唯一需要的物品就是他镇日所穿着的大斗篷。清醒时穿着它在家中蹲坐，睡意来时双脚蜷缩在大斗篷里面，身体尽可能向火塘边伸展。这件大斗篷就像利慕赞（Limousin，法国中部地区名）或是普罗旺斯（Provence，南法）地区的牧羊人所穿着的外衣一样是毛毡品，一般来说是深棕色，有时是蓝色，有时是像羊毛的自然色。斗篷的素材是麻布，这是罗罗人唯一生产的纺织制品；它的质料好坏参半，一般来讲甚为粗糙。但是不管多么粗糙，穿上这件大斗篷可以避雨、防雪、御寒，被罗罗人认为是无价之宝。不管是夏天或是冬天，罗罗人身不离衣。多亏有这件大衣，他们晚上不会被惊醒。不管行走到哪里，他们可迁就岩石的凹陷处，快活地睡在这件美妙的斗篷里面：这是他们的床垫、毛毯，甚至是屋顶。斗篷是罗罗真正的家。"[2]

欧隆同时强调罗罗社会中的臣属关系。他在这里找到中世纪欧

---

[1] *Les derniers Barbares*, p. 23.
[2] *Les derniers Barbares*, pp. 47-48.

洲的影子："难能可贵的是，领主的气质传达出高贵与庄严的特色；虽然领主的服装十分简陋，与下属毫无差异，但是我们第一眼就能够认得出他们；在尊重与服从的互动中，我们只见到恭敬近于忠诚的交流，见不到任何低头卑屈的氛围。我们读到骑士精神，领主之所以作为领导者，因为他是强者，因为他是勇者，因为他懂得带领下属征战，因为他写下动人的作战诗篇，因为他懂得全心回馈给下属：我们感受到下属确实崇仰他们的领主。"[1]

罗罗女性的地位同样在欧隆心中留下深刻的印象："罗罗女性虽然没有与男人平起平坐，但是在家庭中占有极为重要的地位。除非妻子不育可再娶，否则罗罗男性只能娶一位女性。年轻的罗罗女性可自由外出，除了必须尊重家支的限制与氏族的利益之外，对于未来婚姻的人选她可说完全自主。婚后她可经常返回娘家，夫婿必须施展所有的办法取悦妻子请她返家，否则她可长住娘家，他人也不容置喙。罗罗女性和男性一样有着遗产继承权，然而奇异的是女儿并没有直接继承的权利，都由儿子共同承继。但女性结婚时可以得到嫁妆，正好是她应得的一份财产：这是预先收到的继承财产。如果父母过世之后她仍未婚，她的继承财产即归她的兄弟管理，等她结婚时方能支出，保管期间必须负责维护。婚后是夫妻共有财产制，一旦丈夫过世，妻子能自由运用自己的嫁妆，离婚女子则必须由家事法庭宣称'丈夫出错'时才能领取。"[2]

返回云南之前，欧隆在凉山南部观察到一项重要的事实："这座

---

[1] *Les derniers Barbares*, p. 62.
[2] Ibid., pp. 84-85.

山将是我们在独立罗罗地区[1]的最后一站,我们何其幸运,能在这里首次见到一个罗罗正在写字。这是一位年轻男子,正坐在家门口誊写一本古书:这本书是家族的族谱,他还为我们念了几段!我们才知道罗罗的贵族,甚至一些出身较高的奴仆阶级,都会整理汇编他们的家谱,自己或透过识字的人来帮忙登录新加入的家族成员、姻亲及家族大事。为了向我们证明这一点,有几个罗罗跑回家拿他们的家谱给我们看。这对他们来说无疑是一份最宝贵的文件,不管多少代价也绝不会脱手卖掉。但那位年轻人愿意给我们那份手抄本,他说可以再抄一份。"[2]

在此值得引用欧隆的话语作为结尾,他的预言显示出,他已经如何地被诺苏人的勇韧天性所打动:"与其说罗罗人正走向衰退,或是正在消逝之中,我宁愿认为,罗罗人展现了无比上进的活力。往后我们重点应当放在观察他们如何往前进展。我们不应该研究他们与文明接触后如何衰退,不应该把他们视为某种特定的野人去评头论足,更不应该把他们归类为人类学者的研究对象而已。对于东方的未来发展,这是一个能够担任重要角色的民族。"[3] 法国传教士与军官对于诺苏人的推崇与善意,为我们描绘出诺苏社会的面容。虽然它不够完备,但是对于研究这个地域的历史学家将显得格外珍贵。

---

[1] 指的是凉山一带。
[2] *Les derniers Barbares*, pp. 117-118.
[3] Ibid, pp. 71-72.

书评

跋美国国会图书馆藏明刻本《宣云约法》

特木勒（南京大学民族与边疆研究中心）
居　蜜（美国国会图书馆）

《宣云约法》是美国国会图书馆亚洲部所藏明刻善本，明天启间刻本，一册一函，四周双栏，白口，黑单鱼尾，九行二十字，版框匡高21.5厘米，宽14.0厘米。无书名页，版心上题"宣云约法"，下题页码，正文卷端题"宣云约法"，下无署名。函脊书"宣云约法榜示六十三通"。本书中国大陆及台湾地区、日本和美国其他图书馆均未见藏，《千顷堂书目》和《中国古籍善本书目》均未收录。且此本字大，刻印俱精，金镶玉装，是珍贵孤本。1940年1月12日入藏美国国会图书馆，入藏号580875。王重民《美国国会图书馆藏中国善本书目》说：

《宣云约法》一卷，一函一册。明天启间刻本。明吴允中撰。按原书不著撰人姓氏。卷端有王士琦、杜承式两序。王序云："直指吴公，代狩宣云，阅岁而报命，诸所条奏，不啻盈笥。其匡正宗藩、甄别将吏、严核士马、清峙除粟、建辑险隘、铲绝弊蠹，语语为边陲乘永利。"杜序云："侍御吴公，按节阅边，摧暴格奸，威行薄海，得人程士，望重持衡"，惜并未举其名字。检觉罗石麟《山西通志》卷七十九所载士琦、承式官职并与两序所署者合，其任职并在天启时。又所载吴姓者，有吴允中，万历间任，与是书"清查虚冒"条"即以三十九年为始"之语相符，可证其任职在万历三十九年。因考《曹州府志》云："吴允中，字百含。万历二十六年进士，擢御史，奉敕按宣大，兼视学政。核武备，清军饷，省巨费，边政一新，校士纤毫无私。会代王溺宠废长，廷议纷然。允中廉其颠末，上之，藩储以安。"并与是书内容及王、杜二序所举者合。然则是书为允中所撰审矣。《府志》又云："晋御史台，有疏草宪秦中，有条约、宗禄议，"所称"条约"即是书矣。

王重民（1903—1975年）先生是著名的版本目录学家。1939年，他受邀前往美国，在美国国会图书馆亚洲部整理中文善本古籍，1947年归国。就是在此期间，他见到《宣云约法》并撰写了上引题跋。这是笔者所见最早有关《宣云约法》的研究。王先生根据《山西通志》和《曹州府志》考订《宣云约法》的作者为吴允中，尽管简短，其结论是令人信服的。但是，由于书目体裁的局限，王先生无法就此书史料价值展开讨论。本文试图对《宣云约法》作者以及两序作者的任职时间进行深入考订，并在晚明边疆社会和明蒙关系史的大背景下就该书的史料价值进行讨论。错漏之处，敬请方家指正。

一、关于吴允中和两序作者任职时间

《宣云约法》之"宣云"就是明长城中三边的宣府镇和大同镇，

也就是该书作者吴允中作为宣大巡按御史的辖区。所谓"约法"应该是就书中所收诸禁约榜文而言。吴允中是山东曹州人，举万历二十六年（1598年）进士[1]，《曹州府志》在这一点上是正确的。但是，根据《明神宗实录》的记载，吴允中被任命为宣大巡按御史是在万历四十年十月[2]，而不是万历三十九年。大约三个月以后，也就是万历四十一年正月，吴允中进《论房王受封疏》。王士琦序所谓"吴公代狩宣云，阅岁而报命"，应该就是此奏疏（此长篇奏疏后来为《万历疏钞》收录到"边功类"中）。至万历四十三年正月，吴允中被任命为江西巡按，离开宣大。[3] 这是吴允中任宣大巡按御史的时间。

《宣云约法》正文前的王士琦"宣云约法叙"末尾署名为"钦差分巡冀北兵备道山西等处承宣布政使司左布政使兼按察司副使王士琦谨书"。王士琦是浙江临海人，万历十一年进士，是王宗沐次子。我们不知道王士琦被任命为山西左布政使的时间，但是我们知道，万历四十四年七月，王士琦由山西左布政任命为巡抚大同。[4] 万历四十五年二月，大同巡抚王士琦被调任为宣府巡抚。[5] 万历四十六年五月癸丑，王士琦卒于宣府巡抚任上。[6] 这样，我们大概可以断定，王士琦为吴允中《宣云约法》写叙应该在万历四十四年七月之前。

杜承式的"宣云约法序"末尾署名是"分守口北兵备道山西提

---

[1] 朱保炯、谢沛霖编：《明清进士题名碑录索引》，上海古籍出版社2006年版，第580页。
[2] 《明神宗实录》卷五〇〇，万历四十年十月丙戌条。《明实录》第六三册，第9470页。
[3] 同上书，卷五二八，万历四十三年正月壬申。《明实录》第六三册，第9930页。
[4] 同上书，卷五四七，万历四十四年七月甲戌。《明实录》第六四册，第10360页。
[5] 同上书，卷五五四，万历四十五年二月乙巳。《明实录》第六四册，第10456—10457页。
[6] 同上书，卷五七，万历四十六年五月癸丑。据《明人传记资料索引》，"王士琦（1551—1618）字圭叔，号丰舆，临海人，宗沐子。举万历十一年进士，历重庆知府。杨应龙叛，士琦往抚定之，寻以山东参政监军朝鲜，有功，累擢右副都御史，巡抚大同，卒年六十八。"见该书第20页。《明实录》第六四册，第10748—10752页。

刑按察司副使兼布政司右参议杜承式谨书"。杜承式是山东滨州人，万历二十九年进士。万历三十三年曾经作为刑部主事被派往河南。万历四十四年九月，宣府口北道兵备副使杜承式被加升为山西按察使。[1] 万历四十七年三月，"口北道副使杜承式"被任命为甘肃巡抚。[2] 据此则杜承式的"宣云约法序"撰写于万历四十四年九月以后，万历四十七年三月之前。

当年在美国国会图书馆阅览《宣云约法》时，王重民先生身处亚洲部浩瀚典籍之间，无法确保每个知识点的考证都准确无误。他在题跋中提出的吴允中任宣大巡按御史的时间"在万历三十九年"，而王士琦和杜承式的"任职并在天启时"（1621—1627年）等说法都可以稍做修正。根据《明神宗实录》的材料可知，就王士琦和杜承式写序时的职务而言，他们任职并在万历时，而不是在天启时。至于《宣云约法》刊刻的时间，王先生认为是在天启年间。如果《宣云约法》是王士琦和杜承式在任期间陆续编辑的，那么编辑工作应该在万历四十四年七月之前开始，直到万历四十七年三月以前陆续进行的。衰梓时间则有可能晚于万历四十七年三月。王先生认为《宣云约法》刻于天启年间的观点，虽然没有直接史料，是完全可以成立的。

---

[1]《明神宗实录》卷五四九，万历四十四年九月癸未。《明实录》第六四册，第10393—10394页。

[2]《明神宗实录》卷五八〇，万历四十七年三月庚子。《明实录》第六五册，第10996页。根据《滨州杜氏家族研究》（齐鲁书社2003年版），"承式，字言卿，号象元，为滨州杜家长宗三支七世孙，万历二十八年庚子科举人，万历二十九年辛丑科进士"（见该书第39页）。

二、吴允中与"封事结局"

《宣云约法》是在明朝—北元对峙的长城沿线边镇社会产生的文本。该书的产生与吴允中于明蒙关系所起作用有很大关系。王士琦"宣云约法叙"说:"吴公代狩宣云,阅岁而报命。诸将所条奏不啻盈笥。其匡正宗藩、甄别将吏、严核士马、清峙除粟、建辑险隘、铲绝弊蠹,语语为边陲乘永利。而其大者,则莫如虏封一疏。方扯酋物故,卜酋次袭。封夷欲难,厌谗间乘,构盖筑舍者七年,庙堂忧识远虑属耳。道路之言,朝夕皇皇,亟欲战虏氛而崇国体,章满公车已。一时将吏首鼠缩朒,莫知所底。公驻节甫浃旬,于夷夏情形烛然而指诸掌,慨然奋袂起曰:'是重镇安危,机键九边,且辅车之不容呼吸,毫发爽也。非余则畴知之、畴言之者'。故亟陈驯骛驭之方,俞纶夕而涣焉,举朝疑始泮,议始定。"这段评论特别强调了吴允中在解决"封夷"问题上所起的作用,那么"封夷"故事究竟如何?吴允中在其中起到了什么作用呢?

圣母圣心会司律义(Henry Serruys,CICM)神父在其《明蒙关系史研究之二:朝贡体制与外交使团》一书讨论万历四十一年六月初九日(1613年7月26日)"卜石兔袭封顺义王"之后,逐条翻译了增加的封贡条款。他在注释中说:

> 扯力克死于1607年4月15日。大同巡抚1611年说扯力克死于六年前,也就是丙午年(1606年)四月,误。无论如何,明朝方面很忧虑此事,拒绝封扯力克之孙,继承者卜石兔为顺义王,所以到1611年还没有新顺义王产生。1612年底,北京

批准封卜石兔为顺义王，但是1612年12月或1613年初当明朝封使往送封敕的时候，卜石兔及其蒙古人却未能赴约接受封敕，原因是卜石兔忙于内部政事。后来1613年7月12日卜石兔和几位台吉来到大同边境，接受封敕。根据《明实录》的记录，日期是六月初八，而不是初九。[1]

北京批准"北虏卜石兔请袭顺义王"的要求是在万历四十年十月庚辰（1612年11月12日），也就是司律义神父所说的1612年年底。[2] 六天以后，也就是万历四十年十月丙戌（1612年11月18日），《宣云约法》的作者吴允中被任命为宣大巡按。[3]

大约在万历四十年年底，北京的封使到达大同镇，新任宣大巡按吴允中也已到任。奇怪的是，卜石兔和其他土默特万户首领却迟迟不来受封。煌煌"龙章紫诰下及腥膻"，竟然得不到蒙古的及时回应，明朝陷入"封使久候，成命难收"的尴尬境地。明朝方面越是急于解决王封问题，越找不到头绪，朝中众多言官呶呶之口也使得边疆"将吏首鼠缩朒，莫知所底"。吴允中在宣大两镇进行缜密的考察以后，于万历四十一年正月呈上《论虏王受封疏》，这也就是王士琦所说的"阅岁而报命"，所谓"阅岁"只是隔了个春节，从吴允中上任到递交奏书前后不过两三个月。在这个奏疏中，他首先指出了卜石兔迟迟未来受封的原因：

---

[1] Henry Serruys, *Sino-Mongol Relations during the Ming: Tribute System and Diplomatic Missions,1400-1600*. Bruxelles：Institut belge des hautes etudes chinoises, 1967. p. 600.
[2] 《明神宗实录》卷五〇〇，万历四十年十月庚辰。《明实录》第六三册，第9462—9463页。
[3] 同上书，万历四十年十月丙戌，《明实录》第六三册，第9470页。

夫虏既欲封而耽延至今者何也？盖以往年讲封，虏中兵权在三娘子掌握，讲说一定，便无异词，而扯酋一故则不然，素酋系三娘子爱孙，而卜酋以枝派为群酋所附，中间情形大费区处。迨卜石兔四月到边，而六月忠顺物故，在素囊倚嫡孙之亲，以既不得王子之号，须据忠顺之有，而舍荣名以享厚实。在卜石兔凭名分之正，以既受王子之封，应擅忠顺之利，而贪荣名又图厚实。兼以五路狡黠，明暗阴狠，而中国亡命如计龙、计虎等又从而簸弄其中。[1]

"五路"就是五路把都儿台吉（Uruγud Baγatur Taiji），是辛爱黄台吉之子，扯力克之弟。"明暗"是明暗台吉（Mingγan Taiji）。"扯酋"是漠南蒙古右翼土默特万户的俺答汗之孙扯力克。"卜酋"，即卜石兔，扯力克之孙。俺答汗之妾三娘子蒙古语名字是 Jünggen Qatun，俺答汗去世以后，她先后嫁给黄台吉和扯力克。故时人有明蒙关系之维持"半系娘子"之说，顺义王号"三经易封，始终不肯寒盟，本妇调护之力居多"。1570 年（隆庆四年）土默特（Tümed）万户俺答汗（Altan Khan）之孙把汉那吉（Baγa Ači）投奔明朝，使得明朝和蒙古的关系突然出现转机。双方经过多次谈判，明朝将把汉那吉交还蒙古，换回板升"叛逆"诸头目，与漠南蒙古右翼诸万户达成"封贡"关系，史称"隆庆封贡"。这一关系的主要内容

---

[1] 吴允中《论虏王受封疏》，《万历疏钞》卷四〇，"边功类"。见《四库禁毁书丛刊》史56—671。吴允中此奏书系从《中国基本古籍库》检索而得。引文中的计龙和计虎似是兄弟二人，他们是所谓"板升余孽"头目，1571 年"隆庆封贡"达成时有板升头目赵全等人被俺答汗擒献给明朝，但是板升汉人及其头目留在漠南蒙古的还有很多。计龙和计虎就是 1600 年前后在板升社会内部新发展出来的头目。

是：俺答汗接受明朝"顺义王"封号，明朝与蒙古右翼各万户在长城固定的关口进行定期马市贸易。后来每一次"顺义王"封号传承，都"成了贡市能否维持的关键"。1581 年（万历九年）俺答汗去世，其子辛爱黄台吉（Sengge Dügüreng Qung Taiji）即位，称乞庆哈（Sečen Khan），1583 年，袭封顺义王。1585 年乞庆哈去世，其子扯力克（Čürüke）即位，1587 年袭封顺义王。扯力克汗死于 1607 年（万历三十五年），万历四十一年（1613 年）六月初八日扯力克之孙卜石兔（Bošiqtu Khan，清译博什克图）受封顺义王。[1] "方扯酋物故，卜酋次袭"期间的七年中，围绕汗位和顺义王封号的继承权，土默特万户内发生激烈争斗。俺答汗之妾三娘子先后被乞庆汗和扯力克汗所收继。把汉那吉（即大成台吉）死于 1583 年（万历十一年），其遗孀大成比妓被不他失礼收继，后者是俺答汗和三娘子所生子。大成比妓和不他失礼生子素囊（Sodnam?）。素囊与卜石兔之间为了汗位展开数年的争夺。明朝方面认为，"今日封事，操纵机宜，实边疆数十年安危所关，而未可以易言之。"

也就是说，顺义王封号继承问题迟迟得不到解决是由于土默特部内部的问题。"素囊继承了大成台吉的遗产，又借祖母三娘子之势，并由板升之众，极称富强，觊觎扯力克遗留下来的爵位和市赏"[2]，正所谓"名正者欲一概鲸吞，而雄踞者垂涎不释也"[3]。而卜石兔是正统支脉，以其"名分之正"为"群酋所附"。在这样的认识基础上，吴允中指出，"今日之封且勿急，事之成与不成，惟问边

---

[1] 《明神宗实录》卷五〇九，万历四十一年六月甲辰条。《明实录》第六三册，第 9462 页。
[2] 《蒙古民族通史》第三卷（曹永年撰）。内蒙古大学出版社 1991 年版，第 324 页。
[3] 吴允中：《论虏王受封疏》，《万历疏钞》卷四〇，"边功类"。

之安与不安而已"。假设"虏封未定"导致明朝边境安全受到威胁，那么"缓之恐为心腹之忧，势不得不急"。但是，实际情况并非如此。既然土默特万户内部争斗并未威胁到明朝边疆安全，明朝何必急于将封号送出？他建议采取以静制动、以逸待劳的策略。从明朝国家利益角度考虑，吴允中明确指出："今日虏人自争家事，自相戕伤，实中国之利也，一听其自处自分，而我总不任德任怨。"也就是说，土默特部内部问题应该由他们自己去解决，明朝不应该参与其中。这在当时是非常理智和务实的策略，也是明朝后期一贯的政策。万历十年（1582年）俺答汗死后，张居正说："虏中无主，方畏我之闭关拒绝而敢有他变？但争王争印，必有一番扰乱。在我惟当沉机处静，以俟其自定。有来控者悉抚以好语，使人人皆以孟尝君为亲己，然后视其胜者因而与者，不宜强为主持，致滋仇怨。"[1]比较"不宜强为主持"和"一听其自处自分"，可以看到一脉在其中相承。吴允中的意见并不新鲜，只是在扯力克去世六年以后，明人经过近六年懵懂之后重新找回了基本原则。

当时明朝方面还有人建议利用卜石兔、素囊两派之间的矛盾，坐"收两虎之利"，而吴允中却指出："兵家知彼知己，无奈我之非卞庄也"，认为不应该从土默特内部斗争中渔利。明朝方面甚至还有人主张在卜石兔和素囊之间"择强而附"，加以封王。针对这种意见，吴允中强调明朝"堂堂正正，自有中国之大体，况汉过不先，而各边诸夷闻之且生心耳"。在土默特部内部形势明朗化之前，明朝不该率先作出选择，否则有失明朝"大体"。吴允中指出，解决问题

---

[1] 张居正"答大同巡抚贾春宇计俺酋死言边事"，载《张太岳集》，上海古籍出版社影印复旦大学图书馆藏明万历刻本，1984年，第424页。

的原则应该是：

> 故今日之封在我原不必急，而惟念及封使，则口虽不言急，而心未常不欲急，赫赫皇命，久稽辱国体，收回亦以伤国体，千万筹度。访之中外，愚臣无所知识，惟仰藉皇上宠灵，就其嗜利之心以折之，则局不难结矣。

至于封贡和赏赐的时间，吴允中建议朝廷"严敕诸酋旦夕就封，姑照往例补给市赏，以示王者无外之仁，再或延迟，敢负国恩，则闭关谢绝，即或坚意乞哀，亦止给当年恩典，而节年旧例尽为革绝，则不惟酋首惮失厚利，即诸头目亦且夺魄，相与怂恿蚤定矣。"这就使拖延已久的问题终于得到解决。此前土默特蒙古人主要关注内部汗位继承问题，对于顺义王封号的继承，并不急于解决。吴允中此言一出，"黠房闻之，啮指加额，不复敢婪狺枝梧，当事者毕力励勤，不逾月而诸酋率部落罗拜关前，受封惟谨"云。如果王士琦此论可信，那么我们可以推断，吴允中在明朝"封事结局"问题的处理过程中应该是起到了重要作用。以往学者大多依据《明神宗实录》的史料，强调宣大总督涂宗浚在此时间过程中"运机解谕"的作用，而对于明朝方面吴允中所起的作用，还没有给予足够的重视，《宣云约法》使得吴允中在其中扮演的角色凸现出来。卜石兔袭封顺义王是1571年"隆庆封贡"以后明朝与蒙古土默特万户"封贡"关系的延续，事涉明蒙双方，关系到土默特万户和明朝内部的政治。《宣云约法》对于了解明朝方面的能动因素具有重要史料价值。

顺义王封号继承问题最终得以解决，朝廷对于宣大两镇各级文武官吏大加升赏，唯独给吴允中打了个白条："俟后升赏。"后来有没有兑现承诺呢？《明实录》中没有下文。参照吴允中在宣大发布的大量榜文和他在"封事结局"中所发挥的作用，这个"俟后升赏"非常具有戏剧性和讽刺意味。晚明时代的边疆社会，人心和风气已败坏至极。吴允中作为巡按御史按节宣大，发现宣府和大同两镇普遍存在的各种混乱现象。面对这些问题，吴允中书生意气，以为可以凭他一己之力扭转整个局面。他在榜文中指出大量违法和违规现象，严厉禁止。他还在榜文中动辄以"白简从事"和"三尺"来威胁那些不逞之徒。遗憾的是，面对边疆社会"无乃欺罔故套，牢不可破"的局面，吴允中作为一个外来的新任巡按御史，遭遇更多的是无奈，甚至他自己也发现了作为"赘疣"的尴尬地位。"封事结局"竟然与吴允中自己的"结局"之间形成巨大落差，这个结果在当时的环境下或许并不稀奇。

三、《宣云约法》的内容和史料价值

《宣云约法》卷首有王士琦"宣云约法叙"、杜承式"宣云约法序"。正文部分包括：《封㕫签约》、《封事申戒》、《查报夷情》、《行查夷情》、《清查抚赏》、《申饬抚赏》、《访查豪恶》、《申饬访查》、《严禁窝访》、《宪约六则》、《宪约十二则》、《恤站六则》、《申饬驿站》、《解散恶宗》、《晓谕宗室》、《晓谕宗民》、《申饬学规》、《慎重选委》、《严禁冒袭》、《训习幼弁》、《禁逐流棍》、《清静地方》、《弭盗安民》、《申明乡约》、《禁息词讼》、《禁革糜费》、《禁约官价》、《禁约买办》、《体恤行户》、《革私役军》、《清查虚冒》、《优恤军士》、

《量免合操》、《申禁司官》、《申戒燕集》、《核商税弊》、《行查商税》、《谕修边工》、《修仓恤军》、《修葺仓廒》、《出巡禁约》、《禁约查盘》等四十二篇。

在这四十二大项之中，《宪约六则》是针对地方政府官员的约法，内容包括：一禁文职科罚，一禁武官剥削，一禁衙役吓骗，一禁宗室生事，一禁随侍玩法，一禁生员淫荡六款内容。《宪约十二则》是针对军队和军官的，内容包括：一军官散马，一清革占役，一文职营差，一武官钻刺，一除革屯弊，一清理召买，一禁用酷刑，一武官勘人，一罪人复入，一罪人诈骗，一扰害行户，一清革衙役十二款内容。《恤站六则》是有关驿站和驿军的，内容包括：一驿军采打青草，一过往衙门所用灯炉夫派拨驿军执打，一各衙门大马所用草料驿军出备，一长差驿骡，一驿军定派各项修工，一总副衙门差人骑用操马赴道挂号，不准守备传骑驿骡六款内容。

《宣云约法》四十二大项内容之中，《封房签约》等六项与蒙古和明蒙关系有关。吴允中提出的很多问题对于明蒙关系研究具有重要史料价值。以《清查抚赏》为例：

> 照得抚赏缎布乃委官承买，验视高低系经手司权，一有不慎，其间以滥恶充数目，以薄削抬高价，甚至以一冒十，以无为有，贡市年久，弊政多矣。本院前查大同守口堡抚赏库内，白绫六十一匹，盖面仅止二三尺似绫，其内皆麻线草纸挺塞，论价不过二三钱，却冒开一两三钱以上。又大同西路通判陈明职买货不堪，价多剥落，虽将经手拏究，而本官溺职之罪，尚

不什然。夫朝廷岁费金钱不资羁款虏酋，而任事不才者又相侵剥，以充私囊，外失夷情，内如漏卮。

大同守口堡是 1571 年以后增设的互市关堡。[1] 吴允中在此堡抚赏库内看到"白绫六十一匹，盖面仅止二三尺似绫，其内皆麻线草纸挺塞，论价不过二三钱，却冒开一两三钱以上"。早在万历二十四年，孙鑛在《致顺抚李及泉书》中谈到宣大两镇马市中长期使用的劣质"贡市缎布"，他说：

> 曩在京闻蓟镇抚赏物间有不堪，诸□以为言。近询之，果然。又闻诸将有苦央求而后收者，有以布数疋当一缎者。此关系镇夷，似可不为一处。不敏忘老公祖留神。或将应用缎布等项各发一样疋与买货各官，倘所买不如原样，即责令赔偿，庶几不至滥恶。盖缘宣大贡市所买段疋甚多，江南遂织此一种贡市段布，俱滥恶不堪，其中冒破之弊不可胜言。今但令买市中见卖货物，不用宣大一号货物，即不至太滥恶矣。[2]

宣大两地马市所用"抚赏缎布"和"贡市缎布"都由政府采购，也就是所谓"委官承买"。体制性弊端使得中间各环节滋生腐败行为，缎布质量"滥恶不堪"。万历六年十一月，礼部的报告说，"各处夷人进贡到京"时，朝廷给赐"缎绢衣服，然而沿袭日

---

[1] 曹永年撰：《蒙古民族通史》第三卷，内蒙古大学出版社 1991 年版，第 332 页。
[2] 孙鑛：《姚江孙月峰先生全集》，嘉庆甲戌 (1814 年) 重镌静远轩藏版，页 163a—164b。引文中所缺应该是"夷"字。

久，纰恶实多。夷人每每忿掷喧哗，上亵国体，下失夷情"[1]。问题的症结在于"承委官员率多侵剋，所买货物粗少不堪"[2]。贡使在北京获得的赏赐尚且纰恶实多，边疆地方抚赏缎布和贡市缎布的质量就可想而知了。吴允中所指斥的"抚赏缎布"应该就是孙镰所说的"宣大一号货物"。"隆庆封贡"达成于隆庆五年（1571年），吴允中就任宣大巡按时已"四十余祀矣"，宣、大、陕西沿线早已形成很多寄生于"封贡"体制的利益集团。《申饬抚赏》概括得很清楚：

> 上谷巨镇，神京右臂，昔年丑虏匪茹，门庭振警，迨天心厌乱，蠢尔悔祸，当事者议，藉款饬备，岁定有胡市之额，于兹四十余祀矣。在事诸臣各有封疆之司，进既不能战，退又不能守，而日括内地之膏血以虏，已可痛恨，乃此中不才者，复借名染指，不一而足，是虏明得其六七，而我暗夺其三四，日侵月剥，彼削此减，如群蚁附膻，不尽不止。

所谓"上谷巨镇"就是宣府镇。这里主要讨论宣府镇抚赏蒙古人的财物被宣府镇"封疆之司"贪污侵占的情况。"是虏明得其六七，而我暗夺其三四，日侵月剥，彼削此减"云，可见当时封疆大吏贪污抚赏财物的严重。这些史料对于了解实际层面的明蒙"封贡"关系非常重要。

---

[1] 《明神宗实录》万历六年十一月壬子条。
[2] 《明神宗实录》万历三十年十一月癸亥条。

结语

张锡彤和张广达两位先生20世纪80年代初讨论俄国东方学家巴托尔德的蒙古史研究以及他的《迄至蒙古入侵时期的突厥斯坦》时说:"与我国元史学家及蒙古史学家觉察今后有借重'西域人书、泰西人书'之必要同时,东西各国的东方学家也都日益深刻地认识到:要想更加全面地占有与蒙古史有关的资料,中国史籍依然是一方必须精心巡游的胜地。"张先生使用"中国史籍"一词是经过深思熟虑的,"中国史籍"可以涵盖中国境内的汉文和非汉文史籍,但是在这里,张先生所说的"中国史籍"首先应该是指与蒙古史有关的汉文史籍。因为在数量上汉文史籍汗牛充栋,占据了中国史籍中的绝大部分比重。前辈学者在汉文史料方面"深入挖掘,爬罗梳剔,"成果丰富,厥功匪细。但是,汉文史料仍然有广阔的发掘空间,我们在美国国会图书馆发现《宣云约法》这样珍贵的汉文文献再一次证明了这个问题。

《宣云约法》是产生于明代"中国"边缘,也就是汉地和蒙古边界地带的文本。吴允中提出约禁约的问题对于我们了解晚明大同和宣府边镇社会提供了绝好的材料。明代200余年是北方游牧政权与农耕民族政权的最后一次对峙,长城沿线是明朝和蒙古互动和交流的最前沿,长城沿线的边镇社会也是有待研究的非常独特的区域。《宣云约法》提出的人群或利益集团有宗室和宗民、买办、行户、武官、文职、生员、军士、军官、驿军、流棍、罪人等各色人群,构成斑驳复杂的社会面貌。吴允中张榜禁约的,应该就是宣府大同两镇当时普遍存在的社会问题,仅以《宪约六则》为例,如果我们删除"禁"字,那么当时存在的社会弊病至少有文职科罚、武官剥削、衙役吓骗、宗室生事、随侍玩法、生员淫荡等问题。从社会史角度观察,《宣云约法》对于明代长城沿线边镇的研究具有重要史料价值,正所谓"盖文告之中,有精意存焉"。

中外学者有关长城研究的论著已经非常丰富,当我们以明代"长城"为单位进行论述的时候,"所得出的一般性结论必经过地方性事实和经验的检验,凡未经过此种检验的研究范式或结论至多不过是漂亮的玄想。"如果长城研究的一般性结论不能建立在长城边镇社会及其人群的专深研究基础上,我们就没有理由期待更深入的长城研究。在这个意义上,《宣云约法》对于明晚期宣府镇和大同镇研究具有重要的史料价值。

鸣谢:作者在美国国会图书馆亚洲部中文书目中发现《宣云约法》时,有幸通过电子邮件得到周清澍先生的赐教,得知《中国古籍善本书目》未收录此书。在本文撰写过程中我们荣幸得到曹永年先生的指导和鼓励。在有关《宣云约法》刊刻时间问题上还得到杨晓春博士的启发。谨此向周先生、曹先生和杨晓春博士致以最诚挚的谢忱,并颂周先生八十寿辰。

"帝国的边缘"与"边缘的帝国"
——《帝国在边缘：早期近代中国的文化、族裔性与边陲》[1]读后

鲁西奇（厦门大学历史学系）

一

许倬云在探讨中华帝国的体系结构及其变化时，曾论及中华帝国体系之成长有两个层面：一是向外扩大，"由中心的点，扩大为核心的面，再度由核心辐射为树枝形的扩散，又由树枝形整合为网络，接下去又以此网络之所及，作为下一阶段的核心面，继续为下一阶段的扩散中心。如此重复进行，一个体系将不断地扩大，核心开展，逐步将边陲消融为新的核心，而又开展以触及新的边陲"。这一层面上的成长，基本可理解为帝国体系在空间上的扩展。二是向内充实，即体系内部的充实。许先生说：

> 一个体系，其最终的网络，将是细密而坚实的结构。然而在发展过程中，纲目之间，必有体系所不及的空隙。这些空隙事实上是内在的边陲。在道路体系中，这些不及的空间有斜径

---

[1] *Empire at the Margins: Culture, Ethnicity, and Frontier in Early Modern China*, Edited by Pamela Kyle Crossley, Helen F. Siu, and Donald S. Sutton. Berkeley, Los Angeles, and London: University of California Press, 2006, viii, pp.378.

小道，超越大路支线，连紧各处的空隙。在经济体系中，这是正规交换行为之外的交易。在社会体系中，这是摈于社会结构之外的游离社群。在政治体系中，这是政治权力所不及的"化外"；在思想体系中，这是正统之外的"异端"。[1]

中华帝国体系"向内充实"的过程，就是不断"填充"这些"体系所不及的空隙"，将"空隙"中的"游离社群"纳入社会结构之中，将"化外"之区置于王朝国家的控制之下，将其信仰与思想"教化"为"正统的"信仰与思想的过程。

在这里，许先生实际上揭示了两种类型的"边陲"或"边疆"：一是我们平常所说的"边疆"或"边陲"，即 border 或 frontier，指靠近国家边界的地区或地带，它相对于帝国统治的核心地带而言，属于政治军事控制的"边缘"，并随着王朝国家军事政治势力的进退而发生变动。二是许先生所谓"内在的边陲"（internal frontier），指那些虽然在中华帝国疆域之内、却并未真正纳入王朝控制体系或官府控制相对薄弱的区域。这些区域多处于中华帝国政治经济乃至文化体系的空隙处，是帝国政治经济体系的"隙地"。长期以来，国内外学术界所关注的重点一直是前者，即处于帝国边境地带的边疆或边陲，而对于帝国体系内部的"边疆"（内在的边陲）则甚少着意。

《帝国在边缘：早期近代中国的文化、族裔性与边陲》所探讨的"边缘"（Margin），实际上就包括了这两种类型的边陲（Frontier）。

---

[1] 许倬云：《试论网络》，《新史学》第二卷第一期，1993年，收入《许倬云自选集》，上海教育出版社2002年版，第30—34页，引文见第32页。

在导论中，三位主编指出："边陲，有时位于帝国的政治边境，也常常处在政治疆域之内社会、经济或文化体系的缝隙处。"[1] 从讨论的对象区域上看，本书第二部分"新边疆的战争叙事"（Narrative Wars at the New Frontier）所考察的清代西部边疆（The Qing and Islam on the Western Frontier, by James A. Millward and Laura J. Newby）与西南边疆（The Cant of Conquest: Tusi Offices and China's Political Incorporation of the Southwest Frontier, by John E. Herman）均属于传统意义上的"边陲"范畴。第三部分"华南与西南地区的旧式角逐"（Old Contests of the South and Southwest）所收三篇文章分别考察的广西大藤峡地区（The Yao Wars in the Mid-Ming and their Impact on Yao Ethnicity, by David Faure）、湘西及黔东南的"苗疆"（Ethnicity and the Miao Frontier in the Eighteenth Century, by Donald S. Sutton）、"黎人"聚居的海南山地（Ethnicity, Conflict, and the State in the Early to Mid-Qing: The Hainan Highlands, 1644-1800, by Anne Csete），以及第四部分"未曾标明的疆界"（Uncharted Boundaries）所收两篇论文探讨的"畲"人散居的浙闽赣粤山地（Ethnic Labels in a Mountainous Region: The Case of She "Bandits", by Wing-hoi Chan）、珠江三角洲的沙田地带（Lineage, Market, Pirate, and Dan: Ethnicity in the Pearl River Delta of South China, by Helen F. Siu and Liu Zhiwei），在明清时期均早已纳入王朝国家的政治疆域之内，故皆属于所谓"内在的边陲"，亦即中华帝国"政治疆域之内社会、经济或文化体系的缝隙处"。第一部分"帝国核心的身份界定"

---

[1] *Empire at the Margins: Culture, Ethnicity, and Frontier in Early Modern China*, "introduction", p. 3.

(Identity at the Heart of Empire) 所收三篇文章中，有两篇分别讨论构成清朝统治核心集团的"满人"(Ethnicity in the Qing Eight Banners, by Mark C. Elliott) 与"蒙古人"(Making Mongols, by Pamela Kyle Crossley) 的形成或创造，但考虑到满族与蒙古族在现代中国族群体系与社会文化体系中大抵皆居于"边缘"地位，两文的归结点实际上也在于洞察这两大曾居于帝国统治核心的族群又是如何演变为"内在的边陲"的；另一篇文章《好勇斗狠：清代法律中的伊斯兰教和穆斯林》("A Fierce and Brutal People": On Islam and Muslims in Qing Law, by Jonathan N. Lipman) 的考察对象是散居帝国各地的汉人穆斯林（"汉回"、回族），无论其居地，还是其在清代政治经济与社会文化体系中的地位，均可界定为"内在的边陲"。因此，本书考察的重心，乃在中华帝国体系"内在的边陲"。我认为，对此种"内在的边陲"的探讨，将有助于揭示中华帝国政治经济乃至于社会文化体系在空间格局上的重要特征。

众所周知，中华帝国（以及现代中国）并非一个均质的政治经济与社会文化实体，而是由政治控制与经济发展极不平衡、族群构成与社会结构各不相同、文化内涵与价值取向千差万别的各个地方、区域，在历史的长河中不断互动、整合而形成的一个巨大系统。很多研究者已充分注意到这一系统的内部差异，并致力于探究这一系统的"形成过程"(making process) 或"结构过程"(structuring process)。但是已有研究的关注点，主要集中于中华帝国体系逐步由核心区向边疆区不断拓展的过程，特别是以中原为核心区的汉地社会（"华夏文化"）与各边疆区的非汉族社会（"蛮夷文化"）之间互动与整合的历史过程。这一研究理路虽然较之将中华帝国视为铁板一块的单一实体的研究理路已有较大转换,但它实际上描述了一个"同心圆式"的结构模式:从帝国体系的腹心地带(核心区),向遥远的帝国边疆(边缘区),王朝国家的政治控制能力与控制强度依次递减,经济形态依次由发达的农耕经济向欠发达的半农半牧、落后的游畜牧经济过渡,社会结构亦由相对紧密、典型的汉人社会向相对松散的非汉人社会渐变,文化内涵则由以所谓"儒家文化"为核心的华夏文化向尚武、"好巫鬼"的"蛮夷文化"递变,甚至各地民众对王朝国家(或"中国")的忠诚程度也随着其居地距王朝核心越来越远而越来越低。与此种同心圆式的结构相配合,其形成过程就被表述为从王朝国家统治的核心,不断向外辐射其政治、经济与文化支配力的军事扩张、政治控制与开展"教化"的单向的"融合"或"同化"的过程。这在本质上是"汉化"的阐释模式,"它假定一种单一的文明媒介,从汉人为基础的帝国中心,直接传导到不同种类的边陲人群当中。扩张、移民和文化传播的叙事,被当作为一种不可逆转的单向同化方向,从而将中国文化不断吸收各种异质文化、并逐步形成自己特点的过程简单化了。它倾向于将地方社会与土著人群从国家建构的进程中排除出去,承认中原王朝对那些被看作为弱小、微不足道的人群与地区进行了军事征服"。[1]"汉化"的阐释模式受到诸多批评,事实上,自从20世纪80年代以来,它在

---

[1] *Empire at the Margins: Culture, Ethnicity, and Frontier in Early Modern China*, "introduction", p. 6.

西方"中国研究"学者中的影响越来越小。[1] 显然，本书的意义，并不在于给予此种已趋衰落的阐释模式以进一步抨击，而是试图摸索一种新的阐释路径。[2] 作为一个历史地理学者，我最重视的却是本书对中华帝国体系"内在的边陲"的关注与探讨，认为这意味着"汉化阐释模式"下所描述的那种从核心到边缘的"同心圆式"结构实际上并不存在，即便存在，也是"千疮百孔的"，因为在这个体系的内部，到处都是大小不一的"空隙"——即使是在帝国统治的腹心地带，也存在着这样的空隙。这些空隙（内在的边陲）的普遍存在，不仅使中华帝国的政治经济与社会文化版图不再能被描绘为从核心向边缘扩散的几何图案，而表现为"支离破碎"、"漏洞百出"、"凹凸不平"的复杂画面；更重要的还在于，它引导我们将更多的注意力集中于这些"空隙"（内地的边陲）是如何"被填充的"（即王朝国家是如何进入此类地区的），这些空隙及居于其间的人群是如何组织自己的社会、并将自己融入到帝国体系之中去的（即他们是如何参与到国家建构过程之中的）；而对这些问题的探讨，很可能极大地改写我们对中华帝国政治经济与社会文化体系之形成过程及其空间格局与变迁的认识。

---

[1] 关于西方学者对"汉化"模式的讨论，请参阅 Pamela K. Crossley, "Thanking about Ethnicity in Early China", *Late Imperial China*, Vol. 11, No. 1 (June 1990), pp.1-35; Evelyn S. Rawski, "Re-envisioning the Qing: The Significance of the Qing Period in Chinese History", *Journal of Asian Studies*, Vol. 55, No. 4 (1996), pp. 829-850; John Robert Shepherd, *Statecraft and Political Economy on the Taiwan Frontier, 1600-1800*, Stanford, CA: Stanford University Press, 1993; Ping-ti Ho, "In Defense of Sinicization", *Journal of Asian Studies*, Vol. 57, No. 1 (1998), pp. 189-214。

[2] 参阅 David G. Atwill (Professor of Pennsylvania State University) 关于本书的评介，见 *Journal of Asian Studies*, Vol. 65, No. 3 (2007), pp. 604-606。

二

　　在"汉化"阐释模式中,"边缘"(包括帝国的边境地带和"内在的边陲")及居于其间的土著人群,一直是"被动的":他们首先是"被征服",然后是"被控制"——被纳入版籍,被编入里甲,被作为王朝国家的编户齐民,"被传授"先进的生产技术,然后是被"教化","被标识"为某种特定的身份或族群;与此同时,这样的区域"被移入"汉人移民,其土地资源"被开发"为农耕地……这些被动态在英文语境下如此地令人触目惊心,充分地突显了这一阐释模式下"民众"在历史过程中的缺失或无足轻重(只是作为中国的历史学者,我们似乎已经习惯了国家的无所不在与强大威权:民众?他们在哪里?)。在这一阐释模式下,边缘区的"人"(土著以及移民)仅仅被视为王朝国家征服与统治的对象,而不是活生生的、与王朝国家之间存在利害关系的、懂得利用政治经济手段与文化策略的、具有历史与生活经验的、有矛盾的心理和情绪的"人"。站在人类学的立场上,"汉化"的阐释模式完全忽视边缘人群在诸如族群认同、国家建构过程中的地位与作用,"未能区分个人对主流群体的文化标志的采用(它可能是部分地与即景式地采用)与建基于中国政治共同体想象之上的主观身份认定",将两者混为一谈,它不能回答:一个人可以属于自己所不了解的那个族群吗?他可能采用不予理睬的方式而抗拒进入国家体系并被界定为"边缘"吗?换言之,如果边缘区的"人"(个体与人群)并不了解、认同或接受王朝国家"授予"他们的身份,他们又是如何成为王朝国家统治的对象的呢?如果他们逸出于国家建构过程之外,他们又是如何可能以及如何成为中华帝国体系之组成部分的呢？

　　这正是本书作者们的出发点。"跳出汉化模式的假设，文化变迁的进程即很不相同：中央不再被看做是不能抗拒的扩张势力，而被视为在边缘地区需要加以界定或寻求显示的事项；汉文化也将被置于多元文化视野下加以透析。帝国伸缩的历史构图，就不再是汉人向热带地区进军或驯服草原游牧族群的历史，而是那些遍布于动态的中间地带的无数人群和个体不断互相适应、整合的过程，是那些人群被给予某种社会组织方式、被标识以及被'凝视'的过程，也是他们从经过选择的历史记忆中获取意义以看待并命名自身的过程。"[1] 这样，地方社会的建构和土著人群就不再被置于国家建构过程之外或其对立面，而是通过各种各样的代理人和中介途径，参与到国家的建构过程中。地方的精英运用他们认为具有威权的朝廷的象征，在帝国的势力范围扩充的同时，为自己谋取利益和地位，并且利用国家的权力话语，创制自身的身份，对弱势群体加以标签和排斥。因此，无论是新疆的伯克们调适自己与清朝国家关系的诸种努力，还是苗疆的土司们借王朝国家的权力话语强化自己对地方社会的控制，以及大藤峡瑶人的入籍，珠江三角洲沙田上宗族团体的建立，实际上都属于国家建构过程的一部分。正是在这一长期而复杂的过程中，地方社会的建构、土著人群的族性及身份界定于是与国家建构及其认同相互交织在一起，彼此渗透，相互依存。在这些边缘地区，王朝国家作为一种组织化的机器和行政工具可能相对缺失或较为薄弱，但它作为一种文化观念却无处不在，具体的文化实

---

[1] *Empire at the Margins: Culture, Ethnicity, and Frontier in Early Modern China*, "introduction", pp. 6-7.

践可能有异，但在各地民众的日常生活中，却时常可以发现帝国的隐喻，这主要是由于土著人群有一套自己的方法去运用帝国的话语和隐喻，以确立他们在地方社会乃至帝国体系中的身份。[1]

因此，边缘区域的地方社会与各种人群对国家建构过程的参与，是本书的核心线索之一。虽然各篇论文讨论的主题各异，作者们对一些核心问题的理解与看法也并不相同，但总的说来，各篇论文都程度不同地涉及这一中心论题，并通过具体的个案考察，展示在其研究区域内地方社会与土著人群进入到国家建构过程中的具体形态与进程。如在《清廷与西部边疆的伊斯兰教》（The Qing and Islam on the Western Frontier）中，米华健（James A. Millward）和吴劳丽（Laura J. Newby）指出：18世纪中期至19世纪中期，清廷并未向新疆推广汉文化或政治结构，亦未试图对新疆地区的居民采取同化政策。可是，那些得到清廷授权治理"回疆"的伯克们，却穿着清朝的官服，参加王朝国家的儒教祭典仪式，帮助清朝军队镇压叛乱，甚至让儿子去学习满语，而同时又大都奉行伊斯兰法规、以地方社会成员的形象出现并行事。显然，伯克们在与清廷的合作中不

---

[1] 关于民众日常生活中对帝国隐喻与话语的使用，较早的论著主要有 Arthur P. Wolf, "Gods, Ghosts, and Ancestors," in *Religion and Ritual in Chinese Society*, edited by Arthur P. Wolf, Stanford, CA：Stanford University Press, 1974. pp. 131-182. 中译文为张珣译，见《思与言》35卷3期（1997年），第233—292页；James L. Watson, "Standardizing the Gods：The Promotion of T'ien-hou ('Empress of Heaven') along the South China coast, 960-1960", in *Popular Culture in Late Imperial China*, edited by David Johnson et al, Berkeley：University of California Press, 1985, pp. 292-324；Stephan Feuchtwang, *The Imperial Metaphor：Popular Religion in China*, London：Routledge, 1992, 中译本为赵旭东译，江苏人民出版社2008年版；David Faure and Helen F. Siu, eds. *Down to Earth：The Territorial Bond in South China*, Stanford CA：Stanford University Press, 1995, 特别是 pp. 1-19. 另请参阅萧凤霞：《廿载华南研究之旅》，程美宝译，《清华社会学评论》2001年第1期，第181—190页。

仅获得了在商业贸易领域的优势，而且借助清朝限制阿訇权力的政策，成功地将自己的权势伸张到宗教领域，比如利用清朝官府提供的资金维护伊斯兰学校、圣墓和清真寺，并尽可能地扩展自己控制的地盘，强化对穆斯林社会的控制[1]。又如，在《十八世纪的苗疆与族群》（Ethnicity and the Miao Frontier in the Eighteenth Century）中，苏堂栋（Donald S. Sutton）则试图证明：正是在苗疆土著居民与外来移民围绕土地资源与商业利益的竞争与冲突中，土著族群逐步凝聚起来，建立起自己的"族性"。"在十八世纪，经济起伏不定与多种族群并存，给生计维艰的人群带来持续的压力，迫使他们作出策略性的选择，以重新界定自己。"有些苗人剃了发，穿上清式服装，成为工头或清军士兵；有的苗人妇女嫁给了汉人，却把当地苗人的观念教给他们的孩子；两个龙姓的堂兄弟长期失和，既试图遵照苗人习惯解决，也诉诸清朝官府的法庭。显然，"自我界定的个人策略，可能抵消甚至压倒其固有的族性界定。"在1795年的苗民起义中，湘西的五个苗人家族（clan，姑且使用这个表达）表现出引人注目的凝聚力，其群体意识之形成既是对其所面临的严酷局势的应对，也是长期发展的结果：共同的语言、血亲谱系、通婚以及宗教实践，三王信仰，"苗王"的观念，都证明到十八九世纪之交，湘西苗人的族性意识已经形成。在这一过程中，苗疆土著人群以自己的方式，通过多种途径，采用对自己有利的国

---

[1] "The Qing and Islam on the Western Frontier", by James A. Millward and Laura J. Newby, in *Empire at the Margins*: *Culture, Ethnicity, and Frontier in Early Modern China*. pp.113-134，特别是 pp. 117-123。关于这一问题，Peter C. Perdue 在 *China Marches West*: *The Qing Conquest of Central Eurasia* （Cambridge, MA: Harvard University Press, 2005）中的论述似更为深入详实，请参阅。

家话语与隐喻，包括家族的联合，界定自己的族性，并最终参与到国家的建构过程中。[1]

在 John E. Herman 所描述的西南边疆土司与明清王朝官府的合作或联合[2]、科大卫（David Faure）所描述的大藤峡瑶人在入籍问题上的策略[3]、Anne Csete 所描述的海南山地黎人在与外来商人客民争夺山区资源过程中对王朝国家权力的仰赖与运用[4]、陈永海（Wing-hoi Chan）所描述的山地畲人的"反向的汉化（the reverse of

---

[1] Donald S. Sutton, "Ethnicity and the Miao Frontier in the Eighteenth Century", in *Empire at the Margins: Culture, Ethnicity, and Frontier in Early Modern China*. pp. 190-228, 特别是 pp.217-220。同作者关于湘西苗族的研究，另有 "Myth Making on an Ethnic Frontier: The Cult of the Heavenly Kings of West Hunan, 1715-1996", *Modern China*, Vol. 26, No. 4 (2000), pp. 448-500。而对其研究的回应与讨论，则可见谢晓辉：《苗疆的开发与地方神祇的重塑——并与苏堂［栋］（棣）讨论白帝天王传说变迁的历史情境》，《历史人类学学刊》6 卷 1、2 期合刊（2008.10），第 111—146 页。

[2] John E. Herman, "The Cant of Conquest: Tusi Offices and China's Political Incorporation of the Southwest Frontier", *Empire at the Margins: Culture, Ethnicity, and Frontier in Early Modern China*. pp. 135-168. 同作者关于这一问题的论文，还有 "Empire in the Southwest: Early Qing Reforms to the Native Chieftain System", *Journal of Asian Studies*, Vol. 56, No. 1 (1997), pp.47-74。与此一研究理路相近的最新相关研究成果，则可举温春来：《从"异域"到"旧疆"：宋至清贵州西北部地区的制度、开发与认同》，三联书店，2008 年。

[3] David Faure, "The Yao Wars in the Mid-Ming and their Impact on Yao Ethnicity", *Empire at the Margins: Culture, Ethnicity, and Frontier in Early Modern China*. pp. 171-189. 唐晓涛在科大卫的基础上，对明清时期大藤峡地区的族群、社会等问题展开了全面考察，见所著《礼仪与社会秩序：从大藤峡"瑶乱"到太平天国》，中山大学历史系博士学位论文，2007 年；《三界神形象的演变与明清西江中游地域社会的转型》，《历史人类学学刊》6 卷 1、2 期合刊（2008.10），第 67—109 页。

[4] Anne Csete, "Ethnicity, Conflict, and the State in the Early to Mid-Qing: The Hainan Highlands, 1644-1800", *Empire at the Margins: Culture, Ethnicity, and Frontier in Early Modern China*. pp.229-252. 同作者关于海南黎族的研究，另可参见 "The Li Mother Spirit and the Struggle for Hainan's Land and Legend", *Late Imperial China*, Vol. 22, No. 2 (2001), pp. 91-123。

sinicization)"及其与"客家"的矛盾冲突[1]、萧凤霞和刘志伟所描述的珠江三角洲沙田区地方士绅在争夺地方经济与政治资源过程中对诸种国家话语的运用等故事之中[2]，我们都可以读到与此类似的描述。在这些故事里，作者们所讨论的，"不再是边陲人群怎样采用汉文化，而是哪些地方性的要素怎样变成了汉文化的标志；也不再是边陲地区汉人与非汉人的简单并存，而是那些自认为是汉人、或多或少地具有汉文化特征的人群，与那些明确地将自己与汉人区别开来的人群这两者之间的关系；（作者们）也不再是将文化认同与政治认同等同起来，而是区分出抗拒中央但接受文化的人群、以及愿意与帝国权威合作但不愿接受汉文化的人群。"[3] 显然，在这些个案研究中，本书的作者们揭示出地方社会及土著人群中存在着一种内在的能动性，促使他们去主动、积极地因应伴随着王朝国家和军事征服与政治控制而来的政治情势的变化，借助王朝国家的力量与权力话语，去获取他们在地方社会中的利益，界定或抬升其身份与地位。在这一过程中，他们通过各种途径，运用自己的创意和能量建立自己的身份认同（包括族性），将自己与王朝中心联系起来，从而成为国家建构过程的一部分。将边陲区域地方社会的建构及土著人群身份（包括族性）的界定与王朝国

---

[1] Wing-hoi Chan, "Ethnic Labels in a Mountainous Region: The Case of She 'Bandits'", *Empire at the Margins: Culture, Ethnicity, and Frontier in Early Modern China*, pp.255-284. 对此项研究最有意义的回应与讨论，当是黄向春：《"畲／汉"边界的流动与历史记忆的重构》一文，见《学术月刊》2009 年第 6 期。

[2] Helen F. Siu and Liu Zhiwei, "Lineage, Market, Pirate, and Dan: Ethnicity in the Pearl River Delta of South China", *Empire at the Margins: Culture, Ethnicity, and Frontier in Early Modern China*. pp. 285-310. 此文之中文改写本以《宗族、市场、盗寇与疍民——明以后珠江三角洲的族群与社会》为题，刊于《中国社会经济史研究》2004 年第 3 期。

[3] *Empire at the Margins: Culture, Ethnicity, and Frontier in Early Modern China*, "introduction", pp. 16-17.

家的建构过程联系起来,揭示地方社会内部参与到国家建构过程中的能动性,是本书给我们的又一方面重要启发。[1]

三

族性或族群性(ethnicity)是本书讨论诸种人群参与或进入国家建构过程的切入点,也是本书的核心论题之一。在"绪论"中,三位主编开宗明义地指出:"族性是一种过程,既有开始,也有结束。……族群现象不仅是一个动态的时间过程,还是在命名自身与他者的错综复杂的活动中产生的。在这一过程中,人们使用语言、宗教、经济活动或家庭组织等'族性的'表征,或者完全不用外在的标识,仅仅依靠某种相同和不同的感觉。"这表明,本书作者们在族性问题上的基本立场,乃是所谓"社会建构论(social constructivism)"。[2]

我们知道,在族性或族裔认同(ethnic identity)问题上,"原生论"(primordialism,或译作"原基论")假设人类是自然而然地被划分为不同的种族(race)、部落(tribe)、族群(ethnie)或民族(nation)的,这些群体通过共同的基因继承捆绑在一起,通过共享的语言、宗教、亲缘性、习俗等文化而得到加强。因此,这样的"单位"具有"血缘、语言和文化的一致性",而且从远古时代就

---

[1] 参阅刘志伟:《地域社会与文化的结构过程——珠江三角洲研究的历史学与人类学对话》,《历史研究》2003 年第 1 期;温春来:《从"异域"到"旧疆":宋至清贵州西北部地区的制度、开发与认同》,第 314—317 页;鲁西奇:《化外之区如何步入王朝体系:以木材流动为例》,《中国图书评论》2007 年第 7 期。

[2] *Empire at the Margins*: *Culture, Ethnicity, and Frontier in Early Modern China*, "introduction", p. 1.

或多或少地存在着。[1] 而"社会建构论"则强调族性、族群归属需得到族体大众的主观认同，认为它们都是在特定历史社会文化背景下，为了特定的利益与权力，主观上加以构建的结果，是由历史、社会和文化决定的；它们甚至是被"发明"或"想象"出来的，其形成与演变是文化进程而非物质进程；族性不仅是建构物，还是一种象征或标识，是对人群的一种区分方式。[2] 本书主编之一柯娇燕是较早运用"社会建构论"的思路与方法来研究中国历史上族群与族性问题的学者之一。她认为族性是通过社会政治秩序的层级而得以体现出来的，而这种社会政治层级又是根据特定地区和特定文化形态的"典型性"

---

[1] Clifford Geertz, "The Integrative revolution: Primordial Sentiments and Civil Politics in the New States" (1963), *The Interpretation of Culture: Selected Essays by Clifford Geertz*, New York: Basis Books, 1973, pp. 253-259; Anthony D. Smith, *The Ethnic Origins of Nations*, Oxford, UK: Basil Blackwell Ltd, 1986; Anthony D. Smith, *The Nation in History: Historiographical Debates about Ethnicity and Nationalism*, Hanover: University Press of New England, 2000. 姚大力《"满洲"如何演变为民族》一文（刊于《社会科学》2006年第7期，又见氏著《北方民族史十论》，广西师范大学出版社2007年版，第18—63页）之第五部分关于"民族意识与前现代民族的形成"的讨论，使我注意到Anthony D. Smith 的论点，并蒙该文作者惠赐 Smith 上述两种论著的复印本，谨致谢忱。需要说明的是，Smith 并非严格意义上的原生论者（姚先生译作"原基论"），对此，姚先生已有辨析。对原生论的批评，可参阅 Jack David Eller and Reed M. Coughlin, "The Poverty of Primordialism: the Demystification of Ethnic Sentiments", in *Ethnic and Racial Studies*, Vol. 16, No. 2, pp.183-202.

[2] 参阅 Patrick Harris, "The Roots of Ethnicity: Discourse and the Politics of Language Construction in South-East Africa", *African Affairs*, Vol. 87, No. 436 (January 1988), pp. 34-39; Ernest Gellner, *Nation and Nationalism*, Oxford: Basil Blackwell Ltd, 1983; Charles F. Keyes, "Towards a New Formulation of the Concept of Ethnic Group", *Ethnicity*, No. 3 (1976), pp. 202-213; Terence Ranger, and Eric Hobsbawn, *The Invention of Tradition*, Cambridge, UK: Cambridge University Press, 1992; Paris Yeros, *Ethnicity and Nationalism*, Landon: Macmillan, 1999; Michael Herzfeld, *Cultural Intimacy: Social Poetics in the National state*, New York: Routledge, 1997. 据我的理解，族性（Ethnicity）问题上的"社会构建论"与民族（Nation）、民族主义（Nationalism）问题上的"现代论（Modernism）"是密切联系在一起的，而其归结点则是现代民族与民族主义的产生。我对这一问题的学习才刚刚开始，这里的理解与讨论相当肤浅，很可能存在偏差与失误。

(normal) 或"代表性"(classic) 来划分的。在清初，统治集团的内在联系将东北与北方的一些特定人群"捆绑"在一起，组成一个征服精英群体，清王朝并主动采取各种措施，将这一精英群体与被征服者区分开来；到 18 世纪，随着军事征服基本终结，清王朝在界定诸种人群及其社会身份方面发生了许多复杂的变化，但并未形成"国族性的"(national) 人群分类，相反，在清朝征服所形成的新的历史性层级之下，从明代继承而来的向心性与边缘性仍然隐约可见，在不少地区还相当活跃；结果，帝国各地的文化进程非常不和谐，产生了一些关于忠诚、身份和团体的新阐释，而某些传统阐释则受到遮蔽。[1] 本书的主旨就是梳理 1600—1800 年间传统中国各种族性（族群）被建构的过程，将不同的特定族性及其形成过程置于具体的社会政治情境与过程中加以考察，质言之，即在历史过程中探究族性的形成。

就具体论证路径而言，本书所收各篇论文大致有两种类型：一是通过对编年史、方志、司法文书、行政规章等官方话语的解析，从"边缘"区域纷杂变化的历史过程中，辨析出哪些因素出自王朝中央的意识形态，考察哪些人参与到族性的制造过程中，这些制造出来的族性究竟有哪些被其对象所接受或拒绝，以及这些族性最终如何促使个体与群体作出不同的回应；二是通过对族谱、仪式、社区节日及宗教文献等地方文献的分析，考察那些地方代理人是怎样寻求自身的身份界定、定义地方特性、并在这一过程中与真实或想

---

[1] 参阅 Pamela Kyle Crossley, "Thanking about Ethnicity in Early Modern China", *Late Imperial China*, Vol. 11, No. 1 (1990), pp. 1-35；*A Translucent Mirror: History and Identity in Qing Imperial Ideology*, Berkeley: University of California Press, 1994。

象中的王朝中央"相互协商"的。[1] 在各篇论文中，这两种论证路径交织在一起，但大致说来，其第一部分的三篇论文，主要遵循第一种路径，而其余各篇，则主要遵循第二种路径。

柯娇燕所撰《创造蒙古人》（*Making Mongols*）应当是第一种分析路径的典范。在这篇文章中，柯娇燕首先指出："蒙古人"与"满洲"一样，是清王朝为了其统治需要和利益，在 17 世纪后期和 18 世纪通过各种制度和文化手段刻意"创造"出来的。然后，她详细论证了这个"创造"过程，认为清朝利用蒙古各部将自己与成吉思汗联系起来的传统做法，但拓展了这种联系的范围，成功地将分裂的蒙古各部重构为新的蒙古人；并通过蒙古八旗组织和理藩院，按蒙古各部对清朝的忠诚程度，将其区分为若干层级，从而将蒙古各部"编制"成以蒙古八旗为核心的结构形式。将清朝所创造的"蒙古人"联结在一起的，既非语言或宗教联系，也不是共同的经济生活方式，而是他们与成吉思汗家族及其组织的联系。在这一过程中，很多说蒙古语的群体并未被纳入"蒙古人"的范畴，而许多说突厥语的群体却被当作了"蒙古人"。同时，成为"蒙古人"乃是蒙古各部贵族们取得统治其所部之合法性的必要前提，正因为此，他们也努力争取"成为蒙古人"[2]。

《宗族、市场、盗寇与疍民——明以后珠江三角洲的族群》（*Lineage，Market，Pirate，and Dan：Ethnicity in the Pearl River Delta of South China*）则可以看做是第二种分析路径的代表。在这篇

---

[1] *Empire at the Margins：Culture，Ethnicity，and Frontier in Early Modern China*,"introduction"，p. 3.
[2] Pamela Kyle Crossley，"Making Mongols"，*Empire at the Margins：Culture，Ethnicity，and Frontier in Early Modern China*，pp. 58-82.

文章中，萧凤霞与刘志伟主要依靠族谱、笔记、地方志等地方文献，结合人类学田野考察，对数百年间珠江三角洲沙田区的社会与文化变迁作了详尽细致的刻画，揭示了地方人士如何将各种族群标签利用于复杂的政治与经济资源的争夺。他们指出：族群分类是一个流动的社会与文化变迁过程，其间地方上各种力量都会灵巧地运用王朝国家的符号象征，来宣示自己的权势和特性。以沙田区"疍民"的认同为例：珠江三角洲乡镇中拥有大面积沙田的强宗大族，使用各种文化手段，将沙田区的人群贴上"疍"的标签；而那些沙田区的居民，则建立自己的市场，祭祀自己的神祇，并逐步"挤进"乡镇社区的社会文化活动之中，以谋取改变自己的身份，提升自己在地方社会中的地位；尽管如此，在当地人眼中，"疍"这个标签仍然代表着社会的边缘群体。[1]

总的说来，"社会建构论"的理路与分析方法，贯穿了本书所收各篇论文有关族性问题的讨论中。实际上，本书出版后，大部分书评所着意推介和肯定的也都是这一点。如 Antonella Diana（The Australian National University）评论说："本书将历史分析方法与人类学的探究方法完美地结合在一起，给有关中国族性和国家的讨论带

---

[1] Helen F. Siu and Liu Zhiwei, "Lineage, Market, Pirate, and Dan: Ethnicity in the Pearl River Delta of South China", *Empire at the Margins: Culture, Ethnicity, and Frontier in Early Modern China*, pp. 285-310. 在萧凤霞、刘志伟的一系列论著中，使用不同案例，论述了这些认识，请参阅 Helen F. Siu, *Agents and Victims in South China*, New Haven, CT: Yale University Press, 1989；萧凤霞：《妇女何在？——抗婚和华南地域文化的再思考》，《中国社会科学季刊》（香港）No. 14 (Spring 1996)，第24—40页；萧凤霞：《传统的循环再生——小榄菊花会的文化、历史与政治经济》，《历史人类学刊》1卷1期（2003年），第99—131页；刘志伟：《地域社会与文化的结构过程——珠江三角洲研究的历史学与人类学对话》，《历史研究》2003年第1期；《地域空间中的国家秩序——珠江三角洲"沙田—民田"格局的形成》，《清史研究》1999年第2期，等等。

来了新概念。作为一个整体,本书可以看做是一部中华帝国诸种族群实体在与王朝统治中心互动中形成、变迁的族群史(ethnographic history)。"[1] 因此,将族性看作为一种社会与文化过程及其结果,将其置入复杂的历史情境与进程中加以考察,乃是本书在方法论上最重要的特色。

今天,至少在学术界,很少会有人相信:一个人,仅仅因为其长相、肤色、语言、信仰和习惯,就会被简单地归入某一族群(ethnic group)或民族(nation),而他自己也会认同这种归属和界定,并以他被归属的那个族群或民族的"文化"作为自己生活、行为的规范和指针。虽然在社会上还有一定的影响,但就学术思想界而言,无论在西方,还是在中国,极端的原生论(种族论)已被彻底摈弃。越来越多的学者接受这样的看法:个人与群体的族性身份和族群归属,绝非"先天的"、"与生俱来的",而是"后天的",是在复杂的社会过程中"被授予"和"获得的"。血缘、语言和文化上的一致性,无论这种一致性是"真实的"还是"想象的",虽然可能是构成族群或民族的必要条件(也并非完全如此),但绝非其充分条

---

[1] 有关本书的英文书评,据笔者所见,共有五种,其作者与登载刊物分别是:(1) David G. Atwill, *The Journal of Asian Studies*, Vol. 65, No. 3 (2006), pp. 604-606;(2) Frank Dikotter, *The China Review*, Vol. 7, No. 1 (2007), pp. 148-150;(3) Richard H. Thompson, *American Anthropologist*, Vol. 109, No. 1 (2007), pp. 209-210;(4) Antonella Diana, *The China Journal*, No. 57 (2007), pp. 201-203;(5) Morris Rossabi, *History*, Vol. 34, No. 2 (Winter 2006), p. 59. 中文书评,主要有两种:(1) 赵世瑜,见《历史人类学学刊》4卷2期(2006年),第171—173页。赵世瑜另有题为《在历史中发现族群,于草野间审视朝廷》的详细评论,刊澳门《神州交流》3卷3期(2006年),第70—87页,惜未能读到。(2) 袁剑:《以族群建构的视角找寻中国边疆历史》,见中国人民大学社会学理论与方法研究中心主办"社会学视野"网(http://www.sociologyol.org),未见正式发表。

件，更非充分必要条件——换言之，共同血缘（真实的或想象的）、语言和信仰固然"有可能"、但绝非"必然会"将某些人群凝聚成一个族群。个人与群体的族性身份和族群归属，首先是一种社会身份和社会分类，它在特定的社会中才存在并具有意义；其次是一种文化权力或标签，它将某些人纳入某一群体，拥有特定的权利和义务，而将另一些人排斥在外；最后，它还是一种行为规范和道德准则：作为或成为某一族群（或民族）的成员，就必须（理论上）遵从其行为规范和道德准则，按照被族群大众所认可的方式"行为"。

这正是本书的思想意义之所在。在本书作者们的笔下，中华帝国的臣民们不再是"忠厚老实"、"安分守己"、"宿命的"、匍匐于地等待王朝国家赐予身份的"奴才"，而变成了懂得并娴于运用各种谋略和技巧（包括"创造性"地利用王朝国家的制度和权力话语）以获取自己利益、改变自己身份地位的蓬勃向上、富有朝气的、活生生的"人"。我以为，将历史文献中的诸色"符号"，还原成曾经鲜活地生活在这个世上的个体，乃是人类学方法给历史学研究最大的启迪。

朱译《拉班·扫马和马克西行纪》[1]指谬

周思成（中央编译局马列部）

　　《拉班·扫马和马克西行纪》（以下简称《西行纪》），或译《东方总主教雅八剌哈与巡视总监列班扫马传》[2]，是有关蒙元史与中西交通史的比较重要的史料之一。此书约成于14世纪前期一位佚名聂思托里派教士之手，本由列班·扫马（即朱译之拉班·扫马）的波斯文旅行记节译而成，叙述了13世纪基督教聂思托里派教士列班·扫马及其弟子马克（即后来的总主教雅八剌哈三世）由大都至西域各地的旅行经历和列班·扫马的欧洲之行。此书曾有拜占（Bedjan）、夏博（J. B. Chabot）以及布哲（E. A. Budge）等人的多种原刊本及西文译本，日本学者佐伯好郎亦有过一个日文译本，而国内却一直未见完整的汉译。[3]2009年出版的朱炳旭据布哲英译本（*The Monks of*

---

[1]〔伊利汗国〕佚名：《拉班·扫马和马克西行纪》，朱炳旭译，大象出版社2009年版，西方早期经典汉学译丛。

[2] 陈得芝主编：《中国通史》第8卷，甲编"序说"，第三章，"国外资料"，上海人民出版社1997年版，第87页。

[3] 张星烺编注：《中西交通史料汇编》第一册第一编第五章"元代中国与欧洲之交通"下的"元初景教徒之西行"，以及郝镇华所译穆尔之《1550年前的中国基督教史》中"马·雅巴拉哈三世和拉班·扫马"一章，对行纪内容均有概述；此外，在1966年，罗香林也有节译本一种在香港出版。

Kublai Khan Emperor of China）译成的《拉班·扫马和马克西行纪》，应为国内的第一部完整、全面的译本，其功甚伟。然而，仔细阅读朱先生的译本，可以发现此本实存在比较大的缺陷。不仅历史人名、官名、地名的翻译多欠审慎，对叙述性语句的翻译也失误频频，此外，还存在文本编排混乱和脱漏的现象。《西行纪》译文不足百页，出现如此多的误译，不能不说是一种遗憾。朱炳旭的译本自有其优长之处——文字古朴优美，对与景教相关的部分内容的翻译也相当准确。但这些优点仍难以掩盖上述诸多重大的缺陷。故笔者不揣学识简陋，将朱译本中的一些明显的问题论列于下，以期为学界更好地利用这个译本提供一些方便。

一、译名选择不当，史实考订不精

史料之翻译显然需考虑其受众，蒙元时代中西交通史料的翻译，其受众应主要为中西交通史与蒙元史学界的学者群体。因此，若期译本能得蒙元史学界的广泛认可与利用，则不能抛开拥有深厚传统的蒙元史研究所采用标准译名；同时，若期译介之史料能为中西交通史学界所认可及利用，则不但需要使用标准的译名，亦需就若干重大史实略加考订，以求与其他记载相得益彰，凸显学术翻译的价值。更重要的是，蒙元时期的中西交通史料或著作的翻译，涉及多种古代文字和现代语言，有其特殊性，对很多人名、地名或制度之名，不能轻信西人之转译，不加校正，而需顾及蒙古语、波斯语或阿拉伯语之语音特点。这一点，20世纪初冯承钧在译《多桑蒙古史》时就曾予以指出。他还批评了洪钧之"创译"给后世学者带来的诸多不便。[1]朱炳旭中译本（以下简称朱译本）最突出的问题之一就是专门译名的选择，除了部分蒙古汗王的名字或因参照了郝镇华所译之穆尔书，采用了学界的习用译名，其他汗、后妃、异密的姓名、官名，多被译得面目全非。作者不但自创一种译法，而且同一译名前后不一的现象也间或有之。如脱忽思哈敦，先是在中译本第44页被译成了"塔沃思"，到第55页又成了"塔沃斯"。同一地名即《史集》中的 SYAH KWH[2]，在中译本第20页以"夏宫"之名出现，而在第58页则成了"锡雅库"[3]。译名不确，史实的考证则更无从谈起，反之亦然，兹举数例略加分析。

如在中译本第62页正文中，提及合赞宫廷中之一位大臣 KHWAJA RASHID AD-DIN，朱炳旭将之译成"克瓦牙·拉失德·亚丁"，且未对之作任何的说明。其实，所谓"克瓦牙"（即布哲转写之 KHWAJA），来自波斯语 Khwajah，通译"火者"，意为"显贵"、"老爷"或"富有者"，伊斯兰教常以称呼"圣裔"与学者。而 RASHID AD-DIN 应即伊利汗国那位著名的异密和历史学家拉施特。又如《西行纪》中提到的在两次迫害聂思托里教时充当关键人物的两位大臣，其一布哲转写为 Shakh 'ABD AR-RAHMAN，朱先生译成"沙克·阿卜达尔·拉蒙"[4]，此人实即算端阿合马朝颇为得势的

---

[1] 〔瑞典〕多桑：《多桑蒙古史》译序一，冯承钧译，上海书店出版社2006年版，第1页。在译名的处理上，冯译多桑《马可·波罗行纪》及余大钧、周建奇先生所译《史集》均堪称审慎，特别是《史集》的译名，不仅吸收了苏联东方学的成就，并参考了波斯文集校本及大量的蒙元史料及著作，笔者对译名的取舍于兹多有参考。

[2] 〔伊利汗国〕拉施特：《史集》第3卷，余大钧译，商务印书馆1997年版，第165页。

[3] 公正地说，中译本这种前后矛盾的原因，部分要归于布哲自己采用的"叠床架屋"式译写方法。此一弊端在西人早期的译著中并不罕见，冯承钧业已指出。

[4] E. A. Wallis Budge, *The Monks of Kublai Khan Emperor of China*, London：The Religious Tract Society, 1928, p. 158. 以下所列布哲书均以此版本为据，又见中译本第23页。

司教（洒黑）奥都剌合蛮[1]；如此，则同一页提到的与之合谋陷害名为 SHAMOT 之大臣的另一人[2]，DIWAN 之长 SHAMS AD-DIN（朱先生译为沙姆·亚丁），应该就是自旭烈兀以来就担任宰相与财政大臣之职的苫思丁·马合谋·志费尼（撒希卜-底万）。[3] 另外一位与宗教迫害有关之人，即朱译本第 49 页之"恼鲁兹"，在布哲书中转写为 Nawruz，根据时代背景及其行事来看，此人即阿鲁浑朝与合赞朝均有一定势力的捏兀鲁思[4]，此人为一虔诚之穆斯林，且数有反叛之举。在他的势力范围内对基督教的迫害，很可能是他个人行动的后果，也可能受合赞默许。[5]

另外还需举出的是朱译本第 85 页的"盖德贾克"（Gaidjak，《西行纪》中说他是众蒙古王之父、故王旭烈兀之婿），对此中译者亦未加考订。若仅读汉译，恐怕绝无法辨别此为何人。实则布哲原文于

---

[1] 参见《史集》第 3 卷，余大钧译，第 181 页。
[2] "SHAMOT"一名很难勘定，或为《史集》中的马只忒-木勒克之误？朱译本提到 SHAMOT 是"一名僧侣，且是苦行者，乃摩苏尔城及教区之东正教主教"（第 23 页）。然细绎原文，这个 SHAMOT 似应为毛夕里城市及地区的地方行政长官（Eparch）。拉施特书中提到，马只忒-木勒克曾作为撒昔卜-底万的代表，前往"毛夕里和迪牙别克儿去收税，并对那些地区进行整顿"；（《史集》第 3 卷，第 151 页）又提到大臣奥都剌合蛮与撒昔卜-底万同陷害夙敌马只忒-木勒克。《西行纪》此段所述之事，或许正是聂思托里教内部的两个主教趁此政治动荡之机，诬陷马·雅巴拉哈谋取私利，也可能是上述两位大臣既以"私通宗王阿鲁浑"的罪名在阿合马面前控诉马只忒-木勒克，更不难加以涉嫌与总主教一同"挑拨阿合马与忽必烈关系"之罪，双方一拍即合，于是导致了马·雅巴拉哈被诬，但因两名译音相差悬殊，似难作定论。
[3] 同上。又，本书译者常把"文官"、"书记"翻译为"作家"。此处把 SHAMS AD-DIN 的头衔译为"首席作家"，显然不确，应译成"首席文官"。书中其他地方的"作家"也须推敲；同样，译者书中把兼指中央政府行政部门的"Diwan"一律译为"法庭"，多有不妥。
[4] 〔伊利汗国〕拉施特：《史集》第 3 卷，余大钧译，第 242 页。
[5] 参见余大钧译《史集》第 3 卷"合赞汗传"第 3 部分,轶事第 7 则"合赞汗消灭偶像崇拜"，基督教中亦有偶像崇拜之趋势。

此下有一注释为朱译本所漏，注释言："Gaidjak married Tutukai, the fourth daughter of Hulagu; her mother was a slave of Dokuz Khatun."[1] 意即"Gaidjak 娶了旭烈兀之第四女秃都格赤，女母为脱忽思哈敦之奴（笔者按：《史集》则谓其为脱忽思哈敦斡鲁朵中的一个妃子）"，据此则不难考证，此 Gaidjak 应为扯扯克驸马的译写。[2]

另外一个比较典型的蒙元史实错误出现在第 45 页："他赐赠大总管大量礼物与封赏，即一块金腰牌（Paiza），又名'苏科儿'（Sunkor）的牌匾和七千第纳尔。"此句后面部分英译为："a Paiza of gold, that is to say, the tablet which is called "Sunkor", and seven thousand diners（£3500）"[3] 按：Sunkor，当译作"升豁儿"，蒙语中指猎鹰海东青；此处意思当为：（赐予大总管）一枚金牌（Paiza），也就是叫"海青牌"的牌子，和七千第纳尔。关于海青牌的性质和用途，可参看相关研究[4]，此处不拟赘述。

《拉班·扫马和马克西行纪》中也有部分名词涉及西方中世纪史，朱译对这部分的专名处理同样存在很多不准确之处：如第 35 页英译注 2 中法国国王名 Philippe IV le Bel 者，稍解西史之人必知其为美男子菲力普四世[5]，le Bel 则为其法文绰号；卡佩朝诸君多有类似称号，如称菲力普五世为"长人"（le long）、称查理四世为"美

---

[1] Budge, *The Monks of Kublai Khan Emperor of China*, p. 288.
[2] 〔伊利汗国〕拉施特：《史集》第 3 卷，余大钧译，第 27 页。
[3] Budge, *The Monks of Kublai Khan Emperor of China*, p. 204.
[4] 党宝海：《蒙元驿站交通研究》，昆仑出版社 2006 年版，第 96 页。
[5] 〔法〕皮埃尔·米盖尔（Pierre Miquel）：《法国史》，蔡鸿滨、张冠尧等译，商务印书馆 1985 年版，第 105 页。又〔苏〕亚·德·柳勃林斯卡娅、达·彼·普里茨克尔等：《法国史纲：从远古到第一次世界大战结束》，北京编译社译，三联书店 1978 年版，第 110 页。

男子"(le bel)等。[1] 朱译本则连在一起成了奇怪的"菲力普四世勒贝尔四世",让人不解。类似的错误还发生在第 30 页之拿波里国王名 IRID SHARDALO,布哲注解为,"疑为 IL RE SHARL DU 或查理二世"[2],朱译本将 IL RE SHARL DU 一词直接音译为伊尔勒·萨尔杜,殊不知 IL RE SHARL DU 乃是意大利文查理二世之精确对应:Il re,国王也;Shral Du,查理二世也。又朱译本第 37 页之阿马丹(ALMADAN),布哲注解为"疑即德国(ALLEMAGNE?)",朱先生也没有译出来。另外,《西行纪》叙述拉班·扫马作为阿鲁浑之使到达君士坦丁堡一段,朱译本译为"进城之前,他派两名年轻人进皇宫(土耳其政府)通报阿鲁浑特使到"(朱译本第 28 页)。此处"土耳其政府"让人颇为困惑,此时君士坦丁堡尚为拜占廷帝国首都,接见拉班·扫马之君主亦为东罗马帝国皇帝安德罗尼库斯二世;奥斯曼土耳其则尚方兴未艾,而君士坦丁堡也要到百余年后的 1453 年方为土耳其人攻陷[3],此处何来土耳其政府? 查布哲原书,"皇宫(土耳其政府)"的对应为"the Royal gate (Sublime Porte)"[4],按"Sublime Porte"一般英语词典解释确为"土耳其政府",然其初实为一法文外交习语"高门",多指后来君士坦丁堡城中奥斯曼土耳其接见使节处及行政要地,这里恐怕仅是一个比喻。同样,朱译本第 13 页,大总管马·登哈劝扫马师徒支持"王室之厦(the Door of the Kingdom)[而反对奥斯曼宫廷(compare Sublime

---

[1] Arnaud de Maurepas, *Les grands hommes d'etat de l'histoire de France*, Paris: Librairie Larousse, 1989.
[2] Budge, *The Monks of Kublai Khan Emperor of China*, p. 171.
[3] 陈志强:《拜占廷帝国史》,商务印书馆 2003 年版,第 321—331、345—355 页。
[4] Budge, *The Monks of Kublai Khan Emperor of China*, p. 167.

Porte）]"。引文中方括号内的句子，不过是"请与 Sublime Porte 的用语比较"的意思罢了[1]。最后再举一例，即第 66 页处死圣徒 Sergius 之 Maximian，此名朱先生遍查字典，以英语中无此人名，而疑为 maximilian 之误。其实 Maximian 乃一拉丁名，即戴克里先的共治帝马克西米安（286—305 年），全名 Marcus Aurelius Valerius Maximianus Herculius，亦以施行宗教迫害而著称于世[2]，Sergius 为其麾下军官兼其友人，亦未能幸免。[3] 这一类译名错误，译文中还有不少，此处不再赘言，兹以笔者力所能及之考证作为下表，供阅读此译本者参考。[4]

枚举的对蒙元史与欧洲史人名、官名的误译，反映出译者对于那个时段中西方历史的陌生。尤其是在传记的开头，因扫马之父即名 Shiban，译者即引《元史·昔班传》，认为"从其生活年代和所任官职来看，应即此文书所述之昔班也"[5]。实际上，无论从生平仕宦还是子嗣等方面来看，《元史》中之昔班，绝无可能是扫马之父。此处译者很可能是受了穆尔书的影响：前者在《1550 年前的中国基督教史》中考证昔班为畏兀儿人名时，举"《元史》卷一三四，第 3246—3247

---

[1] Budge, *The Monks of Kublai Khan Emperor of China*, p. 114.
[2] Arthur. E. R. Boak, *A History Of Roman to 565A. D*, New York: The Macmillan company, 1925, pp. 320-321.
[3] John J. Delaney *Dictionary of saints*, New York: Image/Doubleday, 2005, pp. 555-556.
[4] 下列《史集》及多桑《蒙古史》之页码，均以冯承钧译《多桑蒙古史》（上海书店出版社 2006 年版）及余大钧译《史集》第 3 卷（商务印书馆 1997 年版）为准。中译本中还有 3 个人名：塔尔马达德（Tarmadad，第 62 页）、图加音（TOGHAIN，或托加音，第 81 页）以及德乔潘（Djopan，第 84 页）似乎应该分别为塔木带、脱海（也可能为秃罕，Tughan 或者脱欢，Togan）以及出班三个蒙古人名的对音，姑识之以俟考。
[5]〔伊利汗国〕佚名：《拉班·扫马和马克西行纪》，朱炳旭译，第 1 页。

朱译本译名与标准译名对照表

朱译本译名	页码	标准译名	备注
吉宏河	16	质浑河	即阿姆河
苏科尔	20	速古儿	蒙语意为"伞",此词又见第47、64页,《元史》常见之职名"速古儿赤"即与此有关。
沙姆·亚丁	23	苫思丁·马合谋·志费尼(撒希卜-底万)	见前文分析
沙克·阿卜达尔·拉蒙	23	(洒黑)奥都剌合蛮	同上
沙莫特	23	马只忒-木勒克?	同上
尼库达/塔库达	23	帖古迭儿	阿合马名,《史集》第3卷第160页
库图伊可敦	24	忽推哈敦	旭烈兀之妻,阿合马之母,《史集》第3卷第20页
伊尔勒·萨尔杜	30	查理二世	见前文分析
菲力普四世勒贝尔四世	35	美男子菲力普四世	见前文分析
海合都	44	乞合都	伊利汗,《史集》第3卷第101页
塔沃思/塔沃斯可敦	44/45	脱忽思哈敦	旭烈兀之妻,《史集》第3卷第19页
合桑	48	合赞	伊利汗,《史集》第3卷第186页
恼鲁兹	49	捏兀鲁思	见前文分析
幕哥汗	51	木干	伊利汗国君主之冬季营地木干草原
图伊汗	57	拖雷汗	《元史》卷一一五《睿宗传》
布尔格欣·阿吉	58	额尔格涅·额格赤	阿八哈、阿鲁浑之妃,《史集》第3卷第186页
克瓦牙·拉失德·亚丁	62	火者拉施特或拉施特	见前文分析,又第83页同名后之"瓦兹尔",当位于"克瓦牙"之前,当译为维吉尔(Wazir),指宰相。

(续表)

朱译本译名	页码	标准译名	备注
马克西米	66	马克西米安	罗马皇帝,见前文分析
查尔地王尼布查得尼扎尔	69	迦勒底王尼布甲尼撒	
完者笃	71	完者都	伊利汗,《史集》第3卷第186页
完者伯克	71	完者不花	完者都别名,多桑书下第348页
哈尔班德	71	合儿班答	同上
库达班德	71	忽答班答	同上
乌笳吾/乌尔古可敦	71/83	兀鲁克哈敦	完者都之母,《史集》第3卷第186页
撒如吉	71	撒鲁赤/撒鲁察	客列亦惕部人,兀鲁克哈敦之父,《史集》第3卷第186页
亦邻斤/亦邻阿得斤	72/92	亦邻真	客列亦惕部人,兀鲁克哈敦之兄,《史集》第3卷第186页,又译者将其误为"王叔",当为王舅
库特吕可·沙	72	宽彻思哈惕哈敦	完者都之妃,多桑书下第348页
哈基	76	哈只	来源于阿拉伯语"朝觐",最初指朝拜过圣墓的穆斯林,后用作人名
撒提·八各	76	撒提伯	Bag当译为"伯";在清代,此词多译为"伯克",指部落长
艾山·库特鲁克	79	忽都鲁海牙	异密,多桑书下第348页
卡瓦亚·赛伊德·亚丁	83	火者撒都丁	宰相,《史集》第3卷第306页
盖德贾克	85	扯扯克驸马	见前文分析
珂可舍可	93	昆出克	《史集》第3卷第161页

页"[1]为证。然穆尔仅谓昔班为畏兀儿人名,而在未加重新考证之前,译者便遽以此同名之昔班为扫马之父,未免失之轻率武断。最后应顺带提及的是,在"译者序"中,译者将史学家多桑(MOURADJA D'OHSSON)翻译成"道生",将《中国基督教史》著者杨富森误为杨森富,并将旭烈兀误为成吉思汗的儿子[2],且留下一些西文书名未加任何说明,如第3页的Noldeke之Literarisches Centralblatt以及Hilgenfeld之Bemerkungen,这两个德语书名,一为《文学总览》,一为《评论》,都是不难解决的译名。在遇到非英语名词时或不加考证地直接音译,或听之任之,实非一部严谨学术译著应该出现的现象。

二、译文欠准确

除开上述专业的人名、官名、地名的误译外,朱译本对原书一般语言的翻译,也在若干处存在较严重的问题。割裂原文、曲解原意的情况时有发生。我们先举译本开头短小的"叙利亚文书译者之前言"为例,稍加分析。布哲原文开篇作:

> God, the Lord of the Universe, the Merciful and Gracious, in the superabundance of His grace hath brought all this (i. e. the visible universe) into being. And that the race of mankind might be

---

[1]〔英〕穆尔:《1550年前的中国基督教史》,郝镇华译,中华书局1982年版,第11页。
[2] 旭烈兀为成吉思汗第四子拖雷的第四子,显为成吉思汗之孙;另外,译本第13页言阿八哈是成吉思汗的长孙,阿八哈为成吉思汗之孙旭烈兀长子,显然不能称为长孙。

perfected in the knowledge of the truth, and in good works (2), for the leading of the doers of good, and directing in the right way those who could step upwards, He sent His only-begotten Son down [to earth]…[1]

此段朱先生译为：

上帝，和蔼仁慈之万有之主，他用他无边的宽爱将这一切带给人类。依此，人类就可能因为拥有真理和优秀的著作而变得完美。（二）依着良好的行为的指引，人们陆续不断地走在正确的道路上。他将其独生子送到 [人间]，隐藏起他的光辉……[2]

首先须说明的是，这段汉译在原文中本非两段，而是一个完整句子。朱译本第 2 段段首的 "（二）"（即原文的 "【2】"），在布哲书中是拜占（Bedjan）校定的叙利亚文书的页码[3]，贯穿英译本全书。朱译本将之误作分段符（且除 "译者之前言" 一节标注了三个此类符号外，其后的页码全部遗漏）。同时，上面一段文字也被分割成意思不连贯的两段。其实，"（二）" 后面句子应该接续前面译成："且为引导行善之人，并为引领那些可继续前行之人行正道，他将其独生子送到 [人间]……" 紧接着，在 "叙利亚文书译者之前言" 末尾，

---

[1] Budge, *The Monks of Kublai Khan Emperor of China*, p. 121.
[2] 《拉班·扫马和马克西行纪》，"叙利亚文书译者之前言"，第 1 页。
[3] Budge, *The Monks of Kublai Khan Emperor of China*, p. 120.

布哲原文作：

> … the two warriors about whom the narrative is ready to speak, and they cast away their longings, rejected parents and children, and in short, renounced all the dominion (i. e. influence) of their bringing up. [1]

此句朱译本译作："我们所要叙述的两位勇士，舍弃自己的渴求，抛弃父母子女，向所有的统治（即权力）天使宣告了他们的成长。"[2] 按：renounced all the dominion (i. e. influence) of their bringing up，可译为："总之，他们摆脱了生养其中的（俗世）的一切支配（亦即影响）。"译者恐将"renounce"（弃绝）混淆为"announce"（宣布），且译文中的"统治的天使"等语不知从何而来。此类误译在朱译本中不止一两处而已。以下所列乃其尤害文意者，望读者在利用此本时有所取舍焉。

1. 朱译本第 5 页："他们警戒（或劝告）他，似乎他们宁愿与一尊雕像说话，亦不愿与一有思想之人交谈。"后半句原文作："it seemed to them that they might be talking rather to a statue than to a rational man."[3] 意为"他们警戒（或劝告）他，然他们仿佛正与一尊雕像交谈，而非一有理智之人"，以形容马可持信坚如磐石耳。

---

[1] Budge, *The Monks of Kublai Khan Emperor of China*, p. 123.
[2] 《拉班·扫马和马克西行纪》，"叙利亚文书译者之前言"，第 2 页。
[3] Budge, *The Monks of Kublai Khan Emperor of China*, p. 131.

2. 朱译本第 11 页："他们跪拜于他面前，如向他效忠般哭泣起来。"原文作："And they fell down on the ground before him, and they wept as they did homage to him."[1] 意思甚简单："他们跪拜于他面前，当他们向他致敬时，却已泣不成声。"同样，朱译本第 12 页："他们向大总管效忠并感谢他"一句中的"效忠"亦当译作"致敬"。

3. 朱译本第 15 页："我们尊敬的神甫之语系出于基督之命，然他没有执行，却发布一道相反命令。"原文作："The word of Mar our Father is from the command of Christ, and he who does not carry it out committeth transgression of the command."[2] 意为："我们尊敬的神甫之语系出于基督之命，违其言语者即犯基督之命。"后半句在朱译本里变得不知所云了。

4. 朱译本第 24 页："现在，阿合马极恨大总管，当此口渴之人渴望凉水时，竟欲放其血而饮之。"原文作："Now King Ahmad as exceedingly wroth with him, and as the thirsty man longeth for cool waters, even so did the king thirst to shed his blood."[3] 此处有一个比喻用法，当译作："现在，阿合马极恨大总管，且有如渴者嗜水，阿合马亦必饮大总管之血而后快。"

5. 朱译本第 37 页，拉班·扫马言于英王："我们恳求您命令 [您的仆人] 带我们参观贵国教堂和圣迹，好让我们回东方幼童教会时，能给他们讲述之。""东方幼童教会"这一译法十分怪异，按：原文

---

[1] Budge, *The Monks of Kublai Khan Emperor of China*, p. 140.
[2] Ibid., p. 146.
[3] Ibid., p. 161.

为"the Children of the East"[1]，当译为"上帝的东方子民"或"教会的东方子民"，译者此处显然有望文生义之嫌。

6. 朱译本第 39 页："祈祷结束，教皇依例向聚会之人群发表演说，警戒会众，由于多数人不在彼处，故他们除'阿门'外，一个字也听不到。"后半句原文为："and by reason of the great multitude of people that was there not one word could be heard except 'Amen'."[2] 此处朱译本恰好译成了相反的意思，正解应为："由于彼处聚集之人太多，故他们除'阿门'外，一个字也听不到。"这一句穆尔的《1550 年前的中国基督教史》是译对了的，朱译本对穆尔书参考甚多，不知为什么在此处未加留意。

7. 朱译本第 39 页："他们从桌上取去面包便花了该日之三小时。"原文为："And when they removed the bread from the table only three hours of the day were left"，[3] 应译作："当他们从桌上撤走面包，日头即已偏西。"

8. 朱译本第 43 页："现在，我们所叙之事暂时告一段落，万有之主，生死之主的上帝召阿鲁浑去极乐之国……"原文前面部分为："Now when the state of affairs which we have mentioned had remained thus for a short time..."[4] 意为"如上述那般好光景仅持续了很短一段时间……"

9. 朱译本第 49 页，描述马拉加基督徒被迫害之情景："他们中的一些人被阿拉伯人裸绑，另一些人弃却衣服而战斗。"后半句原文

---

[1] Budge, *The Monks of Kublai Khan Emperor of China*, p. 186.
[2] Ibid., p. 192.
[3] Ibid., p. 193.
[4] Ibid., p. 200.

实为"cast aside their apparel and took to flight"[1]，即"弃衣物而逃"，译文的意思正好相反，恐怕是将此处"flight"（逃跑）误作"fight"（战斗）的缘故。同样的错误也出现在第 50 页，此处的"我教育出来的人战斗得怎样"也应做"逃命"解。

10. 朱译本第 54 页："国王赐大总管一旨，按已废之惯例，免征基督徒之人头税。"原文为："...he gave to the Catholicus a Pukdana, according to custom, in which it was laid down that poll-tax, should not be exacted from the Christians."[2] 当译成"国王照例赐大总管一旨，其中写明，免征基督徒之人头税"，"lay down"在这里为规定之意，译者不仅断错了句，且误以此表达为废除之意，于是就出现了"已废之惯例"这样的译法。

11. 朱译本第 62 页："如果事情成了现在这个样子，那么极端严重之破坏就会毁掉王国。"前半句实应译作"如果任凭事态如此发展"（"If the matter be left in the state in which it now is..."[3]）；同页"你希望驱散他们，还是抢劫他们？"一句翻译同样有误，应为大总管对合赞之指责："就连这些人你也要驱散并劫掠之？"

12. 朱译本第 63 页："他们拴马于城堡桥梁 [地带]，走进城堡……"原文为："They tied together the [parts of the] bridge of the Fortress, and they went in..."[4] 意即"他们将断桥连上，走进了城堡"，以此前战斗中桥梁已断。

13. 朱译本第 74 页："那时，因神之法令须做之事已终，而此法

---

[1] Budge, *The Monks of Kublai Khan Emperor of China*, p. 211.
[2] Ibid., p. 221.
[3] Ibid., p. 235.
[4] Ibid., p. 238.

令便绝不会以神之美政而被执行。"此句不但意思晦涩难通，且在语境中几乎全无意义。布哲原作："Now because the divine decrees must of necessity be fulilled, and these decrees would never be carried out but for the causes (or works) of the marvellous government of God."[1] 意为："现在，神之旨意须被完成，然若无全能之神推动之，此旨意绝无由得以实现。"

14. 朱译本第76页："此诏除对你宣读外，将不再对外公布，所以你的当务之急是遭贴身之人[让]他们下来。"此句前半原文作："These will not go forth except at thy bidding..."[2] 绝非"此诏除对你宣读外，将不再对外公布"之意，而是"除你去请求，无人能让他们下来"的意思。

15. 朱译本第79页，使者奉旨训斥异密苏提："你如此聪明地向我们解释此事，然大总管亦聪明，你有什么话可让我们相信并当真？"原文作："Thou hast explained to us the matter in this wise, but the Catholicus in other wise; which of you are we to believe and hold as true?"[3] 当译作："你如此解释此事，而大总管则另有一番说头，你二人中我们该信谁？"此处，"wise"为方法、方式之意。

16. 朱译本第85到86页："（大总管）他轻蔑地执仗"，原文为"He held the sword in contempt"[4]。"held ... in contempt"为习语，即蔑视某物。此处意思很明显，即"他视（暴徒之）刀剑如无物"之

---

[1] Budge, *The Monks of Kublai Khan Emperor of China*, p. 261.
[2] Ibid., p. 266.
[3] Ibid., p. 273.
[4] Ibid., p. 290.

意,译者显然又有望文生义之嫌。

17. 朱译本第 87 页,"托加音"对使者言:"你去救我们信仰之敌基督徒,便亦为我们的敌人。"按,此处译文没有理清楚从句的关系,原文作"Thou hast come to save the Christians, who are haters of our Confession (i. e. Faith), and are also enemies of our people."[1] 当译成:"汝赶来所欲救者乃基督徒,此辈即仇视我们信仰之人,亦即我们人民之敌也。"

结语

以上从译名、史实以及译文的准确程度等方面,列举了朱译本存在的一些最为严重的问题。若能比照原书,细心的读者定能发现,书中的误译远不止本文所枚举。朱译本之优长前面已经提到,从语体来看,称之为"雅"不为过誉,然学术翻译若不能先有"信"、"达",则无疑大大降低了文本原有的价值。近年来蒙元史与中西交通史译著中存在的一些弊端,早已有学者加以指出。[2] 虽说朱译本的译稿成于十余年前,且或有一段颇为坎坷的出版经历,但毕竟作者已能利用今日优良的学术环境对之重新校定。[3] 此外,《拉班·扫马和马克西行纪》与马可·波罗或柏朗嘉宾等人的行纪相比,篇幅既短小,整理也不那么困难;因此,国内第一个《拉班·扫马和马克西行纪》汉译本中,频繁出现种种误译,读来颇令人惋惜。若译者能在

---

[1] Budge, *The Monks of Kublai Khan Emperor of China*, p. 294.
[2] 参见党宝海:《评梁生智译〈马可·波罗游记〉》,《北京大学学报》1999 年第 5 期。
[3] 《拉班·扫马和马克西行纪》,"后记",第 106 页。

不久的将来，参照多个其他语言的译本，吸收近年来蒙元史及内亚研究领域的新成果，对此译本重新加以修订，实为学界莫大之幸事。

致谢：本文在写作过程中得到了北京大学历史学系张帆、党宝海两位老师的热心帮助，特致谢意。

追寻通贯回汉之道
——读《默罕默德之道：一部晚期帝制中国的回民文化史》[1]

丁 一（复旦大学中国历史地理研究所）

兹维·柏尼特《默罕默德之道：一部晚期帝制中国的回民文化史》一书（以下简称《道》书）关注的对象，是自晚明至清前半叶间的回民教育网络（Chinese Muslim educational network），以及该教育网络与回民身份意识的关系。[2] 作者在标题采用了汉字音译的"Dao"（道）字，以表达所叙述对象的文化双重性。在第一章中，作者对明清中国回民教育网络进行了基础性的叙述。他指出，这个网络起源于16世纪中叶的西北中国，然后渐渐向东部发展，最后形成了西安、济宁、开封、南京四个中心，而尤以江南为盛。它有着相对统一化和系统化的组织，包括教师、翻译家、作家、语法家和学生等。随着该网络的兴起和成熟，回民群体的自我身份意识开始产生。在第二章里，作者主要以康熙年间赵灿所撰之《经学系传

---

[1] Zvi Ben-Dor Benite, *The Dao of Muhammad: A Cultural History of Muslims in Late Imperial China*, Cambridge, Mass.: Harvard University Asia Center, 2005, pp. xiii, 280.

[2] 为了与亦是"中国穆斯林"的畏兀儿（缠回）分开，本文将《道》书中指称讲汉语的 Chinese Muslim（汉回）一概译为"回民"。

谱》（下简称《系传谱》）为线索[1]，探讨了这种自觉意识在现存文献中的具体体现。如作者所言，"《系传谱》应被看做是自我意识的证据，回民通过该书将他们自己想象并解释为一个社会类别"（《道》书第 81 页），"《系传谱》提供了需要的细节和宽度，以对广泛存在的回民教育网络进行定位，并跟踪它的增长，描绘它的地理传播，了解这样或那样与它联系的巨大人群——即其构众（constituency）"（《道》书第 72 页）。回民学者们将自己归类为"士"（literati），"通过对儒家精英所提倡的系谱体裁的运用，记录并宣传自己"（第 113 页）。在第三章中，作者探讨了汉文穆斯林经典（"汉启他补"，*Han-Kitab*)[2] 的作者们，包括译有《归真总义》（*Imani majmu'*）的张中，译有《归真要道》（*Mirsad*）的伍遵契，以及有原创著作的王岱舆、马注、刘智等人。在最后一章中，作者探讨了 *Han-Kitab* 作者们的圣人观、他们语境中的"默罕默德之道"、他们对自身学术共同体的认同状况和 *Han-Kitab* 中的回回起源传说。最后，作者还讲述了乾隆《御批至圣实录讲义》是如何在汉—回、官方—民间的互动之中产生的故事，展现出清帝国对于培植文化多元性的巨大兴趣。这正是被作者精确概括为"一种不是调适、妥协或折中的认同，而是同时共存的认同"（《道》书，第 13 页）之得以存在的土壤。

虽然《道》书研究的对象是"一种非常特定的回民认同"（第 5 页），但是作者亦声明，"我对于 *Han-Kitab* 的研究显示，在近代早期

---

[1] 赵灿：《经学系传谱》，青海人民出版社 1989 年版。该书一直以手稿形式流传，直至 1987 年方被整理出版。"经学"，这里指的是"穆斯林经典之学"。
[2] *Han-Kitab*，用作者的定义，即"包括一百多部文献的集合，全部指归于穆斯林事物，并随着时间的推移在汉地穆斯林学术团体中获得了准正宗经典的地位（quasi-canonical status）"（第 5 页）。

不存在那样的一个[整体的]回民认同"（第6页）。换而言之，清前中期那样一种"既是伊斯兰的又是中国的身份意识"，绝不应该被简单地等同于近现代意义下"既是回族的又是中国人的身份意识"。这是因为，从"讲汉语的穆斯林"到"现代回族"，以及从"汉人"到"汉族中国人"，均在现代性的催化下经历了异常复杂的重构过程。这样一个前现代语境下的身份意识，并没有、也不可能无缝地转变一种为近现代语境下之物。[1] 所以，《道》书的意义并不在于给现代回民身份意识指出一个"源远流长"的前现代根源，而是展示出汉文化和伊斯兰文化双方的开放性、包容性、甚至是兼容性。通过将伊斯兰传统和默罕默德分别诠释为汉文语境中的"道"和"圣人"，清前中叶的回民学者们将自我定位为两种文化下同一个"道"的追随者，他们非常真诚地相信，儒家和伊斯兰教并不是相互排斥或者需要相互妥协，而是可以相互贯通、相互补充、甚至相互证明的。由于这种身份意识显然也会将儒家所附带的王朝认同包含在内，故而，回民学者亦自信地"将自身视为纯粹的穆斯林且纯粹的中国人"（第195页）。

这种"伊斯兰—儒家"之双重身份意识，在《系传谱》中讲述马明龙向汉人官员宣教的轶事中被鲜明地突显出来，值得我们沿着《道》书进一步进行探究（第101—105页）。有一次，几个汉人官员路过清真寺，问马明龙"何为教"？马明龙答之："修道之

---

[1] 比如民国时期西北回民对于汉语文化的态度，我们可从顾颉刚的描述中略见一斑："在西北数省，回汉间的问题更大，在多数回教徒的心中，甚至以诵习汉文为违犯教法。同是中国国民，竟像是属于两个毫不相干或竟是互不相容的团体，这是怎样痛心的事！"（顾颉刚：《回汉问题和目前应有的工作》，《禹贡》（回教专号）第7卷第4期，1937年，第179页）

谓教。"汉人官员又问："所修何道？"答曰："率性而修，即修齐治平之道。"汉人官员又追问："且毋论修齐治平，所云率性，何以解之？"答曰："克去己私。"接着马明龙使用《咯遂》给汉人官员讲经，"阐扬机妙，尽属儒书中之所未发"，来访者"侧耳静听，无敢声咳"。

作者谨慎地说，自己找不到可以和"咯遂"勘同的书名（第102页）。但实际上，《咯遂》当即逊尼派所使用的《巴达维古兰经注》(Tafsīr al-Bayḍāwī)，是一种重要的进阶读本。[1]"咯遂"（qāḍī）意为法官，是巴达维的尊称，经堂中又译作"戛尊"。如若此勘同可以成立，那么，作者认为"马明龙将伊斯兰教展示为道德哲学而非宗教"、"代表了伊斯兰学者普遍地将他们的著作视为是儒家著作的对等物"（第104页），似乎就有些牵强了。首先，从马氏讲经采取"经注"的方式，很难证明他讲的只是"道德哲学而非宗教"。其次，诚然如作者所暗示的那样，这则故事更可能代表了赵灿等伊斯兰学者的观点，但是后者并没有"将他们的著作视为儒家著作的对等物"。恰恰相反，在赵灿们（甚至也包括马明龙在内）看来：儒家主要是关于"修齐治平"的学问，而伊斯兰教是关于道德哲学和宗教的真知，两者恰可互补。故事中的马明龙以《中庸》之语回答汉人官员，似表明在回民学者们看来，作为理学之道德哲学根基的《中庸》，亦大有"未发"之处，以至于汉人要求伊斯兰学者"毋论修齐治平"，而径直为他们讲解"率性"为何的问题。入清以后，王学衰微而朱学不振，考据学乃大行其道。我们可以猜测，正是儒家自身在哲学

---

[1] 庞士谦：《中国回教寺院教育之沿革及课本》，《禹贡》（回教专号）第7卷第4期，1937年，第102a页。

上的壅阻，使当日的"回儒"们看到了这种互补、甚至互证的可能性。起码，伊斯兰教可以在儒家所缺乏的宗教意识这一层面上对儒家进行补充。因此他们才会信心十足地说："吾教性理实与孔孟之言性命者相表里，且能发孔孟之所未发，无复存而不论、论而不议之憾。"[1]

在前现代，儒家实际上就是掌握了古汉语经典的东亚社会精英，它本身既具有普世性，又具有精英性。而通向这种普世性的唯一的钥匙，是以儒家经典为基础的蒙学。Han-Kitab 中的伊斯兰教经典著作汉译本确然堪称精良[2]，但是这种精准亦是建立在古汉语规范之上，而古汉语规范本身就不是中立的，它基本上是由儒家经典来定义和传达的。当然，在一个口语还没有获得充分发展的时代，为了获得语言的精确性（甚至是神圣性），Han-Kitab 的作者只能采纳古汉语而别无他途。故而刘智等人对"俚俗"的经堂语颇持批评态度[3]，主张"用儒文传西学"[4]。问题在于，即便 Han-Kitab 非常谨慎地使用古汉语并仔细地择用其表达的概念，它也已然在 Han-Kitab 和一般教众之间掘出了一道鸿沟。未受过儒家教育的普通回民，只能被排除在三种文字的伊斯兰教经典（汉文、阿拉伯文、波斯文）之外。在现代性以及民族主义传入中国以后，原先具

---

[1] 马福祥：《重印天方性理序》，刘智：《天方性理》，1923 年马祥福铅印本。
[2] 见村田幸子：《汉文中苏菲之光的闪现：王岱舆的《清正大学》和刘智的《真境昭微》》（Sachiko Murata, *Chinese Gleams of Sufi Light: Wang Tai-yu's Great Learning of the Pure and Real and Liu Chih's Displaying the Concealment of the Real Realm*, Albany: State University of New York Press, 2000）。
[3] "经文、汉文两相吻合，奈学者讲经训字多用俚语，未免支离，有失经旨。愚不惮烦，每训文解字，必摹对推敲，使两义恰合，然后下笔。览者勿谓愚反经异俗，是两俗合经耳。"刘智：《天方典礼择要·例言》，天津古籍出版社，1988 年点校本，第 25 页。
[4] 徐倬：《天方典礼序》，刘智：《天方典礼》，第 14 页。

有普世性的儒家狭化成为汉族的儒家,接着儒家在汉族内部亦被攻击、瓦解,清前中叶的这种双重认同,当然也只能随着时代而逐渐消融了。

在清代回民身份意识中,最有影响力的"共同血统"传说是"唐王借兵回鹘"说。这样一种被很多近代回族学者认为是荒唐可笑的"起源神话"(a foundation myth),被《道》书认为是形成自 Han-Kitab 的作者们,并受到了满人官方认同构建的影响(第201—203 页)。对于民族这样一种"想象的共同体",作者显然意识到,这里的"想象"(imagined)一词既表中动(the middle voice),又表被动(the passive voice)。民族的形成不仅依赖于自身的想象和构建,而且也依赖于"他者"的想象和构建。然而,正如已有的研究所显示的那样,"唐王借兵回鹘"说是受汉地社会将"回回"和"回鹘"重新混同的影响而形成的,其时间大约是晚明清初。[1] 故而,这种传说成为一种身份意识是发生在何时?此一"他者"究竟是汉地社会还是满人?作者似乎没有给出足够令人满意的论证。

Jacqueline Armijo-Hussein 在对本书的书评中指出,虽然作者重现一个中国的穆斯林教育网络,但是书中没有揭示这个网络和整个穆斯林世界教育网络之间的关系。[2] 对于一本探讨汉地回民文化史的书,这个要求本身也许有些苛严。但它也确实点中了本书的一个不

---

[1] 姚大力:《"回回祖国"与回族认同的历史变迁》,《北方民族史十论》,广西师范大学出版社 2007 年版,第 95—97、77 页。
[2] Jacqueline Armijo-Hussein, Review of The Dao of Muhammad: A Cultural History of Muslims in Late Imperial China, by Z. B. Benite, *International Journal of Middle East Study*, 40 (2008), p.170.

足之处，即它似乎有些过于依赖《系传谱》，而缺少对于平行史料的使用。系谱的一个作用，是将一种复杂的历时的网状（retiform）结构，简化为单一的树状（dendriform）结构（见 Appendix 中的树状关系图，第240—245页）。这种简化无疑具有"执果索因"的性格，它的全部依据是后世历史的发展脉络以及构建者自身的主观意图。即便我们假设系谱构建者毫无自身动机（实际上不可能如此），历史本身处处存在的偶然性，也使得历史本身的发展并非严格按照因果顺序。这一点从《伊洛渊源录》即可看出，与其说它是在反映、还不如说它其实是在歪曲理学的发生史。同样，我们在使用《系传谱》来重现清代回民学术的发展脉络之时，就需要施以更多的气力去爬梳同时代的其他零星史料，对《系传谱》进行证实、证伪或补充，让我们能够明确该书中哪些是史实，哪些是传说，哪些是纯粹的虚构。

另外，系谱的另一个"副作用"，是抹杀或隐掩了系谱内各节点之间的矛盾。比如，作者十几次述及王岱舆，但他却只在一处注中才顺带提到，王岱舆和刘智在对待理学的看法是有严重分歧的（第148页，注76）。可惜的是，作者并没有就此展开论述。事实上，王氏在《正教真诠》中专辟章节以责斥"吾道之异端"、回民中"搅乱清真"者，他自号"真回老人"，就有强烈的在回民内部自我建树的意味。《道》书将"真回"误读为"清真"之"真"加上"回民"之"回"（第134页），认为村田幸子将"真回"译作"the real Hui"过于繁琐，故将它径直译作"Islam"[1]。显然，作者对回民学者的内部差异性还缺乏必要的关注。另外，作者将 Han-Kitab 的作者们视

---

[1] Zvi Aziz Ben-Dor (Zvi Ben-Dor Benite), Review of *Chinese Gleams of Sufi Light*, by Sachiko Murata, *International Journal of Middle East Studies*, 35 (2003), p.345.

为一个可与清代之常州学派、扬州学派等平行的"回民学派"(第119—125页)。且不论这个比附是否恰当,回民学者内部是否有足够的一致性以被称作一个学派,还是应当按照四个地理中心分为四个学派,都还需要更深入的研究。尤其关键的是,虽然作者很好地证明了《系传谱》中所力图指向的那样一种双重认同是广泛存在的,但它在多大程度上存在于或被收入《系传谱》的学者们身上,又在多大程度上存在于未被收入《系传谱》的学者、甚至普通回民身上,也是值得进一步考虑的。

《道》书清晰地显示出,作者在阅读汉文史料和汉文研究成果上付出了大量的努力。但是,对于一种不断追求文本背后隐含寓意的工作,有时候,无关大局的误读就总是在所难免(并且也绝对值得原谅)。本书讲述冯伯菴去云南寻找《米尔撒德》(Mirsad)时提到,有一个老者托梦给《米尔撒德》的持有者,告诉他"经藏斯柜"。作者将"经藏斯柜"解释为"经藏于柳树之下"(第86、132页等处),估计是将简体字的"柜"(繁体作"櫃")字误解成了繁体字的"柜(jǔ,榉也)"字。所以,这个故事的寓意不能引申为作者所言的"找回埋藏地下的知识",而是"利用汉文翻译使得不被重视的文本重新获得重要意义"。另外,《道》书多次将"指南"二字书为"揩南"(第139、143页等)。"揩(zhī),支也",此当为植字之误。

《清华元史》稿约

一、《清华元史》由恢复后的清华大学国学研究院主办，是集中刊发元史及中国民族史、中国边疆史地诸相关领域中最新学术成果的园地。本刊由商务印书馆负责出版。目前每年出一期。

二、除创刊号体例稍见特殊外，本刊常设栏目主要包括"论文"、"专题研究综述"和"书评"三项。

三、论文来稿的篇幅一般不要超过 4 万个字符（含空格），特殊情况可不受此限。本刊特别欢迎既含有针对民族语文或域外史料的考证与解读，同时又足以显现出相关细部研究对于宏观历史认识所具有之重大推进作用的长篇论文。论文稿酬为每千字 160 元。非汉语来稿的稿酬，按汉译文本字数核算；对不提供汉语稿件的国外学者，其稿酬将作为汉译稿酬，支付给该文的翻译者。

四、本刊特别欢迎对某个学术专题或专门化方向上的近期（比如近十年、更长或更短的某个时期）研究动向、主要成绩与尚待解决的问题等进行综合性介绍和分析的长篇评论。鉴于中国学术的现状尤其需要此种方式的优秀述评，本刊拟以与论文同等的标准从优支付稿酬。

五、书评可长可短，篇幅、体裁不限。惟以言之有物、不失同情敦厚之心为盼。

六、来稿请提供两百字内容提要及大作的英文标题。并请写明作者姓名、性别、机构、职称、电话、电子邮件、邮寄地址等联系信息。

七、对各种来稿，均在自稿件接获之日以后的三个月内，发出采用、修改后采用或不采用的回复通知。在此期间，请作者切勿一稿两投。

八、本刊严格履行匿名审稿制度。在匿名送审之前，本刊拟对稿件正文及注文中涉及作者信息的有关语词作尽可能不影响文意的删改，并在正式付印时按原样恢复。希请作者谅解。

九、来稿请寄：北京市海淀区清华大学国学研究院《清华元史》编辑委员会（100084）；电子信箱为 yuanshiqh@sina.com。